LANEÍGEHOMME
COACH YOUR SKIN with aqua active complex
SUN BLOCK LOTION SPF50+ PA+++
60ML / 2.0 FL.OZ.
50
SPF50+ PA+++
SUN BLOCK LOTION
태양을 잡으면 스타일도 잡힌다 라네즈 옴므 선블록 로션
자외선 차단은 물론 피부색까지 살려주는 선블록
LANEÍGEHOMME
• 아리따움 및 롯데백화점, 대형마트에서 라네즈옴므를 만나실 수 있습니다. • 고객상담실 080-023-5454   www.laneigehomme.co.kr

IPKN
NEWYORK
눈 깜빡 할 사이 완벽한 거짓말
Luxury
Multi
Make Up Finish
SPF 45 / PA+++
IPKN
NEWYORK
Luxury
3 in 1 스피드 솔루션
IPKN LUXURY
멀티 메이크업 피니수
• 3 in 1 기능(베이스+파운데이션+자외선차단)
• 피부가 숨쉬는 내추럴 & 스피디 메이크업
• 자외선 차단, 피부보호로 윤기있고 촉촉하게

피부결 사이 사이
눈 녹듯 수분이 채워지니
윤기피부의 시작은
다나한 효용수

녹용성분을 저온 숙성 생발효시킨 효용진액(酵茸津液),
리포좀화 된 30가지 귀한 한방 성분인 삼십홍보단(三十紅寶丹)과
물대신 국내산 금산 홍삼을 72시간 달여낸 홍삼수(紅蔘水)가 만나
주름과 미백을 한번에 다스리니 피부결은 촉촉함 그 이상이라

다나한 酵茸水
효 용 수

미백 & 주름개선
이중 기능성 화장품

아름다운 약속을 만들어가는 공간
BEAUTY CREDIT

전국 뷰티크레딧 매장 및 화장품전문점, 대형마트내 화장품코너에서 구입할 수 있습니다.
고객기쁨센터 080-604-1734 www.beautycredit.co.kr

ENPRANI ep
찌를듯한 손담비의 롱래쉬
엔프라니 롱 샷 마스카라
Enprani
long shot mascara
must-have mascara for extreme extension
롱 샷 마스카라
Enprani
PREMIUM POP PROFESSIONAL | 20대 피부의 아름다움을 추구하는 엔프라니가 그 명성과
조화를 이룰 정교하고 세련된 메이크업을 완성하였습니다. 엔프라니의 입체적이고 드라마틱한
텍스쳐와 컬러가 만들어 내는 빛의 향연으로 세련된 아름다움을 디자인해 드립니다.
www.enprani.com | 고객지원실 080-858-1339

NIOBE

Intensive
premium

시간를 빛나게 하는 마법같은 선물

EGF펩타이드 성분이 피부 세포 재생부터
깊은 주름까지 케어해 주는 3단계 안티에이징 라인

Intensive
premium
It is a beautiful choice
for your healthy skin and energetic life.

Moisture Lifting
Perfect Emulsion

NATURAL LIFE & BEAUTY SKIN

NIOBE

Intensive
premium
It is a beautiful choice
for your healthy skin and energetic life.
[주름개선 기능성 화장품]

Repair Defence
Wrinkle Essence

NATURAL LIFE & BEAUTY SKIN

NIOBE

Intensive
premium
[주름개선 기능성 화장품]

NIOBE

Repair Defence
Wrinkle Eye Filler

NATURAL LIFE
&
BEAUTY SKIN

NIOBE

• 니오베 인텐시브 프리미엄라인은 피부 안전성 테스트를 완료한 저자극 안티에이징케어 제품입니다.

연아, 어떤 립스틱을 발랐길래
바를 땐 눈처럼 녹고 하루종일 얼음처럼 반짝이는 연아 립스틱

입술에 닿는 순간 촉촉하게 녹아들고
얼음처럼 반짝인다. 연아 입술의 비밀!
라끄베르 아이스키스 연아핑크 & 피치

live natural
LACVERT

TRANCY
COOGI HOMME TRANCY
COOGI
649-12 DEUNGCHON-DONG, GANGSEO-GU, SEOUL, KOREA   T: 080-683-2040   www.COOGI.co.kr

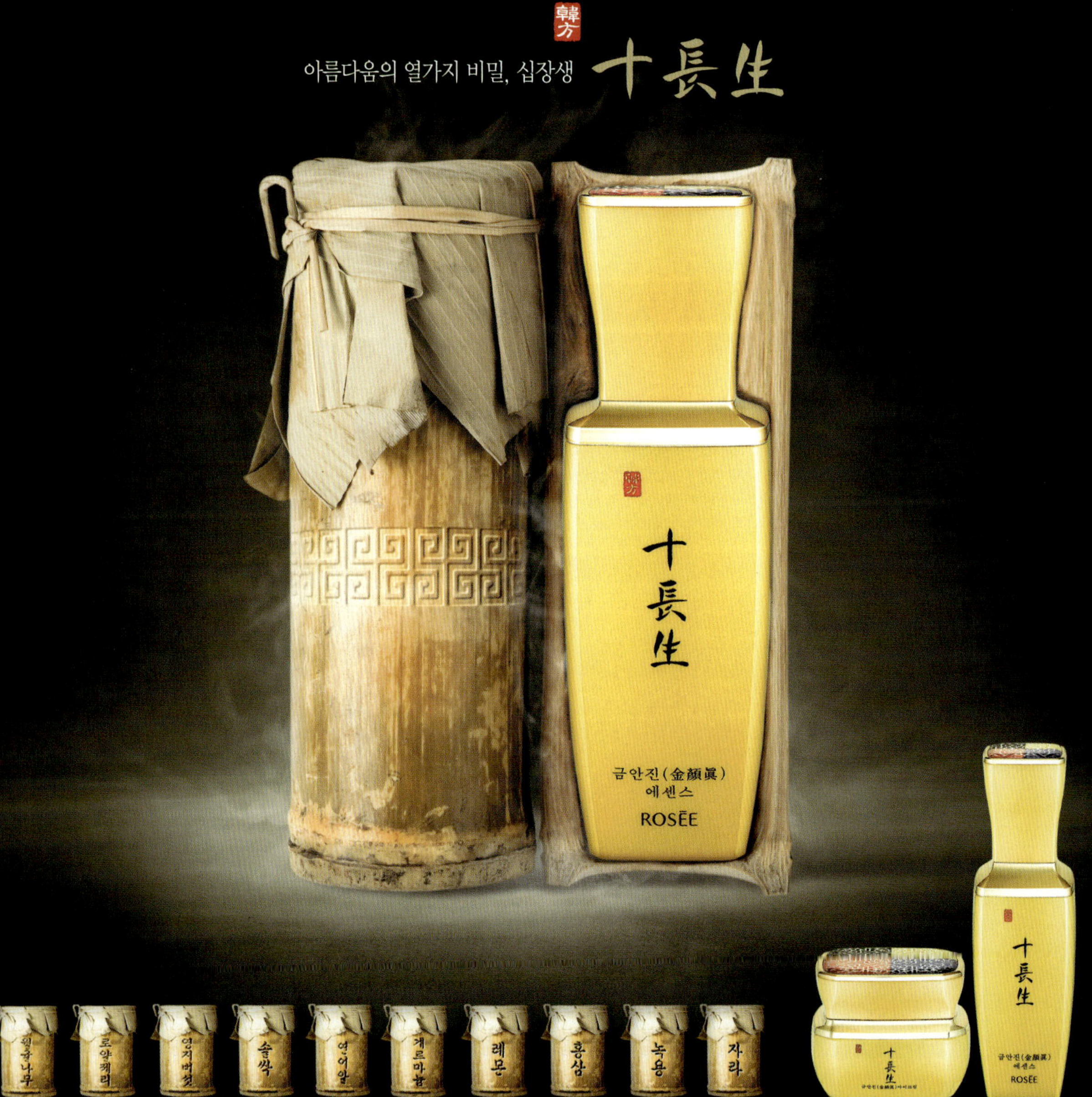
韓方
아름다움의 열가지 비밀, 십장생
十長生
韓方
十長生
금안진(金顏眞)
에센스
ROSÉE
월귤나무
로얄제리
영지버섯
솔싹
연어알
게르마늄
레몬
홍삼
녹용
자라
十長生
十長生
금안진(金顏眞)
에센스
ROSÉE

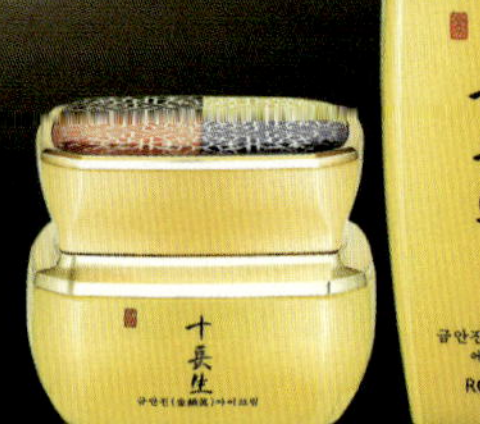

2009

화장품전문점 편람

화장품전문점협회 · 장업 신 편

2009 화장품전문점 편람

CONTENTS

CONTENTS

우리나라 근대 화장품 역사가 시작된 이래 최근처럼 유통이 다각화 되고 혼전을 벌인 적이 없으리만치 화장품 유통의 춘추전국시대를 맞고 있습니다. 그동안 국내 화장품산업은 눈부시게 발전하였는바, 유통 분야는 대변혁의 과도기에 있다고 해도 과언이 아닐 것입니다.

차제에 장업신문과 화장품전문점시장의 울타리 역할에 최선을 다하는 화장품전문점협회가 뜻을 함께해 발간하는 '화장품전문점 편람'은 화장품전문점시장 활성화를 위한 가치있는 시도라 아니 할 수 없습니다.

바야흐로 화장품 유통환경은 화장품전문점들에게 뼈를 깎는 변화와 개혁을 요구하고 있습니다. 흐르지 않는 물이 썩듯이 시대의 변화와 고객의 수요 흐름을 좇아가지 못하는 유통경로는 역사의 뒤안길로 사라질 수밖에 없습니다.

지금 이 시대 유통환경의 변화가 화장품전문점시장에 대해 요구하는 명제는 '부단한 변화' 입니다. 이미 많은 전문점이 브랜드숍이나 프랜차이즈점으로 변신하였습니다. 변화의 중심에는 고객이 자리하고 있습니다. 1980년대 소비의 중심에 있던 전문점 고객들은 이제 40대를 넘긴 중년층이 되었습니다. 전문점시장의 취약한 고객 응집력은 20~30대 젊은 고객층이 많지 않다는 사실로 증명되고 있습니다. 전문점이 변하지 않았기 때문입니다.

새로운 패러다임으로 변화하는 중심에서 협회는 올바른 방향성을 유지하도록 항상 노력할 것입니다. 그것은 화장품전문점시장이 화장품 유통의 건강성을 담보하는 중심적 가치를 가지고 있다는 믿음이 있기 때문입니다.

이 '화장품전문점 편람'이 전문점시장의 변혁을 선도하고 그 변화의 올바른 길을 제시하는 훌륭한 나침반이 되어줄 것을 기대합니다. 끝으로 '화장품전문점 편람'이라는 좋은 기획을 준비해 실행에 옮긴 장업신문의 노고에 감사의 인사를 전합니다.

2009년 6월

사단법인 화장품전문점협회 회장 송 태 기

국내 화장품산업의 발전 과정에서 화장품전문점이 지대한 공헌을 했음은 주지의 사실입니다. 유통의 한 축을 담당하면서 우리가 세계 10대 화장품 강국으로 발전할 수 있는 디딤돌 역할을 해 왔습니다.

그러나 최근의 사회경제적 조류의 급변, 소비행태의 변화와 새로운 유통경로의 발전 등으로 인해 그 위상이 예전만 못한 것도 사실입니다.

그렇다고 해서 화장품전문점의 역할이 사라진 것은 결코 아닙니다. 화장품전문점만이 가질 수 있는 특성을 살려 다른 유통이 하지 못하는 역할을 찾아 새로운 전기를 모색해 나간다면 오히려 그 가치는 더욱 빛날 수 있을 것입니다. 화장품산업의 전반적인 발전에도 크게 기여할 수 있을 것으로 확신합니다.

이에 장업신문은 화장품전문점협회와 공동으로 화장품전문점 경영상에 적용할 수 있는 원칙, 성공적인 경영 사례, 화장품전문점과 함께하는 각사 브랜드 등을 중심 내용으로 한 '화장품전문점 편람' 을 발간합니다. 아무쪼록 이 책이 화장품전문점의 활성화에 기여하고, 그럼으로써 더 나아가 시판시장과 국내 화장품산업의 발전에 기여할 수 있기를 기대합니다.

그리고 기획 단계부터 뜻을 같이하고 음양으로 협조해 주신 화장품전문점협회와 송태기 회장님께 감사를 드립니다. 또한 화장품전문점 활성화라는 대의에 공감하고 취재에 응해 주신 화장품전문점 대표들께도 경의의 뜻을 표합니다. 아울러 이 책의 의의와 공익성을 이해하고 지원해 주신 여러 화장품 제조·판매업체에 대해서도 깊은 감사의 말씀을 드립니다.

'화장품전문점 편람' 의 발간에 즈음하여 한편으로는 아쉬움도 많습니다. 관련 각계의 깊은 관심과 협조 하에 최선을 다해 준비를 했으나 부족한 점도 많기 때문입니다. 하지만 첫걸음인 만큼 작으나마 업계 발전에 도움이 될 것이라는 기대로 보람을 삼고 추후 개정을 통해 더욱 훌륭한 편람을 낼 것을 약속합니다. 감사합니다.

2009년 6월

장업신문 발행인·회장 이 관 치

제1부 국내 화장품산업 현세

1장

국내 화장품산업 현세

- 생산실적
- 수출입 현황
- 제조 · 수입 업소 현황
- 유통현황

■ 생산실적

2007년도에 4조대 돌파 … 성장세는 둔화

국내 화장품 생산실적(금액 기준)은 2007년도에 4조 7백37억원을 기록, 2005년과 2006년에 이어 3년째 성장세를 시현했다. 그러나 전년 대비 성장률은 2.3%에 불과, 2005년도와 2006년도에 비해 큰 폭으로 둔화됐다. 2005년도와 2006년도에는 각각 3조 6천9백27억원과 3조 9천8백3억원으로 7.4%와 7.8%의 성장률을 보였다.

국내 화장품 생산실적은 지난 1970년도에 44억원, 1980년도에 1천6백25억원을 기록했다. 최근 생산실적에 비하면 미미하기 짝이 없는 것이다. 그러나 전년 대비 성장률은 각각 444.9%와 358.2%로 가히 폭발적이었다.

1990년도와 2000년도에는 각각 9천24억원과 3조 1천50억원으로 전년보다 45.6%와 30.2% 증가했다. 1980년도만은 못하지만 그래도 두 자릿수의 성장률을 기록했다.

이어 2001년도에는 3조 4천1백억원으로 9.8% 성장에 그쳤으며, 2002년도에도 같은 성장률을 보였다. 두 자릿수, 세 자릿수의 높은 성장률을 보이던 시기는 2000년도로 끝난 것이다. 2003년도에는 3조 4천5백15억원, 2004년도에는 3조 4천3백69억원으로 각각 전년 대비

7.9%와 0.4% 감소하기조차 했다. 2005년 들어 다시 증가세로 돌아서 2006년도에, 7.9%의 감소세를 보였던 2003년도 이전의 최고치인 2002년도 실적을 넘어섰다.

이와 같은 생산실적의 증감동향은 국내 화장품시장이 성숙기에 접어들었음을 보여 주는 것으로 해석된다. 국내 생산 제품 중 일부는 수출되고, 또 국내 화장품시장에서 수입품이 차지하는 비중이 적지 않음을 고려해도 그렇다.

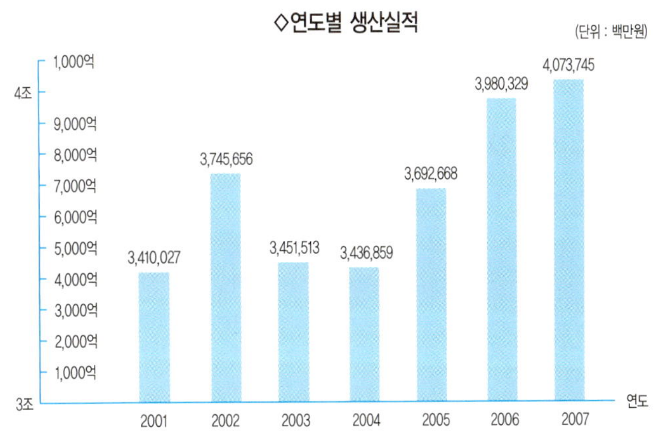

기초 · 기능성 · 두발용 합계 비중 80%

생산실적이 집계된 가장 최근 연도인 2007년도에 가장 많이 생산된 유형은 기초화장용으로 1조 8천6백91억원에 달했다. 전체 생산실적 중 점유비는 45.9%로 2006년도보다 1% 늘어났다. 그 다음은 7천7백35억원(점유비 19.0%)의 기능성, 5천9백27억원(14.6%)의 두발용이었다. 기초화장용, 기능성, 두발용 등 3가지 유형이 전체 화장품 생산금액의 약 80%를 차지하고 있다. 이어 메이크업(3천3백23억원, 8.2%), 면도용(1천6백58억원, 4.1%), 목욕용(1천1백72억원, 2.9%), 눈화장용(1천93억원, 2.7%), 어린이용(5백46억원, 1.3%), 방향용(3백1억원, 0.7%), 매니큐어용(1백68억원, 0.4%), 염모용(1백25억원, 0.3%)의 순이었다.

한편 전년 대비 증감률이 한 자릿수로 접어든 2001년을 기준연도로 2007년도의 생산실적을 비교했을 때 가장 높은 성장률을 보인 유형은 기능성화장품이다. 2천7백9억원에서 7천7백35억원으로 185.5% 증가했다. 기능성화장품이 국내 화장품산업의 성장동력이라는 주장과 부합하는 수치이다.

다음은 목욕용(118.5%), 면도용(57.1%), 두발용(22.6%) 순이다. 이들 유형은 전체 생산실적의 성장률 19.5%를 넘어서는 성장세를 보였다. 어린이용(17.8%), 염모용(14.2%), 기초화장용(7.3%) 등도 성장세를 보였다.

반면 방향용(−34.5%), 메이크업(−33.1%), 눈화장용(−20.3%), 매니큐어용(−3.9%) 등

은 오히려 생산금액이 줄어들었다.

복합기능성화장품 급증세

유형별로 생산실적을 볼 때 가장 눈에 띄는 것은 기능성화장품이다.

생산량을 기준으로 2007년도 국내 생산 화장품 중 기능성화장품의 점유비는 14.2%였다. 기능성 화장품이 처음 출시된 2001년도의 점유비가 2.4%에 불과했음을 생각하면 그야말로 괄목상대할 만큼 성장했다.

◇연도별 · 유형별 심사 건수

구분	2002년	2003년	2004년	2005년	2006년	2007년	2008년	계
미백	307	422	501	789	808	819	1,018	4,664
주름개선	126	153	189	499	564	829	1,156	3,516
자외선	332	395	525	522	644	905	1,166	4,489
미백+자외선	7	34	44	43	60	102	135	425
미백+주름개선	3	8	31	92	116	298	453	1,001
주름+자외선	–	5	7	6	18	53	33	122
삼중기능성	–	–	1	6	9	89	196	301
총계	775	1,017	1,298	1,957	2,219	3,095	4,157	14,518

생산금액으로는 더 눈부신 성장세를 시현했다. 2007년도의 국내 화장품 생산금액 중의 점유비는 19.0%에 달했다. 2001년도 7.9%로 출발해 단 한 해도 거르지 않고 점유율이 상승곡선을 그려 왔다.

기능성화장품의 성장세는 매년 그 전년 대비 증감률을 전체 국내 화장품 생산실적 전체의 증감률과 비교해 보면 더욱 명료해진다. 생산금액 기준으로 볼 때 기능성화장품의 증가율은 단 한 번도 전체 생산실적 증가율을 밑돈 적이 없다. 전체 화장품 생산이 전년보다 감소했던 2003년과 2004년도에도 증가세를 시현했다.

이런 추세는 기능성화장품이 전체 화장품 시장의 성장을 견인했으며, 시장 규모가 축소될 때는 그 폭을 줄이는 역할을 했음을 보여준다. 이는 기능성화장품이 성숙기에 진입한 것으로 평가되는 국내 화장품시장에 활력을 불어넣으며 성장동력으로서 역할을 했음을 의미한다.

이처럼 기능성화장품의 생산실적이 성장할 수 있었던 것은 공급 측면에서 관련 기업들의 적극적인 R&D 투자와 활발한 마케팅 등에 힘입은 것도 사실이지만 궁극적으로는 수요 측면에서 식품의약품안전청의 심사를 받은 제품에 대한 소비자들의 신뢰와 선택이 작용한 결과로 풀이된다.

화장품 기업들의 기능성화장품에 대한 관심과 투자는 식품의약품안전청의 기능성화장품

심사 건수를 보면 확연하다. 2002년도에 7백75건이던 심사 건수는 매년 두 자릿수의 증가세를 보여 왔다. 증가율이 가장 낮았던 2006년도에도 13.4%에 달했으며, 가장 높았던 2005년도에는 무려 50.8%나 늘어났다. 2007년도에는 2006년도보다 39.5%가 증가한 3천95건을 기록한 데 이어 2008년도에는 4천1백57건으로 34.3%나 증가했다. 특히 지난해에는 식약청이 기능성화장품 심사 절차 간소화 차원에서 일정 조건을 갖춘 제품에 대한 보고제를 시행, 2008년도 신규 기능성화장품의 12.3%에 해당하는 5백10건이 이 제도의 혜택을 누렸다.

2002년부터 2008년까지 누적 심사 건수를 효능 효과별로 보면 미백이 4천6백64건(점유율 32.1%)으로 가장 많고, 그 다음은 자외선 4천4백89건(30.9%), 주름개선 3천5백16건(24.2%) 순이었다. 이어 미백+주름개선 1천1건(6.9%), 미백+자외선 4백25건(2.9%), 삼중기능성 3백1건(2.1%), 주름+자외선 1백22건(0.8%) 순이었다.

특히 복합기능성이 전체 기능성화장품 심사 건수에서 차지하는 비율이 2002년도 1.3%에서 해마다 꾸준히 증가해 2006년도에는 9.1%에 이르렀다. 2007년도에는 10%대를 훌쩍 뛰어넘어 17.5%에 달했고, 2008년도에는 19.7%로 더욱 높아졌다. 2002년 이후 지난해까지 전체 기능성화장품 심사 건수 중에서 복합기능성이 차지하는 비중은 12.7%에 달한다.

특히 삼중기능성은 2004년도에 처음으로 1 품목이 심사를 받은 이후 2005년도 6 품목, 2006년도 9 품목으로 한 자릿수에 그치다 2007년에는 89 품목으로, 그리고 2008년도에는 1백96 품목으로 대폭 증가해 관심을 끌고 있다.

복합기능성의 성장 추세는 생산실적에서도 확인된다. 지난 2003년에 전년 대비로 무려 349.1%나 성장한 이후 2004년도에 67.5%, 2005년도 55.4%로 다른 어느 기능성 유형보다도 큰 폭의 성장세를 시현했다. 2006년에는 12.1%로 다른 유형에 뒤쳐지는 증가율을 보였으나, 2007년에는 다시 63.1%로 가장 높은 성장세를 시현했다.

반면 미백과 주름개선은 2007년에 각각 16.6%와 4.1% 감소해 전체 기능성화장품의 2.7%로 예년에 비해 낮은 성장세를 보이는 주 요인이 됐다.

자외선 차단제품은 증가율의 출렁임은 있었으나 매년 꾸준히 증가하고 있다.

이렇듯 생산 실적과 심사 건수를 종합해 보면 기능성화장품이 성숙기에 접어든 국내 전체 화장품 시장을 견인하고 있으며, 특히 복합기능성 제품이 부상하는 추세를 보이고 있다.

■ 수출입 현황

2008년 4억 8218만불 무역역조

관세청이 집계한 수출입 실적에 따르면 2008년도의 화장품 수출은 3억 6천3백82만달러로 전년도의 3억 4백7만달러보다 19.7% 증가한 것으로 나타났다. 같은 기간 수입된 화장품의 총액은 8억 4천6백만달러로 전년도의 7억 5천1백82만달러에 비해 12.5% 증가했다. 4억 8천2백18만 달러의 무역역조가 발생한 것이다.

수입의 경우 2001, 2002년도에는 20% 이상의 높은 증가세를 보였으나 2003년부터 2년 동안에는 감소하며 화장품 수입이 주춤하는 양상을 보였다. 그러나 2005년부터는 평균 12% 성장세를 보이며 다시 증가하는 추세를 보이고 있다.

수출의 경우 2001년 14.6% 성장에서 이후 점차 큰 폭의 성장세를 보여 2004년도에는 2억 5천1백20만달러를 수출하며 전년 대비 46.1%의 증가세를 시현했다. 2005년부터 2007년까지는 한 자릿수 성장에 그쳤으나, 2008년에는 19.7%로 다시 두 자릿수 성장세를 보이며 국내 화장품 수출이 보다 활발해지는 것으로 나타났다.

국내 화장품 수출입 무역수지 적자액을 살펴보면 2001년에는 3억 2천6백86만달러로 2000년 2억 2천8백46만달러 대비 43.1% 증가했다. 이어 2002년에는 4

◇연도별 국내 화장품 수출입 실적

(단위 : 만달러)

연도	2000	2001	2002	2003	2004	2005	2006	2007	2008
수입	33,139	44,478	55,564	54,381	53,889	58,908	68,533	75,182	84,600
성장률	–	34.2%	24.9%	-2.1%	-0.9%	9.3%	16.3%	9.7%	12.5%
수출	10,293	11,792	14,097	17,190	25,120	26,465	28,031	30,407	36,382
성장률	–	14.6%	19.5%	21.9%	46.1%	5.4%	5.9%	8.5%	19.7%

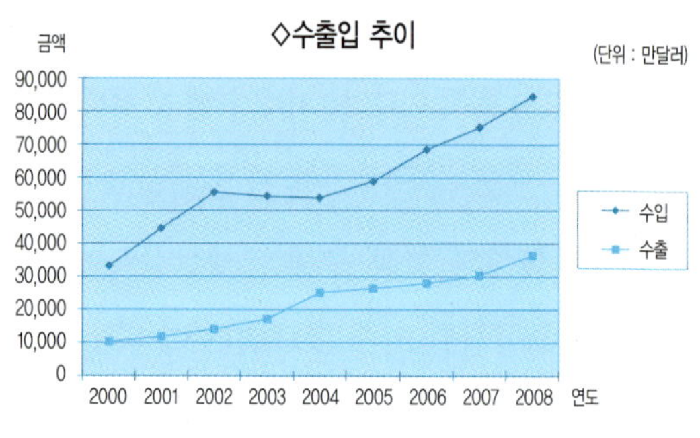

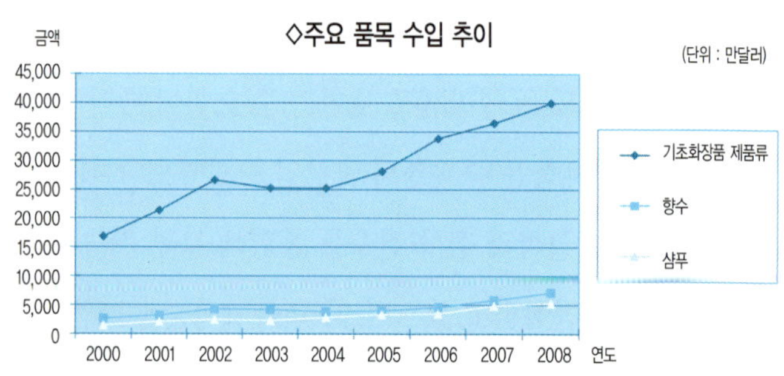

억 1천4백67만달러를 기록해 전년 대비 26.9% 늘어났다. 무역 역조 현상은 2001년, 2002년 연속 전년 대비 큰폭의 증가세를 보였다.

2003년, 2004년에는 화장품 무역수지 적자 폭이 소폭 감소하며 무역역조 현상이 다소 개선되는 양상을 보였다. 2003년에는 3억 7천1백91만달러를 기록해 전년 대비 10.3% 감소했으며 2004년에는 2억 8천7백69만달러로 22.6%나 줄었다.

그러나 2005년부터는 적자 폭이 다시 증가세로 전환돼 2005년에는 3억 2천4백43만달러로 전년 대비 12.8% 증가했다. 2006년에는 4억 5백2만달러 적자를 기록해 2005년 대비 24.8% 늘어나 국내 화장품 수출입 불균형 현상이 더욱 심화된 것으로 나타났다. 또 2007년에는 4억 4천7백75만 달러로 적자 폭이 전년 대비 10.6% 증가했으며, 2008년에는 4억 8천2백17만달러로 2007년 보다 7.7% 증가했다.

유형별로 볼 때 국내에 수입되고 있는 화장품 중 가장 큰 비중을 차지하고 있는 기초화장품 제품류의 경우 2000년 이후 꾸준히 증가세를 보이다 2003년과

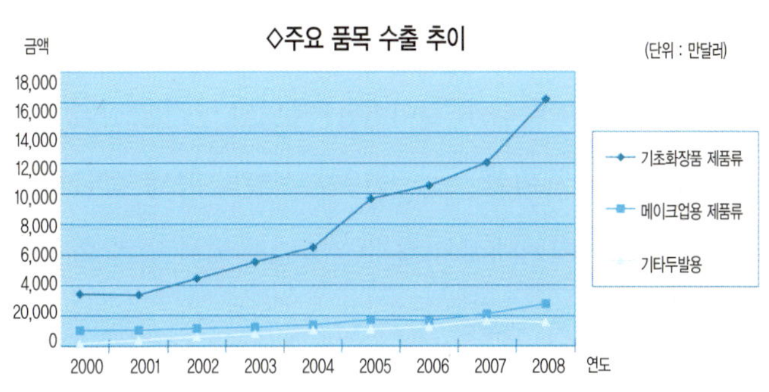

2004년에는 소폭 하락하며 주춤하는 양상을 나타냈다. 2005년 이후에는 다시 증가세를 보이며, 2008년에는 3억 9천9백50만달러가 수입돼 2007년 대비 9.5% 증가했다.

수출 품목 역시 기초화장품 제품류의 비중이 가장 컸다. 2001년도 마이너스 성장을 한 것을 제외하고 2008년까지 꾸준하게 성장세를 보였다. 특히 2005년에는 49.1%라는 큰 폭의 성장세를 보였으며, 지난해에는 1억 6천2백16만달러의 실적을 올리며 34.6% 증가했다.

최대 수출국은 중국, 수입국은 프랑스

2008년도의 국가별로 화장품 수출 실적을 보면 중국이 1억 3백22만달러로 단연 1위를 기록했고, 일본이 5천8백33만달러로 두 번째로 큰 수출 시장이었다. 이어 홍콩이 3천3백55만달러, 미국이 3천3백34만달러로 3, 4위에 올랐고, 3천3백2만달러어치의 화장품이 수출된 대만이 5위에 랭크돼 홍콩, 미국, 대만이 비슷한 수치로 국내 화장품이 수출된 것으로 나타났다.

그 다음으로 싱가포르가 1천7백달러로 6위, 베트남이 1천72만달러로 7위, 말레이시아가 9백50만달러로 8번째로 국내 화장품이 많이 수출되는 나라로 조사됐다. 이어 이란은 8백57만달러, 몽골이 7백48만달러로 각각 9위와 10위에 올랐다.

반면 국내 화장품 주요 수입국으로는 프랑스가 2억 1천4백51만달러로 1위를 차지했다. 이어 미국이 1억 9천96만달러로 2위, 일본이 1억 6천3백만달러로 3위를 기록해 일본은 국내 화장품의 주요 수출국이자 수입국으로 조사됐다.

이어 태국이 5천5백64만달러로 4위, 이탈리아가 4천1백18만달러로 5위를 차지했으며, 영국이 3천9백84만달러, 독일이 3천1백44만 달러로 각각 6위와 7위에 올랐다.

일본, 태국을 제외한 프랑스, 미국, 이탈리아, 영국, 독일이 국내 주요 화장품 수입국으로 수출은 주로 아시아권에서 이뤄지는 반면 유럽과 미국 화장품이 국내에 많이 수입되고 있는 것으로 나타났다.

8위에는 캐나다가 1천8백12만달러로 랭크됐으며 그 다음으로 국내 화장품 최대 수출국인 중국이 수입 금액 1천7백15만달러로 국내 화장품 수입국 9위에 올랐고, 스페인은 1천2백67만달러로 10위를 차지했다.

◇2008년도 주요 국가별 수출입 실적

(단위 : 만달러)

순위	수출국	금액	수입국	금액
1	중국	10,322	프랑스	21,451
2	일본	5,833	미국	19,096
3	홍콩	3,355	일본	16,300
4	미국	3,334	태국	5,564
5	대만	3,302	이탈리아	4,118
6	싱가포르	1,700	영국	3,984
7	베트남	1,072	독일	3,144
8	말레이지아	950	캐나다	1,812
9	이란	857	중국	1,715
10	몽골	748	스페인	1,267

■ 제조 · 수입 업소 현황

2007년 제조업소 612사 · 수입업소 1021사

화장품 제조업소는 해마다 꾸준히 증가하고 있다.

식품의약품안전청이 발간하는 식품의약품통계연보에 따르면 2007년도의 화장품 제조업소는 6백12개소에 달했다. 2002년도의 2백70개소에 비교하면 5년 동안 무려 3백42개소가 증가한 것이다.

이렇듯 제조업소 수는 매년 꾸준히 증가했는데, 증감 추이에서 특이한 점은 생산실적이 감소한 해에도 오히려 증가했다는 것이다. 즉 2003년에도 생산실적은 3조 4천5백15억원으로 전년 대비 7.9% 감소했음에도 제조업소는 67개소나 늘었으며, 2004년도에도 생산실적은 3조 4천3백69억원으로 0.4% 줄어들었으나 제조업소는 4백17개소로 80개소나 증가했다.

이처럼 제조업소 수가 계속 증가하면서 제조업소당 평균 생산실적은 해마다 줄어들고 있다. 2002년도의 1백38억 7천2백80만원에서 2007년도에는 66억 5천6백45만원으로 절반도 안되는 48% 수준으로 줄어들었다.

반면 수입업소는 한국의약품수출입협회에 통관예정보고를 한 업체를 중심으로 집계한 자료에 따르면 2007년도에 1천21개소였다. 수입업소 역시 제조업소처럼 매년 증가해 왔는데, 2007년도에는 전년보다 2백78개소가 줄어들었다.

◇연도별 화장품 제조 · 수입 업소 현황

구분	제조업소	수입업소
2002년	270	–
2003년	337	870
2004년	417	826
2005년	466	888
2006년	506	1,299
2007년	612	1,021

29사 31업소 CGMP 적합 지정

한편 제조업소 29개사가 31개 업소에 대해 우수화장품 제조 및 품질관리 기준(CGMP) 적합 업소 지정을 받았다. CGMP 업소는 2006년도 4개 업소, 2007년 5개 업소, 2008년 6개 업소가 새로 지정받는 등 2006년 이후 계속 늘어나고 있다. 이는 품질경영시스템을 제대로 구축해 국제경쟁력을 강화하고 고객의 기대와 요구에 부응하는 경영시스템을 갖춰야 한다는 인식이 확산됐기 때문이다.

한편 ISO/TC 217에서 지난 2007년 국제표준화기구(ISO) 체계에 따라 ISO

22716(Guidelines on Good Manufacturing Practices for Cosmetic Products)을 제정함에 따라 지금까지 세계 각국이 자율적으로 시행해 오던 CGMP제도가 ISO 22716으로 표준화되어 갈 것으로 예상되며, 국내에서도 이런 추세를 감안해 ISO 22716의 KS 부합화 등 CGMP 관련 제도의 개선에 대한 논의가 이뤄지고 있다.

◇CGMP 적합 업소 지정 현황

제조업소명	지정 년월일	지정 제품유형
엘지생활건강	1993. 3. 25.	어린이용, 목욕용, 눈화장용, 방향용, 두발용, 메이크업용, 면도용, 기초화장용
아모레퍼시픽 수원공장	1993. 12. 1.	어린이용, 목욕용, 눈화장용, 방향용, 두발용, 메이크업용, 면도용, 기초화장용
한국콜마 전의공장	1994. 12. 28.	어린이용, 목욕용, 눈화장용, 방향용, 두발용, 염모용, 메이크업용, 면도용, 기초화장용
코리아나화장품	1996. 12. 9.	어린이용, 목욕용, 눈화장용, 방향용, 두발용, 염모용, 메이크업용, 면도용, 기초화장용
하이넷포쉬에화장품	1997. 4. 21.	목욕용, 눈화장용, 방향용, 두발용, 메이크업용, 면도용, 기초화장용
코스맥스	1998. 2. 3.	어린이용, 목욕용, 눈화장용, 방향용, 두발용, 염모용, 메이크업용, 메니큐어용, 면도용, 기초화장용
나드리화장품	1998. 8. 31.	어린이용, 목욕용, 눈화장용, 방향용, 두발용, 염모용, 메이크업용, 메니큐어용, 면도용, 기초화장용
참존	1999. 3. 10.	어린이용, 목욕용, 눈화장용, 방향용, 두발용, 메이크업용, 면도용, 기초화장용
한국존슨앤드존슨	1999. 8. 5.	어린이용, 목욕용, 기초화장용
아모레퍼시픽 김천공장	2001. 8. 17.	메이크업용, 눈화장용, 기초화장용
한국콜마 전동공장	2001. 8. 28.	눈화장용, 메이크업용
엔프라니	2001. 8. 28.	어린이용, 목욕용, 방향용, 두발용, 면도용, 기초화장용
에버코스	2003. 12. 10.	어린이용, 목욕용, 두발용, 기초화장용
보령메디앙스	2004. 9. 22.	어린이용, 목욕용, 기초화장용
생그린	2005. 3. 9.	목욕용, 두발용, 기초화장용
금비화장품	2005. 12. 29.	메이크업용, 기초화장용
한국화장품	2006. 5. 8.	어린이용, 목욕용, 눈화장용, 방향용, 두발용, 메이크업용, 면도용, 기초화장용
아이쎔	2006. 9. 19.	어린이용, 목욕용, 눈화장용, 두발용, 메이크업용, 기초화장용
제니코스	2006. 11. 29.	어린이용, 목욕용, 눈화장용, 방향용, 두발용, 염모용, 메이크업용, 메니큐어용, 면도용, 기초화장용
코바스	2006. 12. 28.	기초화장용
코스메카코리아 음성공장	2007. 2. 7.	어린이용, 목욕용, 눈화장용, 방향용, 두발용, 메이크업용, 면도용, 기초화장용
에스티씨나라	2007. 3. 5.	어린이용, 목욕용, 두발용, 메이크업용, 면도용, 기초화장용
제닉	2007. 4. 2.	기초화장용
세화피앤씨	2007. 7. 5.	어린이용, 목욕용, 방향용, 두발용, 염모용, 기초화장용
아이피어리스	2007. 8. 27.	어린이용, 목욕용, 눈화장용, 방향용, 두발용, 메이크업용, 면도용, 기초화장용
웰코스	2008. 1. 30.	어린이용, 목욕용, 방향용, 두발용, 메이크업용, 면도용, 기초화장용
유씨엘	2008. 4. 3.	어린이용, 목욕용, 눈화장용, 방향용, 두발용, 염모용, 메이크업용, 면도용, 기초화장용
다쏘앤컴퍼니	2008. 7. 18.	어린이용, 목욕용, 방향용, 메이크업용, 기초화장용
서울화장품	2008. 8. 18.	목욕용, 두발용, 염모용, 면도용, 기초화장용
하나코스	2008. 9. 10.	어린이용, 목욕용, 눈화장용, 방향용, 두발용, 메이크업용, 매니큐어용, 면도용, 기초화장용
에이제이	2008. 12. 19.	기초화장용(클렌징 티슈류에 한함)

■ 유통 현황 – 시판

2조5000억원 규모 시장 형성

화장품업계는 2009년도 시판시장 규모가 대형할인점을 포함해 약 2조4천9백억원 정도 될 것으로 예상하고 있다. 이는 2008년 대비 8% 가까운 성장세로 전체 국내 화장품시장의 성장세를 넘어설 것으로 전망되고 있다. 이와 같은 예상과 전망이 맞는다면 2009년도 전체 국내 화장품시장에서 시판이 차지하는 점유율은 약 36% 정도가 될 것으로 보인다.

업계에서 이처럼 시판시장이 높은 성장세를 보일 것으로 전망하는 근거는 브랜드숍과 대형할인점의 선전이다.

지난 수년간 소비 행태의 변화, 브랜드숍의 등장, 사회경제적 상황의 급변 등의 영향을 크게 받으며 위축 일로를 걸어온 기존 화장품전문점이 바닥을 치고 오히려 상승세를 보일 것이라는 조심스러운 예측도 얼마 전부터 제기되기도 했지만 대부분은 기대는 해 볼 수 있지만 현실적으로 쉽지 않을 것이라고 언급하고 있다.

오히려 브랜드숍으로의 고객 이동이 계속되면서 기존 전문점과 브랜드숍의 양극화 현상이 더욱 깊어질 것이라는 예상도 나오고 있다.

브랜드숍, 성장 정체 예상 깨고 꾸준한 성장세 시현

브랜드숍은 양적인 포화상태에 이르러 경쟁이 심화되면서 성장이 정체될 것이라는 예상이 계속 제기됐지만, 예상과는 달리 새로운 콘셉트를 내세운 신규 브랜드숍이 등장하고 매스티지전략이 적중하면서 시장 규모를 확대하며 당당히 시판유통의 주축으로서의 자리를 차지하고 있다. 특히 2008년 하반기에는 아모레퍼시픽이 휴플레이스를 이어 아리따움을 출범시켜 새로운 흐름을 만들었다는 평가를 받고 있다.

2008년도에는 세계적인 금융위기의 여파로 원화가 약세를 보이자 명동을 중심으로 일본인 및 중국인 관광객이 폭주하면서 해당 지역 브랜드숍 매장의 매출이 급증하는 모습을 보였다.

2009년 2월 말 현재 국내 브랜드숍 매장은 약 4천1백개에 달한다. 브랜드숍의 원조라고 할 만한 미샤가 6백50개, 더페이스샵이 6백50개의 매장을 운영하고 있다.

2008년 9월에 국내 화장품업계의 지대한 관심 속에 출범한 아리따움은 9백20개, LG생활건강의 뷰티플렉스는 8백90개에 달한다.

브랜드숍은 한편 국내 시장의 성장 한계를 극복하기 위한 방안으로 해외시장으로 눈을 돌려 동남아권은 물론 미주, 중동 등에까지 진출해 상당한 성과를 올리고 있다.

기존 전문점, 중대형 매장 중심으로 새로운 모델 모색

기존의 화장품전문점들은 브랜드숍, 인터넷 쇼핑몰과 홈쇼핑 등 다른 유통 채널로의 고객 이탈이라는 근본적인 위축 원인을 극복할 수 있는 방안 모색에 몰두하며 끊임없이 탈출구를 찾으려는 노력을 경주하고 있다.

이와 같은 노력은 유동인구가 풍부한 역세권과 재래시장, 대규모 아파트단지 등을 기반으로 하는 중대형 매장 중심으로 나름대로 결실을 맺고 있다는 분석이다. 이들 매장들은 화장품전문점만이 가질 수 있는 고유의 장점을 살리면서 브랜드숍 등 다른 유통에서 시행하던 고객관리 기법, 마사지 등 고객밀착형 서비스 등을 접목해 새로운 길을 찾고 있다.

이와 같은 화장품전문점들은 지금까지의 격변을 견디며 나름대로 새로운 경영환경에 적응하고 있기 때문에 장기적으로 한 단계 업그레이드된 화장품전문점의 모델을 만들고 화장품유통의 한 축으로서 역할을 다할 것으로 기대되고 있다.

가장 주목받는 유통경로, 대형할인점

1990년대 중반에 새로운 유통 채널로 주목받으며 등장한 대형할인점은 화장품 매출도 꾸준히 상승세를 보여왔다. 2006년도 4천8백50억원대에서 2007년도에는 5천9백억원대로, 그리고 2008년에는 전년 대비 약 12% 성장한 약 6천6백억원대를 기록한 것으로 추정되고 있다. 2009년에도 9% 이상의 성장세를 시현, 약 7천2백억원대의 매출을 올릴 수 있을 것으로 업계는 예상하고 있다. 대형 마트 고객의 증가와 객단가의 상승이 이와 같은 매출 상승을 견인하는 주된 요인으로 분석되고 있다.

2009년도에는 부지 포화 및 규제 등으로 대형할인점 출점 자체는 줄어드는 모습을 보이겠지만, 취급 카테고리 중 화장품을 확대하려는 대형할인점 측의 정책과 향후 더욱 각광받을 유통 채널로 대형할인점을 주목하고 있는 화장품기업의 이해관계가 맞아떨어져 어느 해보다도 활발한 모습을 보일 것으로 예상되고 있다. 특히 최근에는 수입브랜드들도 입점하거나 입점을 타진하고 있다.

업계 일각에서는 2008년 하반기에 경기 침체 속에서도 백화점과 함께 선전을 했던 대형할인점이 여세를 몰아 2009년도에도 괄목할 만한 상승세를 이어갈 것이며, 그 결과 대형할인점과 백화점이 매출에 있어서 인적판매 경로를 능가할 것으로 예상하고 있다.

한편 H&B숍으로도 불리는 드럭스토어는 CJ올리브영, GS왓슨스, 더블유스토어가 3파전 양상을 보이고 있는 가운데, 화장품으로는 코스메슈티컬과 약국 브랜드들이 주종을 이루고 있다.

■ 유통 현황-인적 판매

점유율 30%대 유지 … 국내 화장품 유통의 중요한 축

방문판매와 다단계 등의 인적판매 유통은 1960년대부터 가장 높은 시장점유율을 유지해 왔으며, 90년대 말 외환위기와 카드대란으로 침체기를 걸었지만 현재도 국내 화장품 유통의 주축으로 30% 이상의 점유율을 자랑하고 있다.

1960년대부터 1980년대 중반까지 성장했던 대인 판매 방식의 구방판을 방문판매라고 칭하고 있으며, 1989년 코리아나화장품이 도입한 방문판매 방식을 신방판으로, 1990년대 초반부터 진출한 해외 방문판매 형태를 다단계로 분류하고 있다.

방문판매 유통은 경기가 악화되었던 2008년 1조6천9백억원을 기록, 전년 대비 4.7%의 성장세를 보이며 변함없는 신뢰를 확보하고 있다. 신방판과 다단계 역시 지난해 나란히 2천9백억원을 기록하며 2002년부터 시장점유율을 유지하고 있는 상황이다.

이처럼 인적판매 유통이 변함없는 신뢰를 확보하고 있는 것은 일대일 판매 방식으로 지속적인 관리가 용의하고 매년 사회 현상에 맞추어 발 빠르게 대응해 온 결과로 풀이된다.

방문판매

방문판매 방식의 유통은 지난 1962년 쥬리아화장품으로부터 시작된다. 이후 시장이 급성장함에 따라 아모레퍼시픽을 비롯해 한국화장품 등 다수의 기업들이 이 시장에 뛰어 들게 된다.

당시 국내 화장품업계는 공급에 비해 수요가 넘쳐 제조시설을 갖춘 화장품사들이 방문판매 영업을 시작하며 큰 성장세를 보였으며 1980년대 초까지 방문판매 유통은 전 화장품 유통의 80%를 차지할 정도로 막강한 유통으로 성장해 왔다.

그러나 90년대 초 시판으로 불리는 전문점 유통이 확대되면서 점차 점유율이 떨어지기 시작했으며 1997년 외환위기를 전후해 카드대란 등으로 성장이 멈추게 된다. 이후 한방화장품 붐과 프리미엄 제품의 인기 등으로 안정화 추세로 접어들었으며 1998년 8%선이었던 시장점유율은 2002년부터 현재까지 22%대를 유지하고 있다.

방문판매 기업으로는 현재 아모레퍼시픽이 설화수와 헤라를 앞세워 부동의 1위 자리를 구축하고 있으며 그 뒤를 LG생활건강이 추격하고 있는 상황이다. 또한 방문판매 전문기업으로는 화진화장품과 사임당화장품, 생그린, 백옥생, 유니베라 등이 경쟁체계를 구축하고 있으며 해외 브랜드로는 유일하게 메리케이가 방문판매 방식을 고수하고 있다.

최근 방문판매기업들은 화장품 외에도 속옷과 건강식품, 미용도구 등을 판매하고 있으며 피부관리실을 센터나 지점별로 운영해 고객 서비스를 제공하고 있기도 하다.

신방판

신방판은 방문판매 방식의 유통에 다단계의 직급이라는 판매 동기부여를 접목시킨 새로운 방문판매 유통으로 지난 1989년 코리아나화장품이 처음으로 도입하면서 점차 업계로 확산되기 시작한 인적판매 유통 구조다.

코리아나화장품을 시작으로 아모레퍼시픽, 한국화장품 등 다수의 방문판매기업들이 신방판 형태의 유통방식을 도입하면서 신방판은 80년대 말 소비 행태 변화와 해외 유명 브랜드들의 국내 진입으로 빼앗겼던 소비자들을 다시 찾는 첨병 역할을 해내기 시작한다.

이때부터 방문판매 영업사원들의 이동이 많아지게 되었으며 업계 경쟁도 치열하게 벌어지며 인적판매 유통의 제2의 전성기를 구가하게 된다. 그러나 외환위기를 전후해 신용카드의 남발로 인한 사회문제로 통합관리가 결정되면서 신방판 구조는 급속하게 무너졌으며 1990년대 초 방문판매를 앞서던 시장 점유율도 6%대로 하락, 현재 2천9백억원대 규모로 전체 시장의 7%를 차지하고 있다.

특히 신방판은 기업 간의 무리한 경쟁과 무리한 영업 방식으로 사회적 문제를 야기해 지난해 '무늬만 방판인 기업'이라는 이슈가 발생, 공정위와 업계간의 법적 공방이 발생했다. 일단 해당 기업들이 대부분 법적 공방에서 승소함에 따라 일단락된 것으로 보이나 아직 불씨가 살아 있어 업계 스스로의 자정 노력이 요구되고 있다.

다단계

다단계 유통 구조는 해외 인적판매 유통 구조가 국내에 진입하며 생겨난 새로운 유통 방식으로 외환위기 이후 큰 성장세를 보였으나 2007년 제이유 사건을 전후해 점차 시장점유율을 잃고 있는 상황이다.

국내에서 다단계 유통은 세계적인 다국적 기업인 암웨이를 필두로 하이리빙, 뉴스킨, 에이본 등이 화장품 다단계 유통을 주도하고 있으며 최근 온라인과 결합된 네트워크 마케팅 등으로 새로운 전환기를 맞고 있다.

뉴스킨과 에이본을 제외한 다단계 기업들은 화장품 외에도 정수기와 건강식품, 속옷, 가정용품 등 다양한 품목을 판매하고 있어 정확한 시장 규모를 파악하기 힘들지만 대략 신방판과 비슷한 2천9백억원대 규모로 추산되고 있다. 그러나 다단계 유통은 정부의 엄격한 법적 규제로 큰 성장을 하지 못하고 있으며 제이유 사건 등으로 신뢰도가 하락되고 있어 답보 상태를 보이고 있는 실정이다.

이에 따라 지난해 '무늬만 방판인 기업' 문제가 대두되면서 다단계 기업에 대한 규제 변화와 신뢰도 확보를 위한 자정 노력이 직접판매협회 등을 중심으로 논의되고 있다.

■ 유통 현황 – 백화점

2007년도 매출 1조 5559억 22% 증가

백화점 채널은 지난 1999년에 4천36억원대(소비자가 기준)의 매출을 기록한 데 이어 2000년도에는 5천6백억원대로 올라서는 가파른 상승세를 보였다. 이러한 성장세는 각 브랜드별로 공격적으로 신제품을 출시하고 프로모션을 진행하는 한편 신규 매장이 오픈하고 새로운 브랜드가 진입한 결과로 분석된다.

2001년에도 7천6백억원대의 매출을 기록하면서 35.7%의 성장세를 보였다. 특히 소비 양극화 현상이 심화되면서 스킨케어 시장이 호황을 구가했으며, 초고가 제품이 등장해 눈길을 끌기도 했다.

2002년에는 1조원 돌파가 무난할 것으로 예상됐으나 하반기 들어 소비심리가 급락세로 돌아서며 약 9천3백억원대에 머물렀다. 그래도 성장률 22.4%를 기록, 전년만은 못하지만 높은 증가세를 이어갔다. 2002년에 당초 기대에 미치지 못하는 증가율을 보인 것은 소비심리 억제 현상과 맞물려 백화점들이 연말 세일을 하지 않았던 것이 주요인으로 분석됐다.

2003년에는 백화점 화장품 시장 규모가 1조원대를 돌파했다는 점에서 역사적인 한 해였다. 그해 전반적인 경기불황으로 전체 화장품시장 규모가 4~5%의 감소세를 보였을 것으로 추정된 가운데서도 백화점 채널만은 8.3%대의 성장률을 기록, 여전히 성장세를 유지하고 있는 시장인 것으로 확인됐다.

2004년에는 백화점 유통의 주요 10대 브랜드들이 보기 드물게 마이너스 성장을 보이면서 고도 성장을 멈췄다. 2004년에는 1조 5백55억원대의 매출액을 올리며 2003년 대비 4.8% 성장했다. 이어 2005년 1조 1천1백99억원, 2006년 1조 1천5백억원으로 각각 6.1%, 2.7%의 완만한 성장세를 나타냈다. 이에 대해 일각에서는 백화점 채널이 성숙기에 접어든 것이라는 진단을 내놓기도 했다.

그러나 2007년도 들어 성장률이 회복세를 보이기 시작해 2008년도에는 22.1%로 다시 가파른 상승세를 보였다. 지난 2007년에는 1조 2천7백43억원의 매출을 기록하면서 10.8%의 성장률을 기록했다. 이런 성장 추세는 2008년도에 들면서 더욱 강화됐다. 당초에 2008년에는 6.4% 정도의 성장세를 보일 것으로 전망됐으나, 예상 밖으로 강한 상승세를 보여 1조 5천

5백59억원의 매출액을 기록하며 전년 동기 대비 22.1% 성장했다. 백화점 유통의 프레스티지 마켓은 2008년 상반기에 20%의 성장세를 기록했으며, 미국발 금융위기가 전세계로 퍼지고 실물경기마저도 위축되는 양상을 보인 하반기 들어 오히려 매출이 더욱 상승하는 현상을 보였다.

2008년 10월 이후에는 백화점 명품 패션 브랜드의 매출조차도 주춤했으나 백화점 화장품 매출이 계속 늘었던 주요 요인으로는 고환율의 영향으로 해외 여행객이 감소하고 내국인들의 면세점 이용이 줄어들면서 그 반사작용으로 백화점 화장품의 판매 증가로 이어졌던 것으로 분석되고 있다. 특히 고환율의

◇연도별 백화점 시장 성장 추이 (단위 : 억원)

연도	2000	2001	2002	2003	2004	2005	2006	2007	2008
금액	5,600	7,600	9,300	10,072	10,555	11,199	11,500	12,743	15,559
성장률	38.8%	35.7%	22.4%	8.3%	4.8%	6.1%	2.7%	10.8%	22.1%

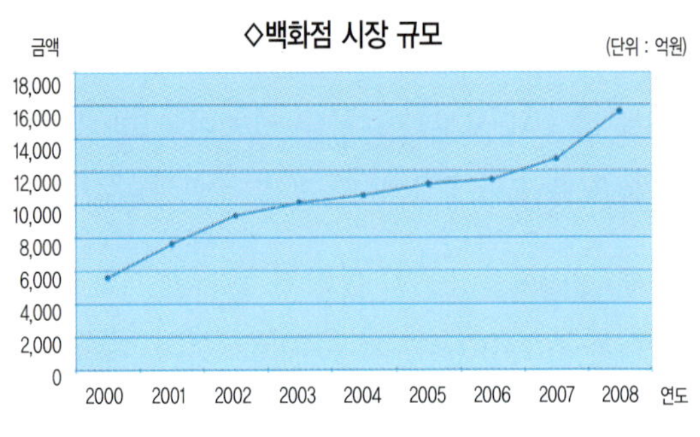

영향으로 면세점의 가격할인 혜택이 줄어 백화점 매출 향상을 더욱 부추긴 것으로 나타났다.

저성장 기조를 벗어나 6년 만에 20% 성장세를 나타낸 백화점 프레스티지 마켓은 2008년에 매출 증대를 낳은 요인들이 2009년에도 영향을 미치고 있는데다 글로벌 화장품 브랜드에 익숙한 20~30대 소비자들의 적극적인 제품 구매에 따라 당분간 호황이 계속될 전망이다.

■ 유통 현황 - 인터넷 쇼핑몰

인터넷의 보급 확대에 힘입어 2000년대 들어 인터넷 쇼핑몰 채널은 화장품 유통에서 가장 빠르게 성장하는 신 유통경로로 손꼽히고 있다. 1990년대 후반부터 등장하기 시작한 인터넷 쇼핑몰은 젊은 소비자층을 중심으로 빠르게 확산되며, 화장품 유통의 한 축으로 성장했다.

1990년대 후반부터 인터넷을 이용한 쇼핑몰이 등장하면서 대대적인 가격할인을 무기로 화장품만을 전문으로 판매하기 시작한 쇼핑몰이 출현하기 시작해 화장품 유통의 가장 큰 시장인 전문점시장을 위협하는 유통으로 자리를 잡았다. 또한 인터넷 보급률의 급신장과 함께 인터넷 쇼핑몰은 가파른 성장세를 보이며 대형 쇼핑몰들이 등장하기 시작했다.

대표적인 대형 화장품 전문 인터넷 쇼핑몰은 여인닷컴 · 플러스1000 · 체리야 등으로 수위 자리를 다투면서 빅3를 형성해 시장을 주도했다. 여기에 중소형 인터넷 쇼핑몰이 시장에 가세하며 인터넷 쇼핑몰 시장의 규모를 키웠다.

특히 화장품을 전문적으로 판매하는 인터넷 쇼핑몰들은 화장품 벤더, 화장품 도매상을 겸하고 있는 경우도 있어 제품 구색의 다양화와 강력한 가격 경쟁력을 앞세워 시장을 장악했다. 시장의 규모가 성장함에 따라 기존 종합 쇼핑몰이었던 인터파크나 디앤샵(D&Shop) 등이 화장품에 눈길을 돌리면서 중점적으로 취급하기 시작해 더욱 시장은 커져갔다.

통계청 자료에 의하면 2004년 인터넷 쇼핑몰에서 판매된 화장품 · 향수의 거래액은 5천1백50억원을 기록했으며, 2005년에 14.0% 증가한 5천8백70억원, 2006년에 6천9백90억원을 기록하며 19.1% 증가했다.

특히 2001년부터 2006년까지 5년간 인터넷 쇼핑몰에서 판매된 화장품 · 향수의 거래액의 증가 추세를 살펴보면 2001년에 8백억원의 거래액을 나타냈던 화장품 · 향수 부문은 2006년 들어 6천9백90억원의 거래액을 기록해 5년간 772.3%의 폭발적인 성장세를 나타냈다. 이어 2007년에 7천9백30억원, 2008년에 전년 대비 15.6% 성장한 9천1백70억원의 거래액을 나타내며 꾸준한 성장세를 이어가고 있다.

하지만 파격적인 가격 할인과 제품 구매의 편리성을 무기로 성장을 이어가던 인터넷 채널은 초저가 브랜드숍의 출현과 함께 가격경쟁력의 약화와 화면상으로 제품을 확인해야 하는 한계성, 인터넷 쇼핑몰의 난립 등 경쟁력이 약화되면서 시장이 위축됐다.

특히 2003년부터 2005년까지 2년 동안 지방에서 선전하던 인터넷 쇼핑몰이 거의 사라졌을 뿐만 아니라 수도권에 거점을 확보하고 있는 중소형 인터넷 쇼핑몰도 서서히 침체의 길로 접어들었다.

◇연도별 인터넷 쇼핑몰 화장품·향수 거래액 (단위 : 십억원, %)

구분	거래액	증감율
2004년	515	–
2005년	587	14.0
2006년	699	19.1
2007년	793	13.4
2008년	917	15.6

※ 출처 : 통계청

또 종합 쇼핑몰의 대대적인 공세가 이루어지면서 시장 경쟁력을 확보한 몇몇의 대형 쇼핑몰만 생존했으며, 여기에 빅3를 형성하던 여인닷컴과 플러스1000이 여성용 잡화몰로 변화를 꾀하며 화장품 전문 인터넷 쇼핑몰은 유명무실해졌다.

최근에는 체리야가 1위 자리를 굳히고 있는 가운데 인터파크와 디앤샵(D&Shop) 등이 최고의 매출을 기록하고 있고 초저가 브랜드숍의 인터넷몰들이 급성장하고 있는 가운데 오픈마켓 시장의 확대와 함께 반등의 기회를 맞이하고 있다.

통계청 자료에 따르면 2008년 오픈마켓 시장 규모는 약 8조원의 규모에서 연평균 약 21% 성장해 2012년에는 20조원으로 성장할 것으로 전망되고 있다.

이베이의 옥션과 인터파크 G마켓이 양분하고 있던 오픈마켓 시장에 SK텔레콤이 기존 오픈마켓에서 찾아볼 수 없었던 커뮤니케이션 기능을 비롯해 유·무선을 활용한 정보 검색방식의 상품 정보 제공과 2백만개의 핵심상품, 해외 직접 소싱 상품, 카테고리별 대표 상품에 대한 경쟁사 우위 가격으로 소비자들이 좀 더 편하고 즐거운 쇼핑이 가능하도록 한 '11번가'를 2008년 2월 오픈하면서 오픈마켓 시장의 경쟁이 치열해졌다.

또 2009년 4월 22일 공정거래위원회가 1위 업체인 인터파크 G마켓과 2위 업체 이베이의 옥션의 기업결합을 일정 기간 수수료 인상 금지 등의 조건을 부과하여 승인해 국내 오픈마켓 시장에도 거대 공룡의 탄생했다.

공정위의 결정에 따라 옥션과 G마켓이 합쳐질 경우 거래액만 볼 때 G마켓이 3조 2천억원, 옥션이 2조 7천억원으로 5조 9천억 원대의 초대형 인터넷몰이 탄생하게 되며 시장점유율은 87.2%에 달한다.

이어 나머지 중소업체들이 인수합병을 통한 몸집 불리기에 나서거나 포털 업체들의 오픈마켓 시장진출 가능성이 높아질 전망이다.

■ 유통 현황–홈쇼핑

정보통신기술 및 미디어의 발전과 함께 1995년 8월 정부 주도의 유선방송사업의 시작으로 본격적인 홈쇼핑 시대가 열렸다. 홈쇼핑 채널은 저렴한 가격과 집에서 전화 통화로 제품을 구매할 수 있다는 편리성을 앞세워 급속도로 성장하고 있는 유통경로 중 하나다.

국내 홈쇼핑 시장은 1995년 첫 방송을 시작한 이후 미국에 이어 세계 2위의 홈쇼핑 시장을 형성하고 있다. 한국에서 홈쇼핑 시장은 새로운 매체에 대한 뛰어난 적응력을 가진 국민성, 집에서 편안히 제품을 구매할 수 있는 편리성이 어우러져 급속한 성장세를 이어가고 있다.

또한 홈쇼핑 사업자들은 자사들의 인터넷 쇼핑몰과 카탈로그 쇼핑 등으로 사업영역을 확대해 무점포 유통분야를 아우르는 홈쇼핑전문기업으로 발전했으며, 다양한 상품의 도입과 서비스 혁신을 통해 성장세를 이어가고 있다.

1995년도에 전체 매출 34억원의 시장규모를 형성했던 홈쇼핑 채널은 2000년대 들어서며 화장품 매출이 급성장해 TV홈쇼핑채널만 봐도 2006년 2천5백억원, 2007년 2천8백억원에 이어 2008년도에는 약 7% 성장한 3천억원대의 매출을 기록하며 성장세를 이어가고 있다.

1995년 CJ 홈쇼핑(구 39쇼핑)을 시작으로 GS 홈쇼핑·롯데 홈쇼핑·현대 홈쇼핑·우리 홈쇼핑·농수산 홈쇼핑 등의 대형 홈쇼핑 방송의 시장 진입과 지역방송국들도 홈쇼핑 시장에 가세하면서 전체적인 규모는 더욱 늘어났다.

특히 1990년대 후반으로 접어들면서 화장품은 홈쇼핑에서 핵심품목으로 자리를 잡으며 도도화장품의 빨간통 시리즈를 비롯해 커버덤·황토원·댕기머리 등은 각 홈쇼핑 사의 화장품 부문 기록을 쏟아내며 히트 상품으로 인기를 끌고 있다.

화장품업계는 제품 판매는 물론 브랜드를 알리는 광고효과를 통해 브랜드 인지도를 높일 수 있는 홈쇼핑을 이용하기 시작하며 각사의 주력 브랜드들도 소개되지 않은 상품이 거의 없을 만큼 다양한 제품이 홈쇼핑을 통해 소개되고 있다. 또한 홈쇼핑에 진출한 시판 중견사들은 홈쇼핑 전용 브랜드를 개발하는 한편 시판시장에 선보일 신제품 샘플을 홈쇼핑 제품에 구성해 신제품의 테스트 마켓으로도 홈쇼핑을 이용하고 있다.

2006년부터 홈쇼핑 채널의 뜨거운 이슈로 떠오르고 있는 'By 브랜드'의 열풍은 지속될 것으로 전망된다.

애경의 경우 2006년 홈쇼핑(GS홈쇼핑)의 최대 히트 상품인 '루나'는 2008년에도 1월1일부터 12월9일까지 GS홈쇼핑에서 총 40만 세트가 판매돼 1위를 고수했다. 루나는 출시 이후 현재까지 기록을 연속 갈아치운 홈쇼핑 '대박' 브랜드로서 2009년 상반기 GS홈쇼핑 판매수량 1위, 출시 5회 연속 매진, GS홈쇼핑 화장품 카테고리 최단기간 4백억 매출 달성, 2년간 9시즌 신제품 출시 및 꾸준한 인기가도를 달리고 있으며 현재까지 홈쇼핑에서의 인기는 하늘 높은 줄 모르고 치솟고 있다. 또한 2008년 5월 15일 고급 에스테틱 화장품 브랜드 '에스테틱하우스'를 CJ홈쇼핑에 론칭해 12억원대의 안정적인 매출을 기록했다.

2007년 10월 출시돼 인기를 끌었던 '카렌 by 김선진'은 CJ홈쇼핑의 인기에 힘입어 현대홈쇼핑으로 영역을 확대했으며, 또한 2008년 봄에 출시 된 LG생활건강의 '바이 테리'와 쿠지인터네셔널의 '정선희의 세네린'도 인기를 끌었다. 특히 엔프라니에서 런칭한 아티스트 메이크업 브랜드 'SEP(셉)'이 CJ홈쇼핑에서 단 두차례의 방송으로 매출 6억원을 돌파하는 등 홈쇼핑 채널에서 'By 브랜드'의 열풍은 지속되고 있다.

또한 업계 관계자들은 코스메슈티컬 시장의 확대와 더불어 피부과 관련 상품들이 각광을 받으며 홈쇼핑 채널의 성장세를 이끌 것으로 전망했다.

2장

시판유통 현세

- 전문점
- 브랜드숍
- 대형할인점 · 드럭스토어

■ 전문점

유통환경 변화 … 매장 수 급감

화장품전문점은 국내 화장품산업의 근간을 이루고 있는 미세혈관과도 같은 소매 유통채널이다.

지난 1980년대 초반, 화장품 할인코너라는 이름으로 탄생한 화장품전문점은 다양한 제품군, 순도 높은 고객 카운슬링 그리고 편리한 접근성 등의 강점을 내세워 시판 유통의 맏형으로 확고한 자리를 지켜왔다.

1990년대 들어 개성이 중요시되는 사회분위기에 편승해 외모를 가꾸려는 소비의식이 강해지면서 화장품의 수요도 해마다 급증했고 화장품전문점 또한 호황을 누렸다.

이같은 상황은 전문점의 매장 수에 고스란히 반영되었다. 1988년에 약 6천개였던 전문점이 1994년에 2만 4천개로 무려 4배나 급증하며 최고의 전성기를 구가했다.

화장품전문점은 전체 유통경로별 점유율에서도 한때 70% 정도를 차지, 시판 유통의 맏형으로서 역할을 수행하며 한국을 세계 10위권 수준의 화장품산업 국가로 올려 놓는 데 큰 공을 세웠다.

이 당시 화장품전문점은 지역 상권에서도 가장 노른자위에 위치해 있을 정도로 의류매장과 더불어 인기 상한가의 소매업종이었다.

하지만 2000년대에 들어 매장 난립에 따른 가격 경쟁 심화와 인터넷, 대형마트, 브랜드숍 등의 출현으로 인한 유통환경의 변화로 침체기를 맞고 있다.

1999년에 약 1만 7천개였던 전문점 수가 불과 2년만에 1만 4천개 수준으로 떨어졌고 급기야 현재는 6천개 수준(업계 추정)에 불과한 상태다. 2003년까지만 해도 1만개 안팎의 화장품전문점이 운영돼 왔지만 지금은 절반 가까이 문을 닫거나 업종 변경에 나선 것이다.

특히 화장품 브랜드숍이 본격 등장한 2004년부터 화장품전문점은 더욱 위축됐고 옥션, G마켓 등 인터넷 오픈마켓의 성장과 대형 마트 및 백화점의 출점 확대로 화장품전문점의 위축은 갈수록 심해졌다.

이로 인해 시판시장을 떠받쳐 왔던 중견 화장품 메이커들이 함께 무너지는 결과를 초래했다.

◇연도별 전문점 수

연도	전문점 수
1988년	6,000
1994년	24,000
1999년	17,000
2001년	14,000
2003년	10,000
2006년	8,000
2009년(E)	6,000

※업계 추정치 종합

최근 4년간의 화장품전문점 매출 추이를 살펴보면 2006년에 1조 3천8백억원을 기록한 데 이어 2007년 1조 5천억원, 2008년 1조 6천5백억원으로 꾸준한 성장세를 시현하고 있다.

전체적으로 견조한 상승세를 보이고 있지만, 실제로는 더페이스샵, 미샤, 스킨푸드를 중심으로 하는 단일 브랜드숍, 휴플레이스와 아리따움, 뷰티플렉스 등 멀티브랜드숍의 점유율 확대에 따른 매출 증가로 기존 화장품전문점의 매출액은 지속적인 하락세를 보이고 있는 실정이다.

◇연도별 전문점 시장 규모

연도	시장규모
2006년	1조 3,800억원
2007년	1조 5,000억원
2008년	1조 6,500억원
2009년(E)	1조 7,700억원

※브랜드숍 포함

화장품전문점 침체의 주된 원인은 환경 변화에 능동적으로 대처하지 못해 유통채널로서 경쟁력을 상실했기 때문이다.

전반적인 경기 침체 영향도 커 시판 유통의 위축은 서민 경제의 침체와 밀접하게 연관돼 있다고 보면 정확하다.

IMF 외화위기 이후 소득과 지출의 양극화는 중소 소매업자들의 어려움을 가중시켰다. 화장품전문점 역시 마찬가지다. 다른 유통경로의 성장세는 가속화되는 반면 화장품전문점은 매출 면에서 예전에 못 미치고 있다.

중 · 대형 매장 중심으로 재편 움직임

그나마 규모가 좀 되는 매장들은 사정이 나은 편이다. 특히 전체 매장 수에서 대부분을 차지하는 10평 이하의 주택가 영세 전문점은 가격 및 서비스 경쟁력이 뒤쳐지면서 고객 이탈이 가중됐고 결국 심각한 경영난을 겪다 시장에서 퇴출되기에 이르렀다.

한마디로 거품이 빠지는 조정기에 들어섰다는 것이다. 경기침체에 따른 서민경제의 위축은 매출 감소로 이어져 위기론을 불러왔고, 지금에 이르도록 장기 불황의 모습을 띠고 있다.

소비계층이 제대로 형성된 상태에서 과열의 바람이 지나고 많은 매장들이 철저한 경쟁 논리 하에서 사활을 건 경영활동에 나서게 된 것이다. 이는 화장품전문점업계 내부가 아닌 경제 상황 전반의 급변으로 인한 경영상 어려움을 뜻한다.

외부환경 변화에 따른 화장품 유통의 변화 역시 예상치 못했던 국면으로 흐르면서 전문점들의 운영에 적잖은 타격을 안겨줬다.

무엇보다 시판 전문점업계가 약화된 직접적 요인을 따지자면 타 유통채널에 의한 잠식 즉, 고객 이탈을 들 수 있겠다. 백화점, 방문판매, 홈쇼핑, 인터넷쇼핑몰 등으로 고객이 빠져나가면서 전문점의 매출이 눈에 띄게 줄어든 것이다.

경제위기, 소비 양극화, 미디어와 인터넷의 발전 등 여러 요인이 복합적으로 작용해서 만들어낸 결과다. 특히 전문점업계에서는 시판과 똑같은 상품을 취급하는 인터넷쇼핑몰에 대한 피해의식이 유난히 컸다.

이 결과 화장품전문점은 유동인구가 풍부한 역세권과 재래시장 그리고 대규모 아파트단지를 기반으로 하는 중 · 대형 매장을 중심으로 재편되고 있다.

이중 자본과 인력을 갖춘 대형 전문점들은 고정 고객을 확보하기 위해 각종 판촉물 제공과 마사지 서비스 등 고객 밀착형 서비스에 집중하며 경쟁력을 제고하는 데 힘을 쏟고 있다.

뿐만 아니라 이들 전문점들은 제조업체와의 직거래를 확대하며 매입원가를 낮추거나 각종 리베이트, 판촉 지원, 교육 지원 등을 받으며 수익성 확보에 나서고 있다.

일각에서 화장품전문점만이 갖고 있는 강점을 적극 개발하면 다시 시판유통의 주역으로 떠오르게 될 것이라는 데 의견을 같이하고 있다.

실제로 지금까지 살아남은 화장품전문점은 어느 때보다 시장 변화에 잘 대처하고 있고 한 단계 업그레이드된 화장품전문점 모델을 만들어가고 있다.

과거 가격경쟁 중심의 할인점에서 차별화를 통한 진정한 의미의 화장품전문점으로 탈바꿈하려는 움직임들이 가열되고 있다.

소위 잘나가는 화장품전문점은 한결같이 △고객이 직접 물건 고르기 △단골 만들기 이벤트 △피부관리 카운슬링을 적절히 활용하고 경영주가 직접 카운슬러 개념을 갖고 친절함을 잃지 않는다는 화장품전문점만의 강점을 십분 살리고 있다는 것이다.

특히 단골 만드는 노하우는 상권의 특성, 점주의 개인 성향 등에 따라 많이 좌우될 수 있지만 고객 관리라는 원칙은 철저히 고수한다는 점이다.

또한 나름대로 상권을 분석하거나 고객을 나이 및 소득 수준에 맞춰 관리하고 피부관리, 제품 설명 등 카운슬링 작업을 철저히 했기 때문이다.

■ 브랜드숍

시판 유통 주축으로 자리매김

2002년 '거품을 뺀 합리적인 가격의 화장품'을 모토로 당시까지의 화장품 유통의 상식을 깨고 혜성처럼 등장한 에이블씨엔씨의 '미샤'를 시작으로 브랜드숍은 2000년대 들어서면서 가장 주목받는 유통경로에 꼽히고 있다.

대형마트와 온라인쇼핑몰은 할인을 앞세워 시장을 장악한 기존의 전문점시장보다 더욱 강도 높은 할인으로 전문점의 자리를 위협하며 성장했다.

브랜드숍은 대형마트와 온라인쇼핑몰과 달리 화장품 가격의 근간을 뒤흔들 수 있을 만한 '가격 파괴'를 앞세운 초저가 제품으로 초고속 성장을 거듭해 오늘날 시판 화장품 유통의 중심 채널로 급성장했다.

브랜드숍은 저렴한 가격과 깔끔한 인테리어, 프랜차이즈 통합전략 및 OEM 생산 등이 결합해 짧은 시간 꾸준한 성장세를 만들어 왔으며, 화장품 소비문화에까지 큰 영향력을 행사하며 화장품업계에 새로운 전기를 만들었다.

2002년 12월 명동에 처음으로 진출한 '미샤'를 시작으로 더페이스샵, 스킨푸드, 에뛰드하우스, 이니스프리 허브스테이션, 잇츠스킨, 토니모리 등의 후발 브랜드숍들이 속속 시장에 진입하면서 시판 전문점을 위협하기 시작했으며, 2004년 시장에 모습을 드러낸 멀티 브랜드숍인 아모레퍼시픽의 '휴플레이스'와 LG생활건강의 '뷰티플렉스'를 비롯해 2008년에 아모레퍼시픽이 '휴플레이스'의 후속으로 선보인 '아리따움'이 기존 전문점들의 업종 전환을 유도하면서 국내 화장품업계의 브랜드숍 열풍을 주도하고 있는 상황이다.

2009년 현재 브랜드숍은 단독 및 멀티숍을 포함해 4천95곳을 넘어서면서 치열한 경쟁 양상을 띠고 있다. 2009년 2월 말 현재 로드숍, 백화점·마트 등의 유통경로에 진출한 브랜드숍은 아모레퍼시픽의 아리따움 9백20개, 이니스프리 2백24개, LG생활건강의 뷰티플렉스 8백90개, 더페이스샵 6백50개, 미샤 6백50개, 스킨푸드 3백30개, 에뛰드하우스 1백82개, 잇츠스킨 49개, 토니모리 67개, 온뜨레 6개, 한스킨 14개, 뷰애드 위드퍼퓸 8개, 오앤오 하우스 2개, 바디샵 1백1개, W컨셉레드 2개 등 이다.

브랜드숍 시장은 양적인 포화 상태와 경쟁 심화로 인한 정체기를 맞을 것으로 예상했지만 오히려 지속적인 성장세를 나타내고 있다.

더페이스샵은 2008년 매출은 전년 동기 대비 약 12.1% 오른 2천3백51억원, 영업이익은 전년 대비 약 15.0% 증가한 4백53억원을, 당기순이익은 전년 대비 약 17.1% 많은 3백35억원을 각각 달성해 뚜렷한 실적 호조를 보였다.

'미샤'를 운영하는 에이블씨엔씨는 2008년 매출액 1천11억원과 영업이익 73억원, 당기순이익 79억원을 기록해 매출액은 전년 대비 2백27억원, 영업이익은 70억원, 당기순이익은 95억원이나 증가했다. 전년 대비 증가율은 매출액 28.9%, 영업이익 2313%, 당기순이익은 586%에 달한다.

또한 스킨푸드, 에뛰드하우스 역시 1천억원을 상회하거나 이에 근접하는 사상 최고의 실적을 올리며 거침없는 성장세를 이어가고 있다.

해외시장 공략에도 박차

이와 같은 브랜드숍 시장의 지속적인 성장은 각 브랜드숍들의 매스티지전략이 적중했고, 이 결과 가맹점의 점포당 매출이 확대되면서 매출 신장을 이끄는 결과를 낳았다. 특히 지하철 매장, 면세점, 대형마트 입점 등 신규 상권 진출도 단독 브랜드숍의 입지를 더욱 강화시키는 역할을 했다.

현재 명동 상권은 브랜드숍의 치열한 경쟁구도를 한 눈에 보여주는 '바로미터'다. 명동 1번가, 중앙로, 3번가, 명동입구 등 4구역을 중심으로 미샤, 더페이스샵, 스킨푸드, 에뛰드하우스, 잇츠스킨, 토니모리, 이니스프리 허브스테이션 등 기존 매장 이외에도 수입화장품 브랜드숍인 온뜨레를 비롯해 한스킨, 바닐라코 등이 치열한 경쟁을 펼치고 있다. 또한 2008년 하반기부터 폭등한 환율로 인해 명동 브랜드숍 상권은 일본과 중국 등의 관광객 증가와 함께 20% 안팎의 매출 증가를 보이며 환율 특수를 누리고 있다.

2008년 하반기 아모레퍼시픽이 '휴플레이스'의 후속으로 선보인 '아리따움'은 백화점 수준의 인테리어와 순도 높은 고객관리 그리고 아이오페 · 라네즈 · 마몽드 · 한율 등 시판 전략 브랜드를 앞세워 브랜드숍 시장의 새로운 강자로 떠올랐다. 아리따움의 성공적인 브랜드숍 진입은 특화된 상품군, 뛰어난 입지조건, 선진화된 매장 운영 등 기존의 전문점과의 차별성이 부각됐기 때문이라고 업계에서는 분석하고 있다.

여기에 LG생활건강의 '뷰티플렉스'도 2009년 2월말 현재 로드숍 8백90호점을 돌파하면서 멀티 브랜드숍이 기존 전문점 시장을 일정 부문 대체하며 막강한 유통채널로서의 면모를 과시하고 있다.

아리따움과 뷰티플렉스는 앞으로 이들 유통망을 기반으로 시장지배력을

◇브랜드숍 매장 현황

업체명	로드숍*	백화점·마트	해외 매장	비고
더페이스샵	650	–	210	미국 홈쇼핑 HSN, 일본 홈쇼핑 'QVC' 재팬
미샤	370	280	–	
바디샵	101	–	–	–
뷰애드 워드퍼퓸	8	–	–	–
뷰티플렉스	890	–	281	1개 홈쇼핑
스킨푸드	170	160	130	
아리따움	920(29)	–	–	–
에뛰드하우스	136	46		6개 면세점
이니스프리	187(6)	37	–	
잇츠스킨	43	6	41	
오앤오 하우스	2	–	–	–
온뜨레	6(2)			
토니모리	55(6)	12	3	–
한스킨	14	–	–	–
W컨셉레드	2	–	–	–

＊괄호 안은 유통별 직영매장 수. 각 브랜드숍사의 영업 전략에 따라 공개한 유통별 매장의 수만 표기.
＊2009년 2월말 현재.

기반으로 시장지배력을 확대하는 방향으로 영업정책을 펼칠 것으로 예상돼, 브랜드숍의 시장 지배력은 더욱 확대될 전망이다.

또 새로운 브랜드숍인 '네이처 리퍼블릭'이 3월 31일 단층면적만 2백평방미터에 달하는 초대형 명동 1호점 매장과 신도림환승역점을 오픈해 브랜드숍 시장의 경쟁은 더욱 치열해졌다. '네이처 리퍼블릭'은 용기 디자인, 제품 콘셉트, 저렴한 가격 등으로 기존의 브랜드숍과 차별화를 선언하며, 화장품 유통 채널 중 가장 경쟁이 치열한 브랜드숍 시장에 도전장을 던졌다.

한편 양적인 포화 상태를 나타내며 성장의 한계를 나타내고 있는 국내 시장의 극복을 위해 각 브랜드숍사는 해외 시장 공략에 박차를 가하고 있다.

중국·일본·홍콩·대만·싱가포르 등 동남아시아권은 물론 미국 등 미주와 오세아니아, 두바이를 중심으로 중동국가까지 영역을 확대하고 있다. 각 브랜드숍사는 로드숍을 비롯해 매스마켓, 홈쇼핑 등 국가별 특성에 맞는 현지화 전략에 따라 해외 시장을 공략하고 있다.

■ 대형할인점

90년대 중반 등장 … 주요 화장품 유통경로로 자리매김

대형마트는 1990년대 중반 화장품을 비롯한 생활용품들이 '저렴한 가격, 편리한 쇼핑'이란 소비자 니즈를 만족시키기 위한 새로운 경로를 모색하면서 탄생된 유통채널이다.

특히 화장품시장은 전문점들의 치열한 가격 경쟁이 일어남에 따라 온라인 쇼핑몰과 함께 새로운 대안 모색에 나섰고, 때마침 거대 자본이 투입되며 탄생한 대형마트가 새로운 유망 유통으로 주목받게 됐다.

지난 1994년 국내에 처음으로 소개된 대형 할인 마트는 프라이스클럽이었으며 이후 대기업들이 잇달아 대형마트에 투자하면서 오늘날 대형 마트는 백화점 이상의 주요 유통 채널로 자리매김하고 있다.

화장품도 대형 마트에 입점을 추진하며 전용 제품 개발, 판촉 이벤트, 소비자 프로모션 등 다양한 전략으로 큰 성장을 이어 왔다.

시장 규모

현재 국내 대형 할인 마트에서의 화장품 매출 규모는 2008년 기준 6천6백억원으로 전체 화장품 매출 중 약 10%를 차지하고 있으며 매년 10% 이상 성장하고 있다.

지난 2006년 4천8백50억원이었던 대형 할인 마트의 화장품 매출 규모는 2007년 5천9백억원으로 크게 성장했으며 지난해 6천6백억원에 이어 올해 7천2백억원으로 9.1%의 성장이 예상되고 있다.

현재 대형 할인 마트 화장품 시장은 이른바 마트 빅3로 구분되는 이마트와 롯데마트, 홈플러스가 지속적인 매장 확대를 진행하며 경쟁 구도를 형성하고 있다.

현재 전국의 4백여개 마트가 운영 중이며 화장품 카테고리 분리 및 직거래 확장, 아이디어 디피 등을 통해 지속적인 매출 신장을 만들고 있는 상황이다.

주요 브랜드

대형 할인점은 현재 직거래로 입점되어 있는 브랜드와 밴더를 통해 입점되어 있는 브랜드

두가지 형태로 나누어진다.

대형 할인 마트에서 단연 두각을 보이고 있는 화장품기업은 현재 직거래로 입점하고 있는 아모레퍼시픽과 LG생활건강으로 지난해 각각 18%와 22%의 성장률을 올렸으며 현재 45% 점유율을 갖고 있다.

이어 더페이스샵, 미샤, 스킨푸드, 이니스프리 등의 브랜드숍이 입점해 매출 상위권에 랭크 되었으며, 최근 코리아나화장품과 한국화장품 등이 직거래 방식으로 입점을 진행 중이다.

밴더를 통해 마트에 입점하고 있는 기업으로는 소망화장품과 엔프라니, 카라케어 등이 매 출 상위권을 기록하고 있으며 최근에는 수입화장품들도 속속 입점되고 있는 상황이다.

마트 대형 밴더로는 대하, 기연, 동지 등이 3파전 양상을 보이고 있으며 마트에 종합 화장품 매대를 구성해 평균 30개 이상의 브랜드를 판매하고 있다.

■ 드럭스토어

3파전 양상 … 코스메슈티컬이 주종

드럭스토어는 화장품을 비롯해 의약품, 생활용품, 잡화 등을 동시에 판매하는 새로운 형태 의 유통으로 지난 2000년 의약분업 이후 이슈화된 채널이다.

특히 국내 드럭스토어는 해외와 달리 의약품과 잡화가 주가 되는 것이 아니라 소비재인 화 장품과 건강식품 등이 결합된 새로운 드럭스토어로 이른바 헬스&뷰티숍으로 명명되고 있다. CJ올리브영과 GS왓슨스가 대표적인 한국형 드럭스토어로 분류되며 코오롱에서 운영하는 더 블유스토어가 전통적인 드럭스토어로 이들과 3파전 양상을 보이고 있다.

지난 1999년 개설된 국내 최초의 한국형 드럭스토어인 CJ올리브영은 현재 80여개의 매장 을 보유하며 선두를 달리고 있으며 2004년 처음으로 선보인 더블유스토어는 60여개의 매장, 2005년 첫선을 보인 GS왓슨스는 현재 20여개의 매장을 운영 중이다.

이들 드럭스토어는 중심 상권과 대학가 등에 위치해 있으며 올리브영과 더블유스토어는 서 울, 수도권 외에 지방까지 진출을 확대한 데 반해 왓슨스는 현재 서울 지역에만 집중하고 있는 추세다. 취급되는 화장품들은 주로 코스메슈티컬, 약국 브랜드 등이며 올리브영과 왓슨스는 자체 PB 브랜드도 판매하고 있다.

제2부 화장품전문점 경영 성공의 길

3장

화장품전문점 경영 매뉴얼

- 오늘의 전문점 경영
- 전문점 고객의 전략적 관리
- 진열 방법
- 기초화장품의 기초 지식
- 수익을 내는 경영
- 접객기법
- 피부관리실 운영
- 색조화장품의 기초 지식

화장품전문점의 경영에는 여러 요인들이 복합적으로 작용하며, 또 여러 경영활동이 어우러져야만 한다. 이 점은 여느 기업의 경영과 다를 바가 없다.

그러나 화장품전문점의 특수성을 감안해 집중적으로 살펴봐야 할 경영환경과 경영활동이 있을 것이며, 이러한 경영환경을 잘 파악하고 선제적으로 적절하게 대응하는 경영활동을 전개할 때 성공적인 경영이 가능할 것이다.

경영 매뉴얼을 표방한 이 장의 첫 번째 글인 '오늘의 전문점 경영'은 화장품전문점 경영환경의 변화와, 그에 상응하는 경영 마인드 및 경영활동상의 변화의 필요성에 대한 인식을 새롭게 해 보자는 취지에서 마련됐다.

그 다음에 오는 글들은 화장품전문점의 특수성을 감안, 경영활동을 몇 가지로 나눠 각각 해당 분야의 요체에 대한 전문가의 설명을 실었다. 다음 장에 소개되는 성공적인 경영 사례가 케이스 스터디 성격이라면 이 장은 기본적인 원칙을 살펴본다는 의미를 갖도록 했다.

기초화장품 및 색조화장품의 기초적인 지식은 엄밀히 말해 경영활동으로 구분해 게재할 성격은 아니다. 그러나 이와 같은 기초지식이 카운슬링에 직접적으로 도움이 크다는 화장품전문점가의 의견을 살려 여기에 함께 실었다.

고객을 전문점으로 유도하고, 또 점 내에서 진열의 바탕이 되고, 고객이 편안하게 구매할 수 있는 배경이 되는 인테리어가 빠진 것은 유감스러운 일이다. 추후 다시 이 책자를 간행할 때 보완되도록 할 부분으로 인식하고 있음을 밝히며 양해를 구하는 바이다. <편집자 주>

오늘의 전문점 경영

화장품 유통시장이 너무도 빠르게 변하고 있다. 또한 소비자 역시 빠르게 변하고 있다.

우리의 고객인 사람의 생각과 가치관은 물론 눈높이도 빠르게 변하고 있다. 인터넷과 언론매체의 발달로 수많은 정보가 즉시 소비자에게 전해짐으로써 화장품에 대해 전문가 수준의 풍부한 지식을 가지게 되었으며, 아름다워지고자 하는 인간의 욕구도 더욱 높아지고 있다.

이렇듯 새로운 미를 추구하는 똑똑한 소비자들의 욕구를 만족시키기 위해선 화장품전문점도 변해야 한다. 전문점이 과거의 영업 형태나 행태의 틀을 고수해서는 빠르게 변하는 현재와 미래의 적절한 판매에 대처하지 못하고 끝없는 추락만이 이어진다는 것을 잠시도 잊지 말아야 한다.

감사함을 알아야 한다

물에 사는 물고기는 그 물의 고마움을 모르고 살아간다. 물이 없으면 자기가 죽는다는 것도 모르고 있다. 우리 전문점주 또한 그럴 것이다. 시판유통의 하락이 곧바로 나에게 닥쳐올 어려움이란 것을….

시판시장의 태동을 보자. 방문판매가 성행할 때 다양한 제품들과 대폭 할인이란 신무기로 시장을 평정하였다.

그러나 현재의 전문점시장은 시대의 변화에 능동적으로 대처하기는 커녕 그 옛날의 좋았던 시절 그 형태의 판매에 안주하다 신유통에 덜미가 잡히고 말았다.

글로벌 위기에서의 음식업, 의류 등 타 소매업종은 더 많은 매출 감소에 직면하고 있다. 화장품 소매업도 상당한 매출 감소가 이어지고 있지만 그래도 하락 폭이 적은 업종에 속하는 것은 사실이다.

허무식 / 삼호화장품 사장

행정공무원(1982–1996년). 1996년 삼호화장품 설립. 사단법인 화장품전문점협회 부경지회장(2003–2004년) 및 부회장(2004–2005년) 역임.

얼마나 감사하여야 할까. 감사함을 아는 사람이 더욱 발전된 미래를 창조할 수 있다. 감사함을 바탕으로 더욱 미래를 위해 노력하고 도전할 수 있기 때문이다.

변해야 산다

시판시장은 다양한 유통 전문화가 진행되고 있다.

전문점 제품들의 인터넷 · 홈쇼핑 판매, 저가 브랜드숍과 멀티브랜드숍의 확산 등 빠르게 변화가 진행되고 있다. 또한, 2010년 쯤엔 드럭스토어의 체인화가 진행될 것으로 예상되고 있다. 이렇듯 빠르게 시장은 진화하고 있다.

그럼 우리 전문점주의 생각과 대응은 어떠한가. 장사가 안되면 매장만 바꾸면 된다는 생각이다.

그렇다고 브랜드숍으로 바꾼 매장의 매출은 늘었는가. 가게문만 열고 있으면 고객이 찾아오는 시기는 이젠 옛날 이야기인 것을 알아야 한다. 이젠 점주의 점포 운영 방법은 물론 생각 자체가 변화돼야 한다. 가족만 빼고 모든 것을 변화시켜야 될 것이다.

넓은 사막에 한 그루씩 자라는 나무는 높이 자랄 수 없다. 풀과 잡목이 어우러진 곳에서 큰 나무로 자랄 수 있듯 우리 전문점도 나홀로 살아남을 수는 없다. 전문점 전체가 아닌 시판시장 전체가 살아날 수 있도록 힘을 모아야 한다. 그래야만 외풍에 당당히 맞서 견딜 수 있기 때문이다. 나혼자만 잘하면 된다는 생각은 버려야 한다.

주위의 전문점이 위축되고 없어지면서 고객이 타 유통으로 떠나고 메이커가 등을 돌리는데 어찌 나만 영원히 잘 될 수 있겠는가?

여러 전문점 단체들이 있다. 단체에 소속된 점주들은 그나마 지역에서 우수 전문점이라고 할 수 있다. 이런 점주들이 시판에서 리더가 되어 주어야 한다.

자동차가 태어날 때 고속도로를 생각하지 않았다. 만들고 보니 더 좋은 도로가 필요했고 더 편리한 사양이 필요했기 때문에 더 좋은 차와 더 많은 도로망이 구축되었듯이 각 단체원들은 새로운 전문점 발전을 위하여 더 노력하고 도전하는 자세로 함께 변화해야 할 것이다.

전문점은 아름다움을 판매하는 장터이다

화장품전문점은 일반 식품 또는 공산품을 판매하는 곳과는 많은 차이가 있는 곳이다.

하지만, 아직도 다수의 점주들의 생각은 화장품이라는 제품 판매에만 열중하고 있다고 하면 지나친 말일까.

매장에 오는 고객을 아름답게만 해 줄 수 있다면 얼마나 보람있는 일인가. 돈을 버는 즐거움보다 더 보람있고 값진 판매일 것이다. 나의 아름다움도 중요하지만, 남을 아름답게 해 주겠다는 마음으로 화장품 장사를 한다면 얼마나 많은 고객이 찾아오겠는가.

그럼 어떻게 아름다움을 판매할 수 있을까.

첫째, 점주 자신부터 아름다워지자

아름다움을 판매하는 점주는 어떤 사람이어야 할까? '꽃집의 아가씨는 예뻐요' 라는 노래 가사가 있듯이 꽃을 판매하는 분들은 왠지 고운 마음씨와 순수한 아름다움을 연상케 한다. 화장품 매장 점주 역시 아름다움을 연상할 수 있어야 한다. 얼굴이 잘 생겨서가 아니다. 화장품이란, 곱고 건강한 피부를 위해 예쁘고 아름답게 해주는 제품과 우아하고 품위있는 판매가 가능하다.

어떤 고객이든 매장에 오면 점주같이 아름다워지고 싶을 정도로 품위있고 아름답게 보여짐으로써 '나도 저렇게 화장을 하고 싶다' 는 생각이 들도록 점주부터 아름답게 가꾸어야 한다.

둘째, 매장에 투자하자

꼭 돈만 들여 매장을 개선하자는 것은 아니다. 글로벌 경기 침체가 깊어지고 있는 요즘 큰돈을 들여 인테리어 등을 개선하는 것 또한 무리가 있다.

집에서 생활하는 시간보다 매장에서 보내는 시간이 더욱 많다. 그럼에도 깔끔하고 깨끗한 매장을 가꾸기 위해 시간을 투자하지 않는 매장이 너무도 많다.

너저분한 진열과 언제 들여놓았는지도 모를 정도로 쌓여져 있는 제품들, 구석구석 쌓여 있는 먼지, 덕지덕지 붙어 있는 색 바랜 POP와 포스터, 묵은때가 묻어 있고 색이 바랜 매장 인테리어 등 개선해야 할 곳이 너무도 많이 있다.

이런 너저분한 매장에서 어떻게 아름다움을 판매할 수 있겠는가.

약간의 돈으로 도색을 새로 하고 정리정돈 등 시간을 투자하여 깨끗하고 아름다운 매장으로 바꿔 줌으로써 들어가고 싶은 매장, 찾고 싶은 매장으로 꾸며 보자.

셋째, 공부하는 점주 · 뷰티 카운슬러가 되자

화장품 유통은 다양하다. 최근 수년 계속 성장하는 유통 중에서도 눈여겨 보고 배워야 할 곳이 백화점 판매이다.

전문점이 백화점에 비해 인지도에서 뒤지는 것은 인정하더라도 진열, 정리정돈과 직원의 고객 응대 자세는 물론 가장 중요한 카운슬링 기법과 고객관리에서도 많은 차이가 난다는 것은 문제가 아닐 수 없다.

대부분의 전문점은 마진 위주의 판매에 치중하고 있다. 제품의 적정 브랜드와 지식, 품질은 생각하지 않는 곳이 많다.

전문점 직원보다 더 많은 뷰티 지식과 제품 지식을 가진 고객도 상당수 있다. 이러한 고객에게 마진 위주의 판매는 다음부터 '내 매장에 오지 마세요'라는 것과 같은 판매일 것이다.

전문점의 장점인 접근이 용이한 것, 다양한 제품군을 보유해 고객의 피부 타입에 맞는 최고의 제품을 제공할 수 있다는 점, 풍부한 지식을 가진 카운슬링 기법을 적용할 수 있다는 점 등을 앞세워 친절히 응대할 수 있도록 노력하고 공부하여야 한다.

넷째, 전문점은 사은품을 판매하는 곳이 아니다

대부분의 전문점들이 사은품으로 영업하는 곳이 너무 많다. 어떤 매장을 보면 가장 좋은 위치에 화장품이 아닌 사은품을 진열한 곳도 상당수 있다.

사은품으로 고객을 유인하는 시대는 벌써 지났다.

물론, 백화점식 사은 행사를 할 때에는 필요할 것이다. 하지만, 평상시 사은품으로 고객을 유인한다면, 제품에 대한 신뢰는 어떻게 될까. '얼마나 많이 남으면 이런 판촉물을 줄까. 이 제품을 믿을 수 있을까' 하는 생각을 불러 일으킬 것이다. 우리 스스로 고객을 멀리하는 촉매제는 아닌지 생각해 보자.

싸구려 중국산 공산품이 아니라도 좋은 판촉은 얼마든지 있다. 화장이 잘 되도록 해 주는 화장도구와 고객을 예쁘게 해 주는 간단한 메이크업, 네일 정리, 마사지 등과 친절한 응대, 풍부한 미용 정보는 좋은 판촉이 될 수 있다.

'이런 마진 낮은 제품 판매시 이만큼 남는데 이런 것 못 주냐' 하는 점주를 보았다. 너무도 어이없는 생각이 아니겠는가. 소비자는 바보인가. 그렇다면 마진이 적은 제품을 살 때는 어찌

할 것인가. 소비자는 공평한 것을 좋아한다. 마진이 있건 없건 모두 소중한 고객인 것이다. 감사하여야 한다.

또한 매장의 효율성도 봐야 한다.

화장품과 동떨어진 판촉에 너무 많은 비용을 들여서 스스로 효율성을 떨어뜨려 고전하는 매장이 되지 말아야 하겠다.

다섯째, 고객에게 감동을 주자

우리는 많은 경비를 들여 여러 행사 등으로 고객을 유인하고자 한다.

하지만, 내 매장을 방문한 고객을 등한시 하는 경우가 너무도 많다. '처가집에 사위가 올 때처럼 반갑게 고객을 맞이하자.' 오백원, 일천원짜리 사는 고객에게 더욱 친절하자.

많은 매장을 방문해 보면 천원짜리 매니큐어, 화장퍼프 등 잡화를 찾는 고객들을 그대로 방치하는 것을 많이 보았다. 이 모든 사람들이 이 불경기에 얼마나 소중한 고객인가.

매니큐어도 발라주고, 골라도 주고, 손이 예쁘다고 칭찬도 아끼지 말자. 고객의 입장에서 고객의 마음을 이끌어낼 수 있다면 고객도 감동받을 것이다.

필자는 화장품은 고무줄 매출이란 말을 많이 한다. 가만 두면 10cm 고무줄이지만 늘리면 한 두배는 길어진다.

화장품 매출이 그렇다. 고객에게 감동을 주고 아름답게만 해 주면 두 배, 세 배로 매출이 늘어나는 업종이 화장품 판매이다.

각 매장의 특징을 살려 감동을 주는 판매 방법을 연구, 활용하여 보자. 분명히 매출은 급상승할 것이다.

여섯째, 고객 관리만이 살길이다

지나다 들어오는 고객으로는 한계가 있다. 찾아올 수 있도록 하는 매장만이 살 수 있다. 그만큼 세월이 변한 것이다.

더욱 많은 노력과 시간을 들여야 한다. 고객 정보와 데이터베이스를 구축하여야 한다. 모든 고객 관리가 어려우면 VIP 또는 VIP 가능 고객만이라도 관리해야 한다.

그리고 종합전문점의 VVIP 고객은 거래처이다. 요즘 중견업체와 대리점이 무너지고 있다.

전문점과 가장 밀접한 관계가 필요한 것이다. 신뢰와 믿음으로 서로 윈윈할 수 있어야 한다. 거래처가 없다면 소비자에게 무엇을 해줄 수 있는가.

종합전문점이라 하여 모든 제품이 있어야 하는 것은 아니다. 소비자가 많이 찾는 제품에 그 매장만의 선택된 제품을 집중하는 전략으로 운영한다면 더욱 많은 지원을 받을 수 있지 않겠는가.

계속되는 금융위기와 경기 불황이 전체 자영업을 어렵게 하고 있다. 그렇다고 전문점주들은 환경 탓만 하기보다는 어려운 시장환경의 변화에 더욱 적극적으로 대처하여 절망과 좌절 그리고 불안감을 떨쳐버리고 자신감으로 무장하는 마인드 변화의 노력으로 전문점이 다시 한 번 화장품시장의 한축으로 자리 잡을 수 있도록 노력하여야겠다.

수익을 내는 경영

수익을 내는 경영의 정의

수익을 내는 경영 즉, '수익 경영'의 정의는 시각의 차이나 분석 및 활용 방안에 따라 편차를 보이긴 하지만 기본 맥락과 의미는 대동소이하다. 나름대로 수익 경영에 참고가 될 만한 문헌에 의한 정의를 보면 다음과 같다.

'수익 경영'은 미시 시장 단계에서 소비자 행동을 예측하고, 가격과 상품의 다양성을 최대한 활용하여 수익을 극대화시킬 수 있도록 잘 고안된 전술을 적용하는 것이다('이제는 수익 경영이다' 로버트 G. 크로스 지음).

이러한 수익 경영은 기본적으로 수익을 극대화시킬 수 있는 '전술'에 근간을 두고 있기에 시장 환경이나 경쟁 관계, 트렌드, 소비자 심리 등 다양한 조건에 따라 변화될 수 있는 것으로 구성될 수가 있는데, 여기서는 여러 가지 전술 - 수익 증대 방안 - 중에 적절한 재고, 매입, 판매, 가격 관리 방법 중심의 방안으로 기술토록 하겠다.

수익 증대 방안

수익을 증대할 수 있는 방안으로는 매출 증대를 통하여 실질 수익을 증대시키는 방안과 지출 감소를 통하여 잠재 수익을 증대시키는 두 가지 핵심 방안이 존재하며, 상기의 적절한 재고, 매입, 판매, 가격 관리 방법을 적극적 방안과 소극적 방안으로 분류하여 전개할 수 있다.

1. 적극적 방안(매출 증대 = 수익 증대)

가. 선행 조건 - 경쟁이 치열해지는 시장 환경에서 장기적으로 성장하는 데 필수 조건('이제는 수익 경영이다' 로버트 G. 크로스 지음).

- 시장 점유율 확보를 위해 가격 할인 전략을 적절히 구사하라.

한상원 / (주)보브 상무이사

연세대학교 경영대학원 유통전문가과정 수료. (주)태평양 시판영업본부 근무. 샤몽화장품 영업부 차장 입사(2000년 1월).

- 잠재 수요를 발굴하라.

- 소비자가 가격과 제품 가치를 상호 교환할 수 있다는 점을 인식하라.

- 제품 판매량을 늘리지 않고도 수익을 증대시킬 수 있음을 직시하라.

- 소멸된 수익 기회를 규명하고 개선하라.

- 시장에 대한 정확한 정보와 지식을 경쟁 무기로 이용하라.

- 이익 증가에 초점을 두는 수익 지향적 구조를 구축하라.

상기의 항목들은 흔히들 수익 경영의 성공 사례들을 통한 포괄적인 정보를 얻고자 하는 대다수 점주들의 질문에 대한 가장 기본적인 답변이며, 전문지나 학술지에서도 명쾌하거나 적절한 답을 내놓지 못하는 다분히 변화적이고 상대적인 방안들이다.

따라서 해당 매장에 맞는 고유의 DB를 구성하는 것이 그 기본이고, 축적된 DB와 경험치로 상기의 이론들을 접목하는 것이 이상적이라 할 수 있다.

나. 매출 증대를 위한 매장 운영 전략

매장 운영에는 체계적인 관리와 전략이 중요하다. 취급 상품과 매장에서 제공하는 서비스를 고객에게 효과적으로 알려 판매로 이어지게 하기 위해서는 체계적으로 접근할 필요가 있다. 체계적인 매장 관리는 매출을 올리고 수익을 높이는 것과도 직결된다는 점에서 매장 사업자가 항상 염두에 두고 있어야 할 사항이다.

1) 주력상품을 개발하라 : 다른 경쟁 매장에 비하여 품질이나 가격, 디자인 등의 측면에서 뛰어난 상품을 한 가지씩 반드시 갖추거나 개발하여 주력 상품화할 필요가 있다. 매장에 들어온 고객이 충동구매를 할 수 있도록 유인 상품과 주력 상품을 적절히 배치하는 것도 필요하다. 매장 입구에는 생활필수품 등 자주 사용하는 물건 위주로 비치해 놓는 것이 좋다.

2) 상품은 매장 밖에서 잘 보이게 하라 : 밖에서 보이는 상품이 고객을 점포 안으로 유도하는 매우 중요한 포인트가 된다. '한번 들어가 볼까' 라는 흥미가 일어나도록 매장 레이아웃을 해야 한다.

3) 매장의 조명 상태가 매출액을 좌우한다 : 일반적으로 우량 매장은 밝고 청결하고 활기차다. 이러한 이미지는 매장 내부와 외부에 설치되어 있는 조명으로 연출이 가능하다. 매장 안의 조명은 취급하는 상품에 따라 다소 다르지만 밝게 하는 것이 바람직하다. 특히 주력 상품이나 유인 상품의 경우 눈에 잘 띄도록 연출할 필요가 있다.

4) 판촉행사는 돋보이게 해야 한다 : 판촉행사를 하는 경우에는 매장의 출입구에서 제대로 전달되도록 자극적인 구매 시점 (POP) 광고나 포스터 등을 붙여 평소와 다른 분위기를 연출해야 한다. 고객의 관심을 사기 위해 주기적인 이벤트도 열 필요가 있다.

5) POP광고의 효과를 최대한 높여야 한다 : 구매 시점(POP) 광고의 효과를 높이기 위해서는 우선 고객의 눈에 띄도록 꾸며져야 된다. 긴 문장보다는 몇 개의 단어로 짧으면서도 간결하게 핵심을 찌를 필요가 있다. 일반적으로 노란색이나 오렌지색 등이 눈에 잘 띄기 때문에 많이 사용된다. 글씨도 몇 가지 색을 혼합해 쓰면 훨씬 눈에 잘 띄게 된다.

6) 적절한 가격 할인 전략 - 시기가 고려된 - 을 구사해야 한다 : 일반적으로 화장품은 일정한 가격을 가지고 있다는 선입관에 의해 수요/공급 관리 문제로 이해하지 않는 경향이 있다. 그래서 대부분의 할인 전략은 특정 품목이나 특정 브랜드에 적용하거나 혹은 일괄 적용으로 단순한 가격 할인을 적용하여 매출 증대를 유도하고 있으나, 이런 경우는 오히려 수익 감소를 초래한다. 물론 전문점주는 최종 판매자이기에 가격 결정이 수요/공급의 원칙을 따라가는 것에 크게 영향을 받지 않을지라도, 매장 내에서 여러 가지 요소-요일별, 시간대별, 품목별-들을 잘 조합하여 충분히 탄력적으로 운영하여, 매출 증대와 수익 증대를 꾀할 수 있다.

일부 발전된 POS 시스템으로 확인된 바에 의하면 요일별로 판매가 많이 되는 품목이 다르다고 한다. 또 굳이 시스템이 아니더라도 오래된 각 매장별 경험치를 보면 요일별로, 시간대별로 고객이 많고 적음이 확연한 경우가 많다. 기회 손실을 고려해 고객이 많이 몰리는 요일이나 시간대를 대비해 직원을 추가로 고용할 수도 있겠지만, 그렇지 않은 시간대와 요일로 인해 수익성 악화를 초래할 수 있다.

이를 해결할 수 있는 대안이 극히 시험적으로만 운영되는 요일별, 시간대별 할인을 이용하여 추가 비용의 지출 없이 고객 분산을 통하여 일정 매출을 유지하거나, 매출 증대를 달성하는 방법이 있다.

손님이 끊이지 않는 맛집이라면, 거기서만 맛볼 수 있는 고유의 음식 맛으로 고객들이 기꺼이 기다리는 고뇌를 감내하겠지만, 동일한 품목을 경쟁 관계로 판매하는 전문점의 경우는 기다림이 곧 기회 손실로 이어질 수밖에 없다. 시간적 여유가 없거나 가치를 중시하는 고객에게 늘 편하게 구매할 수 있는 공간과 시간을 제공해 주고, 가격이 구매 결정에 중요한 고객에는 가격으로 구매할 수 있는 기회를 제공하는 방법으로 고객 분산과 매출 유지, 증대를 실현할 수 있는 것이다.

7) 가격과 연계된 상품 및 재고 관리를 실현해야 한다 : 극단적인 상권 - 예컨대 타워팰리스 내의 매장 또는 13평 임대아파트 내의 상가 매장-이 아닌 대부분의 경우 매장의 소비층은 다양하다. 따라서 특정한 가격의 예상 판매 수량을 설명해 주는 하향 수요 곡선 (Downward sloping Demand graph)에 근거해 적정한 판매 가격대별 상품 구비가 필수적이다.

가격 결정의 경제 101법칙은 가격에 대한 소비자의 구매 경향을 수치화한 것으로, 단순한 예로 만약 상품에 10만원의 가격이 결정될 경우 1개만 판매가 될 것이고, 1천원으로 책정되면 1백개의 상품이 판매될 것을 도표로 보여 준다(그림 참조).

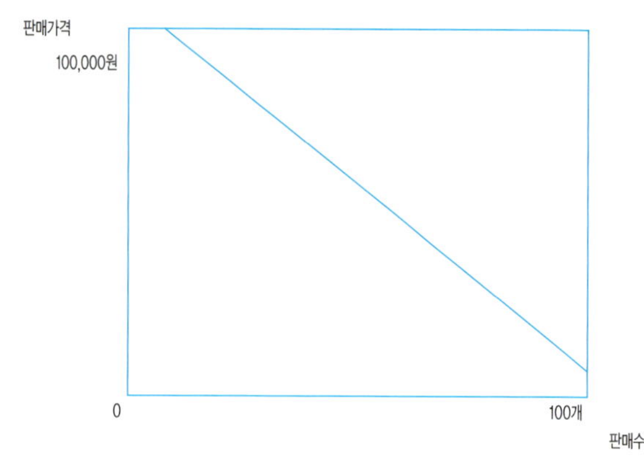

전통적 지혜에 의하면 가격을 5만원으로 결정하고 제품을 50개 판매할 때 2백50만원의 매출을 예상할 수 있다. 하지만 지극히 효율성만 강조하여 적정 가격대의 상품만 취급할 경우 기회 손실이 더 크게 발생할 우려가 있으므로, 각 가격대별로 상품군을 구비하여 판매에 임하는 것이 효과적이며 최대의 매출 효과도 가져올 수 있다.

물론, 확률적으로 판매 수량이 적은 고가와 수익성이 낮은 초저가의 상품군의 수량은 상대적으로 적은 것이 재고관리의 기본이어서 서로 상충되는 개념일 수 있으나, 축적된 경험치와 발달된 POS 시스템을 활용하거나, 일정 기간 방문 고객에게 가격 선택권을 부여하여 통계화된 정보와 지식을 활용하는 방법으로 합리적인 재고관리를 실현할 수 있다.

2. 소극적 방안(지출 감소 = 수익 증대)

투자는 장기적이고 지속적인 수익 증대 방안의 필수 요건이다. 하지만 투자는 경비 또는 소모성 비용과 철저히 구분되어야 한다.

지출 감소는 이러한 투자에 대한 절감-감소-이 아니라 소모성 비용 등의 지출을 줄이는 것을 의미하며, 이런 지출 감소를 통하여 잠재된 수익을 창출하는 다소 상대적으로 소극적인

수익 증대 방안이다

이런 투자와 수익, 지출의 적정 규모와 목표를 제시하고 점검할 수 있는 법칙이 3, 3, 15, 4, 5의 법칙이다. 이 법칙은 한달 30일을 영업 내용에 알맞게 분리하여 놓은 것으로, 대다수의 업종 평균치로 과거에는 3, 5, 12, 2, 8의 법칙이 통용되었으며, 3, 5, 12, 4, 6의 법칙으로 변형되어 사용되고 있다. 하지만 이마저 화장품 전문점의 특성상 아래와 같은 3, 3, 15, 4, 5의 법칙으로 변형 적용되어야 한다

"3, 3, 15, 4, 5의 법칙"

이해를 돕기 위하여 1일 평균 1백만원을 판매하고 있다는 가정 하에 설명을 전개한다.

- 3의 숫자는 임대료 기준의 금액이다.

일 평균 매출 * 3일 = 3백만원. 이 금액 이내에서 임대료를 지급하고 있다면 아주 좋은 결과이지만, 그 이상 지급하고 있다면 매출이 부족하거나 또는 지나치게 비싼 자리를 선택하여 영업 상태가 좋지 않다는 의미이다.

- 3의 숫자는 고용된 직원의 인건비 금액 기준이다.

일 평균 매출 * 3일 = 3백만원. 이 금액 이내에서 인건비를 지급하고 있다면 아주 좋은 결과이지만, 그 이상 지급하고 있다면 매출이 부족하거나 또는 지나치게 과인원 또는 인건비를 많이 지급하고 있다는 사실이다. 서둘러 인력 편재 및 사용 관계에 대하여 개선점을 찾아야 한다.

- 15의 숫자는 상품의 매입 금액 기준이다.

일 평균 매출 * 15일 = 1천5백만원. 이 금액 이내에서 상품을 매입하고 있다면 아주 좋은 결과이지만, 그 이상 지급하고 있다면 매출이 부족하거나 또는 지나치게 원가 포지션이 높거나 로스율, 매입 금액이 지나치게 과도하다는 반증인 것이다.

- 4의 숫자는 일반관리비 및 판매관리비 금액 기준이다.

일 평균 매출 * 4일 = 4백만원. 이 금액 이내에서 일반관리비와 판매관리비를 지출하고 있다면 아주 좋은 결과이지만, 그 이상 지출하고 있다면 매출이 부족하거나 또는 관리비 지출이 과하다는 뜻이다. 어디서 어떻게 문제가 발생되고 절약해야 할 부분이 무엇인지를 찾아내서

개선해야 한다. 하지만 일반관리비는 절약 대상이지만 판매관리비—자체 판촉, DM, POP 활용, 적당한 조도 등 매출 증대에 필요한—는 줄여서 매출 감소를 유발시켜서는 안된다.

※ 경비 지출의 효율성을 높일 수 있는 Tip

- 철저한 가계부를 기록할 것.
  - 수익과 지출에 대한 사실에 입각한 내용을 기록으로 남겨 월말 결재시 문제를 파악할 수 있도록 한다.
- 지출 비용을 효과적으로 절감할 수 있는 경영목표 수립과 수행.
  - 구체화된 목표를 수립하고 바른 선택 수단 및 방법을 강구하여 매장 운영에 대한 노하우를 쌓아 가는 것이 원동력이 된다.
- 순서에 입각한 지출 실행하기.
  - 지출에 대한 우선순위를 정하면 불필요한 지출을 막을 수 있다.
- 원가 절감의 원칙에서 실행 비용 지출하기.
  - (매출총액—매출원가 = 매출이익)—일반/판매 관리비 = 당기 이익 로스율 최소화, 1일 입금정책 등 모든 지출의 정체성은 원가 절감의 원칙 하에서 비용 지출을 고려해야 한다.

—5의 숫자는 순이익 금액 기준이다.

일 평균 매출 * 5일 = 5백만원. 이 금액 이상의 수익을 올리고 있을 때 매장 점주는 운영에 대하여 불평불만이 없을 것이다. 물론 이 금액이 최상은 아니지만 적극적인 매출 증대 노력과 이후의 방안으로 순이익은 그 이상도 만들어낼 수 있는 것이다. 하지만 월 5백만원의 순이익을 낼 수 있어야 한다는 것을 의미한다.

이 3, 3, 15, 4, 5의 법칙에 경비 절감 및 적정 재고관리, 매입관리가 전체적으로 녹아 있다. 수익 경영 전반에서 볼 때 비록 소극적인 방안이기는 하나, 경영 이익 구도를 높이는 가치 경영의 한 수단임에는 틀림이 없다

경영은 수익을 극대화시키려는 노력과 다양한 노하우를 발휘할 때 실현될 수 있다.

이 편람을 읽는 모든 매장 점주와 관련자들이, 숨겨 놓은 비장의 카드인 "할 수 있다" "반드시 그렇게 하겠다" "목표경영을 이루겠다"라는 가장 강력한 무기를 꺼내어 사용할 필요가 있다. 최소의 비용으로 최대한의 효과를 낼 수 있는 지금까지의 방안과 이후의 방안으로 최대의 수익을 실현할 수 있으리라 믿어 의심치 않는다.

전문점 고객의 전략적 관리

세계는 지금 1930년대 경제 대공황 이후 최대의 경제 위기에 직면하고 있다. 세계 금융 위기와 경제 불황은 소비자들의 소득 감소로 직결되고 있으며, 고객들은 이제 마른 수건도 다시 한번 더 짜려는 심정으로 계획 구매, 합리적 구매를 시도하고 있다.

이러한 흐름은 전문점의 저조한 매출로 나타나고 있다. 시장 환경은 치열한 경쟁으로 치닫고 있는데, 이는 지속적인 판촉광고비 및 운영비의 증가와 수익성 악화의 악순환의 고리로 연결되고 있다. 결국 한계에 이르고 있는 전문점들이 지속적으로 증가하고 있다. 이러한 위기상황에서 전문점을 경영하고 있는 여러분들은 어떤 전략으로 불황과 위기를 돌파하려고 하고 있는가? 저성장, 불황기에 가장 확실한 전문점 경영 전략은 무엇인가?

작지만 아주 강한 전문점 – '히든챔피온'들은 불황이 깊어갈수록 더욱 빛을 발한다. 이러한 히든챔피온들의 중심에는 확실한 고객이 자리 잡고 있다. 경제가 아무리 어렵고 불황의 골이 깊어도 히든챔피온들이 끝까지 믿는 것은 바로 고객이며 불황이 깊어갈수록 불황 돌파의 해법을 고객으로부터 찾는 특징이 있다.

1. 화장품 환경 변화와 고객–경쟁–시장 환경 이해

우선 고객에 대한 이야기를 하기 전에 전문점 경영주들은 화장품 환경 변화와 이에 따른 고객, 경쟁 그리고 화장품 시장 변화를 직시할 필요가 있다.

[그림 1]은 전문점을 중심으로 유통경로를 나타낸 것이다. 보는 바와 같이 90년대 중후반 이후 국내유통시장이 완

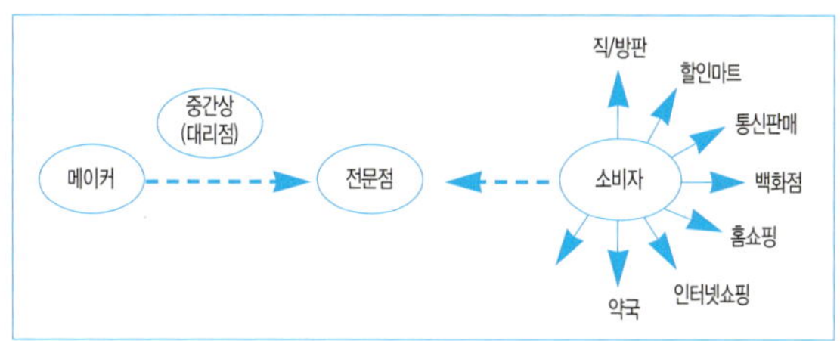

[그림 1] 화장품 유통경로 도해

이원훈 / 미래경영전략연구소장

서강대 경영학석사 · 건국대 경영학박사. 한국표준협회 · 한국표준협회컨설팅 선임 전문위원, 한국M&S컨설팅그룹 마케팅전략본부장 역임. 현재 한국경제신문 전문위원, 한국생산성본부 지도교수, 한국산업기술재단 혁신과제/혁신인력 성과 평가위원.

전히 개방되면서 기존 유통에 더하여 신유통이 급속하게 확산되었다. 이러한 유통환경 변화는 전문점에게 직접적으로 영향을 미쳤고 지금도 지속적으로 변화를 강요하고 있는 것이 현실이다.

특히 이중에서 유통경로의 다양화, 즉 직/방판이나 전문점, 백화점 등에 추가하여 할인마트나 통신판매, 홈쇼핑, 인터넷쇼핑몰, 약국, 새로운 유통매체 등으로 유통경로가 다양화되면서 직접적으로 화장품 소비자들에게 유통 선택의 폭을 넓게 제공했다는 것이 전문점 경영주들이 우선 직시해야 하는 변화 중의 하나이다.

또 다른 측면에서의 변화는 고객 환경 변화이다. 즉 고객 욕구의 다양화, 고도화와 소비패턴의 변화, 구매행동의 변화, 즉 구매 방법이나 구매 장소, 구매 기준, 구매 결정권 등에서 변화가 일어나면서 양적인 측면뿐만 아니라 질적인 측면에서도 변화가 초래되었다. 즉 고객이 합리적이 되었고 또 까다롭고 요구 수준이 다양화되었음을 의미한다.

특히 유통경로의 다양화와 고객 선택의 폭 확대, 고객 욕구 변화에 따라 유통들은 발빠르게 대응해오고 있다. 즉 백화점은 고품격과 고서비스를 내세워 프리미엄 고객에 집중하고 있으며, 방판은 대면 상담 서비스와 구매 편리성 등을 내세워 고객을 공략하고 있다. 통판이나 할인점은 구매 편리성이나 가격, 다양성 등을 앞세워 경쟁하고 있다. 또 약국은 전문성이나 기능성을 강조하면서 고객을 파고들고 있다.

그렇다면 전문점은 무엇을 가지고 고객을 공략할 것인가? 전문점은 생태적 특성으로 인해 타 유통에 경쟁열위에 놓이는 형국이 지속되면서 이것이 오늘날 전문점 위기의 근본적인 원인이 되고 있다. 여기에 더하여 세계 경제 위기와 경제 불황이 함께 작용하면서 그 도를 더해가고 있다.

2. 전문점의 매출은 어떻게 발생되는가?, 왜 고객 관리가 중요한가?

[그림 2]는 전문점 매출이 어떻게 발생되는 지에 대한 기본 골격이 제시되고 있다.

결국 전문점 매출은 객단가와 객수, 그리고 영업 일수를 곱한 것으로 구성된다. 즉 이 세 가지 요소를 어떻게 증대시키느냐가 전문점 매출과 직접 연결된다. [그림 2]에서 고객을 우리 전문점으로 오게 만드는 것이 바로 Store Area Marketing이며 내점한 고객들에게 계획 구매 및 비계획 구매를 증대시키는 방법이 바로 In Store Merchandising이다.

여기서 고객관리를 어떻게 하느냐에 따라 전문점 매출 구성 요소인 객단가 증대와 객수 증대에 모두 영향을 미친다. 예를 들면 충성고객인가 아닌가에 따라서 이 두 가지 요소는 달라진다. 자점(自店)의 충성고객이라면 타전문점이나 타유통을 방문할 가능성은 낮을 것이다. 또 자점에 방문하여 다양한 제품이나 서비스를 믿고 구매할 것이다. 만약 충성도가 낮은, 또는 잠시 들른 뜨내기 고객이라면 객단가를 증대시키는 것은 그리 쉽지 않다. 어쨌든 고객 관리의 시작은 고객을 자점으로 어떻게 방문하게 만드는가, 즉 객수 증대에서부터 시작되며, 또 고객 관리를 통해 방문한 고객의 충성도를 강화함으로써 객단가를 증대시킬 수 있게 된다.

즉 고객 관리를 어떻게 하느냐에 따라 전문점의 양적 및 질적 확대를 동시에 실현할 수 있고, 이는 전문점의 경영 토대를 장단기적인 관점에서 튼튼하게 뿌리를 내리게 만드는 것이 된다.

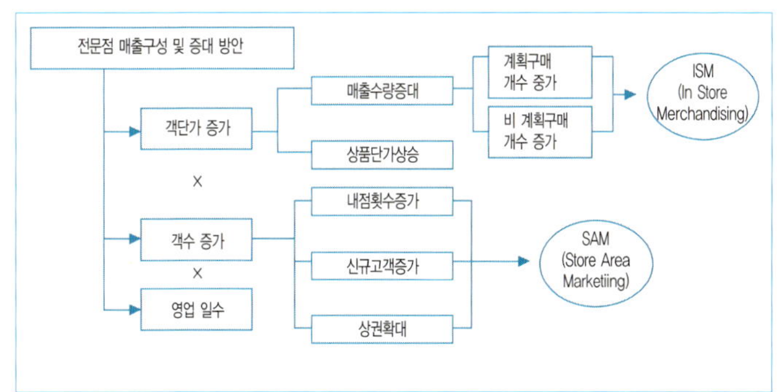
[그림 2] 전문점 매출 발생 구조

3. 전문점 고객 관리 전략

여러분들이 경영하고 있는 전문점은 고객을 어느 수준에서 관리하고 있는가? 또 여러분들의 고객 관리 전략은 무엇인가? 고객 관리는 이제 관리에서 전략으로 관점을 전환하는 것이 필요하며, 고객 관리 전략의 핵심은 고객 관리 마인드의 지속적인 강화와 고객 관리 전략의 개발과 실천이다.

전국의 화장품전문점 경영주나 종업원 어느 누구에게 물어보라. 고객 관리가 중요하다고 이야기하지 않는 사람이 있는가, 또 전문점에 고객 관리를 위해 전문점 홈페이지나 고객 관리 카드 등을 활용하여 고객 관리를 실행해보지 않은 전문점이 어디에 있겠는가, 고객 관리를 나름대로 하는데도 고객은 전문점에 대하여 불평하고 문제를 제기하며 충성도가 늘어나기는 커녕 계속 전문점에서 이탈하는 것은 무엇 때문인가?

이는 고객을 관리 대상으로만 보았을 뿐 고객 관리 전략이라는 전략적인 관점에서 보지 않았기 때문이다. 고객을 전략의 관점에서 들여다보는 것은 전문점 고객을 중심에 놓고 전문점과 주변 상권의 시장 환경, 시장 경쟁관계 등을 고려하여 고객 관리 전략을 수립하고 현장에서 실행하는 것이다. 그리고 동시에 전문점 경영주와 종업원 모두가 우선 고객 가치를 토대로 고객 관리 마인드를 이해하고 지속적으로 고객 관리 마인드를 강화하는 노력이 필요하다.

3-1. 고객의 재인식, 고객의 가치와 고객 관리 마인드 강화

전문점 경영주와 종업원들은 이제 고객을 새로운 관점에서 재발견해야 한다. 즉 고객을 장기적인 관점과 고객생애가치(Customer Lifetime Value) 개념에서 재인식, 재발견하고 이를 토대로 철두철미하게 고객 관리 마인드를 강화하고 유지해야 해야 한다.

'고객이 주문하는 곳이면 어디든지 30분 이내에 배달한다.' —도미노피자는 속도(Speed)를 핵심 전략으로 사업을 펼치는 기업으로 우리에게 잘 알려져 있다. 도미노피자 체인 중에 가장 성공했다고 평가받는 미국 볼티모어지역의 한 피자 매장의 성공 비결을 살펴보면, 그 중심에는 바로 고객 가치의 재발견과 철두철미한 고객 중심의 마인드 실천이 있다. 이 도미노피자 매장은 단골고객 1명의 평생 가치를 약 4천달러로 계산했는데, 이는 평균 10년 동안 연간 8달러짜리 피자를 50개 주문하는 고객을 단골고객으로 정의하고 산출한 수치이다. 우리는 쉽게 8달러짜리 고객으로 인식하기 쉬우나 평생 가치 개념으로 고객을 재정의한다면 고객 한명 한명이 소중해질 수밖에 없다.

고객 관리는 바로 이러한 인식의 전환으로부터 시작된다. 도미노피자 매장의 점주는 종업원들에게 "당신들은 지금 8달러짜리 고객이 아니라 4천달러짜리 고객에게 피자를 배달하고 있다"고 강조했다. 그리고 이러한 고객 가치 마인드는 고객으로 하여금 피자가 약속 시간에 배달되었는지 판단하게 하고, 정성스레 피자를 만들어 배달한 최고의 종업원을 직접 선정하도록 하는 정책으로 이어졌다. 오늘부터 단골고객이 되어 앞으로 10년 동안 연 50번을 주문한다고 가정하면 그는 4천달러짜리 고객이 되며 우리에게는 고객 하나하나가 중요할 수밖에 없다.

전문점 경영주들은 여러분의 매장을 찾는 고객의 가치를 어떻게 계산하고 있는지 궁금할 수 밖에 없다. 매장 방문 고객 가치를 현재의 가치인 8달러로 계산하고 있는가, 아니면 4천달러로 계산하고 있는가?

가끔씩 아내가 화장품을 구매하기 위해 전문점이나 백화점, 할인점 등을 방문할 때 동행하기도하는데 점주나 접객사원들의 태도나 말씨, 정용 등등에서 과연 이들이 고객을 어느 수준으로 인식하고 응대하는지 의심이 가는 경우가 많이 있어 안타까워했던 기억이 있다.

이제 전문점은 고객과의 관계를 가져갈 때 '고객생애가치' (Customer Lifetime Value)라는 관점으로 전환하는 것이 필요하다. 고객생애가치란 한 고객이 그 기업의 고객으로 존재하는 기간 동안 만들어내는 이익의 총합계로, 지금 이 순간 단 한번의 거래에 초점을 맞추는 것이 아니라, 그가 고객으로서 회사에 기여할 이익의 총계를 생각하는 것이다.

3-2. 고객 관리의 목적

전문점 고객 관리를 위한 몇 가지 질문에 명확하게 답을 제시할 수 있어야 한다.

고객 관리는 바로 이러한 내용을 담고 있고, 고객 관리를 하는 목적이기 때문이다.

Q1. 연평균 내점 고객 수와 일일 내점 고객 수는 얼마나 되는가?

Q2. 고정 고객 대 일시 고객의 수와 비율은 얼마나 되는가?

Q3. 고객별 연평균 방문 횟수는?

Q4. 그들은 단품 위주의 구매를 시도하는가, 아니면 연결패키지 구매인가?

Q5. 제품 구매 고객 한 명의 평균 객단가와 구매량, 그들이 전문점에 요구하는 서비스의 종류와 수준은 ?

Q6. 전문점에서 고객 욕구에 부응하는 수준과 충족 정도는?

이상의 질문에 대하여 명확히 이해하고 이러한 질문에 대한 구체적인 전략과 실행이 반복적으로 이루어지고 있는가?

이러한 질문에 대한 해답은 바로 고객 관리이며, 이를 통하여 내점 고객 수와 방문 횟수를 증대시키고 또 고정 고객, 충성 고객을 늘리며 연결패키지 구매를 통해 객단가와 구매량을 증대시킬 수 있다. 이는 결국 지역 1등 전문점으로 가는 지름길이며, 불황을 돌파하는 방법이 된다.

3-3. 고객 관리의 과정과 고객 관리 전략

고객 관리 전략의 첫 단계는 우선 전문점이 위치한 지역의 고객 조사 및 지역 환경, 상권 등을 분석하는 것으로부터 시작된다. 그리고 이를 토대로 어떻게 지역 고객을 유치할 것인지, 즉 고객 유치, 확보 전략을 수립하고, 3단계는 내점 고객을 전문점 내에서 어떻게 만족시킬 것인지, 즉 시점 전략을 수립하고 이를 통하여 확보된 고객을 고정 고객화하고 충성도를 강화하고, 또 이들을 조직화하여 새로운 고객을 유치하는 가교로 활용하는 전략 등이 주로 4단계에서 수행되며, 이러한 전체 과정이 바로 고객 관리 전략의 과정이다.

이제 전문점 경영주나 종업원들은 이러한 단계를 잘 이해하고 화장품제조회사가 수행하고 있는 고객 관리 수준 이상으로 고객 관리를 연구하고 실행하

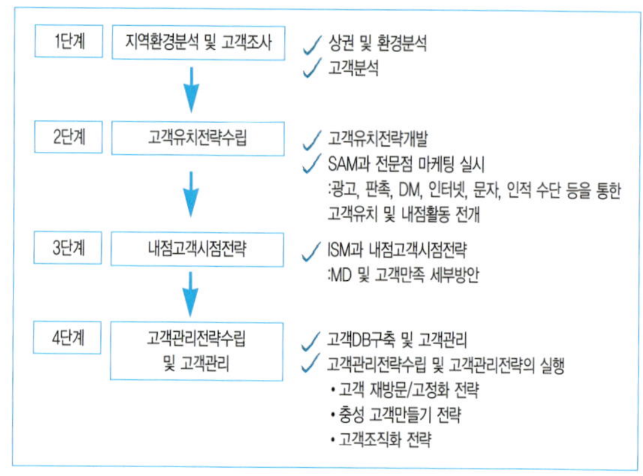

[그림 3] 고객 관리 전략 도해

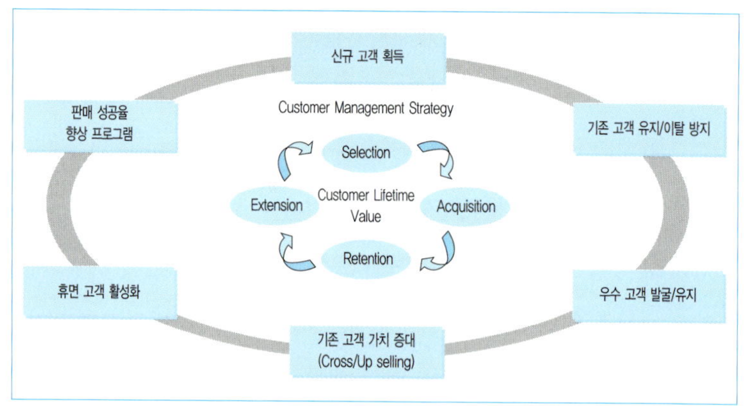

[그림 4] 고객 관리 전략 사이클과 핵심 구성항목

고자 하는 노력이 필요하다. [그림 4]는 고객 관리 전략의 과정을 한 눈에 볼 수 있도록 나타낸 것이다.

고객 관리 전략의 사이클과 핵심 구성 항목이 [그림 4]에 제시되어 있다. 즉 판매 성공 향상 프로그램과 신규 고객의 획득, 기존 고객 유지 및 이탈 방지, 우수 고객 발굴 및 유지, 기존 고객가치 증대, 휴면 고객 활성화 등이 핵심 구성항목이며, 이들 항목이 지속적이고 효과적으로 사이클링할 때 고객 관리 전략은 성공할 수 있다. 물론 이러한 모든 활동은 고객의 생애가치를 토대로 한다.

4. 고객 관리 전략의 실무절차와 고정 고객 확보 전략

[그림 5]에는 고객 관리 전략을 실행하기 위한 실무적인 절차가 제시되고 있다. 우선 고객 정보를 획득하여 고객DB를 구축하고, 이렇게 확보된 고객DB를 활용해 고객 유형에 따라 고

객 개발, 관리 및 관계 강화 등의 고객 관리 전략을 수행하게 된다.

효과적인 고객 관리 전략을 수행

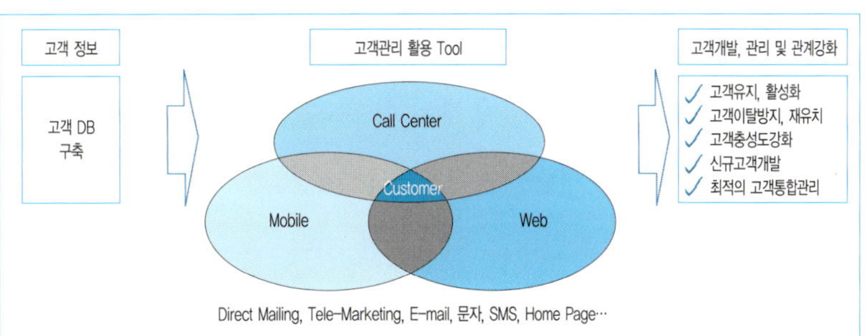

[그림 5] 고객 관리 전략 실행 절차

하기 위하여 새로운 테크놀로지를 적극 활용함으로써 보다 많은 판매 기회의 포착 및 고객과 긴밀한 관계를 유지할 수 있게 됨을 명심해야 한다.

고객 관리 활용 도구(Tool)로서는 콜센터(텔레마케팅 및 텔레세일즈, 각종 전화 서비스 등), 모바일(영업 및 서비스 생산성 및 고객 신뢰도 제고), 인터넷(고객, 판매사 스스로 구매 발주나 서비스 요청, 업무 효율화, 고객 접점 증대) 등이 있다.

4-1. 고객 관리 전략의 기본 토대 – 고객 DB 수집과 축적

고객 정보나 경쟁자 정보, 지역 정보 등 전문점시장의 각종 1차 자료를 수집, 분석하고 그것을 기초로 고객 관리 전략을 수립하는 데 기반이 되는 것이 고객 정보의 데이터베이스화이다. 즉 어떤 고객이 얼마나 자주 방문하였는지?, 어느 고객이 어느 매장에서 얼마나 구매하였는지?, 또 어떤 유형의 상품을 구매하였는지? 등과 같은 고객 자료를 수집해 고객 성향을 분석하고 응용해 고객 관리 전략을 수립할 수 있다.

고객에 대한 DB를 구축하는 근본적인 목적은 고객 관리를 좀 더 과학화하고 정보를 전략적으로 이용하는 데 있다. 어떤 고객도 동일한 특성을 가지고 있지 않으며, 모든 고객이 어떤 특정 제품에 대하여 동일한 반응을 보이지 않는다. 그러므로 모든 고객들을 대상으로 한 대량마케팅(Mass Marketing)은 이제 그 효용가치가 점점 없어지고 있으며, 모든 고객에게 동일한 전략을 구사하는 것은 그 효율성에 문제가 있을 수밖에 없게 되었다.

옆의 [표] 고객 데이터의 수집 및 축적은 고객 데이터의 주요 내용이다. 이러한 내용을 중심으로 우선 고객 DB를 지속적으로 축적해야 한다.

[표] 고객 데이터의 수집 및 축적

–기본자료 : 고객이름, 카드번호, 주민번호(성별, 연령), 주소, 직장 등
–지속적 추가해야 할 정보 : 가족데이터, 승용차, 기념일(생일, 결혼)
–구매정보 : POS정보를 이용하여 구매한 MD, 시간, 날짜, 요일, 일시불, 할부, 행사코드 등
–올드/떠난 고객 찾기 : 아주 오래된 고객은? 그들에게 최소한의 혜택을 주고 있는가?
–추가정보는 어디서 얻는가? 판매사원의 능력, 고객은 OK
–데이터의 업데이트 : 이사 가는 고객(한국 년 평균 220%), 변동고객 등

4-2. ABC분석과 고객 관리 전략

ABC분석은 이태리 경제학자인 빌프레도 페데리꼬 다만 패레리트가 개개인의 부는 균등하게 분포되지 않고 소수의 사람에게 집중하는 경향을 나타낸다는 것을 확인하고 이론화한 것이다. 대체로 20%의 사람이 부의 80%를 차지한다는 것인데, 이것이 파레토법칙이며, 이 원칙을 응용한 것이 바로 ABC분석이다. 즉 20%의 고객이 전문점 매출의 80%를 차지한다고 이야기할 수 있다.

[표] ABC 분석

-일반적인 방법 : 매출액, 구매일수로 분류
-LIFE STAGE : 연령, 결혼유무, 자녀수 등으로 분류
-구매 상품군 중심 : 직장, 성별, 연령으로 분류
-RFM에 의한 분류 : Recency 최근에 / Frequency 얼마나 자주 / Monetary 얼마만큼
-거주지역별에 따른 고객분류
-점포, 매장별 매출액 변화 및 고객유동성 분석 등을 통한 세분화

기존 고객들을 구체적으로 ABC분석을 통해 등급을 부여하고 등급에 따라 고객을 좀더 전략적으로 관리할 수 있다. 고객을 A,B,C 3등급으로 구분하고 등급에 따라 고객을 전략적으로 관리할 수 있다. 세부내용을 살펴보자.

①A급 고객의 관리

A급 고객은 공헌도가 가장 큰 고객으로 A급 고객은 우선 접점 빈도 증대를 통한 밀착 관리와 거래 인센티브 및 판촉 강화를 지속적으로 실행하여 관계 및 유대를 강화해야 한다. A급 고객은 고정 고객이 대부분이다. 고정 고객이란 단골 고객(Client)을 의미한다. 거래관계를 형성한 고객(Customer) 중에서 거래관계를 지속함으로써 그 관계가 유지되고 있는 고객을 고정 고객 혹은 단골 고객이라고 한다.

②B급 고객의 관리

B급 고객은 C급 고객보다는 수가 적으나 A급보다는 많다. 그리고 A급으로 성장할 수 있는 가능성을 가지고 있는 고객이 많이 포함되어 있다. 따라서 B를 +B와 -B로 구분하여 +B를 내일의 스타고객으로 육성해야 한다. ABC분석에서 가장 중요한 원리는 B를 가장 중요시한다는 것이다. 즉 여기서는 +B를 A그룹으로 어떻게 동기부여하고 육성할 것인가 필요하다.

③C급 고객의 관리

C급은 매출 기여도가 낮고 숫자가 대단히 많은 특성을 가지고 있다. 대체로 무(無) 관리 상태에 놓여 있는 것이 일반적이다. 그러나 이와 같은 C급 고객도 고객 관리 전략을 잘 수립하여 시행하면 A 또는 B급으로 성장하는 고객 사례를 볼 수 있다.

예를 들면 C급 고객들 중에는 잘 모르거나 무관심한 고객들이 많이 포함되어 있을 수 있다.

따라서 지나치게 계량적인 분석을 선행함으로써 이러한 정성적인 조건을 놓치는 우를 범할 수 있다. 이들을 더욱 세밀하게 잘 구분하여 관리하는 것이 중요하다. 즉 C급 고객은 정성 분석하는 것이 중요하다.

ABC분석에서 A(1) : B(2) : C(2)의 비율에서 A(2) : B(2) : C(1)의 안정 비율로 향상 관리하는 것이 목표가 되며, 그밖에 매출 기여도에 따른 집중 관리와 양적 확대(Store coverage), 질적 관리(Instore share)를 수행할 때 지역 NO.1 전문점이 될 수 있다.

4-3. 고객 DB의 전략적 활용

고객 DB가 구축되면 콜센터(텔레마케팅, 텔레세일즈, 각종 전화 서비스 등) , 모바일(영업 및 서비스 생산성 및 고객 신뢰도 제고), 인터넷(고객, 판매사 스스로 구매 발주나 서비스 요청, 업무 효율화, 고객 접점 증대) 등을 통하여 전략적으로 고객 관리에 활용할 수 있다.

첫째, 고객 관계 강화 전략

즉 DM(Direct Mailing), 텔레마케팅(Tele-Marketing) 또는 소개 판매, 이벤트 세일(Event Sale), 인터넷마케팅 등 다양한 활용 도구(Tool)를 이용해 고객과의 관계를 지속적으로 유지 및 강화함으로서 고정 고객 확보와 고객 충성도를 높일 수 있다.

둘째, 고객 이탈 방지 전략

고객 DB를 활용해 고객이벤트, 마일리지, 해피콜(Happy Call) 등을 통해 지속적인 거래를 유도하고 이탈 방지 전략을 진행할 수 있다.

셋째, 신규 고객 / 휴면 확보 전략

여러 가지 고객관리 도구(Tool)를 활용해 기존 고객의 소개 유도나 휴면 고객, 신규 고객 확보 전략을 전개할 수 있다.

4-4. 고객 유형별 고객 전략과 고정 고객 확보 전략

아래 그림은 고객 유형에 따른 고객 전략이 제시되고 있다. 전문점 경영자나 조직은 고객에 따른 고객 전략을 집중적으로 개발하여 지속적으로 실행해야 한다.

전문점은 바로 고정 고객을 확보하고 유지하는 것이 가장 중요한 과제다. 고정 고객이 되는 것은 소비자의 기대대로 전문점이 고객의 욕구를 충족시키는 경우에 가능해진다. 이 같은 노력은 마케팅의 전반적인 측면에서 이루어진다. 특히 서비스적인 측면이 고정 고객을 만드는 데 결정적인 역할을 하게 된다.

전문점의 첫인상이 매우 중요하다. 하지만 전문점에 대한 이미지는 그 전문점을 이용한 후에 더욱 확실해진다. 그 전문점의 청결, 진열, 배치, 환경, 판매원 등 여러 가지 요인들이 소비자 만족을 위한 중요 요소이다.

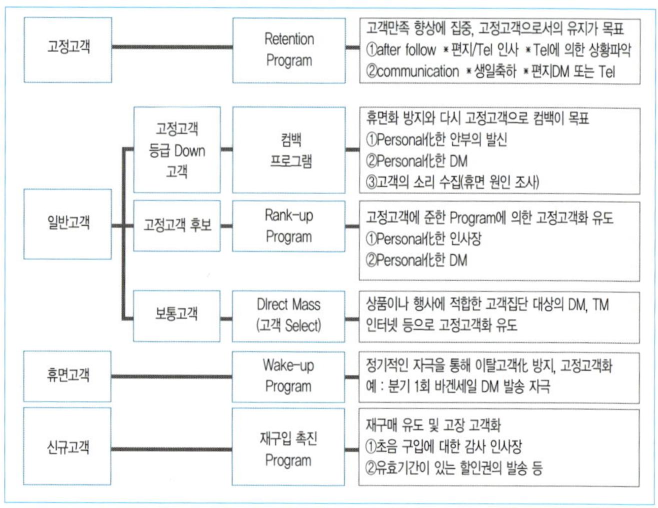

[그림 6] 고객 유형에 따른 고객 전략

하지만 판매는 팔고 난 다음에 시작된다. 판매는 고객이 상품을 구입한 것으로 끝을 내서는 안 된다. 고객이 구매를 거절할 경우는 그 상품을 구매할 때까지 계속되어야 하며, 구매한 경우에도 그 고객이 단골이 되도록 계속해서 접객을 해야 한다. 재차 다음번의 구매를 위해 노력을 해야 하는데, 각 단계별로 소비자의 구매 후 행동을 염두에 두고 판매를 해야 한다. 상품의 설명은 마음에 와 닿게 해야 한다. 또한 소비자의 정보 부족으로 인한 잘못된 구매가 일어나지 않게 해야 한다. 소비자의 오판은 판매원에게도 책임이 있다.

꾸준한 내점으로 기존 고객을 만족한 것으로 평가한다면 성공은 내 것이 안 된다. 기존 고객의 유지를 떠나 그들의 욕구를 파악하고 재창조해야 한다. 확고한 단골 손님을 만들기에 이은 다음 단계는 '제안접객'이다. '이 상품이라면 고객의 피부나 모습, 아름다움이 이렇게 달라질 것입니다' 라는 식으로 프리젠테이션을 하는 것이다.

이를 위해서는 고객이 상품을 구매한 이유를 알아야 한다. 또한 이러한 정보를 기초로 상품을 구색하고 이를 반영하는 것이다. 정보를 관리해야 할 필요성이 있는데 여기에는 고객의 의견 수렴에 대한 카드를 작성해야 한다.

이처럼 고객의 정보는 즉각적인 반영을 하는 경우도 있지만 중장기적인 판매 관리와 고객 관리에 아주 귀중한 자료가 된다. 고객으로부터 얻은 정보는 상품의 머천다이징이나 고객 관리 시스템을 통하여 철저히 관리되어야 한다.

전문점의 기존 고객에 대한 만족도 제고 방법은 여러 가지가 있지만 가장 중요한 것은 상품력이다. 상품력으로 고객을 만족시킨다. 일본의 슈퍼체인 이토요가토의 상품 구색 갖추기 5대 원칙을 살펴보면 첫째, 잘 팔리는 히트 상품을 몇 가지 갖추고 있어야 하며 그 상품은 상위권 1위가 되어야 한다. 둘째, 팔리는 폭에서 1위를 지향한다. 즉 상위권 내에서 가장 낮은 가격의 상점보다 0.8배의 가격 선에서 구색 갖추기를 한다. 또 최고의 가격을 받고 있는 상점보다 1.5배에 해당하는 상품으로 구색 갖추기를 한다. 셋째, 가격·사이즈·칼라·기능·브랜드 중에서 잘 팔리는 상품을 많이 갖춘다. 넷째, 세 가지 항목을 절충해 1등 상점이 되도록 한다. 다섯째, 경쟁점이 갖고 있는 것은 모두 자신의 점포에서 소유한다. 이처럼 상품관리를 통해 고정 고객의 철저한 유지, 관리해야 한다.

다음으로는 고객의 불만, 불평을 적절한 방법으로 처리해야 한다. 불평 처리 자체가 고정 고객 확대의 기회이다. 이를 위해서는 기본적으로 고객의 불평 내용을 잘 경청해야 하며, 진실한 마음으로 불평 고객을 관리해야 한다. 불평이나 불만점은 즉각적으로 해결해 주어야 하며, 그 내용이 무엇이건 간에 철저한 관리를 해야 한다. 기본적으로 불평이 발생되지 않도록 노력하는 것이 과제다.

불평 처리에는 몇 가지의 원칙이 있다. 첫째는 불평의 발생 원인을 파악한다. 둘째로 같은 잘못을 두 번 하지 않는다. 셋째는 책임을 인정해야 한다. 넷째는 불평 내용을 전원에게 통보하는 것이다.

고정 고객 확보의 또 다른 방법으로는 바로 고정 고객의 이름이나 얼굴을 기억하는 방법이 있다. 이는 그 고객이 판매원의 이름을 기억할 수 있도록 관리해야 한다. 이렇게 하기 위해서는 고객의 생활을 파악할 필요가 있으며 고객의 기호나 성격, 가족 상황을 파악할 필요가 있다. 또한 고객의 취미를 기억하고 고객과의 약속을 필히 지켜야 한다. 이러한 관리는 고객과 연락을 계속함으로써 가능해진다.

고정 고객화 전략이 성공적으로 진행된다면 전문점은 엄청난 이득을 얻게 된다. 고정 고객은 매출을 증대하는 역할뿐 아니라 판매사원의 역할을 한다. 만족한 소비자는 자신의 구매를 떠나 새로운 소비자에게 정보를 전달하는 아주 중요한 역할을 한다. 따라서 단골에 대한 관리는 일반 소비자와는 다른 시각에서 전개되어야 한다. 무엇보다도 고정 고객을 만드는 판매력의 원천은 기본적으로 전문점 경영주나 판매원의 마음가짐에 달려 있다.

접객기법

우리는 하루에도 수십 수백 가지의 매장을 지나가며 그 매장에 진열되어 있는 것들을 접하게 된다. 그 상품을 보며 우리는 한번쯤은 그 상품의 필요성에 대해 생각하게 된다. 그런 후 그냥 지나치는 경우도 있고, 매장 안으로 들어가 상품을 확인하고 구매하는 경우도 있다. 이렇게 물건을 살 때에는 자신의 필요에 의한 경우가 대부분이겠지만, 굳이 필요성에 의한 구매가 아니더라도 소비자의 감각을 자극하여 상품을 구매하는 경우도 있을 것이다.

최근 고객의 성향과 요구가 다양화, 개성화되면서 제품 또한 다양하게 공급되고 있어 고객이 개성과 취향에 맞게 선택할 수 있는 폭이 넓어졌다.

이러한 다양한 상품이 공급되는 상황에서 고객은 자신에게 필요한 제품만이 아닌 서비스를 제공받는 과정에서의 체험과 추억까지 구입할 수 있게 되었다.

따라서 고객의 라이프 스타일을 체크하여 상담을 통해 상품을 판매하는 것이나 고객의 생활을 함께 만들어 나가는 체험판매가 중요해졌다.

매장을 방문하는 고객의 주의(Attention)를 끌어, 흥미(Interest)를 불러일으켜, 상품에 대한 욕망(Desire)을 갖게 하여, 고객이 제품을 구매(Action)하게 하는 'AIDMA'의 단계에 맞게 고객의 니즈에 적합한 상품을 제안하고 구매 결정에 도움을 주어 체험과 만족을 주는 판매 방식을 '컨설팅 세일즈'라 할 수 있다. 화장품전문점에 필요한 접객 판매방식에 이러한 컨설팅 세일즈가 필요하다.

컨설팅 세일즈의 스킬

고객이 상품을 구매할 수 있도록 도와주는 공간을 만들고 응대하는 컨설팅 세일즈의 스킬은 어느 정도일까? 몇 가지 점검해 보자.

남현임 / 한국능률협회컨설팅 변화관리PU 치프컨설턴트

명지대 경영학과 · 캐나다 비즈니스 스쿨(Canada Business School) 경영학과. 우송대 외래교수 · 삼성화재 교육팀 · LG전자 CS 사내강사 · 서비스 플러스 아카데미 · 태평양 아카데미 사외강사 등 역임.

먼저, 고객의 매장 진입이 용이한가? 우리 매장의 주요 고객은 누구인가? 고객들이 매장에 편하게 드나들 수 있는 느낌과 그에 따른 상품의 진열이 잘 되어 있는가?

매장 안에 안정감 있는 분위기를 조성하여 고객이 매장에 오래 머물도록 해 주는 것이 좋다. 최근에는 고객이 오래 머물도록 하고 상황과 분위기에 맞춰 고객을 만족시키는 전문적 서비스를 제공하는 '오감마케팅' 의 요소들에 대한 연구가 늘고 있다. 인간이 몰입할 수 있는 최적의 공간을 만들기 위해, 예를 들어 다양한 음악 장르로 고객이 매장에 머무르는 시간을 늘리고 줄여 매출과 연계하는 방법도 이에 속한다고 할 수 있다.

둘째, 매장 동선의 구성과 상품의 진열이 고객 중심적인가?

인간은 왼쪽 발을 축으로 삼아 움직이며, 무의식 속에는 왼쪽에서 오른쪽으로 흐르는 습성이 있다. 또한 벽면을 끼고 도는 것도 심리적으로 안정감을 갖게 한다. 매장에 들어오는 고객의 시선과 몸이 어느 쪽으로 먼저 움직이는지 확인해 보자. 사람의 행동을 고려하여 매장의 상품을 진열하고 고객의 동선을 구성해야 한다.

연구에 따르면 특정 상표 구매와 관련된 구매의사결정이 내려지는 경우의 70% 이상이 매장 내에서 이루어진다고 한다. 즉 구매를 위해 점포에 올 때 특정 상표를 염두하지 않고 오는 경우가 60% 이상이며, 설령 특정 상표를 구매하러 왔다가도 다른 상표를 구매하고 돌아가는 경우가 4%에 이른다고 한다. 그 만큼 구매시점의 전시, 가격, 매장 내 진열, 선반의 위치, 재고의 유무 상태, 직원의 행동 등이 매장 내 구매에 큰 영향을 미친다는 것이다.

셋째, 매장을 방문하는 고객은 주로 여성인가, 남성인가? 여성이 주요 고객층이라면 연령대는 어떻게 되는가? 그 연령대의 심리에 대해 제대로 이해하고 있어야 한다.

여성이 기대하는 서비스

1. 눈을 바라보는 서비스

2. 계절감에 맞춘 화법 서비스

3. 분위기에 맞춘 서비스

4. 천천히 말하고, 빨리 말하는 적절한 타이밍의 서비스

5. 주목해 주고, 소중하게 여겨주는 서비스

6. 말로 그림을 그려주는 서비스

7. 순발력 있게 공통점으로 공감대를 형성해 주는 서비스

8. 고객에 따라 행동해 주는 서비스

9. 유행에 뒤지지 않는 안심 서비스

10. 고객의 예상을 뛰어넘는 서비스

11. 따뜻한 목소리의 서비스

12. 알기 쉬운 서비스

13. 지혜를 제공해 주는 서비스

넷째, 고객의 요구(니즈)를 파악하기 위해 경청하는가?

경청은 단순히 누군가 말을 할 때 쳐다본 후 그에 대한 반응으로 무슨 일인가를 하는 것만 의미하지는 않는다. 경청에는 중요한 부분이 있다. 경청은 다른 사람을 적극 이해하려는 것을 의미한다. 대부분의 사람들은 들리는 것의 25%만을 경청한다. 나머지 75%는 어떻게 되는 걸까? 그것은 무시해버린다.

우리가 경청을 하게 되면,

– 고객이 무엇을 원하고 요구하는지 알아낼 수 있다.

– 오해와 실수를 방지할 수 있다.

– 우리가 제공할 서비스에 대한 방법과 단서를 얻을 수 있다.

– 고객과 오랜 관계를 형성할 수 있다.

경청을 하면서 고객과의 관계를 형성하고 정보를 얻고 싶다면 적절한 순간을 살펴 재치있는 질문을 하라. 고객들은 종종 자신들이 원하고 요구하는 것에 대해 잘 표현을 하지 않거나, 심지어는 자신이 무엇을 원하는지 잘 모르기도 한다.

"무엇을 도와드릴까요?"라는 우리의 말에 "글쎄요…"라는 고객의 대답은 솔직한 것이며, 고객들의 감정을 대변하는 것이다. 바로 이럴 때 우리가 해야 할 일은 그들이 마음을 정리하게끔 돕는 것이다.

확신이 없거나 생각이 분명하지 못한 고객, 또는 혼란스러워하는 고객에게 성공적으로 서비스하기 위해서는 우리 자신이 탐정이 되어야 한다.

고객을 쫓는 대화, 고객을 사로잡는 대화

1. 내 주장만 어필하는 시나진 소신형

일을 오래 하다 보면 전문가가 되는데, 이때 지나치게 소신이 깊어지면 다른 사람의 의견을 무시하는 경향이 있다. 전문가다운 의견을 주는 것도 중요하지만 고객의 취향을 부정해서는 안된다. 고객과 대화를 나누기 위해서는 우선 자신과 다를 수 있다는 차이를 존중할 수 있어야 한다.

2. 지쳐버린 매너리즘의 침묵형

우리는 프로다. 아무리 바빠도, 힘들어도, 고객이 나에게 말을 걸지 않아도 반드시 해야 하는 기본적인 대화가 있다. '안녕하세요', '무엇을 도와드릴까요?', 감사합니다', '더 필요한 건 없으신가요?', '안녕히 가십시오' 우리가 고객을 환영한 증거를 남기도록 하라.

3. 언제나 명령하듯 하는 상사형

같은 명령조를 쓰더라도 표정을 따뜻하게 하거나, 음성을 부드럽게 하거나, 혹은 자세를 겸손하게 하면 훨씬 나을 것이다. 명령형은 사용하지 않고 의뢰형을 사용한다.

4. 은근슬쩍 말을 놓는 반말형

말은 습관이다. 친근감을 표현한다는 생각으로 너무 편하게 말을 놓게 되면 고객에게 정중한 응대를 놓치게 된다. 습관적인 자신의 말투를 관찰하라.

다섯째, 직원의 세일즈 스킬은 서비스 중심화 되어 있는가?

직원의 세일즈 스킬은 고객과 상품을 연결하는 데 없어서는 안될 귀중한 역할이다. 낮은 가격의 단순한 상품은 매장 내 디스플레이만으로도 충분히 판매될 수 있지만 고가의 상품일수록 고객은 망설이는 시간이 길어진다. 상품을 구입하고자 하는 강한 의사를 가지고 있지만 너무나 다양한 상품과 다양한 기능에 고객은 고민과 문제를 안게 된다. 이러한 문제를 해결해 줄 수 있는 사람이 바로 세일즈를 담당하는 직원이다. 세일즈맨은 고객의 문제를 해결하는 해결사로서 고객에게 풍부한 경험과 추억을 전달하기도 한다.

고객에게 접점에서 전문화된 응대스킬로 매출에 연결시키기까지 고객의 움직임을 관찰하여 상황별로 고객에게 필요한 니즈를 제공할 수 있어야 한다.

고객의 구매심리에 따른 접객판매의 동선

고객의 구매심리에 따른 접객판매의 동선을 읽어보자.

고객은 어떠한 목적이나 기대를 안고 매장을 방문한다. 그 목적은 의식적이거나 무의식적이다. 매장에 방문하는 목적이 구매라는 결과로 나타나기까지 구매 욕구의 심리 변화 흐름에 따라 표현되고 행동한다. 그 욕구 변화의 흐름을 관찰하면 7단계로 나눌 수 있다.

주의 – 흥미 – 연상 – 희망 – 비교선택 – 확신 – 구매

위의 구매 욕구 변화에 따른 직원의 응대가 필요 상황에 따라 적절하게 이루어져 매출로 연결되도록 하는 접객 스킬이 매우 중요하다. 판매는 직원의 힘이 최대한으로 발휘되고 고객이 만족한 쇼핑이 될 수 있도록 도와 주는 것이라 할 수 있다.

먼저, 고객이 매장에 들어오기 전에 직원은 고객을 맞을 준비를 하고 있음을 매장 청결, 디스플레이, 대기자세 등으로 할 수 있다.

(1)대기

판매의 첫걸음은 고객을 기다리는 일에서부터 시작된다. 고객이 매장을 방문하면 바로 인사를 할 수 있도록 미리 마음가짐을 갖추는 것이 중요하다. 가장 올바른 대기란 고객이 구매하고자 하는 매장에 쉽게 들어설 수 있도록 유도하는 자세이다. 주위에 신경을 쓰고 고객에게 심리적 압박감을 주지 않도록 자연스럽게 맞이하도록 한다.

밝은 표정과 부드러운 음성으로 "안녕하세요, 무엇을 도와드릴까요?", "어서 오세요" 등의 환영 메시지를 전한다. 다른 업무를 보고 있다가도 가볍게 시선을 마주치거나(Eye-Contact) 미소로 맞이할 수 있도록 한다.

최근에는 직원의 대기에 대한 패러다임이 바뀌었다. 고객이 매장에 들어왔을 때 즉시 응대해 빈틈이 없는 경직된 분위기로 고객이 들어서기 부담스럽게 하는 것이 아닌, 고객이 마음 편하게 둘러볼 수 있도록 업무를 보는 행동을 취하거나 진열대를 닦는 미니청소를 하면서 항상 고객의 방문을 빠르게 감지할 수 있도록 한다.

<u>대기시 주의 사항</u>

−한군데 여러 사람이 모여 서서 장난, 잡담을 하지 않는다

−고객을 뚫어지게(또는 힐끗힐끗) 쳐다보지 않는다

−고객을 쳐다보면서 웃거나 귓속말을 하지 않는다

−고객에게 무관심하게 대하지 않는다

−쇼케이스, 기둥, 행거 등에 기대고 서 있지 않는다

-주머니에 손을 넣거나, 팔짱을 끼거나, 뒷짐을 지는 행동을 하지 않는다

-고객 앞에서 큰 소리로 말하거나 언쟁하는 행동을 하지 않는다

(2)접근

고객의 마음의 문을 여는 첫걸음이다.

고객이 자유롭게 상품을 보고 싶고, 찾는 단계이다. 자신에게 필요한 제품을 찾는 고객에게 '이 판매원이라면 괜찮다'고 안심을 줄 수 있도록 고객심리에 맞는 타이밍을 찾아내 온화한 표정과 밝은 목소리, 정중하고 친절한 말투로 판매의 계기를 만든다.

<u>접근타이밍 (이럴 때 접근을 생각한다)</u>

  – 눈에 빛이 날 때

  – 갑자기 얼굴에 웃음이 퍼진다던가 굳어질 때

  – 판매사원을 찾고 있는 동작을 보일 때

  – 고객이 말을 걸어왔을 때

  – 갑자기 팔짱을 낄 때

  – 특정 상품을 유심히 살펴볼 때

  – 상품을 만져보고 있을 때

  – 고객과 시선이 마주쳤을 때

<u>접근 단계에서의 직원이 가져야 할 기본동작</u>

① 고객의 행동에 맞춰 적절한 타이밍에 다가가서

② 밝은 표정의 웃는 얼굴과 차분하면서고 밝은 목소리로

③ 밝고 활기 있는 태도로

④ 고객에게 압박감을 주지 않는 각도와 거리에서

⑤ 말을 걸면서 고객의 표정이나 말의 반응을 확인한다

<u>접근 단계에서의 마음가짐</u>

① 고객을 가리지 않는다

② 헛일이 되는 것을 두려워하지 않는다

③ 고객에 선입관을 갖지 않는다

고객이 매장에 들어와 바로 나가지 않고 머물러 상품에 흥미를 가질 수 있도록 정중하면서도 적극적인 어프로치를 한다.

<u>접근 단계에서 주의사항</u>

－고객이 불러도 즉각 답을 안한다

－부르면 마지못해 혹은 천천히 접근한다

－고객의 유형에 따라 차별하여 응대한다

－어린이 고객에게 반말을 한다

<u>접근 단계에서의 가벼운 이야기(Small Talk)</u>

"어서 오세요", "안녕하세요, 무엇을 도와드릴까요?" 등의 환영 메시지를 건넨 후 고객이 특정 상품에 흥미를 갖게 되면 상품에 대한 흥미 정도에 맞춰 상품에 대한 내용으로부터 화제의 계기를 만든다. 상품의 특징, 이익 등 직접적인 상품을 화제로 한 한마디를 건넨다. 이것을 다이렉트 어프로치라고 하며, 그 구성 요소는 목적·용도, 색, 디자인, 소재·가공, 가격, 제품에 대한 정보를 얘기한다.

환영 메시지를 전달한 후 고객이 고개를 끄덕이며 반응을 보였다면 천천히 상품을 선택할 수 있는 분위기로 말을 건다. 이런 한마디를 마인드 어프로치 토크라고 한다. 상태를 살펴 다시 한번 계기를 만든다.

마인드 어프로치 토크에 활용하는 내용으로는 방문에 대한 감사 표현, 날씨관련 인사, 칭찬 등으로 표현할 수 있다.

(3)니즈 체크

상품을 보고 있는 고객의 요구(니즈)를 알고 그 요구를 만족시킬 확실한 상품을 제공하기 위해 니즈 체크를 한다. 고객에 따라서는 니즈가 확실한 고객과, 명확하지 않고 막연한 상태의 고객도 있다. 직원은 몇 가지 질문에 따라 고객이 마음을 정리할 수 있도록 대화를 진행하여 구매를 도와주도록 한다.

니즈 체크를 할 수 있는 항목으로는,

－상품의 구매 목적이나 사용 용도를 묻는다

－취향(디자인, 성향)을 묻는다

－사용하고 있는 제품의 경험을 묻는다

－예상 비용을 묻는다

고객의 니즈를 체크를 할 때는 부드러운 표정으로 눈을 보고 정중하게 경청하도록 한다. 또 질문의 폭을 좁혀가며 상품에 맞추도록 한다. 고객으로부터 들은 정보는 잊지 않도록 하며, 고객의 행동을 관찰하고 고객의 심리를 순간순간 확인한다.

(4)상품 제시와 상품 설명

일단 접근에 성공하게 되면 고객에게 기호, 취향, 바람을 질문해 가면서(니즈 체크), 목적에 부합되는 상품을 보여 주며 구매를 유도해야 한다. 제품에 대한 프리젠테이션을 잘 하기 위해 제품의 특징과 성능이나 취급 방법 등에 대한 지식을 꾸준히 쌓도록 하며 제품의 가치를 높일 수 있도록 세일즈 토크에 대한 연구를 한다.

상품 설명의 단계는 고객과 함께하는 시간이 가장 긴 단계이다. 직원의 재치와 기지를 발휘해야 하며 고객의 마음을 열고 설득하며 구매를 유도하기 위해서 모든 능력을 발휘해야 한다.

각 상품마다 고객의 구매의욕을 높이고 구매결정에 큰 영향을 미치는 뛰어난 특징이나 효용이 있다. 이런 것들을 짧게 표현한 말을 세일즈 포인트라고 한다.

세일즈 포인트는 상품 설명과 상품의 이익을 강조하거나 제품의 단점을 능숙하게 해소하는 짧은 말이다. 고객의 니즈나 심리에 맞춰 짧게 강한 영향이 있는 한마디로 표현한다.

<u>상품 설명 포인트</u>

① 상품의 사용 이익 내용을 다면적으로 끌어낸다

② 고객의 니즈나 심리에 맞춰 강조 포인트를 선택한다

③ 짧고 구체적으로 정리한다

④ 트렌드, 상황, 고객에 따라 표현을 바꾼다

<u>부드러운 접객화법과 상품 보여주는 방법</u>

－고객의 반응을 확인해 이야기하고, 고객의 리듬을 확인한다

－알기 쉬운 말을 사용한다

－부정형은 긍정형으로 대체한다

－사과나 거절은 부탁의 의뢰형을 사용한다

- 'YES/BUT' 화법을 사용한다

-예를 들어 설명한다

<u>상품을 보여주는 방법</u>

① 사용할 상태로 해서 보여준다

② 직접 만져볼 수 있음을 전한다

③ 가격을 확인할 수 있도록 한다

④ 비교할 수 있는 상품을 2~3개 보여준다

⑤ 고객이 원하는 가격의 제품부터 보여주며 제품 제시의 폭을 조정한다

⑥ 상품의 특징, 효용을 보여줄 수 있는 테스트나 카탈로그도 안내한다

⑦ 자신감을 갖고 보여준다

<u>상품을 제시할 때 주의사항</u>

-고객의 질문에 무뚝뚝하게 단답형으로 말한다

-부정적인 표현을 자주 사용하지 않는다

-상품을 한 손으로 꺼내거나 느릿느릿한 동작을 취하지 않는다

-상품을 꺼내서 아무 말없이 고객 앞에 내밀지 않는다

-낮은 금액의 상품도 무성의하게 보여주지 않는다

(5)클로징

고객들이 상품에 대한 구매를 결정할 때 직원의 권유를 받아들이거나 직원에 대한 신뢰가 생겨 구매에 대한 검토를 하게 된다. 그리고 확신 단계로 이행한다.

이때 구매 결정을 스스로 하는 사람과 좀처럼 다음 단계로 이동하지 못하는 사람이 있다. 고객의 Buying Signal을 잡고 적정한 타이밍에 구매 결정으로 이끌고 간다.

<u>클로징의 기회</u>

-질문이 나왔을 때

-하나의 상품에 질문이 집중했을 때

-아무 말없이 생각하고 있을 때

-혼자서 몇번이고 고개를 끄덕이고 있을 때

－가격에 대해 신경을 쓰기 시작할 때

－지불 조건에 이야기가 머물렀을 때

－같은 질문을 여러 번 받았을 때

－교환이나 A/S를 신경 쓸 때

<u>클로징 방법</u>

① 상품은 3개 정도로 좁힌다

② 고객의 취향을 발견한다(시선이 가는 것/자주 손으로 만지는 것/비교의 중심이 되는 것)

③ 취향에 맞는 상품에 가볍게 세일즈 포인트를 추가해 상품 이익을 강조한다

대부분의 고객은 감정적으로 물건을 사고 나서는 자신의 결정이 옳았다고 정당화시키려고 한다. 따라서, 판매의 마지막 단계인 클로징을 할 때 신중하게 확신을 줄 수 있어야 한다. 이때 더욱 신경 써야 할 점은 고객의 이야기에 감성적으로 동조해 주고, 고객의 감성과 감정을 자극해 주는 판매 화법을 많이 사용하고, 고객이 구입할 의사를 비추면 고객의 결정이 탁월하다고 느낄 수 있는 상품에 대한 자료와 데이터를 보여주는 것이 효과적이라고 할 수 있다.

(6)전송

판매가 끝나면 진심으로 감사의 뜻("감사합니다" "안녕히 가십시오" "또 오십시오" 등)을 표하면서 배웅해야 한다.

배가 터져 버린 개구리 이야기를 아는가? 황소만큼 배를 크게 만들려고 하다가 배가 뻥하고 터져 버린 이야기이다.

옛날, 어느 연못가에서의 일이다. 아들 개구리가 아버지 개구리를 찾아갔다.

"아버지, 저 아주 무시무시한 괴물을 봤어요. 몸집은 산처럼 크고, 머리에는 뿔이 달려 있었어요. 발로 땅을 쿵쿵 내리칠 때마다, 세상에!"

그런데 아버지 개구리는 아주 시시하다는 듯 대답했다.

"애야, 그건 들판에 살고 있는 황소란다."

"그런 무시무시한 괴물은 처음 봤어요."

"허허, 녀석! 그건 별 게 아니지. 황소가 그리 큰 것도 아니란다. 이 아버지보다 아주 조금 더

클 뿐이거든. 한 번 봐라." 아버지 개구리는 바람을 들이마셔 배를 키웠다.

"그 황소의 몸집이 이만했니?" 아들은 고개를 저었다.

"그보다 더 컸어요." "이만했니?" "더 컸어요."

아버지 개구리는 바람을 더 크게 들이마셨다. 배뿐만 아니라 몸 전체가 무척 커졌다.

"그 황소가 이만했니?" "아니오. 그보다 더 컸다니까요."

아버지 개구리는 슬슬 오기가 생기기 시작했다. 황소의 몸집보다 더 크게 몸을 부풀려서 아들에게 자랑하고 싶었다. 마지막으로 있는 힘을 다해 바람을 들이마신 아버지 개구리는 더듬거리며 말했다.

"애야, 그 황소가 설마 이보다 더 컸을 리야……."

그러나 말을 채 마치기도 전에 큰일이 일어나고 말았다. 그만 아버지 개구리의 배가 '뻥!' 하고 터져 버리고만 것이다.

우리는 이 이야기를 들으면 흔히 욕심을 너무 부리면 안 된다거나 혹은 자기의 분수를 알아야 한다는 등의 교훈을 말하곤 한다. 다 맞는 생각이다. 자기의 능력 이상으로 욕심을 부리는 것도 곤란하고 자신의 분수를 아는 것도 중요하기 때문이다.

그런데 이 이야기를 서비스라는 관점에서 바라보면 어떨까? 개구리가 자신의 분수를 몰라 배가 터져버린 사건과 서비스가 도대체 무슨 관계가 있는지 의아하게 생각할 수도 있을 것이다.

하지만 이렇게 생각해 보자,

아들 개구리는 황소의 모습을 보고 와서 아버지 개구리에게 아주 커다란 동물을 보았다고 이야기한다. 그러자 아버지 개구리는 그것은 '그저 황소일 뿐이야!' 라고 무시한다. 그래도 아들이 자꾸만 이야기를 하자 아버지 개구리는 자신보다 조금 큰 동물에 지나지 않다면서 자신의 몸에 바람을 넣어 크기를 크게 키우다가 그만 터져버리고 만다.

서비스업에 있어서는 정확성과 더불어 사실을 그대로 받아들이는 것이 중요하다. 누군가가 새로운 고객을 보고 이러저러한 고객이 있다고 할 때, 그 고객에 대해서 '그 고객은 저러 이러한 고객일 뿐이야!' 라며 자기가 오래 전에 알고 있던 기준을 적용, 판단하여 서비스를 제공하게 되면 어떤 문제가 생길까?! 아마도 배가 터져 버린 개구리처럼 서비스를 펑크 낼지도 모른다.

과거에는 고객의 크기가 작았을지도 모른다. 아니 작게 느껴도 별 문제가 없었을지 모른다. 그렇지만 지금의 고객의 크기는 어떤가? 고객의 크기를 작게 느껴도 아무런 문제가 없을까?

고객의 크기는 점점 커지고 있고 중요성 또한 점점 커지고 있다. 고객이 왔을 때 '이런 고객 쯤이야...' 라고 무시하며 자만한 채 고객을 대한다면 과연 어떻게 될까? 또, '과거에 나는 고객을 많이 다뤄 봤어!' 라며 정확한 파악 없이 우선 덤비기부터 한다면 어떻게 될까?

아마도 큰 낭패를 볼지도 모른다. 이제는 고객을 무시하거나 얕잡아 보는 서비스맨이 용납되는 시대가 아니다. 어제의 고객과 오늘의 고객은 분명 다르다. 점점 커지는 고객을 올바르게 파악하고 시대의 변화를 정확하게 읽어 적절하게 대응을 하는 것이 무엇보다 중요하다고 할 수 있다.

진열 방법

1. 진열이란?

진열이란 일반적으로 VMD(Visual Merchandising, 시각적 상품계획)의 한 요소로 상품 연출을 시각적으로 알기 쉽게 표현해 고객의 구매 의욕을 늘리는 일련의 활동을 뜻한다고 정의된다. 즉, 사람의 오감(시각, 청각, 촉각, 미각, 후각)을 중심으로 상품의 특성을 구성, 연출해 강력한 이미지를 호소함으로써 고객이 짧은 순간에 쉽게 보고 느끼고 만져보면서 강한 충동을 갖게 만들어 구매로 연결시키는 판매 촉진의 수단이다.

기본적으로 진열의 효과는 공격적인 효과와 방어적인 효과로 나뉜다.

공격적 효과는 제품의 판매를 통한 매출 증대 효과를 뜻하는 것으로, 제품 판매를 목적으로 상품의 회전율을 높일 수 있고 상품의 장점을 적극 표현하는 진열을 통해 궁극적으로 매출을 높일 수 있다.

방어적 효과는 물품이 판매되는 흐름에 따라 진열을 진행하는 것으로, 사전에 덜 팔리는 제품을 전면에 비치해 판매를 유도하며, 이를 통해 부진 재고를 미연에 방지해 궁극적으로 원활한 상품 구색을 갖출 수 있다.

화장품전문점에 차별화된 진열이 필요한 이유는 여러 각도에서 살펴볼 수 있겠으나 통상 다음과 같이 크게 4 가지로 분류할 수 있다.

우선 고급스러운 이미지 부여를 통해 고객들의 가격 할인 요구를 줄일 수 있다.

두 번째로 고객의 상품 선택이 용이해 매출 상승 효과를 가질 수 있다.

세 번째로 다른 전문점과 비교해 차별화된 매장 환경을 만들 수 있다.

마지막으로 고급스러운 매장 분위기로 매장의 가치를 높일 수 있다.

2. 화장품전문점에서의 진열

매장 내 진열을 결정하는 것은 크게 5가지로 구분된다.

진열의 대상인 제품, 진열 양, 진열 위치, 진열 형태, 그리고 고객에게 보여지는 모습 등이 5

가지 요소를 감안해 효과적인 진열을 진행하기 위한 기본 포인트는 크게 4가지로 분류할 수 있다.

첫 번째, 진열의 기본은 상품이다. 손님이 원하는 상품을 진열한다는 것을 기본 전제로 매장에서 판매하고자 하는 상품, 해당 시즌에 역매하는 제품을 집중 진열한다. 원하는 매장 분위기를 표현하기에 적합한 상품을 진열해야 한다.

두 번째, 적당한 진열 양을 결정한다. 일주일에 한 개 미만 판매되는 비인기 품목은 중점 진열 상품에서 제외시켜야 하며, 판매량에 비례해서 진열 양도 결정해 상품 회전율을 높일 필요가 있다. 또한 품절을 예방하기 위해 최저 진열 양 이상으로 진열해야 한다.

세 번째, 보여지는 것을 결정하는 것이다. 잘 팔리는 상품은 그 양이 많아 보이게 할 필요가 있다. 상품 선택에 있어 포인트가 되는 면을 진열하며, 내용이 보이는 면과 함께 배색이 아름답게 보이는 면으로 진열할 필요가 있다.

마지막으로 위치와 높이를 결정하는 것이다. 고객이 만지기 쉽도록 안정되어 있어야 하며 고객이 매장에 들어섰을 때 매장 전체가 한눈에 들어와야 한다.

3. 상권별 진열 방법

해당 매장이 진열을 우수하게 진행하고 있는지 여부를 결정하는 가장 큰 요소 중 하나는 해당 매장이 속해 있는 상권에 맞는 진열을 하고 있느냐, 아니냐에 달려 있다.

20대 초, 중반 학생들이 많이 찾는 대학가 상권에 위치한 매장은 재래시장에 위치한 매장과는 달리 진열해야 하며, 주택가에 위치해 30대 이상이 많이 찾는 매장은 역세권에 위치한 매장과 달라야 하는 것은 기본적인 원칙이라는 것.

먼저 중심상권, 역세권, 20대 고객이 차지하는 비중이 높은 상권에 위치한 매장들은 기본적으로 개성있는 진열을 진행할 필요가 있다. 다양한 POP물을 비롯해 고객의 시선을 사로잡을 수 있는 여러가지 방법들을 적극적으로 진행해 유동인구의 시선을 사로잡아야 한다.

또한 트렌드에 민감하고 유행에 좌지우지되는 소비층들이 많이 찾는 만큼 시즌에 맞는 분위기를 내야 하며 전면에 비치되는 제품들 또한 캠페인성 상품을 중심으로 구비해야 한다. 특히 시즌별 포스터를 전면에 비치하는 것이 중요하며 화려하게 보일 수 있는 메이크업 제품을 전면에 내세우는 것도 좋은 방법 중 하나이다.

반면 주택가, 재래시장에 위치한 매장은 무엇보다 친절한 접객 서비스를 기반으로 하는 매장이기 때문에 깔끔하고 정돈된 분위기를 조성하는 것이 중요하다.

이런 형태의 매장들은 매장 입구에 지나치게 많은 포스터를 부착해 매장 입구를 막지 말아야 하며 가능한 오픈 형태를 띄는 것이 좋다. 또한 정돈된 진열을 위해선 브랜드별, 색상별 진열을 하는 것이 신속한 고객 응대와 정돈된 분위기 조성 모두에 효과적으로 작용할 수 있다.

4. POP 활용 방법

POP는 TV나 지면 광고 등의 구매 전 동기유발 광고와 달리 매장 내에서 구매 시점에 제품을 알리는 광고를 뜻한다. 특정 상품의 상품명, 특징, 가격, 효과 등을 고객에게 전달하는 매개체로 행사 또는 판매정보를 만들어 주고 판매원을 대신해 고객에게 알리고 싶은 것을 알리고 판매를 도와주는 역할을 한다. 일반적으로 매장 내 POP물이라 함은 디스플레이장의 뒷 배경, 포스터, 행거 등 매장 내의 모든 광고 아이템을 포괄한다.

무엇보다 POP물은 상품 특성에 맞는 계절, 시기에 활용해야 효과가 크다. 즉 3월에는 화이트닝, 5월 이후에는 자외선 차단제, 7~8월에는 보디제품, 9월에는 가을 메이크업 제품 등 계절별, 시즌별로 맞는 POP물을 전면에 비치하는 것이 매주 중요하다.

또한 모든 POP물은 고객의 눈에 잘 띄는 곳에 부착해야 하며 많이 팔고 싶은 제품, 역매하고 싶은 제품을 고객의 눈에 쉽게 띄도록 집중 진열하고 POP물을 병행 부착하는 것도 좋은 방안이다.

그러나 가장 중요한 것은 과유불급이라고 지나치게 많은 POP물을 남발해 매장의 전체 분위기를 망가트리는 것을 경계해야 한다. 이는 특히 자체 제작 POP물을 적극 활용하는 매장에서 쉽게 볼 수 있는 문제점 중 하나로 가능한 POP물은 진열장 한 단에 3가지 이상 부착하지 않는 것이 좋으며 크기 또한 지나치게 크지 않은지 세심히 살펴봐야 한다. 또한 상품명이나 브랜드 로고를 가리는 POP물은 자칫 고객에게 답답함과 짜증을 유발할 수 있으므로 철저히 지양해야 한다. 설명문구가 지나치게 길어질 경우 고객에게 불편함을 줄 수 있기 때문에 가능한 10자 이내로 줄여야 하며 한 POP물에 3가지 이상의 색을 쓰는 것 또한 가능한 피하는 것이 좋다.

※ 이 글은 제4장에 소개된 화장품전문점을 취재한 후 진열 방법에 대한 공통적인 특징을 뽑아 정리한 것이다. 〈편집자 주〉

피부관리실 운영

피부관리의 대중화

웰빙(Well-bing)은 현대인의 초 관심사이다. 과학문명의 급속한 발전과 산업사회의 발달로 과거와는 달리 개성을 더욱 중시하게 되고 미에 대한 관심이 높아져 가고 있다. 또한 고령인구와 여성의 사회 진출이 증가하고 주 5일제 근무에 따른 문화산업 발달과 비례해 외적 아름다움에 대한 개념이 확대되고 있다. 이제는 남녀노소를 막론하고 젊음 유지에 대한 관심이 지속적으로 증가하고 있다. 이에 따라 미를 추구하는 노력들이 점차 대중화되고 있는데, 자신을 위한 투자를 아끼지 않는 과감한 소비패턴과 미를 선호하는 문화적 현상으로 해석할 수 있다.

일찍이 피부과 전문의들에 의해 에스테틱 살롱이 병원 옆자리에 위치했던 미국, 일본이나 전문브랜드나 고급백화점 제품 라인의 캐빈으로 시술하는 프랑스 에스테틱 살롱처럼, 우리나라도 전문성을 가진 피부관리시장이 확대되고 있다.

피부관리가 도입된 후 30년 동안 3조원 이상의 시장 규모를 형성하여 성장해 온 일본의 피부관리업의 사례를 비추어볼 때 우리나라의 피부관리시장도 더 발전하고 성장할 것으로 예측되며, 각 언론매체에서도 21세기 유망직종으로 피부관리사를 손꼽고 있다.

1981년 YMCA 직업개발부와 직업훈련연구팀의 신 직종 개발에 의해 처음 소개되었던 피부관리사는 국내에 등장한 이후 현재 30만 여명의 피부관리사와 14만 8천여개의 피부관리실이 전국에서 영업을 하고 있으며, 2002년 말을 기준으로 대한미용사회가 조사한 전국의 일정 규모를 갖춘 피부미용실은 총 2천1백63개가 있는 상황이다.

하지만 전체적인 피부관리사의 수는 늘어나고 있으나 전체 미용관련 종사자 대비 점유비율은 계속적으로 축소되고 있다. 이는 피부관리업계의 어려운 현실을 나타내고 있다. 사업체 규모별로 보더라도 아직은 대부분의 피부관리실이 소형(92.5%)으로 영세함을 벗어나지 못하

김정호 / 코리아나 뷰티 인스티튜트 원장

고려대학교 경영대학원 연구과정 수료, 라미뷰티아카데미 실장, (주)코리아나화장품 이사, (주)아트피아화장품 대표이사 상무, (주)코리아나화장품 상무(현재).

고 있다. 이를 극복하기 위해 현재 피부관리실들은 과거에 비해 보다 전문화되면서, 세분화, 고급화, 차별화를 강조한 다양한 형태로 바뀌고 있다.

화장품전문점의 진화

경제성장률 둔화 및 가계부채 증가와 소비심리 위축 등으로 인한 민간소비증가율 감소로 2003년부터 2004년까지 2년간 연속 성장을 하지 못하였던 화장품 시장은 2005년부터 소득 증가에 따라 성장하고 있다.

2007년도 화장품시장은 브랜드숍, 백화점, 할인점에서 기대 이상의 성과를 거두면서 전년 보다 6.2% 성장한 5조 8천5백60억원의 외형을 형성했다. 2008년은 브랜드숍, 대형할인점, 통신판매 시장의 성장을 통해 6조원 정도의 규모가 된다.

소비자들의 라이프 스타일의 변화와 화장품 구매 패턴의 변화가 일어나며, 다각화된 유통 환경 속에서 다양한 판매루트 개발이 요구되고 있다. 특히 전문점시장에 대한 진지한 접근이 필요하다고 생각된다.

종합화장품전문점의 강점을 십분 살릴 수 있도록 고객에게 필요한 뷰티 공간으로의 진화를 위한 노력이 절실하다. 이런 노력이 선행되지 않은 채 지금처럼 가격 일변도의 마케팅에서 벗어나지 못한다면 종합화장품전문점 시장의 미래는 크게 달라질 수 없다고 생각된다.

새로운 트렌드 – 화장품 전문 매장 속의 피부관리실

화장품전문점의 새로운 진화의 바람중 하나는 피부관리실이 전문점 안에 들어 있는 선진화된 화장품 전문점이다. 선진국에서 볼 수 있는 피부관리실이나 미용실의 형태라 할 수 있다. 피부미용실이나 헤어미용실 3분의 2 정도의 매장 공간을 화장품 판매공간으로 만들어 화장품전문점과 캐빈 트리트먼트를 결합해 놓은 모델이다.

고객에게는 믿을 수 있는 전문적인 화장품을 이용해 피부관리도 받을 수 있다는 장점과 점주 입장에서는 피부관리실을 통해 화장품 매출의 증가를 꾀할 수 있다는 장점이 결합한 것이다.

현재 97.2%의 피부관리실이 소비자용 제품을 판매하고 있으며, 월 평균 매출 규모가 1백만원에서 3백만원 정도로 포지셔닝되고 있다. 총 매출의 30% 정도를 차지하는 정도라 할 수 있다. 피부관리실을 이용해 매출의 폭도 넓히면서 홈케어 제품의 판매를 증대시킬 수 있는 화장품전문점시장의 새로운 솔루션으로 주목 받고 있다.

여기서 잠깐! 법적인 문제는?

화장품은 화장품 판매 도소매로 사업자 신고를 하면 되지만, 피부관리실은 미용사(피부)자격증이 있는 자가 면허증을 발급받은 후 미용업 영업신고를 해야 한다. 하지만 걱정하지 말 것! 사업자등록증의 점주와 미용사 면허증 동일인이 아니어도 무관하다. 직원의 이름으로 된 면허증으로 영업신고를 해도 영업이 가능하다.

피부관리실을 전문점 안에 오픈하려는 점주를 위한 제언

1. 전문적인 제품으로 승부하라

피부문제가 생겼을 때 대처하는 방법으로 31.1%의 소비자가 트러블 전용제품을 사용한다. 이는 피부문제를 해결하기 위해 전문화장품을 선호하는 것을 보여준다. 피부관리 전문화장품으로 세팅되어 피부관리를 해 주었을 때 고객의 신뢰는 더 강화된다. 피부관리는 피부의 심각한 문제를 트리트먼트해 주는 방법으로 프로그램화되어 있어, 홈에서 사용하는 것보다 좀더 효과적이고, 체계적인 시술이 필요하므로 전문적인 제품을 사용해야 한다. 특히, 필링과 마스크, 그리고 앰플은 피부 타입에 맞는 전문적인 제품으로 피부관리를 해야 한다.

2. 피부관리 전문제품과 같은 브랜드의 소비자용 제품으로 홈케어 매출을 늘려라

피부관리실에서 관리하는 업무용 제품과 같은 브랜드로 소비자용 제품을 세팅하여야 한다. 피부관리실 제품이 소비자용 홈케어 제품과 같이 연동되어야만 피부관리 후 효과를 집에서도 유지시킬 수 있으므로 같은 브랜드의 소비자용 제품이 있는 제품으로 반드시 세팅한다. 이때 제품은 인지도가 있고, 효과가 입증된 기능성 제품으로 선별해야 한다. 특히, 소비자용 제품은 집에서 고객이 꼼꼼히 따져볼 수 있으므로 이름 없는 수입브랜드를 선택하는 것보다 효과가 입증된 기능성 심사 제품이 있는 브랜드를 사용하는 것이 더 현명하다.

현재, 영세한 회사에서 제조 또는 수입되는 피부관리 전문화장품들이 많으나, 피부관리실 원장이 제품을 선택할 시 가장 우선시하는 것이 안전성, 효능, 효과 순으로 조사된바 피부에 대한 안전성과 효과를 함께 인증 받은 신뢰감 있는 기업의 제품을 선택하는 것이 처음 피부관리실을 화장품 전문점 안에 오픈하는 경우 리스크를 줄이는 방법이다.

이런 제품에 중점을 두고 세팅할 것!

특히, 피부관리실에서 가장 많이 사용하는 피부관리 프로그램과 함께 처방되는 제품은 미백케어 제품 24.9%, 여드름 케어 제품 19.5%, 노화 방지 케어 제품 19.4% 순이다. 피부관리 프로그램으로만 말하자면, 여드름 관리이나, 홈케어와 함께 맨얼굴 트렌드에 맞춰 미백관리가 가장 선호되는 프로그램과 제품이다. 어떤 제품에 비중을 두어 제품을 세팅해야 하는지 고민될 시에는 미백관리에 효과가 있는 브랜드를 선호하는 것이 좋다. 그리고 여드름, 노화 등 기능성 제품 순으로 제품 점유비율을 정해 놓자.

피부관리 프로그램에 대해 잘 모르더라도 브랜드 선정을 잘하면 검증된 프로그램을 제시해주므로 피부관리에 대한 기초적 지식이 부족하더라도 가능하다. 특히 교육이 잘 되어 있는 기업의 제품을 사용 시 프로그램에 대한 교육까지 가능하므로 겁낼 필요가 없다.

3. 피부 카운슬링 능력을 늘려라

화장품을 상담하고 권유할 때도 물론 필요하지만 피부관리를 하는 데에도 피부 상담이 매우 중요하다. 피부 상담만 잘해도 피부관리 및 화장품 처방까지는 논스톱으로 이루어진다. 피부의 결이나 피부 트러블 상태·주름의 여부·수분 보유력 등을 눈으로 보고 판단하는 견진의 방법, 피부의 두께·결·매끄러움·탄력

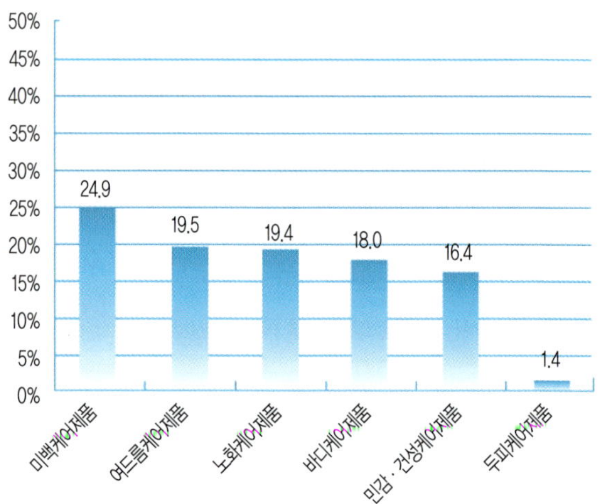

등을 알 수 있는 촉진의 방법, 피부 트러블의 예상 원인·과거의 피부 상태·현재 어떤 화장품을 사용하고 있는지 확인 가능한 문진의 방법, 그리고 좀더 전문적으로 피부 진단을 할 수 있는 피부진단기계를 사용하는 것도 좋다.

하지만, 이런 정확한 진단에 선행돼야 하는 것이 바로 피부에 대한 전문적인 공부이다. 피부 생리에 대한 공부, 각 피부에 대한 문제, 문제에 대한 해결 방법 등을 꾸준히 공부해야 한다.

특히 이제 화장품 전성분표시제 실시로 소비자에게 더 많은 카운슬링이 필요한 시대가 왔다. 처음에는 다소 어려울 수 있으나 계속 공부하다 보면 피부전문가가 되어 있을 것이다. 혼자서 공부하기 어렵다고 생각되면 주변의 전문기관을 활용해 보라. 요즘은 온라인 교육프로그램이 잘 되어 있어 조금만 찾으면 길이 보일 것이다.

4. 능력 있는 피부관리사를 양성하라

피부관리실을 운영하는 데 가장 중요한 부분이 바로 관리사이다. 점주가 직접 하는 것도 좋은 방법이나, 상대적으로 화장품전문점의 운영이 어려우므로 능력 있는 피부관리사를 직원으로 두는 것이 좋다. 특히 화장품 판매에 대해 관리사의 전문지식이 필요(25.1%)하다고 어느 설문에서 말한 바 있듯이, 피부관리사 원장들은 소비자용 제품 판매를 위한 전문적인 관리사가 있었으면 좋을 것이라고 인식하고 있다. 이는 피부관리실 안에서 짧게는 30분에서 길게는 90분 정도 관리를 받고 있는 동안 피부관리사의 끊임없는 상담이 관리 후 자연스럽게 홈케어 판매로 연결되기 때문이다.

하지만 능력 있는 피부관리사를, 또 나와 잘 맞는 그런 직원을 구하기란 현실적으로 매우 어렵다. 피부관리사는 이직률이 높은 직종이라, 마음 맞아 이제 일해 보려 하면 다른 곳으로 이직하는 경우가 종종 있어, 피부관리실을 오픈해 영업을 시작하려는 점주들이 낭패를 보는 경우가 많다. 이럴 때는 아직 실력은 출중하지 않으나 내가 곁에 두고 실력을 키워나가게 하는 것도 좋은 방법이다. 열의가 있고, 반듯한 직원을 채용해 피부관리의 새로운 테크닉이나 피부 교육을 시켜라. 점주에 대한 신뢰와 충성심을 가지게 할 수 있다. 교육비가 부담스러우면 재직자훈련과정으로 노동부에서 환급 받는 과정을 찾아 보면 좋다. 적은 비용으로 직원 양성을 할 수 있는 좋은 기회이다.

5. 전문피부관리실처럼 서비스 능력을 배양하라

화장품전문점 안에 있는 피부관리실이라고 하면 한때 서비스 개념으로 피부관리를 했던 화장품코너 뒷방의 이미지를 벗어내고 전문적인 피부관리실의 이미지를 부여해 주는 것이 중요하다.

전문 피부관리실의 이미지를 부여하기 위해서는 인테리어 같은 외양도 중요하지만 서비스 능력을 배양하는 것이 더 중요하다.

우선 고객의 접견에서부터 매뉴얼대로 진행되어야 한다. 고객을 맞이하고, 예약을 확인하고, 피부 진단을 하고, 피부관리프로그램과 홈케어 제품을 처방하고 피부관리를 시행하고, 시술 후 고객에게 추후 예약을 받고, 편안하게 배웅하는 고객 접견의 프로세스를 익힌 후 그에 따라 행동해야 한다.

특히, 고객은 피부관리사의 관리능력도 우선적으로 중요시 여기지만 서비스 및 친절도 매우 중요하게 생각한다. 피부관리실을 바꾸는 기준이 관리실의 서비스임을 말해 주는 수치(33.8%의 고객이 서비스 불만족으로 숍 변경)가 있듯이, 전문적인 피부관리실 이상의 서비스를 보여줘야 한다.

서비스 능력의 팁!

1) 예약서비스를 적극 활용하라

현 피부관리실에서 제공받는 부가서비스 중 고객이 가장 선호하는 서비스가 예약서비스 (48.8%)이다. 고객은 기다리기 싫어하고, 기다리는 것은 자신의 시간을 헛되이 소비하는 것이라는 인식이 많으므로, 예약 장부를 마련한 뒤 관리에 맞게 고객의 예약을 받아야 한다. 이때, 고객의 사전 상담(피부 진단 및 처방에 대한 상담)과 사후 상담(홈케어 처방)을 해야 하므로, 점주가 직접 해야 할 경우 관리 시간 전후 10여분 정도 여유를 가지고 예약을 받는 것이 좋다.

만약, 예약하지 않은 고객이 중간에 내방해 부득이하게 대기해야 할 경우, 고객이 가장 선호하는 발 관리기기를 이용해 기다리게 하는 것이 좋다. 시중에 나와 있는 각 탕기나 공기압기기를 이용하면, 피로한 발의 피로를 풀어줘 고객에게 또 다른 관리를 추가로 받는다는 느낌을 주면서 대기할 수 있게 해 적은 비용으로 최대의 효과를 줄 수 있다.

2) 적립금제도를 이용한 부가서비스 제공과 화장품 판매의 두 마리 토끼를 잡아라

고객이 원하는 부가서비스 중 하나는 적립금이다. 특히 적립금제도는 기혼이 미혼보다, 회사원보다 학생이 선호하는 서비스이다. 적립한

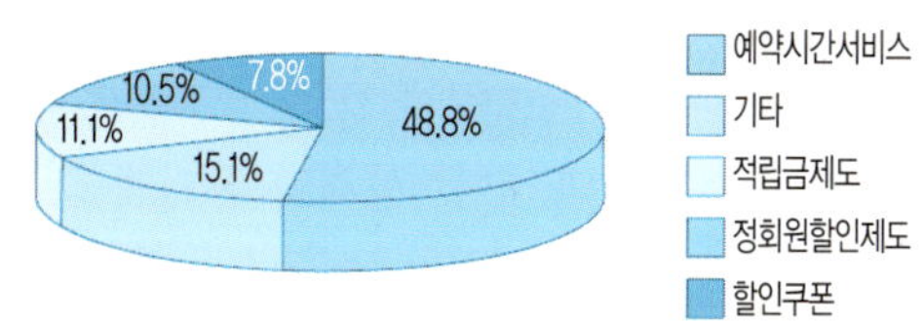

금액으로 추후 고객이 원하는 서비스를 제공하는 것인데, 화장품전문점을 운영하는 점주 입장에서는 화장품 판매의 기회를 얻을 수 있으니 일거양득이다.

적립금은 대개 일만 포인트 단위로 정액 포인트를 이용해 화장품을 구매하게 하면 고객은 공짜로 제품을 받았다는 느낌으로 만족도가 크다. 이때 포인트를 삭감하고 차액은 현금을 지불하게 한다거나, 또는 구매한 화장품과 연계해서 사용하면 더 효과적인 궁합상품을 상담하여 고객에서 적립금 서비스를 제공하면서 화장품 판매를 증가시켜라.

이때 너무 많은 포인트가 쌓이지 않도록 바로 바로 구매하도록 유도해야 하며, 타깃 고객에게 타깃 화장품을 미리 선정해서 피부관리 올 때마다 꾸준히 상담하는 것이 중요하다. 피부관리는 매주 1회 또는 2회(어린 고객일수록 2회를 선호한다)를 방문하게 하는 좋은 기회이므로 이때를 이용해 타깃 제품에 대한 필요성을 꾸준히 카운슬링해야 한다. 타깃 제품이 다소 고가이더라도 적립금으로 차감하면 부담되는 금액이 아니므로 고객은 흔쾌히 응할 것이다

3) 파우더 룸을 테스트 코너로 적극 활용하라

피부관리 후 고객들은 메이크업 서비스나 헤어드라이 서비스를 원한다. 특히 30대 여성들은 메이크업 서비스를, 40대 여성들은 헤어드라이 서비스를 선호하는데, 피부관리실의 파우더룸에 브러쉬와 함께 메이크업 세트와 헤어 드라이기, 헤어 제품(헤어 에센스 등)을 함께 세팅한다. 자연스럽게 신제품을 테스트할 수 있는 기회이다. 시간적 여유가 될 때 점주가 피부관리에 대한 만족도를 알아볼 겸 파우더룸에

서 메이크업 시연이나 헤어를 정돈해 주면서 신제품에 대한 반응도를 알 수 있다. 평소에 필요하다고 생각했던 제품이 아니더라도 상큼한 봄패턴 립스틱을 발라본다면 누구든지 구매 욕구를 느낄 것이다.

경제 불황을 맞이한 지금 새로운 진화만이 현 경제난을 타개하는 방법일 것이다. 변화하지 않으면 발전할 수 없다. 이런 경제적 위기를 내 사업의 도약 발판으로 만들기 위해 화장품 전문점은 변화해야 한다. 저가의 브랜드숍이 화장품전문점의 위치를 위협하고 있는 이 시대의 화장품전문점의 새로운 변화가 요구되고, 이때 전문적인 피부관리실의 접목은 새로운 경영 방향을 제시하는 것이라 하겠다.

기초화장품의 기초 지식

1. 화장품과 의약품의 정의

화장품, 기능성화장품, 의약품, 의약외품의 정의가 무엇인지, 어떠한 제품이 있는지를 정확히 알고 있어야 소비자들에게 허위 또는 과장되지 않은 정확한 정보를 제공할 수 있다. 따라서 각각의 정의와 특히, 화장품과 의약품의 차이점을 명확하게 이해해야 한다.

1) 화장품의 정의

인체를 청결 · 미화하여 매력을 더하고 용모를 밝게 변화시키거나 피부 · 모발의 건강을 유지 또는 증진하기 위하여 인체에 사용되는 물품으로서 인체에 대한 작용이 경미한 것을 말한다. 다만, 약사법 제2조제4호의 의약품에 해당하는 물품은 제외한다.

2) 기능성화장품의 정의

가) 피부의 미백에 도움을 주는 제품

나) 피부의 주름개선에 도움을 주는 제품

다) 피부를 곱게 태워주거나 자외선으로부터 피부를 보호하는데 도움을 주는 제품

3) 기능성화장품의 범위

가) 피부에 멜라닌색소가 침착하는 것을 방지하여 기미 · 주근깨 등의 생성을 억제함으로써 피부의 미백에 도움을 주는 기능을 가진 화장품

나) 피부에 침착된 멜라닌색소의 색을 엷게 하여 피부의 미백에 도움을 주는 기능을 가진 화장품

다) 피부에 탄력을 주어 피부의 주름을 완화 또는 개선하는 기능을 가진 화장품

라) 강한 햇볕을 방지하여 피부를 곱게 태워주는 기능을 가진 화장품

김상진 / 대전보건대학 화장품과학과 교수

대한화장품학회 이사, 대한화장품학 교수협의회 회장, 교육인적자원부 특성화사업 평가위원회 위원, 식품의약품안전청 화장품심의위원회 위원, 한국직업능력개발원 특성화사업 · 훈련기관 평가위원

　　마) 자외선을 차단 또는 산란시켜 자외선으로부터 피부를 보호하는 기능을 가진 화장품

4) 의약품의 정의

　　가) 대한약전에 실린 물품 중 의약외품이 아닌 것

　　나) 사람이나 동물의 질병을 진단 · 치료 · 경감 · 처치 또는 예방할 목적으로 사용하는

　　　　물품 중 기구 · 기계 또는 장치가 아닌 것

　　다) 사람이나 동물의 구조와 기능에 약리학적 영향을 줄 목적으로 사용하는

　　　　물품 중 기구 · 기계 또는 장치가 아닌 것

5) 의약외품의 정의

　　가) 사람이나 동물의 질병을 치료 · 경감 · 처치 또는 예방할 목적으로 사용되는

　　　　섬유 · 고무제품 또는 이와 유사한 것

　　나) 인체에 대한 작용이 약하거나 인체에 직접 작용하지 아니하며, 기구 또는 기계가 아

　　　　닌 것과 이와 유사한 것

　　다) 전염병 예방을 위하여 살균 · 살충 및 이와 유사한 용도로 사용되는 제제

6) 화장품과 의약품의 차이점

　　화장품은 건강, 위생, 미화를 목적으로 사용하는 것으로서 질병과 상관없이 불특정 다수

가 거의 평생을 두고 사용하는 제품이다. 따라서 부작용이 있어서는 안 되며 사용되는

원료도 고도로 정제된 것이어야 한다. 의약품은 치료, 진단, 예방을 목적으로 사용되는

것으로서 환자와 같은 특정인이 어떠한 질병이 있을 때 일시적으로 사용하는 것으로서

어느 정도 부작용이 있어도 무방하다.

[표 1] 화장품과 의약품의 차이점

구분	사용인	목적	사용기간	사용범위	주요성분	부작용
화장품	모든 사람	미화, 건강 증진	평생	전신	전성분	불인정
의약품	환자	치료	한시적	특정부위	특정성분	인정

7) 화장품의 기본적인 구비 조건

　　화장품회사의 연구소에서는 인체에 부작용이 없으면서도 소비자들이 원하는 효과가 있

는 제품을 개발하기 위한 연구, 소비자가 구매한 제품을 모두 다 사용할 때까지 제품의

변질을 예방하기 위한 연구, 사용하기 편리하도록 하기 위한 연구 등 안전성, 안정성, 유

용성, 사용성에 대한 다양한 연구를 하고 있으며 최근에는 소비자의 감성을 충족시켜주기 위한 연구까지 진행이 되고 있다.

그동안 우리 국민들은 화장품을 단순한 과정을 거쳐 만들어 지는 것으로 생각하는 경향을 보이고 있었으며 외국산 화장품은 무조건 좋다는 편견을 가지고 있었다 해도 과언을 아닐 것이다. 하지만 현재 우리나라는 전 세계적으로 10위권의 화장품 생산 국가이며 몇몇 브랜드의 화장품, 향수 등은 세계적으로 최고의 품질로 인정받고 있다. 이러한 현실을 인식한 정부에서는 우리나라를 세계적인 화장품 생산국가로 만들기 위해 적극 지원하기로 하였다.

2. 화장품과 피부

화장품에 사용되는 원료는, 인체의 피부 속에 있는 성분과 같은 성분이거나 아니면 유사한 성분이다. 그 이유는 화장품, 특히 기초화장품은 균형이 깨어진 피부의 기능을 보완해주는 역할을 목적으로 하고 있기 때문에 피부 속에 들어 있는 성분과 같거나 유사한 성분을 사용하기 때문이다.

따라서 이들 성분이 어떤 과정을 거쳐서 생겼는지, 어느 부위에 위치하고 있는지, 어떠한 작용을 하는지 등을 알게 되면 화장품을 이해하는 데에 큰 도움이 될 수 있다.

1) 피부의 세포막은 인지질로 되어있어 수성성분 보다는 유성성분이 피부 속으로 침투가 더 잘된다. 하지만 어떤 성분이 피부 속으로 침투가 잘된다고 해서 무조건 좋은 것은 아니다. 효과가 우수하면서도 피부자극이 없어야 하기 때문이다.

2) 피부의 구조는 바깥부터 표피, 진피, 피하지방으로 구분된다. 일반적으로 표피는 피부색상, 아토피, 건조 등과 밀접한 관련이 있으며, 진피는 주름과 보습, 그리고 피하지방은 비만과 관련이 있다. 즉, 피부미백과 아토피, 피부건조에 대한 연구는 표피를 대상으로, 주름은 진피를 대상으로 그리고 비만 개선은 피하지방조직을 대상으로 하고 있다. 예를 들어 미백성분은 멜라닌을 만드는 세포가 존재하는 기저층까지 활성성분이 침투되어야 하고, 주름의 생성은 진피 중의 콜라겐이 부족하여 나타나는 현상이므로 주름을 개

선하려면 주름개선 성분은 진피까지 침투되어야 한다. 또한 비만개선 성분은 피하지방 조직까지 침투되어야만 효과를 볼 수 있다. 따라서 현재 시판 중에 있는 미백제, 주름개선제 등의 제품들에는 기저층, 진피 등에까지 침투가 잘 되는 성분이 들어있다.

3) 표피의 기저층에 있는 각질형성세포(Keratinocyte)는 턴 오버(Turn over)되어 각질(피부에서는 때가 된다)이 되는데, 턴 오버의 속도가 너무 늦어지면 때가 두껍게 쌓이게 되어 피부가 칙칙하고 거칠어진다. 따라서 투명하고 깨끗한 피부를 만들기 위해 각질(때)을 제거해 내는 작업, 즉 필링을 하게 된다. 화장품회사에서는 주로 기초화장품에 각질을 제거해 줄 수 있는 필링제를 혼합하여 소비자가 모르는 사이 맑고 깨끗한 피부가 되도록 도움을 주고 있다. 표피 중 기저층 위에 있는 유극층의 유극은 세포와 세포를 결합시켜주는 역할을 하는데 턴 오버가 되면서 세포가 죽게 되면 유극도 저절로 소멸이 되어야 하나 때로는 유극이 그대로 남아 각질이 제거되지 않을 수도 있다. 이 유극의 결합을 끊어주는 작업이 필링이며 이러한 작용을 하는 성분이 필링제이다.

4) 인체의 피부건조는 노화의 지름길이다. 인간은 수억 년 동안 진화해 오면서 피부건조 즉, 노화를 막아주기 위해 인체로부터 천연보습인자(NMF)라고 불리는 보습작용을 할 수 있는 물질을 만들어 내었다. NMF의 주성분은 아미노산인데, 아미노산이 NMF로 작용하는 이유는 아미노산에 있는 아미노기와 산기에 물분자가 아주 잘 결합(수소결합)되기 때문이며, 이 물분자가 보습제로 작용하게 된다. 그런데 피부는 단백질로 구성되어 있으며 단백질의 구성성분은 아미노산인데, 이 아미노산은 피부가 턴 오버 되면서 생성된다. 턴 오버가 정상적으로 이루어지면 아미노산 즉, NMF가 충분히 생겨 피부를 촉촉하게 만들어 준다. 하지만 턴 오버가 정상적이지 못하면 NMF의 양에 문제가 생겨 피부가 건조해지고 거칠어져 노화의 원인이 될 수 있다. 따라서 이 NMF를 화장품을 통해 인위적으로 공급하여 피부가 건조해 지는 것, 즉, 노화가 촉진되는 것을 막아주게 된다.

5) 피부에 분비되는 피지는 피부에 얇은 기름막을 만들어 피부로부터 수분이 증발되는 것을 막아 피부가 건조해지는 것을 막아줌은 물론 약산성 피부를 유지하는데 없어서는 안 되는 큰 역할을 하고 있다. 피부가 약산성인 이유는 약산성일 때 피부가 가장 건강하기 때문이다. 피부가 알카리성을 띠면 피부는 팽윤이 되어 TEWL(경피수분손실량)이 증

가하여 거칠고 푸석푸석해지며 외부로부터 균이 쉽게 침투될 수가 있다. 약산성을 유지하는 과정은 인체에서 분비하는 피지가 분해되어 지방산이 되고 이 지방산 때문에 피부의 pH가 약산성을 유지하게 된다. 이처럼 인체는 스스로 피부의 pH를 약산성으로 유지하려고 하고 있으나, 현대인의 대부분은 그러하지 못한 경우가 매우 많다. 따라서 대부분의 화장품이 약산성으로 만들어져 있는 이유는 비정상적인 피부의 pH를 정상적인 pH로 유지시켜 주기 위함임을 알 수가 있다.

6) 따라서 화장품을 구성하는 가장 기본적인 주요성분은 보습성분과 피지에 해당하는 성분이다. NMF가 보습작용을 하는 원리는 수소결합인바, 화장품과학자들은 수소결합을 하는 물질을 찾기 시작하였으며 그 결과 OH기를 많이 가지고 있는 글리세린, 1,3-BUTYLENE GLYCOL 등의 다가알콜과 + 또는 − 전하를 띠고 있는 젖산나트륨 및 OH기와 전하를 동시에 가지고 있는 히아루론산, 콘드로이친 설페이트 등을 찾아내었다. 이중 히아루론산, 콘드로이친 설페이트 등은 인체에 들어 있는 물질로써 안전성과 유용성을 동시에 지니고 있는 것으로 알려져 있으며, 이러한 물질들을 소위 보습성이라고 부른다. 한편, 피지를 분석해 본 결과 트리글리세라이드, 고급지방산, 왁스, 에스테르, 콜레스테롤이 주성분임을 알았으며 이들 성분을 천연에서 찾아내거나 또는 합성하여 화장품의 원료로 사용하게 되었으며, 이러한 물질들이 소위 유성성분인 것이다.

7) 우리인체는 피지와 NMF가 합동으로 인체의 수분을 유지시켜 피부건조를 막아 줌으로써 노화를 예방해 주고 있으나, 현대를 살고 있는 사람들의 대부분은 이러한 피지와 NMF의 역할이 정상적이지 못하고 균형이 깨어져 있는 상태에 놓여있다. 따라서 이러한 균형을 보완시켜주는 것이 바로 기초화장품이라고 할 수가 있다. 바꾸어 말하면, 기초화장품을 사용하여야 하는 이유는 균형이 깨져 있는 피부상태를 정상적인 상태로 되돌려 주기 위함인 것이다.

8) 한편, 과학이 발달해 감에 따라 소비자들은 단순히 균형을 잡아주는 화장품보다는 보다 더 다양한 효과를 지닌 화장품을 요구하게 되었으며 이를 만족시켜 주기 위해 개발된 제품이 기능성화장품이라고 할 수가 있다. 따라서 최근의 화장품은 단순히 보습 등의 역할에서 미백, 주름개선, 자외선 차단 등 보다 더 효능효과가 우수한 제품으로 변신해 가고 있으며 앞으로도 지속적으로 소비자의 욕구를 충족시켜줄 수 있는 화장품이 개발

되어 나갈 것이다.

3. 화장품 원료

화장품의 원료는 비정상적인 피부의 역할을 정상적으로 되돌려주고, 더 나아가서는 인체를 청결 · 미화하여 매력을 더하고 용모를 밝게 변화시키거나 피부 · 모발의 건강을 유지 또는 증진하기 위하여 사용되는 것으로 인체 내에 들어 있는 성분을 기본으로 한다.

1) 유성원료

인체에서 분비되는 피지성분을 분석한 결과 알아낸 성분과 그 외에 효능 · 효과가 우수한 합성성분으로 유지, 고급지방산, 고급지방알코올, 왁스, 에스테르, 탄화수소, 실리콘 등이 있다.

2) 보습제

피부가 턴 오버 되면서 단백질이 분해되어 생성된 NMF의 주성분인 아미노산이 지니고 있는 성질인 수소결합을 할 수 있는 물질인 다가알콜류와 히아루론산 등의 성분이 있다.

3) 계면활성제

서로 섞이지 않는 유성원료와 수성원료를 균질하게 혼합하기 위하여 사용되는 성분으로 약간의 피부자극이 있는 것으로 알려져 있으나, 최근에는 피부자극이 거의 없는 원료가 개발되어가고 있으며, 나노형태 또는 마이크로플루다이져 등을 이용한 다양한 형태의 제품이 개발되면서 계면활성제의 사용량을 최소화하고 있다. 음이온, 양이온, 양쪽성이온, 비이온 계면활성제로 구분이 되며, 기초화장품에는 가장 안전한 비이온 계면활성제가 주로 사용되고 있다.

4) 점증제

제품의 사용감과 안정성을 유지하기 위하여 사용되는 성분으로 유기(천연 · 합성), 무기점증제가 있다. 최근에는 하나의 성분이 몇 가지의 기능을 지닌 원료가 개발되고 있다.

5) 색소

제품의 특성을 유지하거나 소비자의 요구를 충족시키기 위하여 사용되는 것으로 염료,

안료, 레이크 등이 있으나 기초화장품에서는 주로 염료가 많이 사용되고 있다. 색소의 안전성은 국가마다 조금씩 다르며, 때로는 부작용을 야기하는 경우가 있어 표시성분으로 지정되어있는바, 판매사원은 소비자가 트러블을 일으키지 않는지를 주시하고 트러블이 발생되었을 경우 어떠한 색소가 들어 있는 제품을 사용하여 문제가 야기 되었는지를 소비자에게 이야기해줄 필요가 있다.

6) 방부제

제품의 변질을 막기 위하여 사용되는 성분으로 부작용의 측면에서 소비자들이 가장 많이 관심을 갖는 성분이라고 할 수 있을 것이다. 방부의 기본 개념은 제품의 변질 예방은 물론 소비자가 사용하는 도중에 일어날 수 있는 오염에 의해 생기는 변질을 막아주기 위하여 방부제가 사용된다. 화장품에 사용되는 방부제는 크게 파라벤류와 알데히드 계열 등이 있는데 현재 개발되어 있는 방부제들 중 안전성이 가장 객관적으로 입증되어있는 성분들이다. 방부제라는 성격상 생체에 대하여 자극이 있을 수밖에 없으나 보다 더 안전한 성분 개발을 위해 지속적이고 다양한 연구가 진행이 되고 있다. 다만, 소비자들도 제2차 감염이 일어나지 않도록 주의할 필요가 있다.

7) 자외선 흡수제

피부노화의 주범인 자외선을 차단하기 위하여 사용되는 성분으로 자외선 차단은 자외선 차단제와 자외선 흡수제로 나눌 수 있다. TiO_2, ZnO 등의 무기물질로 구성되어있는 자외선 차단제는 자외선을 반사, 산란시켜 차단하는 성분으로, 차단효과는 크지만 땀이나 물에 의해서 쉽게 씻겨나가는 단점이 있다. PABA 유도체, 계피산 유도체, 살리실산 유도체 등의 유기물질로 구성되어있는 자외선 흡수제는 흡수효과는 약하지만 땀이나 물에 의해 쉽게 씻겨나가지 않는 장점이 있다. 따라서 자외선 차단제품은 유기물질과 무기물질인 차단제와 흡수제를 혼합하여 사용되고 있으며, 최근에는 UVA와 UVB를 동시에 흡수할 수 있는 흡수제가 개발되고 있다.

8) 산화방지제 및 금속이온 봉쇄제

화장품에 사용되는 유성 원료는 대부분 2중 결합이 있으며, 이 부분이 공기 중의 산소에 의해 산화되어 변질이 되게 된다. 또한 제품의 원료 또는 물중에 금속이온이 들어있게 되면 제품이 쉽게 산패되거나 색상이 변할 수 있다. 따라서 제품의 안정성을 위해 유성

원료가 산패되는 것을 막기 위해 산화방지제 및 금속이온 봉쇄제가 사용되고 있다.

9) 기능성성분

약용화장품이라는 영역이 있는 일본의 경우 약용성분이라는 용어를 사용하고 있고, 우리나라에서는 기능성 원료라는 용어가 사용되고 있다.

● 기능성 미백 고시원료 – 닥나무 추출물, 알부틴, 에칠아스코빌에테르, 유용성 감초 추출물, 아스코빌클루코사이드, 마그네슘아스코빌포스페이트 등

● 기능성 미백 비고시원료 – 속수자 추출물, 반하 추출물, 멜라키트, 루시놀, 레스베라트롤, 연교 추출물, 상지 추출물, 감잎 추출물, 산뽕나무 추출물, 돌외 추출물, 리포익산-PEG, 멜라스토퍼 등

● 기능성 주름개선 고시원료– 레티놀, 아데노신, 폴리에톡실레이티드레틴아마이드, 레티닐팔미테이트 등

● 기능성 주름개선 비고시원료– 레티닐, 레티노에이, Rg2, 스템폴리오TM, 이데베논, 토코페릴, 레티노에이트, 잇꽃씨 추출물, 7-DHC, 빈랑자 추출물, 옥타좀, 카이네틴 등

● 기능성 자외선차단 고시원료 – Glyceryl PABA, Drometrizole, Digalloyl Trioleate, 3-(4-Methylbenzylidene) Camphor, MenthylAnthranilate, Benzophenone-3, Benzophenone-4, Zinc Oxide, Benzophenone-8, ButylMethoxydibenzoylmethane, Octyl Triazone, Octocrylene, Octyl Salicylate, Octyl Dimethyl PABA, Octyl Methoxycinnamate, Cinoxate, 2-Phenylbenzimidazole-5-sulfonic Acid, p-Aminobenzoic Acid, Titanium Oxide, Homosalate, Bis-Ethylhexyloxyphenol Methoxyphenyl Triazine, Drometrizole Trisiloxane, Isoamyl p-Methoxycinnamate, Disodium phenyl dibenzimidazole tetrasulfonate 등

● 기능성 자외선차단 비고시원료– 금은화, 버드나무, 포공영, 녹차, CAMELLIA SINENSIS LEAF, PINE BUD, PINUS SYLVESTRIS BUD, POLYGONUM 추출물 등

4. 화장품과 피부노화

노화의 원인을 설명하는 학설은 다양하다. 하지만 이들 학설들이 제시하는 피부노화의 현

상을 요약해보면 한마디로 '피부의 건조'라고 할 수 있다. 따라서 역설적으로 피부건조를 예방해주면 노화를 예방할 수도 있을 것이다. 즉, 촉촉한 피부는 피부노화를 예방해주는 지름길이며, 이것이 기초화장품을 사용하여야 하는 중요한 이유 중 하나이다.

1) 피부노화현상

- 탄력성 및 유연성 상실, 주름의 증가, 수분량 감소, 엘라스틴 감소, 재생력 감소, 색소침착 증가 등

2) 노화에 관한 학설

- 체세포 변이설, 자기 면역설, 가교 결합설, 유리기설 등

3) 피부노화

- 연령 증가에 따른 세포기능 저화
- 피부수분 감소에 따른 노화촉진, 과산화 지질 생성에 따른 노화촉진
- 자외선에 따른 노화촉진,
- 기타 질병, 스트레스, 영양, 환경 등

4) 화장품에서의 피부노화의 억제

- 적절한 수분유지 : 새로운 보습제, 피부 보습막 형성(세라마이드)
- 외부환경으로부터 피부보호 : 자외선 방어, 과산화지질 생성 방지 등
- 피부 신진대사의 촉진 : 세포 호흡 증진, 재생 촉진, 면역증강 작용, 각질 제거

5. 기초화장품의 개요

신체를 구성하고 있는 기관 중의 하나인 피부는 수분을 유지하여 건조를 막아주는 기능과 자외선을 방어하는 멜라닌 생성기능, 체온 조절기능, 외적 자극을 완화시키는 등의 기능을 갖고 있다. 기초화장품은 건조, 자외선, 산화 등으로부터 피부를 보호하고 피부 본래의 기능인 항상성 유지 · 기능을 조절하며 피부를 아름답고 건강하게 유지하도록 한다. 또한 피부청결과 각질층을 보습시키는 것으로 최근에는 그 이외에도 여러 가지 역할을 하고 있다.

피부의 보습기구에 관해서는 많은 보고가 있으나 각질층에서는 아미노산을 주성분으로 하는 NMF와 피지 및 표피 유래 성분으로 된 세포간 지질, 진피층은 인지질 등의 소수성 성분 이

외에 hyarulonic acid, collagen, elastine등의 고분자계 친수성 성분이 있어 수분균형을 맞추어 주고 있으나, 유성성분이나 보습성이 높은 친수성 성분의 균형이 깨질 경우 항상성 유지가 되지 않기 때문에, 수분 밸런스를 맞추어 주어야 하며 이러한 용도로 사용되는 것이 기초화장품이다.

1) 기초화장품의 목적

- 피부 청결
- 피부 수분 밸런스 유지
- 피부 신진대사 촉진
- 피부 항상성 유지
- 유해 자외선, 유해 산소로부터 피부보호
- 피부 노화지연
- 미백, 여드름 유발 방지 등

2) 기초화장품의 기능

기초화장품은 항상성을 정상으로 하기 위하여 사용하는 제품이며 결과적으로는 건강하고 아름다운 피부를 유지, 회복시키는 것으로, 건조, 자외선, 산화를 막고 미백, 주름, 피부처짐의 개선, 여드름 방지의 기능이 있다.

하지만, 적절한 사용법을 지켜야 그 기능이 충분하게 발휘되므로 사용 순서나 계절, 사용자의 생활환경, 연령, 화장경험, 피부타입, 사용성에 대한 기호, 사용에 즈음한 TPO 등에 대해서 충분한 배려가 필요하다.

3) 기초화장품의 종류

- 세 안 제 : 클렌징 크림, 클렌징 로션, 클렌징 워터, 클렌징 폼, 클렌징 젤 등
- 화 장 수 : 유연화장수, 수렴화장수 등
- 유화제품 : 유액, 크림 등
- 팩　　　 : 필 오프 타입, 워시 오프 타입 등
- 에 센 스 : 액상, 젤, 캡슐 타입 등
- 기　 타 : 에어로졸, 스틱, 오일 등

6. 기초화장품의 종류

그러면 기초화장품에는 어떠한 종류가 있으며 각각은 어떠한 작용을 하는지, 또 어떤 목적으로 사용하며, 어떤 특징이 있는지 상세하게 살펴본다.

6.1 세안제

1) 세안제의 작용과 종류

- 작용 : 노폐물 제거, 메이크업 제거, 각질 제거 등
- 종류 : 비누, 클렌징 폼, 클렌징 크림, 클렌징 로션, 클렌징 워터 등

2) 세안제의 사용목적

세안제의 사용 목적은 피부 표층에 부착되어 있는 피지, 각질층의 각질 조각, 피지의 산화 분해물, 땀의 잔분 등의 피부생리 대사산물이나 공기 중의 먼지, 미생물, 색조화장품 등을 제거하는 것이다.

3) 비누

고급지방산의 알카리(주로 Na, K) 또는 암모늄(NH_4^+)염으로 가장 널리 사용되는 세안제이다.

알카리성을 띠게 되어 피부를 팽윤시키거나 거칠게 만들 수 있으므로, 비누로 세안을 하였을 경우에는 맑은 물로 여러 번 헹구어주거나 스킨 등을 발라서 피부의 pH를 빨리 약산성으로 돌려주어야 한다.

4) 클렌징 폼

고급지방산을 K염 등으로 중화시킨 후 아실글루타메이트 등의 아미노산계 세제와 과도한 탈지를 막기 위해 에몰리언트제를 배합하고, pH를 중성 또는 약산성으로 만들어 비누의 단점을 보완한 제품이다.

즉, 비누타입이나 세정제를 이용하여 크림 타입으로 만들어진 세안제로서 비누와 같이 미세한 거품을 형성하여 클렌징 효과를 줄 뿐만 아니라 피부에 대한 자극이 적고, 또 세안 후 피부에 보습 및 유연효과를 갖도록 한 제품이다. 아미노산계 계면활성제를 주성분으로 한 약산성과 저자극성 클렌징 폼은 기포력이 약한 것이 결점이다.

5) 클렌징 크림 및 로션

오일을 주성분으로 한 유화 타입의 제품으로, 피지 성분이나 메이크업 성분을 오일로 녹여내는 용해 작용과 유화제에 의한 분산 작용으로 클렌징 효과를 높여준 제품이다. 워시오프 타입도 있으나 대부분 물이 없더라도 간편히 사용할 수 있을 뿐만 아니라 클렌징 효과와 피부 유연효과가 우수한 편이다.

[표 2] 세안제의 분류

제형	형상	명 칭	특 징
계면 활성제형	고형	비누, 투명비누 중성비누	전신용 세정제의 주류 사용이 간단하고 사용감이 우수 사용 후 당김이 있다
	크림 paste	cleansing foam	얼굴전용으로 사용감과 기포력이 우수 약산성~알카리성으로 목적에 따라 선택한다
	액상 점액상	cleansing gel	약산성의 base는 세정력이 약하며 알카리성 base쪽이 세정력이 강하다 두발, 보디용이 주류
	과립 분말	가루비누, 세안파우더	사용성이 간편하며 물을 함유하고 있지 않기 때문에 효소배합이 가능하다
	에어졸	shaving foam	거품이 나오는 타입과 사용 시 발포 시키는 타입이 있다
용제형	크림 paste	cleansing cream	O/W형이 주류를 이루고 있으며, 세정력이 높다
	유액	cleansing milk	클렌징 크림보다 사용 후의 감촉이 산뜻하고 사용이 편리하다
	액상	cleansing lotion	비이온계면활성제, 알코올, 보습제의 배합량이 많고 솜을 사용한다
	gel	cleansing gel	유분을 다량으로 배합한 유화 타입과 액정 타입이 있으며, 사용감이 산뜻하다
	oil	cleansing oil	유성성분에 소량의 계면활성제, 에탄올 등을 배합하였으며, 사용 후 촉촉하다
기타	pack	cleansing mask	박리시 피부표면이나 모공의 오물을 제거해 준다

[표 3] 클렌징 폼의 주성분

구성성분	대표적 원료
고급지방산 비누	고급지방산, 동식물유지, 수산화나트륨, 수산화칼륨, 트리에탄올아민
계면활성제	N-아실구루타민산염, 아실메칠타우린산, 글리세린지방산에스테르 등
emollient제	지방산, 고급알코올, 라놀린유도체, 밀납, 호호바유, 올리브유, 야자유
보습제	솔비톨, 폴리에칠렌글리콜, 글리세린, 1,3-부틸렌글리콜 등
방부제	메칠파라벤 등
수용성고분자	아크릴산소다, 카치온폴리머, 알킨산소다
스크럽제	저분자폴리에칠렌, 폴리아크릴산폴리머, 식물종자 분쇄물
킬레이트제	EDTA 및 그의 염, 헥사메타린산소다
약제	유황, 글리시리진염, 트리클로로카르반
기타	색소, 향료, 산화방지제, 정제수

6) 클렌징 워터

비이온 계면활성제를 이용한 수용액 타입의 제품으로 에탄올, 폴리올 등과 세정제를 주 성분으로 하고 있다. 메이크업 제거 능력이 우수하면서도 사용이 간편하다.

6.2 화장수

1) 화장수의 작용과 종류

- 작용 : 각질층의 유연, 수렴, 보습 효과
- 종류 : 수렴 화장수, 유연 화장수, 가용화 타입, 현탁 타입, 젤 타입 등
- 성분 : 에탄올, 보습제, 가용화제, 수렴제, 유연제, 향료, 천연물 등

2) 화장수의 사용 목적

각질층에 수분을 공급할 목적으로 사용하는 제품으로, 신체를 청결하게 하고 피부를 건강하게 유지하기 위하여 사용되는데, 청정과 피부 수분 밸런스를 유지하여 피부의 정돈 효과를 주는 제품이다.

일반적으로 물에 녹지 않는 물질을 가용화하여 열역학적으로 안정화시켜서 외관을 투명액상으로 한 제품을 화장수라고 불러왔다.

그런데 최근에는 반투명 화장수, 불투명 화장수 그리고 수용성고분자를 배합한 투명 화장수가 있다.

화장수는 주로 세안제를 사용한 후에 사용되며 수분공급을 목적으로 한다. 사용자의 연령, 생활환경에 따라 차이가 나는 피부성질이나 피부상태 또는 화장습관이나 기호의 차이에 따라서 보습제의 종류, 양이 달라진다.

[표 4] 화장수의 목적별 분류

분류	특　　　징
유연화장수	·각질층에 수분, 보습성분을 보충, 피부를 유연하게 하고, 윤기있고 매끈매끈하고 촉촉한 피부를 유지
수렴화장수	·각질층에 수분, 보습성분을 보충하는 외에 수렴작용, 피지분비억제 작용을 갖고 산뜻한 사용감, 화장얼룩 방지
세정화장수	·가벼운 색조화장과 색조화장을 하지 않은 피부의 세안제로 사용 ·세정효과를 높이기 위하여 계면활성제, 보습제, 에탄올을 다량함유
다층상화장수	·유층-수층 및 수층-분말층의 2층으로 구성된 경우가 많다 ·흔든 후 사용한다

[표 5] 화장수의 주성분

구성성분	주요기능	대표적 원료	첨가량
정제수	수분보급 원료용해	이온교환수	30~95%
알코올	청량감 정균작용 원료용해	Ethanol, Isopropyl alchohol	0~40%
보습제	보습작용 원료용해	Glycerin, Propylene glycol, Dipropylene glycol, 1,3-butylene glycol, PEG, 다가 알코올, 히아루론산, 피롤리돈카르본산 등	~20%
증점제	사용감 보습작용	알긴산염, 셀룰로오스유도체, Xantan gum, Veegum, 카르본산비닐폴리머, 라포나이트, 아크릴산계폴리머	~2%
방부제	안정성	Paraben, Phenoxy ethanol	qs
색제	착색	허가색소	qs
퇴색방지제	변퇴색 방지	금속이온봉쇄제, 자외선흡수제	qs
완충제	pH조정	구연산, 젖산, 아미노산, 구연산소다	qs
향료	부향	Geraniol, linarol 등	qs
첨가제	기타	황산아연, 염화아연, 황산알루미늄, 염화알루미늄, 구연산, 젖산, 주석산, 호박산, 비타민, 아미노산유도체, 동식물추출물, 글리시리진산유도체, 알란토인, 프라센타리쿼드, 알부틴, 코직산	qs

6.3 로션

1) 로션의 목적과 기능

로션은 화장수와 크림의 중간적 성질을 갖는 제품으로, 일반적으로 점도가 10.000cps 이하이다. 로션은 크림에 비하여 유성성분이 적고 또 유동성이 있어 피부에 엷은 피막을 형성하게 할 뿐만 아니라 사용감에서도 산뜻한 느낌을 줄 수 있다.

기초화장품은 피부의 항상성 기능의 유지, 회복과 그 외의 역할을 갖고 있으며, 로션은 피부의 모이스처 밸런스를 유지하기 위해 주로 수분, 보습제, 유분을 보충하여 피부의 보습, 유연기능을 수행하는 화장품이다.

로션은 피부에 대하여 퍼짐이 좋고 친화되기 쉬우며, 유분감이 없이 산뜻하므로 보통피부 또는 지성피부용으로 적당하다. 로션은 물과 기름처럼 서로 용해되지 않는 액체가 혼합된 상태이므로 열역학적으로는 불안정한 계이기 때문에 수용성 고분자와 점토광물 등을 이용하여 안정성을 증가시키기도 하고, 유화입자를 보호 콜로이드로 만들어 안정성을 증가시키기도 한다. 로션의 pH는 피부표면의 pH와 유사한 약산성 내지는 중성이 많지만 팔꿈치 등의 각질 유연을 목적으로 하는 경우에는 알카리로 만들기도 한다.

2) 로션의 주성분

로션의 구성성분은 크림의 구성성분과 유사하나 크림보다 고형유분과 왁스의 양이 적다. 대부분 O/W형이지만 제품 특징이나 용도에 따라 W/O형도 있다. 유화에 이용되는 계면활성제는 안전성이 높은 비이온계, 음이온계가 주를 이루고 있으며, 최근에는 단백질계 계면활성제가 이용되기도 한다. 오일성분으로서는 탄화수소, 유지, 납(蠟), 고급지방산, 고급알코올, 에스테르와 실리콘 오일이 있으며, 수용성 성분으로서는 정제수, 에탄올, 다가알코올, 수용성고분자등이 있고, 그 외에 방부제, 금속이온봉쇄제, 자외선흡수제, 산화방지제, 분산제, 퇴색방지제, 완충제, 색제, 사용성개선제, 향료 등이 있다. 실제 처방을 작성할 경우에는 목적으로 하는 제품 특징에 따라 안전성, 안정성, 유효성, 사용성 등의 관점에서 각 성분의 특성을 파악한 후 처방을 작성하게 된다.

[표 6] 로션의 목적, 기능별 분류

목적기능	제 품
보습, 유연	Moisture lotion, Milk lotion, Nourishing lotion, Nourishing milk, Skin moisture, Moisture emulsion 등
혈액촉진, 유연, 세정, 자외선차단	마사지 로션, 클렌징 로션, Sun protect
기타	Sun screen, Make-up lotion, 각질 smoother, Elbow lotion, Hair milk, Hand lotion, Body lotion

6.4 크림

1) 크림의 작용과 종류

- 작용 : 보습, 영양, 미백, 보호 등
- 종류 : 마사지, 클렌징, 영양, SUN, 핸드, 바니싱 등
- 성분 : 오일, 왁스, 유화제, 점증제, 산화방지제, 보습제, 향료 등

2) 크림의 사용 목적

일반적으로 크림은 화장수와 더불어 오래전부터 사용되어 온 기초화장품으로 각질층에 수분을 공급하고 피부에 엷은 피막을 형성하여 외부로부터 피부를 보호하기 위하여 사용하는 대표적인 제품이다.

크림은 피부의 청결, 유연, 보습, 보호효과를 가진다. 크림은 유화기술, 화장방법, 계면화학, 제조기술 등의 발달로 다양하게 개발되었는데, 물과 오일 같은 서로 섞이지 않는

두 종의 액체가 서로 분산되어 있는 콜로이드상의 유화물이다. 일반적으로 반고형상이어서 로션 등에 비해 비교적 더 안정하다. 유분, 보습제, 수분 등을 다양하게 혼합할 수 있으므로 대표적인 기초화장품이다. 크림은 일반적으로 모이스처 밸런스를 유지해주는 등 피부의 보습, 유연 기능을 갖는다. 그 외에 혈행촉진, 세정 등의 기능도 갖는다.

3) 크림의 주성분

크림의 구성성분은 오일성분, 수성성분, 계면활성제, 방부제, 금속이온봉쇄제, 향료 등이다. 크림은 O/W와 W/O형이 있는데 O/W형은 일반적으로 친수성의 계면활성제가, W/O형은 친유성의 계면활성제가 사용된다. 오일성분은 비극성 오일부터 극성이 있는 오일까지 광범위하게 이용할 수는 있지만, 내상비가 높은 크림의 경우 유화입자의 밀도가 높아지므로 유동성이 없는 크림이 된다. 내상비가 낮은 경우에는 경도를 높이기 위해서 양친매성 물질인 고급알코올과 고급지방산등을 배합하여 안정성을 향상시킨다. 특히 세틸알코올과 스테아릴알코올과 같은 고급알코올은 비이온 계면 활성제와 함께 라멜라형의 액정을 형성하여 겔을 만든다. 고형유성성분으로서는 고급지방산, 고급알코올, 파라핀, 밀납, 글리세릴스테아레이트 등이 있으며, 동물성, 식물성, 광물성, 합성유 등이 있다.

4) Vanishing cream

피부에 도포하면 소실되는 것처럼 보여 이러한 명칭이 붙었다. 고급지방산, 고급알코올, 스테아린산모노글리세린 등에 글리세린, 소르비탄, 프로필렌글리콜, 폴리에칠렌글리콜 등의 다가알코올을 첨가한 것이다. 유화제는 고급지방산을 수산화칼륨, 수산화나트륨, 트리에탄올아민 등으로 중화시켰을 때 생성된 비누가 유화제가 되어 유화를 시킨다. 현재는 크림의 pH를 중성으로 만들기 위해 비이온계면활성제에 소량의 비누를 넣기도 한다.

5) 마사지 크림

노폐물의 제거와 신진대사를 원활히 하기위한 제품으로 Bees wax와 붕사를 반응시켜 생성된 비누를 유화제로 사용했으나 최근 들어 비누를 사용하는 비율이 낮아지고 있다. 콜드크림이라 불리는 경우가 있는데 피부에 도포하면 수분이 증발하면서 차가운 느낌을 주기 때문에 콜드크림이라고 한다.

6) 클렌징 크림

용제와의 유화작용에 의한 세정으로 체온에 쉽게 액화되어야 하며 오염물과 상용성이 좋아야 한다. 전에는 사용 후 닦아내었으나 지금은 간단히 마무리를 하며, 사용 후 끈적임을 없게 하기 위해 유분의 비율이 낮아지고 있다.

7) 영양크림

보습, 유연, 피부 생리기능 활성개선을 목적으로 하는 제품이다.

[표 7] 크림의 주성분

구성성분		대표적인 원료
유성성분	유지	올리브유, 아몬드유, 호호바유, 아보카드유, 피마자유, 월견초유, 마카데미아넛트유, 경화팜유, 합성트리글리세라이드, 해바라기유
	고급지방산	스테아린산, 올레인산, 이소스테아린산, 미리스틴산, 팔미틴산 등
	고급알코올	세탄올, 스테아릴알코올, 베헤닐알코올, 헥사데실알코올 등
	에스테르	I.P.M, 글리세릴트리에스테르, 콜레스테릴에스테르 등
	왁스	밀납, 라놀린, 카르나우바납, 칸데릴라납 등
	탄화수소	스쿠알란, 유동파라핀, 바세린, 파라핀, 마이크로크리스탈린납 등
	실리콘	디메칠 폴리실록산, 메칠페닐폴리실록산, 사이크로메티콘 등
수성성분	보습제	글리세린, 프로필렌글리콜, 솔비톨, 폴리에칠렌글리콜, 디프로필렌글리콜, 1.3부틸렌글리콜 등
	점액질	퀸스씨드, 펙틴, 셀룰로오스, 산탄검, 알긴산소다, 카보머 등
	알코올	에탄올, 이소프로필 알코올
	정제수	이온교환수
계면활성제	음이온성	지방산 비누, 알킬유산 나트륨 등
	비이온성	글리세린모노스테아레이트, POE 솔비탄지방산에스테르, 솔비탄지방산 에스텔, POE 알킬에테르 등
기타	알카리	수산화나트륨, 수산화칼륨, 트리에탄올아민
	향료	
	색제	허가색소, 안료
	방부제	파라벤류, 솔빈산, 이소프로필메칠페놀 등
	산화방지제	디부틸히드록시톨루엔, 비타민E 등
	완충제	구연산, 구연산나트륨, 젖산, 젖산나트륨 등
	금속이온 봉쇄제	EDTA
	약제	비타민류, 아미노산, 미백제 등

6.5 젤

1) 젤의 목적, 기능

젤리 또는 젤이라 불리 운다. 균일한 투명~반투명으로 촉촉하고 상쾌한 사용감이 있어 여름철 화장품에 이용되어 왔으나 최근에는 수분 보충, 보습 이외에 혈행 촉진, 세정을 목적으로 하는 유성 · 수성젤이 있다. 수성젤은 수분을 다량 함유하고 있으므로 피부의 수분보충, 보습효과, 청량효과와 가벼운 메이크업 클렌저 등으로 이용되고 있다. 사용감은 물과 같이 산뜻하며 청량감이 느껴지기 때문에 여름이나 지성 피부 제품에 이용되며, 유성젤은 유분보급, 보습효과의 유지를 위한 겨울용, 건성피부용이 있다.

2) 젤의 주성분

수성젤은 수용성과 고분자의 젤화 상태를 이용하기 위해 카르복시비닐폴리머나 메칠셀룰로오스 등이 많이 사용되고 있다. 젤은 투명성이 있으므로 원료의 분산에 주의를 하여야 한다. 유성젤은 계면활성제가 지닌 액정형성능력을 이용하기도 하며 굴절율을 맞춰 투명하게 한 유화형 등이 있다. 유성젤은 상용성이 좋은 유성원료를 사용하여야 한다.

[표 8] 젤의 목적, 기능별 분류

목적 및 기능	형태	특 징
보습용	수성 고분자형	· 유분이 없거나 소량의 유분 함유 · 촉촉하고 청량감이 있다 · 산뜻한 사용감을 갖고 있기 때문에 하절기용이나 지성 피부용에 사용 · 폐쇄 효과가 적다
유수분보급용	유성 유화 또는 액정형	· 유성형이기 때문에 중후한감이 있다 · 동절기나 건조한 피부의 보습, 유분 보급으로 적당
혈액촉진용	수성	· 수성이기 때문에 촉촉한 감촉과 고분자의 매끄러움을 이용해서 미끌미끌한 감촉으로 마사지가 쉽다 · 보습제는 많으나 물이 거의 없어 온열감이 있다
세정용	수성 고분자형	· 유분이 없거나 소량의 유분 함유 · 물로 씻거나 닦아내는 양쪽이 가능 · 세정력이 적다
	유성 유화 또는 액정형	· 색조화장과의 혼화가 좋다 · 사용도중에 o/w로 전상되어 가볍게 된다 · 세정력이 크다
	Oil gel	· 색조화장과의 혼화는 좋지만 물로 씻기가 어렵기 때문에 닦아내는 방법으로 사용한다 · 세정력이 크다

6.6 에센스

1) 에센스의 작용과 종류

- 작용 : 보호, 보습, 활력

- 종류 : 투명, 젤, 캡슐, 분말, 로션

- 성분 : 주로 활성 성분을 다량 사용

2) 에센스의 목적, 기능

보습제나 비타민, 천연 추출물, 미백성분 등 유효성분의 함량을 높여 보습, 유연, 피부 세포활성 등의 작용을 높인 제품 또는 보습효과는 물론 자외선방지, 미백, 산화방지, 소염, 부활효과 등 여러 가지 기능을 갖춘 다목적 제품을 말한다. 형태로는 화장수, 유액, 크림, 오일 등이 있다.

[표 9] 에센스의 주성분

구성성분	대표적 원료
보습제	폴리에칠렌글리콜, 글리세린, 디프로피렌글리콜, 1.3부틸렌글리콜, 솔비톨, 말티톨, 히아루론산, 콘드로이친설페이트, 콜라겐, 엘라스틴, 피롤리돈카르본산, 아미노산 등
알코올	에탄올, 이소프로필 알코올 등
수용성고분자	카르복시비닐폴리머, 폴리아크릴산나트륨, 셀룰로오스유도체, 알긴산나트륨, 퀸스시드검, peptin, 산탄검, 아라비아검 등
계면활성제	올레일알코올, 에스테르, 소르비탄모노라우레트, 지방산글리세린에스테르, 경화 피마자유 에스테르 등
에몰리엔트	식물류(호호바유, 올리브유 등), 올레일알코올, 에스텔유, 스쿠알란, 라놀린유도체 등
활성성분	비타민C, E 유도체, 감초, 동식물 균류추출물, 알부틴, 코직산, 알란토인, 판토테닐에칠에텔, 비타민, 아미노산, TiO_2, 2-히드록시-4-메톡시벤조페논, 옥틸메톡시신나메이트, 파라옥시안식향산에스테르 등
기타	향료, 색제, 방부제, 퇴색방지제, 완충제 등

6.7 팩, 마스크

1) 팩, 마스크의 작용과 종류

- 작용 : 청결, 활력

- 종류 : 필 오프, 위시 오프, 패치, 분말

- 성분 : 필름 형성제, 흡착제, 기타 크림 성분

2) 팩의 목적, 기능

분말 또는 피막 형성제를 피부에 도포한 후 건조되면 제거하는 제품이다. 건조되는 과정에서 피부에 적당한 긴장감을 주며, 일시적으로 피부의 온도를 높여 혈행을 촉진하는 작용도 한다. 또 팩을 제거할 때 모공에 있는 피지, 이물질, 솜털, 노화된 각질층을 제거하는 효과도 있다. 필 오프 타입의 경우 낡은 각질층을 제거하는 강한 작용이 있어서 주 1~2회 정도가 적당하다.

[표 10] 필 오프(Peel off) 팩의 주성분

구성성분	대표적 원료	배합량
정제수	이온 교환수	40~80%
알코올	에탄올	~15%
보습제	폴리에틸렌 글리콜, 글리세린, 프로필렌글리콜, 1.3-부틸렌 글리콜, 솔비톨, 무코다당류, PCA-Na 등	2~15%
피막 및 증점제	폴리비닐알코올, 폴리비닐피롤리돈, 폴리초산 비닐에멀젼, 카르복시메칠셀룰로오스, 펙틴, 제라틴, 산탄검 등	10~30%
에몰리언트제	올리브유, 마카데미아넛유, 호호바유, 유동파라핀, 스쿠알란, 에스테르유 등	~15%
분말	카올린, 탈크, 이산화티탄, 산화아연, 구상셀룰로오스 등	~20%
색제	허가색소, 무기안료	적량
약제	미백 : 비타민-C유도체, 프라센타엑기스 부활 : 판토테닐 에칠에테르, 비타민유, 동식물추출물 소염 : 알란토인, 글리시리진산염 살균 : 감광소, TTC	적량
방부제	파라벤유	적량
계면활성제	POE올레일알코올에테르 POE솔비탄, 모노라우린산에스테르	~2%
완충제	구연산, 젖산, 아미노산류, 구연산Na, 젖산Na	적량

■ 참고문헌

1. 신화장품학, 김상진 외 5인, 동화기술, 2004
2. 화장품과학, 대명양, 발행연도 불명
3. 화장품개론, 콜마중앙연구소, 발행연도 불명
4. 2008 화장품관련 법규집, 대한화장품협회, 대한화장품협회, 2008
5. 2008년 화장품산업분석보고서, 한국보건산업진흥원, 정명진외 3인, 2008

색조화장품의 기초지식

1. 메이크업 화장품의 구성

메이크업 화장품은 얼굴 전체의 피부색을 균일하게 정돈하거나 기미, 주근깨 등 피부 결점을 커버하여 아름답게 하기 위한 베이스 메이크업(base make-up) 화장품과 입술, 눈, 볼, 손톱 등에 부분적으로 사용하여 혈색을 좋게 하고 입체감을 부여하여 아름답고 매력적인 용모

◇ 메이크업 화장품의 종류와 기능

구분	종류	기　　능
베이스 메이크업 화장품	메이크업 베이스	− 피부색을 고르게 보이도록 해준다. − 파운데이션이 잘 발라지게 하고 얼룩져 보이지 않게 한다.
	파운데이션	− 화장의 지속성을 높인다. − 피부의 결점(기미, 주근깨)을 커버한다. − 피부에 광택과 투명감을 부여한다. − 건조한 외부 환경으로부터 피부를 보호한다. − 자외선을 차단해 주는 효과가 있다.
	파우더	− 피부색을 정돈하고 화사하게 표현해준다. − 피부가 번들거리는 것을 방지한다. − 땀이나 피지의 분비를 억제한다. − 피부에 투명감을 부여한다. − 자외선으로부터 피부를 보호한다.
포인트 메이크업 화장품	립스틱	− 입술에 색채감을 주어 얼굴을 돋보이게 하는 화장으로 가장 효과가 좋다. − 입술의 건조를 방지하고 자외선으로부터 입술을 보호한다.
	블러셔	− 얼굴의 결점을 커버하고 입체감을 부여한다. − 볼부분에 도포하여 밝고 건강하게 보이게 한다.
	아이라이너	− 속눈썹 부분에 라인을 그려, 눈의 윤곽을 강조시켜준다. − 눈의 형태를 변화, 표정을 풍부하게 해준다.
	마스카라	− 속눈썹을 진하고 길게 하여 눈을 선명하고 시원하게 하여 아름답게 보이게 한다.
	아이섀도우	− 눈가에 음영을 주어 입체적으로 보이도록 해준다. − 얼굴에 표정을 주어 옷, 입술 등과 코디네이트를 연결시켜 준다.
	아이브라우펜슬	− 눈썹의 형태를 정리하여 주고 눈가를 확실하게 보이게 하여준다. − 그리는 방법에 따라 얼굴의 표정을 변화시켜 준다. − 머리색과 코디네이트 시킨다.
	네일에나멜	− 손톱에 도포하여 광택을 주고, 손, 손가락에 표정을 준다.

로 보이도록 하는 포인트 메이크업(point make-up) 화장품으로 분류한다.

2. 메이크업 화장품의 구성 원료

메이크업 화장품을 구성하는 원료는 착색안료, 백색안료, 체질안료, 펄안료 등의 분체(안료)와 이것이 분산되는 기제로 나눠지고, 이들의 배합비율에 따라 여러 형태가 만들어진다.

◇ 메이크업 화장품의 구성 원료

구분	종류	구 성 성 분
안 료	착색안료 (coloring pigment)	– 산화철(iron oxide), 레이크(lake) 등이 사용
	백색안료 (white pigment)	– 이산화티탄(tytanium dioxide), 산화아연(zionc oxide), 탄산칼슘(calcium carbonate) – 커버력이 크다
	체질안료 (extender pigment)	– 탈크(talc), 마이카(mica), 카올린(kaolin)
	펄안료 (pearlescent pigment)	– 운모티탄, 비스무스 옥시클로라이드
기 제	유 분	– 유동 파라핀, 바셀린, 왁스, 합성에스테르유
	보습제	– 글리세린, 프로필렌글리콜
	계면활성제	– 비누, 합성세제
	기 타	– 정제수, 방부제, 산화방지제, 향료 등

3. 메이크업 화장품에 요구되는 사항

1) 화장효과

① 기대되는 화장효과가 있어야 한다.

② 화장의 지속성이 좋아야 한다.

(화장막이 들뜨거나, 칙칙하거나, 없어지지 않는 것 등)

김주덕 / 숙명여자대학교 원격대학원 향장미용전공 주임교수

보건복지부 화장품산업발전협의회 위원장 역임. 산업자원부 산업표준심의위원회 정밀화학분과위원장, 한국미용학회 편집위원장.

2) 색조

① 도포색과 외관색에 차이가 없어야 한다.

② 광원의 종류에 의하여 도포색이 뚜렷하게 변하지 않아야 한다.

3) 사용감(사용성)

① 도포 시의 사용감이 좋고, 도포 후에 이화감이 없어야 한다.

② 화장 지움이 용이해야 한다.

③ 제품의 형태에 알맞은 용기, 도포 용구(스폰지, Puff, Blush, Pencil 등)를 사용하여야 한다.

4) 안정성

① 경시적으로는 변색, 변취, 분리, 변형 등 품질의 변화가 생기지 않아야 한다.

② 제품의 품질을 유지하는데 충분한 기능을 갖는 용기가 이용되어야 한다.

2) 안전성

① 유해물질을 함유하지 않아야 한다.

② 피부나 점막에 자극이 없어야 한다.

③ 미생물에 오염이 없어야 한다.

4. 메이크업 화장품의 종류 및 특성

1) 메이크업 베이스(Make-up Base)

메이크업 베이스는 기초화장품을 사용한 후 파운데이션을 바르기 전에 사용하는 제품으로 초록색, 분홍색, 푸른색 등 다양한 색상으로 되어 있으며 피부색이 전체적으로 일정한 톤(tone)을 유지할 수 있도록 도와준다.

메이크업 베이스의 사용 목적

① 화장을 잘 받게 해주고 들뜨는 것을 방지한다.

② 파운데이션의 색소 침착을 방지한다.

③ 인공 피지막을 형성하여 피부를 보호한다.

④ 파운데이션의 밀착성을 높여 화장이 지속되게 한다.

색상별 연출효과

초록색   – 일반적으로 많이 사용되는 색상으로 피부 톤 조절 효과가 가장 크다.

           – 여드름 자국 등 잡티가 있을 때와 모세혈관이 확장되어 피부색이 붉거나 울긋
불긋한 피부에 사용하면 깨끗한 피부를 연출할 수 있다.

보라색   – 동양인 얼굴의 노르스름한 피부를 중화시켜 주며 피부 톤을 밝게 표현해 준다.

분홍색   – 모든 피부에 기본적으로 사용할 수 있으며 특히 혈색이 없어 창백한 피부에 사
용하면 혈색을 보강하여 화사하고 생기 있게 표현해 준다.

푸른색   – 얼굴에 핑크기가 많이 띠거나 하얀 피부 표현을 원할 때 효과적이다.

브론즈색 – 일반적인 색상은 아니지만 피부를 선탠한 듯 어둡게 표현하고 싶을 때 어두운
파운데이션과 함께 사용하면 효과적이다.

2) 파운데이션(Foundation)

파운데이션은 '기초 또는 토대를 만든다' 라는 의미로 피부의 결점을 감추고 원하는 화
장의 피부색을 만드는 기초로써 쓰여지는 화장품으로 '베이스컬러(base color)' 라고도
한다.

파운데이션의 사용 목적

① 피부의 결점 커버와 피부색상을 조절해 준다.

② 이미지를 연출하고 개성을 강조한다.

③ 부분화장을 돋보이게 하고 강조해 준다.

④ 얼굴의 윤곽을 수정해 준다.

파운데이션의 종류

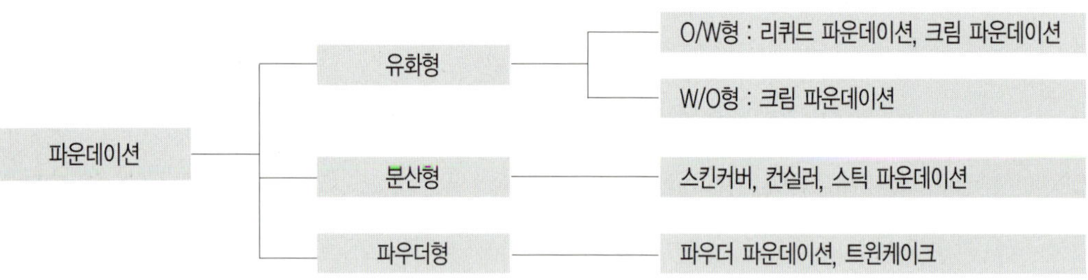

(1) 리퀴드 파운데이션(liquid foundation)

- 리퀴드 파운데이션은 안료가 균일하게 분산되어 있는 형태로 대부분 O/W형 유화타 입이다.
- 리퀴드 파운데이션은 오일량이 10% 정도로 가벼운 사용감이 있으며, 손쉽게 피부 결점을 커버할 수 있다.
- 산뜻한 사용감이 있어 여름철에 주로 사용하며, 연령층으로 보면 젊은 층에서 많이 사용한다.
- 안정성이 크림 파운데이션에 비해 낮기 때문에 장기간 방치했을 때 안료가 침전될 수 있다.
- 수분 함유량이 많아 피부에 발랐을 때 부드럽고 퍼짐성이 우수하며 투명감 있게 마무리되므로 피부에 결점이 별로 없거나 건성피부에 사용하면 좋다.

(2) 크림 파운데이션(cream foundation)

- 크림 파운데이션은 크림에 안료가 균일하게 분산된 형태로 O/W형과 W/O형 유화타 입이 있다.
- O/W형 크림 파운데이션은 W/O형에 비해 비교적 사용감이 가볍고 퍼짐성이 좋다.
- W/O형 크림 파운데이션은 사용감이 무겁고 퍼짐성이 낮으나 피부에 부착성이 우수하고 화장이 땀이나 물에 의해 잘 지워지지 않는 장점이 있다.

(3) 파우더 파운데이션(powder foundation)

- 파우더 파운데이션은 안료에 오일을 스프레이하여 흡착시킨 후 압축시켜 고형으로 한 것으로 파우더와 트윈케이크의 중간 형태이다.
- 파우더 파운데이션에 함유된 오일의 양은 10~15% 정도로 얇게 발라지고 가벼운 느낌을 준다.
- 여름철에 쉽고 간편하게 피부표현을 할 수 있고 번들거림 없이 매트(mat)한 느낌을 준다.

(4) 트윈 케이크(twin cake)

- 투웨이 케이크(two-way cake)라고도 불리우는 트윈 케이크는 파우더 파운데이션과 마찬가지로 안료에 오일을 스프레이하여 흡착시킨 후 압축시켜 케이크 형태로 만든 것

이다.

- 트윈 케이크란 이름은 마른 스폰지는 물론 젖은 스폰지를 사용해도 메이크업이 가능하기 때문에 붙여졌다.

- 친유 처리한 안료가 배합되어 있어 젖은 스폰지를 사용해도 뭉침이 없고 땀에 의해 쉽게 지워지지 않는다.

(5) 스킨커버(skin cover)

- 스킨커버는 안료를 오일과 왁스에 골고루 혼합 분산시킨 것으로, 크림 파운데이션보다 밀착감, 내수성 및 커버력이 우수하여 '스킨커버(skin cover)'라고 한다.

- 다량의 안료가 함유되어 있어 커버력이 뛰어나며 기미, 여드름 자국 등 잡티를 커버해 준다.

- 사진촬영, 무대화장, 특수 분장 시에 널리 사용된다.

- 배합된 오일과 왁스의 양이 50~60% 정도로 파운데이션 중에서 가장 많아 사용감이 뻑뻑한 것이 단점이다.

3) 파우더(Powder)

파우더는 땀과 피지에 의해 화장이 번지거나 지워지는 것을 막고 빛을 사방으로 난반사시켜 얼굴을 밝고 화사하게 보이게 하기 위해 사용하는 메이크업 화장품이다.

파우더의 종류

① 페이스 파우더

　(가루분, Face powder, Loose powder)

② 콤팩트 파우더

　(고형분, Compact powder, Pressed powder)

파우더의 사용 목적

① 파운데이션의 유분기를 제거해 준다.

② 얼굴색을 화사하게 표현해 준다.

③ 파운데이션의 지속성을 좋게 해 준다.

◇ 페이스 파우더와 콤팩트 파우더의 비교

구분	페이스 파우더	콤팩트 파우더
장 점	피지분비 조절작용으로 피부가 뽀송뽀송하고, 입자가 고와 바르면 투명해 보인다. 화장의 번들거림을 억제하고 장시간 지속시켜 준다.	가루 상태의 페이스파우더를 압축시켜 단단하게 만들어 놓은 것으로 페이스파우더와 달리 가루날림이 적다. 페이스파우더처럼 투명메이크업을 할 수 있으며 휴대가 간편하다.
단 점	잡티 커버력이 적고 수시로 발라 주어야 하며, 화장이 잘못 되었을 경우 페이스파우더로는 수정이 어렵다. 가루상태라 사용이 불편하고 많이 바르면 건조감이 느껴진다. 입자가 굵거나 색상이 강하면 화장의 지속성이 떨어지고 화장이 들뜬다.	화장이 잘못되었을 경우 수정 메이크업이 어렵고, 화장의 지속성이 떨어져 수시로 발라주어야 한다. 페이스파우더에 비해 두껍게 발라지며 색상표현도 두껍게 된다.
바르는 순서	기초화장→메이크업베이스→파운데이션 →페이스파우더	기초화장→메이크업베이스→파운데이션→콤팩트파우더

4) 아이메이크업(Eye Make-up)

아이메이크업은 눈의 결점을 커버하고, 눈 부위를 또렷이 하며 눈썹을 풍부하게 보이도록 해준다.

또한 눈 및 눈썹 모양을 입체적으로 보이게 하여 눈을 더욱 생동감 있고 아름답게 표현해 준다.

아이메이크업의 종류

① 아이브라우펜슬

② 아이새도우

③ 아이라이너

④ 마스카라

아이메이크업 제품이 갖추어야 할 요건

① 안점막 부위에 대한 안전성이 우수하여야 한다.

② 눈물 등에 의해 지워지거나 자극을 나타내지 않아야 한다.

③ 사용성이 부드러워야 하며 자연스러운 화장의 연출이 가능하여야 한다.

④ 내수성 및 안점막과 피지에 대한 저항성이 있어야 한다.

눈 주위 피부구조의 특징

① 눈꺼풀의 외피층은 손이나 얼굴보다 훨씬 얇아서 외부의 자극이나 이물질이 표피층 깊이 또는 진피층까지 침투하기 쉽다.

② 눈물의 pH는 혈액의 pH인 7.2~7.4와 비슷해 대략 7.4 이다.

(1) 아이브라우 펜슬(eyebrow pencil)

- 아이브라우 펜슬은 눈썹 모양을 그리고 눈썹 색을 조정하기 위해 사용된다.

- 색상은 흑갈색이 일반적이지만 흑색이나 짙은 회색 외에도 짙은 눈썹을 옅게 보이기 위해 사용하는 옅은 색도 있다.

- 제품은 거의가 고형이고, 기제에 착색안료를 압축 성형한 것이 일반적이다.

- 구성성분은 안료, 왁스, 오일로 되어 있어 온도가 높은 장소에 오랫동안 보관하면 오일이 표면으로 스며 나오는 발한(sweating)현상이나 추운 장소에 오랫동안 보관했을 때 표면이 뿌옇게 변하는 발분현상이 일어날 수 있다.

- ■ 아이브라우 펜슬의 구비 요건

  ① 피부에 부드러운 감촉으로 균일하게 그려질 것

  ② 선명하고 미세한 선이 그려질 것

  ③ 지속성이 높고 화장의 흐트러짐이 없을 것

  ④ 피부에 대한 안전성이 좋을 것

  ⑤ 발한(sweating), 발분이 없을 것

  ⑥ 부러짐이나 지저분해지지 않을 것

(2) 아이섀도우(eye shadow)

- 아이섀도우는 색채감을 주기 위해 착색안료가 배합되어 있으며 파운데이션과 유사하게 몇 가지 제형으로 이루어져 있다.

- 가장 일반적인 것은 케이크 파운데이션과 비슷하게 백색안료와 착색안료를 혼합하고 유분을 균일하게 분무한 후 압축시킨 케이크타입의 아이섀도우이다.

- 케이크 타입은 휴대가 간편하며 일반적으로 많이 사용하지만 시간이 경과하면 지워지는 단점이 있다.

- 크림 타입은 부드럽고 매끄럽게 펴 발라지지만 기온이 올라가면 번들거림이 생기는 단점이 있다.

- 펜슬 타입은 선으로 눈매를 강조하는 데 사용하면 좋으나 시간이 경과하면 번들거리거나 몰리는 단점을 갖고 있다.

■ 아이섀도우의 사용 목적

① 눈꺼풀에 명암과 색채감을 주어 입체감을 연출한다.

② 눈매에 표정을 연출하고 눈의 단점을 보완해 준다.

③ 아이섀도우의 색감을 이용하여 이미지와 개성을 연출한다.

■ 아이섀도우의 구비 요건

① 바르기 쉽고 밀착감이 있을 것

② 바른 후 오일에 의한 번들거림이 없을 것

③ 색상의 변화가 없을 것

④ 땀이나 피지에 의해 번지지 않을 것

⑤ 피부에 대한 안정성이 좋을 것

(3) 아이라이너 (eye liner)

– 아이라이너는 눈의 윤곽을 또렷하게 하여 눈의 모양을 조정하며 인상적인 눈매를 연출해 준다.

– 형태에는 리퀴드 타입, 펜슬 타입, 케이크 타입, 크림 타입이 있다.

■ 아이라이너의 구비 요건

① 자극이 없을 것   ② 건조가 빠를 것

③ 그리기 쉬울 것   ④ 피막이 유연할 것

⑤ 벗겨지거나 갈라지지 않을 것   ⑥ 적당한 내수성을 가질 것

⑦ 내용물이 가라앉거나 뭉침이 없을 것

◇ 아이라이너의 형태

		깨끗한 선을 그릴 수 있지만 주의하지 않으면 도포할 때 액이 흘러내릴 수 있다.
리퀴드 타입	유성 용제형	휘발성 있는 용제가 배합되어 있어 바른후에 내수성의 피막이 남게 된다. 이 피막은 부착성이 좋아서 쉽게 떨어지는 않지만 화장을 지울 때 유성의 제거액을 사용해야 하므로 눈 주위가 자칫하면 더러워지기 쉽다.
	유화형, 수성현탁형	수분이 함유되어 있어 촉촉한 느낌과 가볍게 사용할 수 있으나 내수성이 적은 것이 단점이다.
펜슬타입		왁스류의 유성성분에 착색안료를 분산시켜 고형으로 하고 연필모양으로 만든 것으로 초보자에게 적합하다.
케이크 타입		소형의 붓을 물이나 화장수에 적셔 사용하는 것으로 자연스러운 느낌을 준다.

(4) 마스카라(mascara)

– 마스카라는 속눈썹에 도포하여 속눈썹을 짙고 길며 눈동자가 또렷해 보이게 하는 목적으로 사용되며 또한 눈의 인상을 좋게 하고 매력적인 옆모습을 연출해 준다.

■ 마스카라의 구비 요건

① 자극이 없을 것
② 균일하게 묻혀질 것
③ 적당한 윤기, 건조성이 있을 것
④ 적당한 컬링 효과가 있을 것
⑤ 속눈썹이 깊고 짙게 보이는 효과가 있을 것
⑥ 벗겨지거나 갈라지지 않을 것
⑦ 내용물이 가라앉거나 뭉침이 없을 것

5) 립스틱(Lipstick)

립스틱은 파운데이션과 함께 가장 널리 사용되는 메이크업 화장품으로 연지, 루즈(rouge)라고도 불린다.

립스틱의 구비 요건

① 입술점막에 사용하는 제품이므로 자극이 있어서는 안 된다.

② 먹어도 될 수 있을 정도로 무해하고 또 먹었을 때에도 인체에 안전하고 불쾌한 냄새나 맛이 없어야 한다.

③ 발랐을 때 시간 경과에 따라 주위에 번짐이 없어야 한다.

④ 립스틱은 오일과 왁스, 색소로 구성되어 있으므로 여름철의 경우 오일이 립스틱의 표면으로 번져 나오는 발한(sweating)현상이 나타날 수 있다. 따라서 사용성과 친화성이 좋은 오일과 왁스를 사용하여 이러한 현상이 일어나지 않도록 해야 한다.

⑤ 깨끗한 외관을 유지하여야 하며, 보관 중 산화되어 분해가 일어나지 않아야 한다.

⑥ 적절한 강도를 유지하여 부러짐이 없어야 하고, 부드럽고 매끄럽게 발려야 한다.

립스틱의 색상

① 립스틱의 색상은 유용성 염료와 유기안료에 의해 결정된다.

② 립스틱의 커버력과 발색성을 좋게 하기 위해 백색안료인 이산화티탄을 배합하는 것이 많은데 이산화티탄의 배합량이 많으면 커버력이 크고 불투명한 색이 되며, 배합량이 적으면 커버력이 적고 투명한 색이 된다.

③ 펄 안료를 배합한 립스틱은 입술에 발랐을 때 진주와 같은 광택을 준다.

④ 입술보호를 목적으로 하는 립스틱에는 갈라진 피부의 상처 치유효과가 있는 알란토
인(allantoin)등이 배합된다.

입술 피부의 특징

① 입술피부는 각질층이 대단히 얇다.

② 외피층 아래쪽의 세포분열이 왕성하여 혈액이 많은 세포를 밀어내어 혈액이 많다.

③ 기저층이 유난히 발달되어 있다.

④ 땀샘이 없다.

⑤ 피지선이 아주 드물어 춥거나 건조한 기후에서 입술이 갈라지고 건조하다.

◇ 립스틱의 종류와 특징

구분	특 징
모이스쳐 립스틱 (moisture lipstick)	일반적인 립스틱으로 가장 많이 사용하고 있다. 왁스와 색소의 함량에 비해 오일의 비율이 월등히 높다. 트리트먼트 작용이 우수하여 계절에 상관없이 사용할 수 있다.
매트 립스틱 (mat lipstick)	왁스의 밀착감을 높여 번들거리지 않게 하였다. 사용감이 매우 매트하여 주로 젊은 층이 선호하는 제품이다.
롱라스팅 립스틱 (long-lasting lipstick)	오랜시간 동안 잘 지워지지 않는 립스틱으로 지속력이 뛰어나나 입술에 부담감이 크고 건조해지기 쉽다.

※ 립라이너 (Lipliner)

– 립라이너는 립스틱과 더불어 입술에 사용하는 제품이다. 립스틱을 바르기 전에 입술
의 외각선을 그려주어 입술의 선을 보다 선명하게 하고 입술을 아름답게 보이도록 한다.
제형은 펜슬형태가 일반적으로 쓰이고 있다.

■ 립라이너의 구비 요건

① 사용감이 우수하며 입술에 자극을 주지 않아야 한다.

② 립스틱과 조화를 이루는 색상으로 입술의 형태를 수정해 준다.

③ 경시변화가 적은 것이 좋다.

④ 쉽게 부러지지 않으며 적당한 경도를 가진 것이 좋다.

6) 블러셔(Blusher, Cheek Color)

블러셔는 볼 부위에 도포하여 얼굴색을 건강하고 밝게 보이게 하며 윤곽에 음영을 주어서 얼굴을 입체적으로 나타내게 하는 메이크업의 마무리 단계에 사용되는 제품으로 '치크컬러' 또는 '볼터치'라고도 불린다.

블러셔의 구비 요건

① 파운데이션과 친화성이 좋고, 바르기 쉬울 것

② 색상의 변화가 없을 것

③ 적당한 커버력, 광택성, 부착성이 있을 것

④ 제거 시 쉽게 닦이고, 피부에 염착이 되지 않을 것

블러셔의 형태

– 케이크 타입: 색감표현이 쉽고 자연스러우며 전체적인 얼굴 윤곽의 수정은 물론 건강한 혈색 표현에도 좋다.

– 크림 타입: 윤곽수정을 위해 주로 많이 사용되며 주로 스펀지를 이용하여 바른다.

7) 네일 에나멜(Nail Enamel)

네일 에나멜은 손톱에 광택과 색채를 주어 아름답게 하는 목적으로 사용하는 제품으로 손톱의 표면에 딱딱하고 광택이 있는 피막을 형성한다. 네일 에나멜은 피막을 만드는 성분, 착색안료 등을 용제에 분산시킨 것이 대부분이고 염료만을 사용하는 것도 있다. 안료를 분산시킨 것은 침전이 생기는 경우도 있으므로 흔들어 사용하는 것이 좋다. 네일 에나멜의 용제는 휘발성이 매우 강하므로 사용 후 반드시 뚜껑을 잘 닫아야 한다.

네일 에나멜의 구비 요건

① 손톱에 바르기 적당한 점도가 있을 것

② 가능한 신속히 건조하고 균일한 막을 형성할 것(3~5분)

③ 건조된 막에 현탁이나 핀홀(pin hole)이 없을 것

④ 안료가 균일하게 분산되고 일정한 색조와 광택을 유지할 것

⑤ 일상생활에서 칠한 네일 에나멜이 잘 벗겨지지 않을 것

⑥ 에나멜 리무버로 쉽게 제거될 것

⑦ 손톱을 파손하거나 독성을 나타내지 않을 것

4장

화장품전문점 경영 성공사례

- 고운사
- 립스틱타운
- VIP코스메틱
- 삼호화장품
- 퀸화장품
- 신데렐라화장품
- 아씨화장품
- 명동화장품
- 뷰티화장품
- 공주화장품
- 화장품의 모든 것

히든 챔피언(Hidden Champion)이 회자되고 있다. 히든 챔피언이란 잘 알려지지는 않았지만 해당 분야에서 세계시장을 제패하고 있는 강소기업을 말한다. 이런 기업들이 벤치마킹의 대상이 되는 것은 당연지사이다.

여기에 소개되는 화장품전문점은 전문점시장만을 놓고 보면 히든 챔피언이라고 할 수는 없을 것이다. 화장품전문점으로서는 웬만한 사람들은 알 만한 명성을 얻고 있는 곳들이다.

하지만 다른 유통채널까지 망라해 생각해보면 그 규모는 결코 크다고 할 수 없을 것이며, 그러면서도 결코 만만치 않은 경쟁력과 영향력을 갖고 있다. 히든 챔피언이라고 할 만하다.

과연 이들이 전문점시장의 강자가, 더 나아가 화장품 소매유통의 강자가 될 수 있었던 요인은 무엇일까. 직접 그 경영자로부터 들어 정리했다.

이들을 먼저 해당 화장품전문점이 위치한 상권에 따라 중심상권, 역세권, 재래시장, 대학가로 구분한 후 가나다순으로 게재한다. 이런 기준에 따라 다음처럼 분류해 배열했다.

중심상권 – 고운사(구리), 립스틱타운(익산), VIP코스메틱(강릉), 삼호화장품(부산),
  퀸화장품(청주).

역세권 – 신데렐라화장품(서울), 아씨화장품(구미),

재래시장 – 명동화장품(성남), 뷰티화장품(서울)

대학가 – 공주화장품(대구), 화장품의 모든 것(서울)

취재 대상은 여러 경영활동들 중 한 부문 이상에서 우수하다는 평가를 듣는 곳으로 선정하기로 하고 화장품전문점협회와 화장품기업에 추천을 의뢰해 그중에서 정했다. <편집자 주>

고운사

> **상권 : 중심상권**
> 개설년도 : 1988년
> 위치 : 경기도 구리시 수택동 382-23
> 직원 현황 : 6명(피부관리 2, 매장 4)
> 매장 규모 : 약 60㎡ (18평)

경기도 구리시 최고 상권인 구리시장 내에 위치한 고운사는 '고객 중심' 경영으로 20년을 넘게 한자리를 지키고 있는 전통 있는 화장품전문점이다.

화장품전문점의 태동기라고 할 수 있는 1988년 문을 연 고운사는 현재까지 매 시즌 매장 디스플레이를 바꾸고 고객들이 편안하게 제품을 구매할 수 있도록 제품의 기능 설명서를 진열장에 부착한 것이 특징이다.

또한 오랫동안 한 곳에서 영업을 했다는 강점으로 구리시 20만 인구 중 2만명 이상을 고정고객으로 유치, 지속적인 DM 발송과 피부 관리 등의 서비스를 통해 구리시 '명물'로 자리매김했다.

뿐만 아니라 철저한 재고 관리와 카운슬링 강화를 기본으로 고객을 먼저 생각하는 직원 교육에 집중하고 있으며 18평의 작은 규모지만 오픈일부터 현재까지 직원을 6명이나 고용해 고객 서비스에 만전을 기하고 있다.

이러한 노력으로 고운사는 서울 중심 상권이 아님에도 현재 월 평균 1억원 이상의 매출을 올리고 있다. 이는 구리시 화장품 매장 중 최고 매출이다.

1. 매장 디스플레이

구리시장 내에 위치한 고운사 매장에 들어서면 가장 먼저 눈길을 끄는 것은 진열장 곳곳에 붙어 있는 제품 설명이다. 신제품과 기능성 제품에 특징을 하나씩 나열해 테스트 제품 앞에 붙여놓은 것이 인상적이다. 이는 시장상권이란 특성상 제품에 대한 충분한 설명이 필요하다는 판단에서다.

또한 고운사는 여느 전문점과 달리 매장 디스플레이를 매 시즌 새롭게 바꾼다. 이는 고객들이 매 시즌 새로운 느낌을 얻을 수 있게 하기 위해 1988년 오픈 이후 지속적으로 진행되어 온

▲고운사는 시즌마다 디스플레이를 새롭게 바꾸고 있으며, 시장상권에 위치하고 있는 특성상 제품에 대한 충분한 설명이 필요하다는 판단에서 제품 설명서를 부착해 놓고 있다.

전통이다.

봄, 여름, 가을, 겨울 각 시즌에 맞추어 매장의 느낌을 새롭게 함으로써 고정 고객들에게는 신선함을, 신규 고객에게는 깔끔한 이미지를 심어 주고 있다.

잡화 진열장도 별도로 준비되어 있다. 잡화를 구매하는 고객들을 위해 50여 가지의 미용도구 등의 잡화를 한 곳에 진열해 보다 편안한 쇼핑을 유도하고 한 번에 둘러볼 수 있게 했다.

매장 초입에는 색조를, 이후 미용 잡화, 헤어, 기초 순으로 제품이 진열되어 있으며 구매 금액별 사은품은 각 진열장 위와 아래에 함께 디스플레이했다.

2. 직원 관리

장억만 대표는 '고객 우선주의'를 최우선 경영방침으로 꼽는다. 어떤 일이 있어도 직원들이 고객들로부터 클레임을 받아서는 안 된다는 원칙이다.

이러한 원칙은 지난 20년간 지켜져 왔으며, 이제까지 단 한번도 매장 내에서 언성이 높아지지 않았다는 점이 이를 방증하고 있다. 실제로 인근 매장에서 고운사의 고객 서비스에 대해 궁금해 하는 사례도 많다는 것이 장 대표의 설명이다.

**장억만 대표는 전문점시장 활성화를 위해 매장 관리의 3원칙을 제안했다.
▲전문점주 스스로 변화해야 한다 ▲매 시즌 소비자에게 신선함을 줄 수 있는
매장 디스플레이의 변화 ▲고객 중심의 직원 채용이 그것이다**

장 대표에 따르면 이러한 고운사의 고객 서비스의 비밀은 철저한 직원 관리에 있다. 고운사는 첫 오픈부터 직원들을 20대와 40대 이상 주부로 나누어 4명 이상을 고용해 왔다. 피부관리 직원까지 포함하면 6명이다.

18평이란 매장 규모를 생각하면 6명이 많을 수도 있지만 장 회장의 생각은 그렇지 않다. 매장이 잘되거나 못되거나 고객 서비스를 위해서는 늘 풍부한 카운슬링 직원들이 매장을 지키고 있어야 한다는 것이다.

또한 20대 고객과 40대 이상 주부들의 감성과 피부 고민이 다르기 때문에 직원들의 연령대가 다양하게 포진되어 있어야 한다는 것이 장 대표의 설명이다.

물론, 철저한 제품 교육은 기본이다. 판매 직원 스스로가 제품을 확실하게 인지하고 있어야 고객들에게도 좋은 제품을 권해 줄 수 있기 때문이다. 최근처럼 아모레퍼시픽과 LG생활건강 등 대기업들이 직거래로 바꾸며 전문점에 제품 공급을 줄인 상황에서는 보다 확실한 판매 사원의 제품 인지가 필요하다는 것이다.

이러한 장 대표의 경영 마인드는 직원들의 마인드에도 연결되어 20여년간 전통으로 이어져 왔으며 현재 고정고객이 전체 고객 중 90% 이상 되는 성과를 만들 수 있었다.

3. 고객 관리

장 대표의 '고객 우선주의'는 직원 교육과 함께 고객 관리에도 그대로 적용된다.

고운사는 20여년간 한 곳을 지켜 온 전통과 90%에 달하는 고정 고객들의 경쟁력을 바탕으로 매년 2회 행사를 열고 회원 2만명에게 DM을 발송하고 있으며 피부관리 서비스를 제공하고 있다.

고객들이 매장에 직접 방문해 제품 구매를 유도할 수 있도록 매장 방문 이벤트를 진행하고 있으며 VIP 고객들에게는 명절 선물도 제공하고 있다.

이는 20여년간 고운사를 사랑하고 아껴준 고객들에 대한 고마움의 표시인 동시에 고정 고

객을 관리함으로써 지속적인 거래 관계를 유지하고자 하는 복안이다.

이러한 고객 관리에 대해 장 대표는 "최근 브랜드숍이 많이 생기면서 전문점 중 브랜드숍으로 전환하는 경우가 많은데 이들 매장은 여느 브랜드숍보다 매출이 좋다"며 "그 이유는 전문점들은 고객 접점에 대해 노하우를 갖고 있기 때문"이라고 설명했다.

오랫동안 고정 고객을 관리해오면서 터득한 노하우가 매출로 이어지면서 실질적인 매출 신장에 도움을 주고 있다는 것이다.

4. 매장 관리

장 대표는 최근 경기불황과 브랜드숍 확대에 따라 어려움을 겪고 있는 전문점시장 활성화를 위해 매장 관리의 3가지 원칙을 제안했다.

첫째는 전문점 점주 스스로가 변화해야 한다는 것이다. 그에 따르면 최근 전문점이 어렵다고 하지만 이는 과거에 대한 향수일 뿐 정작 스스로 노력하는 점주는 찾기 힘들다. 전문점 점주 스스로가 무엇이 문제인지 정확하게 진단하고 이에 따른 대응을 해야 한다는 주장이다. 본사에서 컨트롤하는 브랜드숍과 달리 전문점은 점주 스스로가 시스템을 만들고 운영해야 하기 때문에 보다 자유스럽게 제품 습득과 고객 응대에 변화를 주도할 수 있다는 설명이다.

특히 장 대표는 최근 전문점들이 변화를 시도하기에는 너무 늦은 것이 아니냐는 의견을 내놓고 있지만 새로운 브랜드숍이 나올 때마다 고객층이 흔들리는 브랜드숍을 생각할 때 전문점의 변화는 절대 늦은 것이 아니라고 강조했다.

둘째는 매장 디스플레이의 변화다. 전문점에 대해 일반 소비자들은 새롭게 생겨나는 브랜드숍에 비해 낙후되었다고 인식하기 쉽다. 때문에 매 시즌 소비자들에게 신선함을 줄 수 있는 디스플레이 변화가 필요하며, 1년에 평균 4회가 적당하다. 새롭지 않으면 결코 성공할 수 없다는 것이 장 대표의 설명이다.

마지막 셋째는 고객 중심의 직원 채용이다. 고객들의 입장에서 제품 구매가 편할 수 있도록 직원들을 채용하고 철저한 제품 교육을 통해 카운슬링을 강화해야 한다는 것이다. 아무리 매장이 어렵고 경기가 침체되어 있다고 해도 인건비를 낮추는 것은 안 된다. 직원들이 매장에서 활기찰 때 고객들도 매장에 들어오고 제품을 구매한다는 것이 그의 설명이다.

이와 관련 장 대표는 "아모레퍼시픽, LG생활건강의 제품만이 좋다는 것은 고정관념이며 이를 변화시키는 것은 판매 직원들의 힘"이라면서 "직원들 스스로가 최고의 제품을 선별해 최고의 제품을 고객들에게 서비스 한다는 생각을 갖는다면 소비자들이 먼저 알 것"이라고 밝혔다.

립스틱타운

◆ 상권 : 중심상권
▶ 개설년도 : 1992년
▶ 위치 : 전북 익산시 영등동 835-1번지
▶ 직원 현황 : 5명 (판매원 4명, 피부관리사 1명)
▶ 매장 규모 : 약 99㎡(30평)

1. 매장 디스플레이

익산을 대표하는 화장품전문점인 립스틱타운은 익산 내에만 3개의 매장을 보유하고 있는 익산의 명물 화장품 매장이다.

그중 본점 격인 영등동에 위치한 립스틱타운은 2면이 오픈된 형태의 중대형 매장이다.

각종 패션브랜드 매장이 위치한 익산의 로데오거리에 있는 만큼 전체적으로 깔끔하고 정돈된 느낌이 인상적이다.

매장 규모는 대략 30평 정도이며 가장 긴 벽면에는 기초제품을 중심으로 역매제품들이 깔끔하게 진열돼 있다.

기초 섹션은 양쪽 모서리부터 중심으로 갈수록 주력 브랜드, 고가 브랜드로 진열되어 있다. 각 섹션별로 매달 그 달의 이슈 제품을 선별해 제품 특징, 사용 방법 등을 간략하게 정리한 안내문을 직접 작성해 적절한 빈 공간을 활용해 부착해 놓고 있다. 이를 통해 소비자들의 이해를 돕고 있는 것이다.

립스틱타운 매장에서 가장 눈여겨 봐야 할 곳은 매장이 위치한 건물 4층의 피부관리실. 일반 가정집처럼 편안하고 아늑한 분위기가 눈에 들어오며 대형 창문을 통해 햇빛이 들어오고 창문 바깥에는 작은 정원까지 구비해 안온한 전경을 제공한다.

익산의 립스틱타운을 경영하고 있는 이우식 사장은 영등동 본점의 립스틱타운 매장을 단순한 화장품 매장이 아니라 여성의 뷰티, 패션과 라이프 스타일 전체를 아우르는 종합 공간으로 육성할 계획을 갖고 있다.

화장품 매장 인근에 위치한 패션 브랜드숍, 곧 입점할 저가 브랜드숍, 속옷 브랜드숍 등을 하나로 통합해 멀티 쇼핑 공간으로 키워나가며 이를 통해 건물 전체를 '여성의, 여성에 의한, 여성을 위한 공간' 으로 만들어나간다는 복안이다.

2. 직원 관리

'직원들의 자율권을 최대한 존중하라!'

이우식 사장의 직원 관리 노하우는 이 한마디로 압축할 수 있다.

익산 지역 내에 총 3개의 매장을 운영 중인 이우식 사장은 각 매장당 월 1회씩의 회의 말고는 일절 매장 운영에 개입하거나 간섭하지 않는다.

▲ 립스틱타운의 등록 고객 수는 약 21만명. 익산 인구가 약 30만명임을 고려하면 고객층이 얼마나 깊고 넓은지 짐작할 수 있다. 등록 고객 중에는 익산 밖에 거주하는 주민들도 많은데, 이는 '모든 고객들에게 끊임없이 베풀고 또 베풀라'는 이우식 사장의 경영철학 위에서 이뤄진 결과이다.

각 매장은 매장별로 총책임자를 정해 이들이 독립적으로 운영해 나가도록 하고 있다. 또한 모든 판매사원들은 제품 선택, 거래처 관리, 고객 관리 등 매장 운영의 상당 부분에 있어 자율성을 보장받는다.

매장 직원들이 스스로 좋은 제품을 찾아서 판매하고, 성실하고 믿을 만한 거래처를 선별하고, 사장이 움직이기 전에 알아서 스스로 단골고객들에 대한 판촉활동을 하는 등 모든 판매사원들이 자발적으로 행동하고 있다.

이는 립스틱타운 내 직원들이 대부분 짧게는 8년, 길게는 20년 이상 근무한 장기 근속 사원들이기 때문에 가능한 일이다.

이처럼 매장 운영에 있어 직원들의 자율성을 최대한 보장하는 만큼 직원 구인에 있어서도 큰 어려움을 겪지 않는다는 게 이우식 사장의 설명이다. 어지간해서는 먼저 그만두지 않고, 설령 한두 직원이 그만두더라도 다른 직원들이 알아서 훌륭한 대체 인력을 찾아서 채용하기 때문이다.

자율성과 함께 판매사원에 대한 대우도 타 매장에 비해 좋은 편으로 급여 또한 평균 대비 20% 이상 높은 편이다.

립스틱타운은 월 1회 갖는 회의 외에는 매장 운영에 이우식 사장이 거의 관여하지 않을 만큼
직원들의 자율권을 존중해 준다. 직원들이 제품 선택, 거래처 관리, 고객관리까지 한다.
물론 대우도 좋다. 이것이 립스틱타운의 직원관리 노하우다.

3. 고객 관리

10년 이상 한 곳에서 영업을 하고 있는 매장인 만큼 립스틱타운은 단골고객들이 많다.

단골고객들의 방문은 실구매로 이어질 확률이 높고 객단가 또한 높은 편이라 많은 매장에서 단골고객 유치에 골몰하는 것은 당연한 이치.

그러나 유통채널의 무한 경쟁, 유통 다각화를 통한 무한 경쟁 시스템 속에서 단골고객을 만드는 것은 결코 쉬운 일이 아니다.

중요한 것은 고객들에게 감동을 주는 것만이 충성도 높은 단골고객을 만드는 가장 확실한 방법이라고 할 수 있다.

립스틱타운은 오랜 시간 동안 단골고객 만들기에 다양한 방법을 구사하고 있고, 그것은 다른 어떤 매장에서도 찾아볼 수 없는 것들이다.

이우식 대표가 고안한 방법은 직영 농장을 통해 재배한 채소를 선물하는 것. 익산 인근에 대형 직영 농장을 운영하고 있는 이우식 대표는 직접 재배한 채소를 수확해 정기적으로 단골고객들에게 선물하고 있다.

타 판촉활동에 비해 비용이 더 들지 않으면서도 효과에 있어서 만큼은 그 어떤 고가의 판촉물과 비교해서도 결코 뒤떨어지지 않는다는 평가다.

실제로 한번 채소 선물을 받은 고객들은 절대 다른 매장으로 빠져나가지 않고 꾸준히 립스틱타운을 찾고 있다는 설명이다.

립스틱타운의 모든 판매직원들은 오전에 출근한 후 가장 먼저 하는일이 있다. 전날 자신이 판매한 고객들을 대상으로 일일이 전화를 걸어 제품에 대한 느낌을 묻고 궁금한 점은 없는지, 혹시 불편한 점은 없는지를 묻는, 일종의 애프터서비스를 실시하고 있다. 주 고객층이 30대 이상의 중장년층인 만큼 화장품에 관한 정보를 취득하는 데 어려움을 겪는다는 걸 감안한 차별화된 고객 서비스 활동이다.

현재 익산 립스틱타운에 등록된 고객 수는 대략 21만명 정도.

익산시 인구가 대략 30만명 정도임을 감안하면 등록 고객수가 얼마만큼 많은지 짐작할 수 있다.

실제로 립스틱타운 고객 중 상당수는 익산이 아니라 타 지역 고객이 차지하고 있다. 이는 '모든 고객들에게 끊임없이 베

▲립스틱타운은 이우식 사장의 직영농장에서 재배한 농산물 선물, 자체 택시 광고, 자제 제작 화장품 홍보 책자 배포 등 다양한 홍보 활동을 전개, 매장을 알리고 단골고객을 확보하기 위한 노력을 한시도 게을리하지 않는다.

풀고 또 베풀어라' 는 이우식 사장의 경영철학이 있었기 때문에 가능했다.

4. 매장 관리

립스틱타운은 일반 화장품전문점으로서는 보기 드물게 택시에 자체 광고를 진행하고 있다. 비용 부담이 적지 않은 편이지만 매장을 알리고 고객의 신뢰도를 높이는 데 무엇보다 주력하는 립스틱타운만의 차별화된 전략이라고 할 수 있다.

급속도로 발전하고 있는 상권이지만 아직까지는 고객들의 입소문과 매장 인지도가 매출에 큰 영향을 미치는 만큼 그 어떤 것보다 립스틱타운만의 차별화된 이미지 만들기가 중요하다는 것이 이우식 사장의 설명이다.

또한 한 매장이 아니라 익산 시내에만 총 3개의 매장을 운영하고 있는 만큼 각 매장을 하나로 묶을 수 있는 공통점을 알리는 한편 익산 지역을 대표하는 화장품전문점이라는 것을 알리기 위한 홍보 수단이다.

이와 함께 매장에서 직접 화장품 관련 홍보책자를 제작해 고객들에게 무료로 배포하는 등 고객들에게도 끊임없이 립스틱타운만의 차별성과 우수성을 알리는 데 주력하고 있다.

VIP코스메틱

상권 : 중심상권
- 개설년도 : 1997년
- 위치 : 강원도 강릉시 금학동 36-2
- 직원 현황 : 사장 외 5명
- 매장 규모 : 약 83㎡(25평)

1. 매장 디스플레이

강릉의 중심상권인 금학동에 위치한 VIP코스메틱은 고급스럽게 꾸며진 화장품전문점 매장의 전형이다.

먼저 매장 외형을 보면 간판과 디스플레이 전부를 블랙을 중심으로 통일성 있고 안정감 있게 꾸며 깔끔하면서도 고급스러움을 추구하고 있다. 특히 전체 상호를 골드로 통일시켜 격조있고 고급스러운 분위기를 연출하고 있으며 매장 외부로 나와 있는 기본 매대 하나하나까지도 모두 통일성을 주고 있다.

매장 안쪽은 전체적으로 아늑하면서도 편안한 분위기가 돋보인다.

주목할 점은 디스플레이 공간이 일반적으로 제조사나 판매사가 제공하는 디스플레이 장이 아니라 직접 제작한 디스플레이 장이라는 것.

또한 디스플레이 공간에 일체의 광고사진이나 광고문구를 붙이지 않아 간결하면서도 깔끔함을 강조하고 있다.

일반적인 전문점에서 쉽게 볼 수 있는, 가능한 많은 제품을 한꺼번에 진열하는 제품 나열에서 벗어나 시즌별 히트 상품, 주력 상품만을 선별해 최대한 깔끔하고 감각있게 진열하는 것은 VIP코스메틱만이 갖고 있는 매장 디스플레이의 가장 중요한 특징 중 하나다.

타 매장과 비교해 매장 운영에 있어 가장 신경을 쓰는 부분이 바로 인테리어라고 손꼽을 만큼 VIP코스메틱은 매장 디스플레이와 인테리어에 상당한 공을 들인다.

실제로 직접 본 매장은 서울 시내의 주요 상권에 위치한 중대형 매장에 못지않은 고급스러움과 깔끔함이 돋보이는 매장이다.

모든 공간을 효율적으로 활용해 잉여 공간을 전혀 찾아볼 수 없으며 각각의 제품 디스플레이 공간은 제품의 특징별로 잘 구분돼 운용되고 있다.

또한 제품 디스플레이는 웬만한 백화점을 능가할 정도의 고급스러움이 돋보이며 조명 또한 제품을 돋보이는 방식으로 잘 활용되고 있다.

이와 함께 계절별로 대대적인 리뉴얼 작업을 통해 매장 디스플레이의 변화를 꾀하고 있으며 조명 또한 계절

▲ VIP코스메틱은 격조있고 고급스러우며 효율적인 인테리어와 디스플레이가 돋보인다.

별로 각기 다른 방식으로 활용하는 등 지금까지 봤던 그 어떤 전문점보다 가장 돋보이는 방식으로 매장 디스플레이를 운영하고 있는 매장이다.

2. 직원 관리

VIP코스메틱은 매장 규모나 매출에 비해 많은 수의 직원을 보유하고 있다.

일반적으로 30평이 안 되는 매장들이 2~3명의 직원을 두는 것과 비교해 볼 때 5명의 직원을 보유하고 있는 것.

이는 직원들의 복지를 중요하게 생각하며 편안한 근무환경의 중요성을 일찌감치 파악한 박민호 사장의 경영철학이 있었기 때문에 가능했다.

실제로 이 매장의 오픈시간은 오전 9시 30분이지만 휴무 다음날엔 12시까지 출근을 하게 하는 등 박대표는 여러가지 면에서 직원들의 편의를 제공하고 있다.

그런 이유에선지 VIP코스메틱 판매사원들의 이직률은 타 매장에 비해 매우 낮은 편이다.

직원 간의 융화를 중요시하면서 화합과 단결을 매장 경영철학 중 가장 상위점에 놓을 만큼 VIP코스메틱 직원관리에는 아주 특별한 것이 있다.

많은 전문점에서 당연하게 생각하는 직원 판매 인센티브가 이 매장에선 찾아볼 수 없다. 직원 판매 인센티브가 단기적인 매출 증대에는 도움이 될 수 있지만 장기적인 관점에선 직원 간의 불화나 트러블을 야기할 수 있으며, 더 나아가 직원 간의 감정 대립으로까지 이어질 수 있

VIP코스메틱은 상호 그대로 VIP 고객을 위한 다양한 판촉 활동을 전개하고 있다. 계절별로 우수 고객을 초청해 뷰티클래스를 여는가 하면 매월 메이크업쇼도 개최한다. 이런 노력의 결과, 단골고객은 적지만 객단가는 매우 높다.

어 과감히 폐지했다는 설명이다.

대신 자율적 판매를 유도해 스스로가 먼저 고객에게 다가서는 카운슬링을 유지하고 있으며, 그 결과 더 많은 고객들의 호응을 끌어내 매출 면에서 더 좋은 결과를 낳고 있다.

판매사원을 어떻게 관리하느냐에 따라서 가장 훌륭한 홍보수단이 될 수도, 최악의 악플러가 될 수도 있다고 밝힌 박민호 사장은 직원관리의 핵심은 진심으로 대하는 것이라고 밝힌다.

진심으로 그 사람의 마음을 사기 위해 끊임없이 노력하지 않으면 결코 좋은 판매사원을 잡을 수도, 키울 수도 없다는 설명이다.

그런 이유에선지 이 매장의 판매사원들은 서로가 서로에게 가장 중요한 친구이자 카운슬러, 조언자로 자리매김한 지 오래.

3. 제품 관리

지방에 위치한 많은 수의 매장에서 제품을 판매하는 데 있어 가장 저지르기 쉬운 실수는 단순히 싼 제품만 권하거나 이름도, 제품력도 떨어지는 제품을 단지 마진이 좋다는 이유만으로 권매, 더 나아가 강매를 하는 것이다.

이런 판매 방법은 단기적으로는 매출을 높일 수 있지만 결국엔 소비자들의 불신을 사 도태되기 십상이다.

그런 점에서 VIP코스메틱은 매장을 찾는 고객들에게 100%의 신뢰를 사고 있다.

이 매장의 취급 제품들은 결코 쉽게 바뀌지 않으며 한번 선택한 브랜드는 오랜 세월에 거쳐 매장에서 판매되고 있다.

기초제품의 경우 피부관리가 가능한, 역사와 전통이 있는 중고가 브랜드를 중심으로 판매하고 있으며, 색조제품 또한 제품력이 뛰어난 수입브랜드를 중심으로 판매하고 있다.

초기엔 취급 제품들의 가격대가 다소 높은 편이라 판매에 어려움을 겪었지만 단지 가격이 비싼 제품이 아니라 우수한 품질력을 보유한 제품들이라 고객들의 만족도가 매우 높아 재구매율이 매우 높다는 설명이다.

또한 매장 자체의 신뢰도도 높아 'VIP에서 추천하는 제품들은 뭐가 달라도 다르다' 는 믿음을 심어주는 데 성공했다.

실제로 단골 고객의 상당수가 타 매장에서 추천하는 제품에 만족하지 못해 지인들의 추천을 통해 찾는 고객이 차지하고 있다.

4. 판매 노하우

지역 특성상 강릉의 고객들은 상당히 보수적이라는 게 VIP코스메틱 판매자들의 설명이다.

쉽게 자신이 쓰는 브랜드를 바꾸지도 않으며, 한번 선택한 브랜드는 꾸준히 재구매하고 가격이 다소 비싸도 좋은 품질의 제품에는 과감히 투자할 줄 안다고 한다.

또한 자신이 직접 제품을 선택하기보다는 카운슬링을 통해 제품을 구매하는 것을 매우 중요하게 생각해 그 어느 지역보다 카운슬링이 차지하는 비중이 높다고 할 수 있다.

VIP코스메틱은 'VIP' 라는 말 그대로 VIP 고객들을 위한 다양한 판촉활동을 펼치고 있다.

가장 돋보이는 판촉활동은 매장 자체적으로 우수 고객들을 초청해 직접 메이크업 트렌드를 선보이는 시간을 갖는 것. 계절별로 진행하고 있으며 하루에 두 번, 각각 15명 정도되는 우수 고객들을 초청해 유행 아이템, 색조 트렌드를 선보이는 뷰티클래스를 자체적으로 갖고 있다.

이와 별도로 매월 메이크업 트렌드를 발표하는 메이크업쇼 또한 진행하고 있다.

이와 함께 뷰티책자, 상품권, 샘플 파우치, 자필 편지 등을 한 패키지로 묶어 매달 5백명에게 직접 제작한 DM을 발송하고 있다

또한 5천원 상품권 문구를 담은 문자 발송을 6개월에 한번씩 실시하고 있다.

이런 다양한 고객 판촉활동 때문인지 VIP코스메틱은 단골고객 수는 비록 타 매장에 비해 적은 편이지만 객단가는 매우 높은 편이며 한번 방문에 1백만원 이상 구매하는 고객의 수도 매우 높은 편이다.

삼호화장품

1. 매장 디스플레이

부산 롯데백화점 본점 지하상가에 위치한 부산 삼호화장품은 롯데백화점 지하 입구에 있다는 위치 특성 때문에 백화점 고객이 많다.

백화점 화장품 브랜드 매장과 경쟁을 해야 하기 때문에 매장 디스플레이에서부터 각별히 신경을 쓰고 있다.

삼호화장품의 디스플레이 원칙은 '모든 제품은 있어야 할 곳에 반듯하게 위치한다'이다. 아주 작은 소품 하나하나까지도 모두 진열대에 진열이 돼 있으며, 각 제품 카테고리별로 매장 구분도 명확히 분류돼 있다.

특히 저가의 보디&헤어제품 하나하나도 모두 별도의 진열대를 마련해 각 품목별로 1개의 제품만을 선별해 진열을 하고 있으며 제품의 청결도 또한 매우 높은 편이다.

매장 외부엔 유동인구층이 많은 상권 특성상 미끼상품을 대대적으로 비치해 매장으로의 유입을 유도하고 있으며 별도의 디스플레이 존을 마련, 유동인구층의 눈을 자극하고 있다.

또한 모든 고객들이 편안히 앉아서 쇼핑을 할 수 있도록 고객용 의자를 다수 비치해 고객 편의를 제공하고 있으며 매장 입구에 네일관리 코너를 마련해 고객들의 휴식공간 차원에서 서비스를 제공하고 있다.

2. 고객 관리

부산의 대표적인 상권, 그리고 백화점 지하매장이라는 두 개의 상권 특징이 공존하는 곳인 만큼 유동인구층이 많고 매장 입점 고객수도 높은 편이다.

일 내방객 수는 약 6백명이며 그 중 3분의 1이 넘는 2백50명이 실구매자다.

등록된 고객 수 또한 30만명(실고객은 약 3만명 정도)일 정도로 고객의 수가 타 매장에 비

▲ 위치상 백화점 화장품 브랜드 매장과 경쟁하고 많은 유동인구에 소구해야 하기 때문에 디스플레이에 각별히 신경을 쓰고 있다.

해 월등히 높은 편이다.

화장품 전문점에서는 보기 드물게 삼호화장품은 홈페이지(www.ilovesamho.com)를 운영하고 있다.

덕분에 온-오프라인을 연계한 고객 서비스가 가능하다는 점이 특징이며 강점이다. 홈페이지와 연계해 생일과 결혼기념일 등 특별한 날에는 이메일과 문자, 사은품 자동발송 서비스를 진행하며 매장에서 고객이 없는 시간을 틈타 직원들이 직접 컴퓨터와 전화 등을 통해 고객관리를 진행한다.

특히 VIP 고객들의 경우 수시로 문자를 전송해 주며 매장에 비치된 노트북을 통해 전송하고 있다.

또한 예약문자 전송 문구를 수시로 바꿔 식상함을 덜어주기 위해 노력하는 점은 아주 사소한 것까지도 고객의 입장에서 생각하는 삼호화장품만의 차별화된 고객관리 서비스를 보여주는 대목이라고 할 수 있다.

이와 함께 고객과의 통화 때도 "시간 있으시면 마사지 예약을 잡으려고 하는데 통화 괜찮으세요" 라고 하며 통화를 유도한다. 단순한 안부전화, 판매 독촉 전화가 아니라 고객에게 무언가를 제공하려는 목적으로 전화를 했기 때문에 실제로 통화 성공률도 매우 높은 편이라고 한다.

또한 네일 서비스를 무료로 실시하는 것도 돋보이는 고객 서비스의 일환이라고 할 수 있다.

네일 서비스는 그야말로 서비스 차원에서 진행하는 것이며 실제로 서비스 제공 시간 30분 동안 고객이 원하는 카운슬링을 해주며 실질적인 도움이 될 수 있는 피부관리 노하우, 팁 등을 상세한 설명과 함께 제공하고 있다.

이때 제품 판매와 관련한 언급은 일체 하지 않으며 카운슬링 중심으로 유도하고 있다.

네일 서비스와 함께 두피관리 및 피부 마사지 서비스도 지속적으로 제공하고 있다.

3. 직원 관리

삼호화장품의 직원 관리의 핵심은 '돈을 벌 수 있는 동기를 부여해 주는 것'이라고 할 수 있다.

그야말로 제품 판매와 고객 관리에만 집중할 수 있도록 모든 지원을 아끼지 않는 삼호화장품은 실제로 판매원들이 제품 판매와 고객 관리에만 신경쓸 수 있도록 매장 청소도 전담 직원을 통해 하고 있다. 판매사원들은 각자가 맡은 진열장 정리정돈만 진행하며 나머지 부분의 청소는 일체 하지 않는다는 것.

또한 직원 급여는 근무연수에 상관없이 똑같이 제공하고 있다. 대신 인센티브를 부여해 판매동기를 높여주고 있다. 기준은 주력제품에 대한 판매 인센티브, 총 판매한 제품에 대한 인센티브, 고객관리 인센티브 등을 진행 중이다.

이 중 고객관리 인센티브는 고객과의 통화시 고객관리 수당을 점수화해 일정 기준점 이상이 되면 일정 금액을 지급해 판매사원들의 동기를 부여하고 있다.

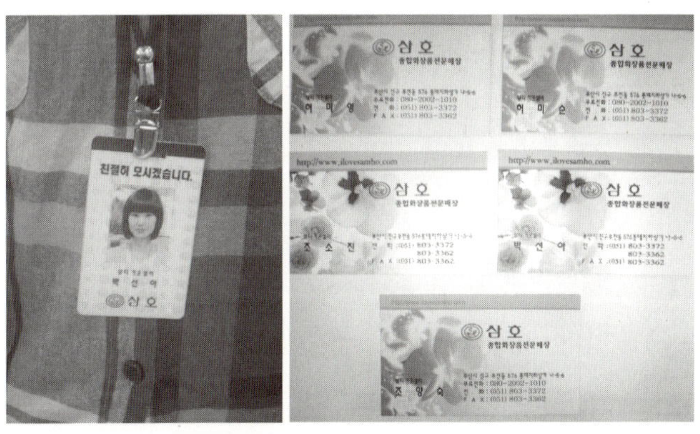

▲ 고객관리와 제품 판매에 집중할 수 있는 시스템을 운영하고 동기 부여를 확실하게 하는 것이 삼호화장품의 직원관리의 핵심이다.

모든 고객은 직원별 관리제를 통해 철저히 관리하고 있으며 모든 직원은 각자의 고객을 개별적으로 관리하고 있다. 이를 철저히 진행하기 위해 직원 명함을 별도로 제작해 활용하고 있으며, 매장 안에서는 직원증 착용을 의무화하고 있다.

직원 간의 형평성을 유지하기 위한 노력도 게을리하지 않고 있다. 이를 위해 막내건 고참이건 근무 위치를 매일매일 교체하고 있다. 이는 신입직원, 경력이 짧은 직원들이 객단가가 낮고 마진이 얼마 없는 색조나 보디제품 판매에만 투입돼 판매사원들의 불만을 사는 것을 막기 위한 방안 중 하나.

대신 삼호화장품만의 높임 판매, 붙임 판매를 활성화해 객단가를 높이는 데 주력하고 있다. 여기서 높임 판매란 저가 네일제품을 찾는 고객에게 고가의 기초제품을 권해서 구매를 유도하는 것이며, 붙임 판매란 헤어 스프레이를 찾는 고객에게 고가의 모발 보호에센스를 권해서 같이 묶어 판매하는 것을 뜻한다. 이는 객단가를 높이는 것뿐만 아니라 직원들의 동기 부여에도 큰 도움을 주고 있다는 설명이다.

신입직원 교육에도 주력하고 있으며, 신입직원의 경우 3개월간의 수습기간을 두고 테스트 후 현장에 배치하는 시스템을 운용 중이다.

또한 직원들의 자율성과 판매 의지를 높이기 위해 매일 3분 스피치 시간을 갖고 있다. 이 시간은 모든 직원이 돌아가면서 특정한 주제에 대해 발표하도록 하고 있으며, 각 직원들이 직접 현장에서 느낀 고객관리법, 제품 판매 요령, 건의 사항 등을 자율적인 분위기에서 발표하도록 하고 있다.

4. 경영 노하우

한 때 화장품 전문점만의 홈페이지가 급속도로 늘어나 너도나도 홈페이지를 제작했던 시기가 있었으나 지금은 흔적조차 찾아보기 힘든 게 사실이다.

그러나 삼호화장품은 매우 효율적인 방법을 통해 홈페이지 운영에 주력하고 있으며, 실제로 고객과의 창구 역할을 톡톡히 하고 있다.

고객자유게시판을 통해 고객과의 소통을 게을리하지 않고 있으며, 홈페이지만을 위한 이벤트를 지속적으로 펼쳐 판매에 활용하고 있다. 또 온라인 회원을 매장으로 유인하기 위한 다양한 서비스도 활발히 진행하고 있다.

제휴마케팅 또한 적극적으로 활용하고 있다. 최근에는 부산 국악원 단원 전원에게 상품권을 제공하고 차후에 국악원에 청구하는 제휴 마케팅을 진행하고 있다. 이들에게는 VIP 상당의 서비스 제공과 대용량 샘플 등을 증정하고 있다.

퀸화장품

> ◆ **상권 : 중심상권**
> ◆ 개설년도 : 1983년
> ◆ 위치 : 충북 청주시 상당구 남문로 2가 59번지
> ◆ 직원 현황 : 사장 외 6명(판매원 3명, 피부관리사 3명)
> ◆ 매장 규모 : 약 76㎡(23평)

1. 매장 디스플레이

청주의 중심상권인 남문로에 위치한 퀸화장품은 1983년에 설립된, 그야말로 화장품전문점 역사의 산증인이라고 할 수 있다.

오랜 시간 동안 청주의 중심상권을 대표하는 화장품전문점으로 손꼽히는 만큼 매장 운영 전반에 걸쳐 만만찮은 전통과 노하우를 보유하고 있는 매장이라고 할 수 있다.

매장 디스플레이에 있어서도 예외가 아니다.

퀸화장품은 입구가 좁고 매장 안쪽이 넓은, 디스플레이에 있어서 상당히 불리한 매장 형태를 띄고 있다.

이를 극복하기 위해 다양한 방법을 통해 최대한의 디스플레이 효과를 보고 있다.

매장 디스플레이에 있어 가장 눈에 띄는 것은 이벤트 존을 별도로 운영하는 것. 매월 하나의 이슈를 정하고, 그에 맞는 디스플레이 공간을 마련하고 관련 제품을 디스플레이 해 고객들의 눈길을 끄는 공간을 10년 넘게 운영해 오고 있다.

실제로 취재가 진행된 날(2009년 4월 6일)에는 데오도란트 제품을 부각시키기 위한 별도 공간을 마련해 이벤트를 펼치고 있었다. 특히 단순한 제품 디스플레이에 그치지 않고 이벤트 관련 제품 판매를 높이기 위한 판매 전략까지 시기별로 잘 운영해 오고 있어 매장 디스플레이를 실제 매출 증대로 이어가고 있다.

매장 입구에서부터 메인 공간이 긴 복도식 구조인 관계로 전체적으로 고객의 동선을 안쪽으로 끌어들이기 위한 동선 활용을 치밀하게 관리하고 있다는 것이 김창헌 사장의 설명.

좁고 긴 복도식 공간에는 향수와 저가 보디&헤어제품을 대거 비치해 매장 유입을 유도하고 있으며 매장 안쪽에는 기초제품과 중고가의 색조제품을 디스플레이하고 있다.

매장 입구를 중심으로 정면과 오른 쪽에는 역매 제품을 중심으로 기초제품들을 섹션화시켜

서 비치하고 있으며 왼쪽과 뒷쪽에는 기타 제품이 구비돼 있다.

모든 제품에 테스터를 구비해 고객들이 자유롭게 사용할 수 있도록 배려하고 있으며 각 브랜드별로 특장점과 주요 성분들을 알기 쉽게 적은 안내문을 직접 제작해 전시대 곳곳에 부착해 고객들의 이해를 돕고 있다.

2. 제품 관리

퀸화장품은 매장 규모와 청주 내 대표상권, 그것도 유동인구가 가장 많은 성안길에 위치한 매장이라는 점을 감안하면 취

▲ 퀸화장품은 입구가 좁고 안쪽이 넓은 매장 형태를 극복하기 위해 다양한 디스플레이 방법을 활용하고 있다

급 제품 수와 브랜드 수가 그리 많지 않은 편이다.

특히 기초제품의 경우 주력제품이라고 할 만한 6개의 브랜드가 전체 매출에서 차지하는 비중이 매우 높은 편이다.

이에 대해 김창헌 대표는 '선택과 집중'을 통해 제품 관리의 효율성을 높인 결과라고 설명한다.

주력 판매 제품의 경우 국내 브랜드에서 1개, 해외 브랜드에서 1개를 선정해 지속적으로 카운슬링을 통해 판매하고 있으며, 오랜 시간 동안 고객들에게 판매할 수 있는 품질과 영업 노하우가 검증된 업체만을 선별해 취급하고 있다.

이런 신중한 제품 관리 덕분인지 퀸화장품의 많은 고객들은 백화점 브랜드 이상의 판매가에도 불구하고 고가의 화장품에 대한 구매율이 높다.

퀸화장품에서 추천하는 제품들은 다소 비싸긴 해

▲ 매달 이슈를 정하고 관련 제품을 디스플레이 하는 '이벤트 존'을 운영하며 매출 증대를 꾀하고 있다.

도 그만큼 품질이 우수한 제품이라는 인식이 일찌감치 자리매김했기 때문이다.

실제로 몇몇 고객들은 백화점과 방문판매를 통해 제품을 구매하다가도 만족스럽지 못해 다시 매장을 찾는 경우도 있다고 한다.

물론 이렇게 다시 퀸화장품 매장을 찾을 경우 그 고객은 그 누구보다 우수 고객이 된다.

3. 고객관리

20년 넘게 한 자리에서 매장 운영을 해 온 퀸화장품은 그 오랜 역사만큼이나 20년 넘게 다닌 고객들이 다수를 차지할 정도로 고객관리에 있어 타의 추종을 불허한다.

다른 매장에선 쉽게 찾아볼 수 없는, 퀸화장품만의 고객관리 노하우 중 하나는 생일을 맞은 고객들에 대한 세심한 배려. 직접 고른 미역과 선물, 그리고 자필 편지를 생일을 맞은 고객들에게 일일이 보내는 고객 감동 서비스는 퀸화장품만의 자랑 중 하나이다.

실제로 선물을 받고 난 후 '남편에게도 받아보지 못한 좋은 선물을 화장품 가게에서 보내주다니 놀랍다, 남편보다 낫다', '한 동안 너무 멀어서 집 근처 매장에서 구매했는데, 앞으로는 좀 멀더라도 퀸화장품에서만 구매해야겠다' 는 등 많은 고객들의 폭발적인 반응을 얻고 있다.

이와 함께 월 1회씩 생일을 맞은 고객들에게 발송하는 쿠폰도 적극 활용하고 있다.

청주 중심상권에 위치한 매장임에도 불구하고 단골고객들의 비중이 높은 것은 이처럼 치밀하고 체계적인 고객 밀착 관리가 있었기 때문에 가능한 것.

앞서 설명한 생일 선물과 쿠폰 발송, 문자 전송 서비스와 함께 퀸화장품만의 독특한 고객 서비스 중 하나는 무료 택배 발송 서비스. 워낙 오래 다닌 고객들이 많아서 고객들이 어떤 제품을 선호하고 고객들의 피부에 어떤 제품이 맞을 것인지 잘 알기 때문에 고객들이 믿고 제품을 구매하면 굳이 매장에 나오지 않아도 제품을 무료로 택배를 통해 집에 발송해주는 서비스를 진행하고 있다.

또한 함께 운영하고 있는 피부관리실과 연계해 일정 금액 이상 구매 시 무료로 피부관리 기회를 제공하는 서비스도 적극 활용하고 있다.

특히 퀸화장품의 피부관리실은 웬만한 전문 피부관리실을 능가하는 전문성과 규모로 청주지역에선 유명세를 일찌감치 타고 있기도 하다.

4. 판매 노하우

오랜 역사와 전통을 자랑하는 매장들은 취급 품목이나 제품이 다를지라도 한 가지 공통적인 원칙이 있다.

바로 고객의 확고한 신뢰를 받고 있다는 것.

20년 넘게 청주 지역의 대표적인 화장품전문점으로 불리고 있는 퀸화장품 또한 가장 중요한 판매 노하우를 묻는 질문에 '고객의 신뢰를 얻는 것'이라고 밝혔다.

지역을 대표하는 상권에 위치했으며 유동인구가 많은 곳에 자리잡은 매장이지만 퀸화장품이 단골 고객들의 판매 비중이 높은 것은 오랜 시간 동안 공들여 고객의 믿음을 사는 데 성공했고 그 믿음을 유지하고 넓혀나가기 위해 끊임없이 노력하고 있기 때문이다.

"고객들에게 끊임없이 베풀고 고객 중심으로 생각하고 고객들의 편의와 아름다움을 위해 끊임없이 노력하고 시도하는 것만이 지금과 같은 불경기에 살아남을 수 있는 유일한 방법이다"라는 것이 김창헌 대표의 설명이다.

바로 이런 무한 고객 신뢰가 있었기 때문에 같은 상권 내의 인근 매장들이 시판시장 축소로 인한 어려움을 이기지 못하고 포기했을 때 퀸화장품만은 20년 넘게 한 곳에서 뚝심 있고 묵직하게 자리를 지켜낼 수 있었다.

신데렐라화장품

◆ 상권 : 역세권
◆ 개설년도 : 1995년
◆ 위치 : 서울 중랑구 중화2동 208-23
◆ 직원 현황 : 사장 외 4명
◆ 매장 규모 : 약 60㎡(18평)

1. 매장 디스플레이

서울 강북지역의 새로운 상권으로 부각하고 있는 중화역 인근에 위치한 신데렐라화장품은 얼핏 보기엔 지극히 평범한 화장품 전문 매장이다.

그러나 그 속에는 체계화된 구성과 차별화된 디스플레이가 돋보이는 매장이다.

이 매장 디스플레이에 있어 가장 눈에 띄는 점은 일반 화장품전문점에서는 쉽게 찾아볼 수 없는 '남성 전용 섹션'을 마련했다는 점.

지하철역 인근에 위치하면서 동시에 재래시장 인근에 위치해 있다는 상권 특성상 남성제품을 찾는 고객들의 비중이 타 매장에 비해 매우 높아 남성제품 전용 공간을 구비해놓고 다양한 제품을 디스플레이하고 있다.

또한 향수 디스플레이 공간도 타 매장에 비해 넓은 편이며 제품 수도 월등히 높은 편.

기초제품을 구매하기 위해 방문하는 고객들이 자연스레 구경을 하면서 제품도 접해보고 구매로 이어지는 경우가 높아 매출 증대에도 큰 효과를 보고 있다는 설명이다.

전체적으로 신데렐라화장품은 섹션화된 구성이 눈에 띈다.

각 브랜드별로 디스플레이 공간을 차별화했으며, 한 브랜드 내에서도 가격대, 사용 연령대별로 구분해 제품을 진열한 것이 돋보인다.

20대가 주로 찾는 중저가 제품의 디스플레이 공간은 발랄하고 다소 화려하게 꾸며 시선을 끌게 만든다.

반면 30대 이후의 고객층을 공략하는 고가의 기초제품은 연령대에 맞게 제품 설명을 별도로 큰 글씨로 적어놓고 심플하고 세련되게 진열해놓는 등 전문가 수준의 디스플레이 공간을 자랑한다.

전체적으로 매장을 화이트 톤으로 구성해 눈에 띄게 했으며, 조명 또한 환하게 해 정돈되면

▲ 신데렐라화장품은 섹션화된 구성이 특징의 하나다. 브랜드별로, 또 같은 브랜드 내에서 가격대별 · 사용 연령층별로 공간을 차별화하고 있다.

서도 눈에 띄는 매장 인테리어로 통일했다.

3면의 벽면에 따라 기초제품을 중심으로 물 흐르듯이 자연스럽게 배치해 놓는 한편 매장 입구 정 가운데에 저가의 보디제품을 구비하고 있다.

색조제품의 경우 각 브랜드별로 독립된 형태로 구성됐으며, 매장 바깥에는 이른바 미끼 상품들인 저가 제품과 미용소품이 위치하고 있다.

2. 직원 관리

신데렐라 화장품 판매사원들과 인터뷰하다가 매우 특이한 점을 발견했다.

총 4명의 판매사원들이 전부 사장보다 나이가 많다는 점.

사장보다 나이가 많은 판매사원, 그것도 전부 여성들이기 때문에 많은 갈등과 트러블이 있을 것 같지만 실제로 신데렐라화장품 판매사원들은 5년 이상 근속한 직원이 대부분일 정도로 매장 내 판매사원 변동이 거의 없는 매장으로 유명하다.

이는 직원관리에 있어 몇 가지 철칙을 가시고 일관성 있게 내하는 신데렐라화상품의 배순기 대표의 경영방침이 있었기 때문에 가능한 것.

첫 번째는 상호 존칭을 절대적으로 고수하는 것.

여성들만의 직장이고 한 직장에서 오래 근무하기 때문에 자칫 공과 사가 불분명해질 수 있다는 점을 막기 위한 배 대표의 방지책이다. 또한 자신보다 나이 많은 판매사원을 존중해주는 사장의 배려이자 예의 바른 근무환경 조성을 위한 나름의 철칙이라는 설명이다.

두 번째는 개인적 사생활 이야기를 금하는 것.

짧게는 8시간 길게는 10시간 넘게 좁은 매장에서 부대끼면서 근무해야 되기 때문에 대부분의 화장품 매장 판매사원들은 격이 없고 허물없는 친구가 되기 십상이다. 이는 편안한 근무환경에는 도움이 될지 몰라도 직장이라면 당연히 존재해야 하는 근무체계나 시스템 형성에는 전혀 도움이 되지 않는 다는 게 배 대표의 주장이다.

자신의 사생활을 지나치게 공개할 경우 이상한 말이 돌기 마련이며, 더 넓게는 고객 응대나 판매에도 악영향을 미칠 수 있어 개인적 사생활에 대한 말은 되도록 삼가라고 늘 시간이 날 때마다 강조하고 있다.

세 번째는 자기 PR 을 하지 않는다는 것.

이는 앞서 설명한 사생활 이야기 금지와 연결되는 항목으로 지나친 자기 자랑, 혹은 판매 실적을 자랑하는 것은 득보다 실이 많다는 설명이다. 즉, 상호간에 지나친 경쟁, 질타와 시기를 조장할 수 있어 금지하고 있다.

'서로서로 존중하되 공과 사를 엄격히 구분해 확실한 관계를 유지하는 것', 이것이 오랜 시간 동안 성공적으로 이어오고 있는 신데렐라화장품만의 직원관리 노하우의 기본이라고 할 수 있다.

3. 고객 관리

신데렐라화장품에서 물건을 구매하게 된다면, 그리고 그 금액이 5만원이 넘는다면 바로 피부관리 서비스를 신청해보라.

신데렐라화장품은 전문점 내 피부관리 서비스가 일반화되기 훨씬 이전부터 피부관리 서비스를 해오고 있으며 최근엔 독립적인 피부관리실을 운영하면서 고객 서비스 활동의 일환으로 적극 활용하고 있다.

특히 5만원 이상 구매 고객이라면 누구나 피부관리 서비스를 신청해 받을 수 있으며, 구매

> **신데렐라화장품은 남보다 훨씬 앞서 피부관리 서비스를 시작했고,
> 10년 넘게 꾸준히 경품행사를 진행해 매출 증대로 연결시키고 있다.
> 또 서로 존중하고 공과 사를 엄격히 구분함으로써 직원관리에 성공하고 있다.**

금액의 최대 5%를 피부관리 서비스 마일리지로 적립해줘 누구나 손쉽게 전문적인 피부관리 서비스를 받을 수 있다.

주 고객층이 40대 이상의 중장년 여성인 만큼 신데렐라화장품에는 단지 화장품을 파는 공간 그 이상의 곳으로 단골고객들에게 자리잡힌 지 오래.

단골고객들의 사랑방 역할로서의 전문점은 쉽게 찾아볼 수 있지만 신데렐라화장품은 그 이상의 서비스를 제공한다.

각 고객별로 차별화된 카운슬링과 접객 태도는 신데렐라화장품만의 강점 중 하나.

역세권과 재래시장 상권이라는 복합상권의 특성상 다양한 특징을 갖는 고객들이 방문하는 만큼 이처럼 차별화된 카운슬링은 매우 중요한 마케팅 활동 중 하나라고 할 수 있다.

4. 판매 노하우

지하철역 인근 매장이라는 특성상 신규 고객들이 꾸준히 늘어나고 있지만 상권의 규모가 지속적으로 늘어나는 만큼 고객 수를 꾸준히 늘려야 하는 관계로 신데렐라화장품은 다양한 고객 유인 마케팅 활동을 펼치고 있다.

지하철역을 이용하는 고객들이 쉽게 찾아올 수 있도록 현수막을 별도로 제작해 매장 외부에 배치하는 한편 매장 입구에 다양한 종류의 미끼 상품을 구비해 누구나 손쉽게 매장에 들어올 수 있게 배려하고 있다.

가장 주목할 점은 경품 행사를 10년 넘게 진행하고 있는 것.

많은 전문점들이 판매 증진, 신규 고객 확보 등의 이유로 다양한 종류의 경품 행사를 진행하고 있지만 일시적인 이벤트에 그쳐 실질적인 매출로 이어지는 데는 큰 도움이 되지 못하고 있다.

그러나 신데렐라화장품의 경우 10년 넘게 경품 행사를 진행하고 있어 단골 고객들 사이에선 이미 연중행사로 자리잡고 있다.

이런 이유로 경품 이벤트가 실질적으로 매출 증대에 큰 도움이 되고 있다고 한다.

아씨화장품

◈ **상권 : 역세권**

◈ 개설년도 : 1987년

◈ 위치 : 경북 구미시 원평2동 106-9

◈ 직원 현황 : 4명(피부관리사 1인 포함)

◈ 매장 규모 : 약 66㎡(20평)

1. 매장 디스플레이

구미를 대표하는 화장품전문점이라고 해도 전혀 손색이 없는 구미 아씨화장품은 지역 내에 총 5개의 매장을 운영하고 있다.

오랜 시간 동안 구미 지역을 대표하는 전문점으로 자리매김한 만큼 아씨화장품은 여러가지 면에서 돋보이는 전문점 경영 노하우를 보유하고 있다.

먼저 매장 외형을 보면 아씨화장품만의 고유한 로고와 색깔을 통해 타 매장과 차별성을 두는 데 주력하고 있다.

5개의 매장을 보유하고 있는 만큼 각 매장을 하나로 묶을 수 있는 통일성 있는 CI의 중요성을 일찌감치 파악한 송태기 사장의 경영 노하우를 엿볼 수 있는 대목이라고 할 수 있다.

매장을 운영하는 데 있어 가장 중요하게 생각하는 것이 뭐냐는 질문에 송 대표는 조금의 주저함 없이 '청결'이라고 강조, 또 강조했다. 청결은 매장 운영의 가장 기본에 해당하는 것으로 이는 비단 화장품전문점뿐만 아니라 모든 사업장에 공통적으로 해당하는 것.

실제로 아씨화장품은 하루 3시간씩 매장 청결과 제품 DP에 투자하고 있으며 수시로 제품에 먼지가 없는지 확인하는 등 청결한 매장을 가꾸는 데 많은 시간과 노력을 투자하고 있다.

입구에서부터 세로로 긴 형태의 매장인 아씨화장품은 놀랍게도 화장품전문점이면 으레 있기 마련인 아일랜드 형태의 색조 판매대나 외부 매대 등을 전혀 찾아볼 수 없다.

저가의 색조제품, 마스크 팩, 보디제품 등 모든 제품이 단 하나의 예외 없이 모두 벽면에 위치한 전시장에 깔끔하게 정돈된 위치로 진열돼 있다.

입구를 중심으로 왼쪽에 향수, 저가 기초 단품, 보디제품이 진열돼 있다. 오른쪽은 카운슬링존으로 운영되고 있다.

기초제품 판매를 중심으로 하는 카운슬링존은 아씨화장품만의 대표 컬러인 코발트 블루색

▲ 아씨화장품 송태기 대표는 매장 운영에 있어 가장 중요한 요소로 청결을 꼽는다. 아씨화장품은 하루에 3시간 정도를 매장을 청결하게 하고 제품을 디스플레이하는 데에 사용한다.

으로 인테리어를 해 아씨화장품만의 차별성과 매장 통일성을 강화했으며, 제품 진열 또한 각 시즌별로 대표 제품들을 선발해 깔끔하고 정돈된 이미지를 주기 위해 노력하고 있다.

2. 직원 관리

아씨화장품 직원들은 모두 최소 10년 이상의 근무 경력의 베테랑 판매사원들이다.

그런데도 단 한 명의 예외 없이 모두 제품 교육, 카운슬링 노하우 전수 등 매장 운영에 관련되는 교육에 엄청난 열의와 노력을 보이고 있다.

실제로 메이커 제품 교육을 직원 관리의 가장 중요한 방법으로 일찍부터 활용해 오고 있으며, 주요 브랜드 교육의 경우 서울로 직접 찾아가서 받게 하는 등 본사에서 실시하는 교육 프로그램을 적극 참여하고 있다.

또한 신제품 입하시 일정기간의 교육시간을 갖고 이 시간을 수료하지 않으면 절대 제품을 판매하지 않을 정도로 제품 교육에 신경을 쓰고 있다.

또한 구미 지역 내에 5개의 매장을 운영하는 만큼 각 매장 운영에 있어 자율성을 최대한 보장하고 있다. 각 지점별로 매니저를 선발하고 각 매니저들의 권한을 강화해 제품 매입과 수금, 정산, 입금 등을 책임지도록 하고 있다.

또 매장 수가 많아 매장 판매직원들의 수도 많은 만큼 직원간의 유대감을 강화하기 위한 다

아씨화장품은 제품 교육, 카운슬링 노하우 전수 등
매장 운영에 관련된 교육에 남다른 열의와 노력을 경주하고 있다.
특히 메이커 제품 교육은 직원 관리의 가장 중요한 방법으로 이용되고 있다.

양한 직원 유대 강화 행사를 진행한다.

직원간의 유대감을 높이기 위해 사장의 지원하에 계모임을 결성해 친목 도모의 장으로 운영하고 있다. 또 근무 시간 이후 생일파티를 정기적으로 펼치고 있다. 이와 함께 회사의 충성도를 높이기 위한 방안으로 직원의 경조사는 물론 생일 때는 가치있는 선물을 준다는 의미에서 금목걸이를 선물하고 있다.

3. 고객 관리

20년 가까이 구미 지역에서 매장을 운영하고 있는 만큼 아씨화장품은 단골 고객의 수도 많으며, 또 그들의 분포 범위도 매우 넓다.

특히 멀리 김천, 안동에서도 번거로움을 감수하고 직접 찾아와서 제품을 구매하는 고객들의 수가 적지 않을 정도로 아씨화장품은 고객 관리에 심혈을 기울이고 있다.

기본적으로 일대일 맞춤형 카운슬링을 지향하는 아씨화장품은 고객의 성향과 취향에 따라 카운슬링을 매우 유기적으로 진행하고 있다. 가족적인 분위기 조성을 카운슬링의 첫 번째 원칙으로 내세우고 있으며 실제로 고객과의 교류를 매우 중요하게 생각한다.

가장 돋보이는 고객 관리 스킬 중 하나는 고객 접대비를 별도로 지급한다는 것. 매장 안에서뿐만 아니라 외부활동에서도 고객들과의 교류를 통해 인간적인 유대관계를 형성하려는 의지가 돋보이는 시도다. 실제로 이 비용을 통해 모든 판매사원들은 단골고객들과의 식사, 경조사 등에도 활발히 참여하고 있다.

이처럼 가족적인 분위기 조성을 중요하게 생각하는 아씨화장품은 신규 고객이 방문했을 때도 크게 다르지 않다. 고객이 처음으로 매장을 방문했을 때도 '어떤 제품이 필요하세요'라는 말 대신 차한잔을 권하면서 편안한 분위기를 조성한다. 그리고 바로 의자나 쇼파를 마련해 대화를 중심으로 카운슬링을 유도한다.

이와 함께 첫 내방시 시트 마스크 팩, 핸드크림 등 시즌별 제품을 무상 제공하며 신규 고객으로 등록시켜 지속적으로 관리한다. 또한 눈썹 수정, 메이크업 시술, 네일 서비스 등을 통해 만족도를 높여준다.

실제로 자연스럽게 대화를 진행하는 것이 객단가를 높이는 데 효과적이라는 것을 20여 년간의 경험을 통해 자연스럽게 증명하고 있기 때문이다.

▲ 가족적인 분위기를 조성하는 것이 카운슬링의 첫번째 원칙이다. 경험을 통해 볼 때 무엇보다도 고객과의 자연스런 대화가 객단가를 높이는 데 효과적이다.

1일 기준으로 약 30여명의 고객이 방문하는데, 이 중 90%가 넘는 고객들이 구매로 이어지고 있다.

또한 매장에 전용 휴대전화를 비치해 문자(SMS)나 통화로 고객관리를 진행하고 있으며, 마일리지 포인트 누적 안내 문자를 주기적으로 발송하고 있다.

별도의 고객카드는 발행하지 않고 있으며, 대신 휴대전화 번호 뒷자리 4자리를 고객번호로 부여한다. 이는 카드 발행의 부담을 없애주는 동시에 즉시 포인트를 활용할 수 있게 하기 위한 실용적인 방안이라고 할 수 있다.

이와 함께 구매금액의 3%를 적립해주고 있으며 신용카드사의 서비스를 적극 활용하고 있다. 실제로 신용카드 포인트 적립 및 활용을 진행하고 있는 가맹점은 구미에서 아씨매장이 유일한 것으로 알려져 있다.

4. 경영 노하우

아씨화장품은 사실 별도로 지면에 소개하지 않아도 화장품업계에 종사하는 사람이라면 누구나 다 알 정도로 유명세를 떨치고 있는 전문점으로 그야말로 전국 대표 매장으로 손색이 없는 곳이다.

실제로 이미 15년 전에 국내 화장품전문점으로는 최초로 바코드시스템을 도입한 것은 아씨화장품만의 선진 경영 마인드를 엿볼 수 있는 대목이라고 할 수 있다.

당시 1억원이라는 거금을 투자해 두 달 동안 제품에 바코드를 기재하는 작업을 실시해 바코드시스템을 성공적으로 도입해 업계 관계자들을 놀라게 만들었다.

이와 함께 매장 인지도를 높이기 위한 '아씨화장품 아가씨 선발대회' 라든가 극장, 거리 광고판 홍보, 지역 라디오 광고 등을 진행해 매장 홍보를 진행했던 것도 전무후무한 기록이라고 할 수 있다.

명동화장품

상권 : 재래시장
- 개설년도 : 1997년
- 위치 : 경기도 성남시 수정구 수진1동 48번지
- 직원 현황 : 사장 외 8명(피부관리사 1명 포함)
- 매장 규모 : 약 83㎡(25평)

1. 매장 디스플레이

명동화장품은 재래시장 상권에 위치한 매장이라는 것이 믿기지 않을 만큼 깔끔하고 정돈된 매장 디스플레이가 돋보이는 매장이다.

역세권, 재래시장 상권에 위치한 전문점이라면 으레 있기 마련인 고객을 매장으로 유도하기 위한 저가 제품, 소품 등을 전혀 찾아볼 수 없다. 또 매장 안은 각 섹션별로 깔끔하고 차분하게 정돈돼 있는 모습이 인상적이다.

가로로 살짝 긴 형태를 띠고 있는 매장은 기초제품, 색조제품, 보디&헤어제품이 철저히 섹션화돼 분류돼 있다.

우선 기초제품들은 업체별, 브랜드별로 벽면을 중심으로 정확히 섹션화돼 있다.

놀라운 것은 각 브랜드별로 제품들이 정확히 분류돼 있으며 단 한 개의 제품도 예외 없이 테스터를 비치하고 있어 고객들의 자유로운 테스터 사용이 가능하게 한 점이다.

매장을 들어오는 고객들의 시선이 가장 먼저 들어오는 매장 정면에는 깔끔하고 정돈되게 제품을 디스플레이해 백화점 화장품 매장을 방불케 한다.

이는 많은 제품을 전면에 배치해 다소 혼잡스러움이 느껴지는 타 매장의 제품 디스플레이와 비교해 볼 때 눈에 띄게 두드러지는 점이라고 할 수 있다.

색조제품 또한 중저가 브랜드, 고가 브랜드로 정확히 분류돼 있다. 저가 제품들도 타 매장에서 흔히 보이는 것처럼 아무렇게나 뭉텅이로 쌓아놓지 않고 깔끔히 정돈돼 있다.

이 매장의 특징 중 하나는 고객들의 유입을 유인하는 미끼상품인 초저가 색조제품, 예를 들어 매니큐어라든지 아이섀도를 전혀 배치하지 않고 있다는 것. 이는 매장 바로 옆에 저가 브랜드숍인 더페이스샵이 있기 때문인 것으로 파악된다.

매장 오른쪽 코너를 중심으로 저가의 보디&헤어제품이 배치되어 있다. 전반적으로 보디&

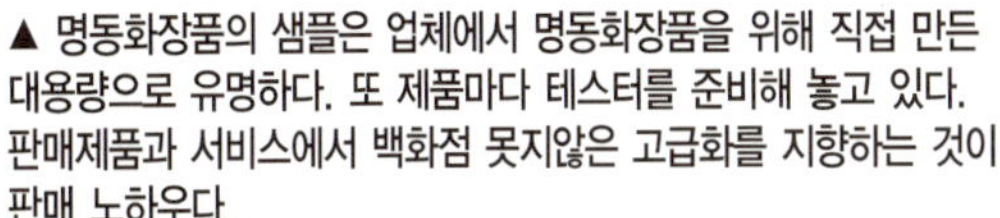

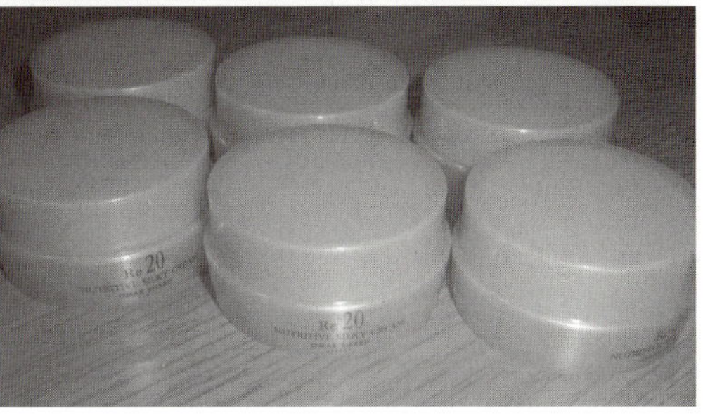

▲ 명동화장품의 샘플은 업체에서 명동화장품을 위해 직접 만든 대용량으로 유명하다. 또 제품마다 테스터를 준비해 놓고 있다. 판매제품과 서비스에서 백화점 못지않은 고급화를 지향하는 것이 판매 노하우다.

헤어제품은 뉴트로지나, 존슨앤존슨 등 마트용 브랜드를 중심으로 아모레퍼시픽이나 꽃을 든 남자 등 일반적으로 전문점에서 취급하는 제품 위주로 구비돼 있다.

특이한 점은 보디제품 또한 단 하나의 제품도 예외 없이 테스터를 완벽하게 구비해놓고 있다는 점. 이는 저가라는 이유로 테스터를 전혀 구비하지 않고 있는 타 매장에 모범이 될 만한 사례.

2. 직원 관리

명동화장품에서 놀라운 점 또 하나는 직원들의 급여 수준, 근무 환경 등 직원 관리에 관한 것.

명동화장품은 약 25평 정도의 규모를 가진 전문점이다. 이 정도의 전문점들이 보통 2~3명, 많아야 4명 정도의 판매사원을 보유하고 있는 것에 비해 명동화장품은 2배에 해당하는 8명의 판매사원이 근무하고 있다.

이처럼 명동화장품이 많은 판매사원을 보유하고 있는 것은 모든 판매사원들의 근무일자가 월 기준 10~15일에 불과하기 때문이다.

대다수의 전문점 내 판매사원들이 주 5일 근무는 고사하고 월 4회 휴무도 어려운 실정에서 이 같은 근무환경은 매우 놀라운 일이 아닐 수 없다.

또한 현재 명동화장품은 일반적인 전문점 판매사원 급여를 훨씬 넘어서는 급여를 지급하고 있다.

일반적으로 전문점 내 판매사원이 월 기준으로 2백만원이 안 되는 급여를 받는 것에 비해 명동화장품 내 판매사원은 최대 5백만원까지도 급여를 받고 있으며 직원 평균 3백만원 이상의 급여를 지급하고 있다.

이는 '최대 비용으로 최대 효과'라는 박정훈 사장의 경영철학이 있었기 때문에 가능한 것.

또한 이 매장 판매사원들은 일반적인 판매원 복장이 아니라 고가의 백화점 골프 브랜드 의류를 입고 고객들을 맞이하고 있다. 실제로 모든 판매사원들은 계절별로 50만원 이상의 사복을 무료로 지급받고 있다.

"몇 천 만원을 주고 매장 디스플레이를 변경하는 것보다 매장의 얼굴이라고 할 수 있는 판매사원 의상에 투자하는 것이 훨씬 더 매장 운영에 도움이 된다"는 박정훈 대표의 경영철학이 있었기 때문에 가능해진 것.

실제로 이런 경영방침 때문인지 명동화장품의 모든 판매사원은 웬만한 백화점 판매사원 못지않은 전문성과 친절함을 구비하고 있다.

특히 자신이 판매하는 모든 제품에 대해서 아주 사소한 제품까지도 하나하나의 성분을 다 외워 카운슬링에 활용한다는 점은 매우 놀라운 점이 아닐 수 없다.

명동화장품 판매사원의 전문성은 웬만한 제조사 교육사원들을 능가할 정도로 높은 수준이며 실제로 월 1회 이상 진행되는 제조사들의 교육시간은 오전부터 오후까지 판매사원들의 뜨거운 관심과 참여로 교육사원들의 진을 쪽 빼놓는다는 원성 아닌 원성을 사고 있다.

3. 제품 관리

명동화장품을 처음 찾는 고객이라면 놀라운 점을 하나 발견할 수 있다.

대다수의 매장에서 쉽게 찾아볼 수 있는 수입브랜드 제품을 명동화장품에선 전혀 찾아볼 수 없다.

많은 매장에서 판매가 수월하고 국산제품에 비해 고가라는 이유로 역매하는 수입브랜드를 전혀 취급하지 않는 것은 국산제품에 대한 강한 믿음이 있었기 때문에 가능했다.

"수입브랜드들이 가격이 안정적이고 마진이 높아 판매가 수월한 건 사실이지만 업체와의

박정훈 사장은 '최대 비용으로 최대 효과'라는 경영철학에 입각해
최고 수준의 근무환경을 만들어 주고 있다.
그 결과 판매사원들은 어디가도 뒤지지 않는 전문성과 친절함, 열성을 갖고 있다.

밀착형 커뮤니케이션에 있어 어려움이 있을 수 있어 취급하지 않고 있다"고 강조했다.

아무리 좋은 제품이라고 할지라도 늘 판매가 좋을 수 없으며, 고객들이 원하는 제품은 늘 변하고 있으며, 소비 트렌드 또한 빠르게 변하고 있는 상황 속에서 발 빠르게 대처하기 위해선 제조사들과의 유기적인 관계 수립이 그 무엇보다 중요하다는 설명이다.

마진을 높이기 위해 무리하게 고객들에게 인지도가 낮은 수입브랜드를 강매하는 것이 단기적인 차원에선 매출에 도움이 될지 모르겠지만 장기적인 관점에선 고객의 신뢰도에 치명적인 영향을 미칠 수 있다는 것.

대신 고객들의 인지도가 높고 브랜드 파워가 안정적인 국내업체들의 중·고가 브랜드를 판매하는 것이 고객들의 신뢰도를 높이고 안정적인 매출을 유지하는 데 더 도움이 된다는 것을 명동화장품은 가장 확실한 방법을 통해 증명하고 있다.

4. 판매 노하우

명동화장품에는 일반 전문점에는 흔하게 볼 수 있는 2가지를 찾아볼 수 없다.

우선 제조업체에서 제공하는 저가의 화장솜을 찾아볼 수 없다.

대신 1년에 한 번씩 상당한 금액을 지불하고 국내 최고 수준의 화장솜을 직접 판촉용으로 제작해 고객들에게 나눠준다. 고객들에게 배포하는 것은 화장솜 하나라도 가장 좋은 것을 증정해야 고객들이 믿고 매장을 방문할 수 있다는 믿음 때문이다.

또한 명동화장품에는 일반적인 소용량 샘플을 찾아볼 수 없다.

대신 업체에서 명동화장품만을 위해 직접 제작한 대용량의 샘플을 만나볼 수 있다. 고객들이 가장 먼저 샘플을 통해 제품을 체험하는 만큼 넉넉한 용량의 제품을 증정하는 것이 당연하다는 설명.

판매하는 제품과 서비스에 있어서만큼은 웬만한 백화점 브랜드 못지않은 고급화를 지향한다는 것이 명동화장품만의 판매 노하우의 기본 방침이다.

뷰티화장품

▶ **상권 : 재래시장**
▶ 개설년도 : 2008년
▶ 위치 : 서울시 서대문구 영천동 70-1
▶ 직원 현황 : 2명
▶ 매장 규모 : 약 146㎡(44평)

1. 매장 디스플레이

2008년 12월에 문을 연 뷰티화장품은 새로 연 매장답게 그야말로 '반짝반짝' 눈이 부실 정도로 깔끔하게 정돈된 매장이다.

매장 인테리어는 화이트를 기본으로 블루를 포인트로 잡고 곳곳에 포인트 컬러를 적절히 배치해 웬만한 백화점 매장 못지않은 감각적인 인테리어를 자랑한다.

특히 모든 제품들을 다 곳곳에 적절하게 위치하고 있는 매대에 배치해 놓고 있으며 말끔하게 정돈돼 있는 것이 돋보인다.

저가의 립밤, 마스크 팩 하나도 일렬로 말끔히 정돈시켜 줄을 세워 놓았으며, 그와 함께 많은 제품을 전면에 배치해 디스플레이의 효율성도 최대한 반영한 디스플레이도 일품이다.

특히 매장 외부에 위치한 매대도 다른 전문점처럼 아무렇게나 놓여져 있는 게 아니라 아주 말끔하고 깔끔하게 정돈돼 있으며 한 제품이 판매되면 바로 제품을 구비해 놓는 등 제품 진열에 각별한 신경을 쓰고 있다.

매장 안은 고객의 통행을 방해하는 아일랜드형 매대를 철저히 배제하고 있으며, 각 벽면 장에는 철저히 인기상품 위주로 제품을 선별해 제품을 디스플레이하고 있다.

주목할 점은 저가의 헤어제품도 다 진열대에 빼곡히 자리하고 있다는 점. 재래시장이라는 상권 특성상 30대 이후의 고객이 차지하는 비중이 높아 그들이 선호하는 헤어제품을 미끼상품으로 내세울 수밖에 없다고 설명한다. 이 때 다른 매장처럼 헤어 제품을 아무렇게나 배치하는 것보다 아무리 싼 헤어 스프레이라도 반짝반짝 빛나는 진열장에 배치하는 게 실질적인 판매뿐만 아니라 매장의 품격을 높이는 데도 도움이 된다는 것.

실제로 매장 안의 제품들은 제품의 가격대, 종류를 불문하고 벽면 장에 가지런히 놓여져 있다.

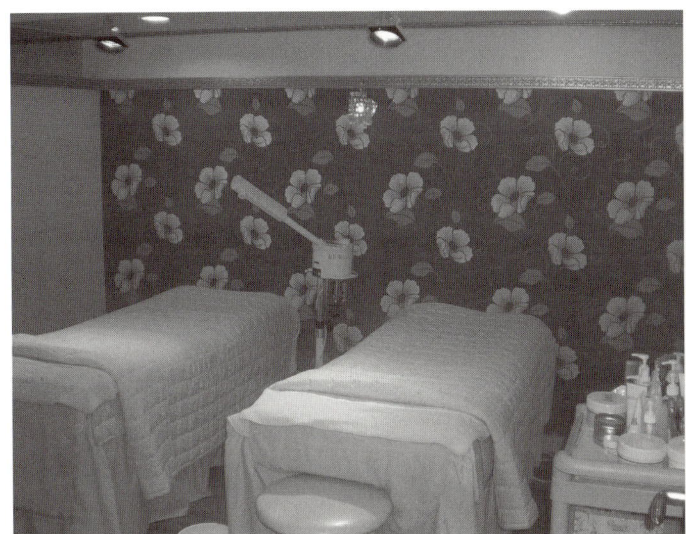

▲ 뷰티화장품은 재래시장에 위치한, 오픈한 지 오래 되지 않은 매장이기 때문에 고객관리에 심혈을 기울이고 있다. 피부관리실도 고객관리의 중요한 수단으로 효과적으로 활용되고 있다.

2. 고객 관리

재래시장에 위치한 매장인 만큼 고객 관리의 중요성이 정말 크다는 이소영 대표의 설명을 굳이 듣지 않아도 뷰티화장품은 고객 관리에 심혈을 기울이고 있다.

특히 오픈한 지 얼마 되지 않은 매장인 만큼 고객의 입소문이 갖는 효과가 매우 커서 고객 관리를 경영의 최우선 과제로 올려놓고 있다.

가장 적극적으로 진행하고 있는 건 계절별 이벤트를 적극 활용하는 것. 3월엔 봄 신상품 홍보, 5월엔 향수 선물, 겨울엔 피부 보호 등 계절과 각 달에 맞는 이슈를 선정해 이에 걸맞는 이벤트를 매달 차별적으로 진행하고 있다.

이와 함께 문자 메시지 또한 적극 활용하고 있다. 단순한 구매 장려 문자 메시지가 아니라 시구절, 명언 등 감성을 자극하는 문구를 활용해 고객의 마음을 사로잡는 문자를 보내는 데 주력하고 있다.

전문적 규모의 피부관리실을 병행해서 운영하고 있는 만큼 최근에는 피부관리 서비스를 고객 관리의 주요 수단으로 활용하고 있다. 최근엔 10회 10만원 마사지 행사를 진행 중이다. 실질적으로 매출엔 큰 도움이 되지 않지만 아직 대외적으로 많이 알려야 하는 시기이기 때문에 적극 활용하고 있다는 설명이다.

실제로 지난 3월에는 신학기를 맞은 대학생과 새내기 직장인을 위한 마사지 행사를 대대적

으로 진행했는데 큰
반응을 얻었다고 한
다.

이소영 대표가 다
년간 뷰티업계에 종
사한 만큼 오랫동안
교류해 온 단골고객
들이 많은데, 그들
의 자녀들을 대상으
로 이벤트를 진행해
엄마에 이어 딸까지
매장 단골로 유치하
는 데 성공해 큰 보
람을 얻고 있다고
한다.

이소영 대표는 '고객의 마음을 사로잡는 것' 이 가장 중요하다고 믿는다.
그런 만큼 작은 것 하나하나까지 세심하게 배려한다.
백화점 못지않은 감각적 인테리어와 깔끔한 디스플레이도
그와 같은 믿음에서 나온 것이다.

이런 노력 때문인지 최근엔 피부관리 서비스에 감동한 고객들이 알아서 친구나 가족들을 소개하는 한편 동네 단골고객들도 혼자 오는 게 아니라 주변 친구들과 같이 방문해 실질적인 매출 증대에 큰 도움이 되고 있다.

3. 제품 관리

뷰티화장품은 기초제품 판매가 월등히 높은 매장으로 고객 연령대가 높고 시장을 이용하는 고객들이 많다보니 기초제품 판매량이 매우 높은 편이라고 한다. 실제로 색조와 잡화 제품의 판매 비중이 타 매장에 비해 매우 낮은 편.

또한 다수의 고객들이 인터넷 쇼핑몰에 둔감하고 인근에 마트가 아직은 없는 관계로 가격 저항은 매우 낮은 편이다.

그러나 간혹 가격 충돌이 생길 수밖에 없는데, 이럴 때는 전문점에서 구매하는 것의 장점을 알려주는 데 주력하고 있다. 즉, 인터넷에서 판매되는 제품은 유통기한이 짧고 반품이나 환불이 어렵다는 점, 제품 출시 후 가장 먼저 일선 화장품전문점에서 판매되고 그 이후에 남은 제품들을 인터넷 쇼핑몰에서 판매한다는 점을 알리는 데 힘을 모으고 있다고 한다.

4. 경영 노하우

제조사 순회 미용사원, 다른 브랜드숍 판매사원 등 뷰티업계에서 다년간 몸을 담은 사람답게 이소영 대표는 타 매장과는 차별화할 수 있는 경영철학을 갖고 있다.

아주 사소한 POP물 하나라도 일일이 직접 제작해 부착한다는 점, 피부관리 서비스를 통해 구매를 창출한다는 점, 단골 고객을 통한 고객 확장 등 여러가지 면에서 화장품전문점 고수다운 내공을 엿볼 수 있다.

그러나 그는 무엇보다 중요한 건 고객의 마음을 사로잡는 것이라고 강조한다. 간단한 POP물 하나도 고객이 보기 쉽고 이해하기 쉽도록 제작하며 피부관리 서비스도 고객의 피부상태가 어떤지 자세히 살펴보고 이에 맞는 서비스를 진행하는 것, 단골 고객이 매장에 들어오면 아주 작은 것 하나라도 얻어갈 수 있도록 세심하게 배려하는 것 등등 여러 가지 면에서 고객의 마음을 사로잡을 수 있는 것들을 실제 매장 운영에 적극 활용하고 있다.

공주화장품

상권 : 대학가

개설년도 : 2002년

위치 : 대구시 북구 태전동 964-12

직원 현황 : 2명

매장 규모 : 약 99㎡(30평)

1. 매장 디스플레이

대구과학대, 대구보건대학 등 몇 개의 대학이 밀집한 곳에 위치한 태전동은 전형적인 대학 밀착형 상권.

태전동의 대표적인 화장품전문점인 공주화장품은 한눈에 보기에도 대학가에 위치한 매장임을 알아볼 수 있을 만큼 특색있고 아기자기한 치장이 눈에 띈다.

공주화장품의 매장 디스플레이는 한마디로 철저히 고객의 눈높이에 맞추고 있다.

멀리서 봐도 이런저런 사람들의 시선을 사로잡을 수 있는 다양한 문구와 POP물을 배치해 눈길을 끈다.

이는 대학가라는 상권의 특성상 유동인구가 많고 신규 고객의 비중이 높을 뿐만 아니라 전체 고객 중 70% 이상이 20대 고객임을 감안한 공주화장품만의 특화 전략이다.

매장 바깥쪽에 공주거울, 브러쉬, 네일 등의 미용 소품을 비치, 별도 진열대를 통해 판매하고 있는 것도 차별화 전략 중 하나이다.

충동구매가 많고 친구가 구매하면 따라 구매하는 모방 구매가 많은 20대 대학생 구매 특성상 일단 하나를 구매하면 연속으로 구매가 이어질 확률이 높아 매장 바깥쪽에 소비자를 유인할 수 있는 제품을 대대적으로 진열해 놓은 것.

정사각형 형태를 띄고 있는 매장 안은 다양한 POP물과 광고 문구, 인테리어 소품들로 가득해 아기자기하면서도 발랄한 느낌을 준다. 이 또한 철저히 대학생들의 눈높이에 맞춘 공주화장품만의 차별 전략 중 하나이다.

실제로 공주화장품은 POP물을 판매에 최대한 활용하고 있다. 카운슬링보다는 직접 체험해 보고 구매를 결정하는 비율이 높은 20대 고객 특성상 고객이 직접 보고 써보게끔 하는 유도 전략 중 하나이다.

▲ 공주화장품은 고객의 70% 이상이 20대라는 특성상 고객의 눈높이에 맞춘 다양한 POP물, 광고문구 등을 사용하고 있다. 또 인터넷에 가격이 노출된 제품은 가격을 맞추기 위해 최대한 노력을 경주하고 있다.

각각의 POP물은 계절별, 피부타입별도 구분해 제작하고 있으며 곳곳에 눈에 띄기 쉽게 부착했다.

제품 진열 또한 가능한 풍성하게 한 것도 소비자가 스스로 직접 눈으로 보고 제품을 선택할 수 있게 고려한, 고객의 눈높이에 맞춘 전략 중 하나이다.

문구는 고객이 보고 써봐야 한다는 인식을 갖도록 계절별, 피부타입별로 구분해 문제점 보완 문구를 쓴다. '피부 트러블의 적 – 각질 제거 요령', '얼굴이 당기고 어머 주름이 생겼네...' 등등이 그러한 예이다.

이와 함께 제품 진열도 가능한 풍성하게 해 구매고객의 눈높이에 맞추고 있다.

2. 제품 관리

공주화장품은 독특하게 전체 매출에서 향수와 색조가 차지하는 비중이 높은 매장이다.

객단가가 높고 카운슬링을 통해 판매가 수월하다는 이유 때문에 많은 수의 전문점들이 점점 기초제품의 판매를 높여가는 현상과 비교해 볼 때 매우 독특한 판매 전략이 아닐 수 없다.

공주화장품은 향수가 특화 제품이며 전체 매출의 30% 이상을 차지한다고 한다. 이는 향수를 공주화장품만의 특화 품목이자 연계 판매를 유도하는 미끼 상품으로 적극 활용하고 있기 때문이다. 실제로 인터넷에서 저가로 판매하는 점을 오히려 강조하며 인터넷보다 싸다는 점을 강조한다.

그리고 단순히 판매만 아니라 향수를 왜 써야 하는지, 상황별 향수 사용법 등 향수 판매에서는 보기 드물게 집중적인 카운슬링을 진행하고 있다.

특히 향수 한 개 구매에 그치는 것이 아니라 장소별, 시간대별, 계절별 향수를 적극 추천해 한번에 여러 개의 향수를 구매할 수 있도록 카운슬링하고 있다.

이와 함께 공주화장품은 색조가 차지하는 비중도 매우 높은 편이다. 이를 위해 직접 메이크업 수정을 해주는 서비스를 진행 중이며, 신규 고객을 대상으로 눈썹 정리, 풀 메이크업 서비스 등 다양한 판촉 활동을 펼치고 있다.

특히 대학 새내기들을 대상으로 뷰티 노하우, 올바른 메이크업 방법 등을 전달하는 데 주력하고 있다.

이같은 결과 공주화장품은 인근 여대생들 사이에서 필수 쇼핑 코스로 각광을 받는 곳이 됐다.

3. 고객 관리

20~30대 고객이 절대 다수를 차지하는 매장인 공주화장품은 고객 관리에 있어서도 매우 차별화된 전략을 구사하고 있다.

친절함과 상세한 카운슬링, 친밀한 서비스는 30대 이후의 중장년 층에는 먹힐 수 있으나 젊은 20대 고객층에는 결코 큰 도움이 되지 못한다.

인터넷을 포함해 주위로부터 수많은 정보를 직접 입수하고 퍼트리는 집단인 만큼 일반적인 고객 카운슬링만으로는 판매에 어려움을 겪는다는 설명이다.

이를 위해 공주화장품은 가격에 민감한 소비층인 만큼 인터넷에 가격이 노출된 제품일 경우에는 최대한 가격을 맞추기 위해 노력하고 있다. 물론 최대한 순수하고 진실성 있는 카운슬링을 통해 20대 고객층의 마음을 사기 위한 노력도 경주하고 있다.

실제로 향수의 경우 대부분 인터넷 최저가보다도 저렴한 가격으로 판매하고 있으며, 이 결과 인근 대학생들 사이에선 '공주화장품에서 화장품을 구매하는게 인터넷보다 더 저렴하다'

▲ 공주화장품은 향수와 색조제품이 전체 매출에서 차지하는 비중이 상대적으로 높은 게 특징이다. 기초제품은 코스메슈티컬 위주로 진열, 판매하고 있다.

는 인식이 빠르게 확산되고 있다고 한다.

기초제품의 경우엔 최근 젊은 층들의 선호도가 빠르게 증가하고 있는 코스메슈티컬 제품을 중심으로 판매하고 있으며 메인 진열대에도 코스메슈티컬 제품을 중심으로 진열하고 있다.

4. 경영 노하우

공주화장품의 매장 디스플레이, 제품 진열, 고객 카운슬링 등 매장 운영 전반에 걸쳐 공통으로 적용되는 하나의 원칙이 있다.

바로 '모든 것을 고객의 눈높이에 맞춰라' 라는 것이다. 실제로 공주화장품은 20대 여성이 선호할 만한 아기자기하고 알록달록한 이미지의 매장을 운영하고 있으며, 20대 여성이 특히 많이 구매하는 향수와 색조제품 위주로 제품을 구비하고 있다.

또 카운슬링을 통한 권매보다는 직접 고객이 하나하나 눈으로 보고 체험한 후에 구매할 수 있는 판매 시스템 구축 등 하나에서 열까지 모두 20대 고객의 눈에 맞춘 매장 운영에 집중하고 있는 매장이다.

특히 매장 디스플레이와 제품 진열이 가장 돋보이는 부분으로 작은 제품 하나하나 다 일일이 포장해 고객들의 시선을 사로잡을 수 있을 만큼 예쁘게 진열하는 것은 제품에 대한 고객들의 신뢰도를 높이고 매장의 분위기도 화사하게 만들 수 있는 손쉬운 방법이라고 할 수 있다.

화장품의 모든 것

> **상권 : 대학가**
> 개설년도 : 1994년
> 위치 : 서울시 광진구 화양동 230번지
> 직원 현황 : 2명
> 매장 규모 : 약 99㎡ (30평)

1. 매장 디스플레이

서울 지하철 7호선 어린이대공원역 바로 옆에 위치한 '화장품의 모든 것' 매장은 청결하고 깔끔함이 돋보이는 매장이다.

입구가 넓고 밖에서도 매장의 모든 면이 다 눈에 보일 정도로 오픈된 구조인 만큼 화장품의 모든 것 매장은 청결과 위생 상태에 각별히 신경 쓰고 있다.

'오래된 매장일수록 매장의 청결에 특히 더 주력해야 한다' 는 것이 김무열 대표의 경영철학이다.

특이한 점은 화장품의 모든 것 매장은 10년간 매장 디스플레이를 단 한번도 바꾸지 않았다는 것이다.

고객에게 신뢰감을 주고 안정감 있는 경영을 유지하기 위해 매장 디스플레이를 처음 상태 그대로 유지하고 있다고 한다.

대신 청결과 위생에 있어서 만큼은 그 어떤 매장과 비교해도 결코 떨어지지 않을 정도로 각별히 주의를 기울이고 있다.

그러기 위해서 다른 매장보다 더 자주 매장 청소를 하고 제품 진열 상태 점검에 신경 쓰고 있으며, 매장 안은 물론 매장 바깥 쪽도 자주 쓸고 닦으면서 깨끗한 매장 상태 유지에 최선을 다하고 있다.

매장 안은 3면의 벽면을 기초와 보디제품 카운슬링 존으로 활용하고 있으며 매장 안 곳곳은 색조제품 매대를 배치해 매장 운영의 효율성을 높였다.

특이한 점은 입구에서 바로 보이는 면에 향수제품을 디스플레이 했다는 것. 다른 매장과 차별화되는 효과노 서울 수 있고 향수병들의 예쁜 모양으로 인해 저절로 매장 디스플레이 효과도 누릴 수 있다는 설명이다.

▲ 화장품의 모든 것은 특이하게도 10년 동안 단 한 번도 디스플레이를 바꾸지 않았다. 고객에게 신뢰감과 안정감을 주기 위해서이다. 하지만 청결과 위생 상태를 유지하기 위해서 최선을 다하고 있다. 김무열 대표 스스로 매일 오전 10시면 매장 문을 열고 청소를 한다.

2. 고객 관리

'쉽게 이뤄지는 것은 없다. 모든 일에 최선을 다하라'

이것은 김무열 대표의 경영을 한마디로 표현한 신조라고 할 수 있다.

고객관리에 있어서도 예외가 아니다. 고객과의 면대면 카운슬링을 경영의 가장 최우선 과제로 선정하고 고객별 맞춤 대응 전략을 통해 고객의 니즈에 맞는 다양한 고객 관리 방법들을 실무에 펼치고 있다.

무엇보다 장시간 카운슬링을 통한 강매를 지양하고 있다. 장시간의 카운슬링은 단기적인 관점에선 매출에 도움이 될 수 있지만 장기적인 관점에서 볼 때는 고객의 신뢰를 잃고 매장에 부정적인 인상을 심어줄 수 있어 가장 주의깊게 관리하고 있다는 설명이다.

모든 제품은 고객이 직접 판단해 구매할 수 있게 하며, 직원은 다만 고객의 선택을 도와주는 카운슬러 역할에만 충실한 전략이다. 특히 고객 개개인의 특징을 고려해 타깃 고객에 맞게 다양한 대응책을 마련해 상황별로 효율적인 카운슬링을 진행하고 있다.

또한 역세권에 위치한 매장인 만큼 가격 할인에 있어서는 되도록 고객의 입장에 맞출 수 있도록 최선을 다하고 있다고 강조한다.

최근 인터넷으로 인해 가격경쟁력이 많이 약해지고 있는 향수의 경우 인터넷을 통한 판매

역세권이라는 입지 특성상 어느 화장품전문점보다도 제품 구색을 잘 갖추고 있다.
그리고 단종 제품이나 재고 제품은 할인 판매를 하지 않고
무조건 매장에서 철수시키고 신규 브랜드 제품으로 대체한다.

의 단점을 어필하고 미니어처나 샘플 증정 등을 통한 판매에 주력한 결과 인근 대학생들 사이에선 '향수는 역시 화장품의 모든 것에서 사는 게 가장 좋다'는 인식이 급속도로 확산되고 있다.

이는 학생들의 유입이 높은 상권 특성을 고려한 고객 관리 전략으로 향수 구매 고객들이 기초나 색조제품 구매로까지 이어지고 있어 실질적인 매출에도 큰 도움이 되고 있다.

이른바 미끼 상품을 통한 고객 유인을 중요하게 생각하며, 이같은 이유에서 제품 구비도 타 매장에 비해 매우 다양한 편이다.

고객의 매장에 대한 신뢰도도 매우 높아 역세권에 위치한 매장임을 감안하면 입점 고객의 상당수가 실구매로 이어지고 있으며 객단가 또한 매우 높은 편이라고 한다.

3. 제품 관리

역세권이라는 상권 특성상 초저가 제품에서부터 고가의 관리제품까지 다양한 제품을 구비하고 있으며, 특히나 제품 관리와 재고 관리에 각별한 신경을 쓰고 있다.

아주 사소한 제품이라도 소중히 취급하고 있으며, 아무리 저렴한 제품이라도 하루에도 몇 번씩 위생상태를 꼼꼼히 체크하며 고객들이 있는 곳에선 절대 제품을 함부로 취급하지 않는다는 원칙을 갖고 있다.

대학생들의 구매 비중이 높아 입소문에 각별히 신경 쓰고 있다. 그 일환으로 오래된 제품, 이미 단종된 제품은 발 빠르게 제품을 철수해 매장에 대한 부정적 입소문이 나는 것을 예방하고 있다.

특히 단종된 제품이나 오래된 제품을 특가할인이라는 명목 하에 할인판매 하는 것을 철저히 지양하고 있으며 무조건 매장에서 철수한다는 원칙이다.

타 매장에서는 아직도 매대에서 판매되고 있는, 단종된 브랜드 제품을 화장품의 모든 것 매장에선 일찌감치 철수해 신규 브랜드 제품으로 대체하고 있다.

향수의 경우 최신 트렌드를 발 빠르게 입수해 최근 대학생들 사이에서 어떤 향수가 인기를 끌고 있고 어떤 브랜드가 새롭게 국내 시장에 론칭됐는지를 파악해 제품 구비에 철저히 대비하고 있다.

이런 이유에선지 화장품의 모든 것 매장에서는 일반적인 화장품 전문점 매장에서는 찾아보기 힘든 향수 브랜드 제품들을 대거 찾아볼 수 있으며, 구비된 브랜드의 양도 타 매장에 비해 매우 많은 편이다.

작은 제품 하나하나도 모두 청결한 상태로 각각의 목적에 맞는 전시대에 맞게 비치하고 있으며 재고 물품은 고객의 눈에 띄지 않게 철저히 관리하고 있다.

4. 경영 노하우

김무열 대표는 경영 노하우에 대해 '사장이 먼저 모범을 보여야 그 매장이 잘 될 수 있다'고 강조했다.

실제로 김무열 대표는 하루도 빠지지 않고 아침 10시면 어김없이 직접 매장 문을 열고 직접 청소를 실시하는 작업을 10여년 동안 하루도 게을리 하지 않았다.

▲ '화장품의 모든 것'은 향수를 잘 이용하고 있다. 디스플레이 효과를 내기에도 좋고, 또 향수 구매 고객이 기초와 색조제품 구매로 이어져 매출 증대에도 기여하고 있다.

사장이 먼저 매장 청결과 제품 진열에 신경 써야 직원이 그 모습을 보고 따라 할 수 있다는 것이 그의 생각이다.

자신의 첫 번째 고객은 바로 직원이라는 믿음 하에 직원들의 밝은 모습을 이끌어내기 위해 부단히 노력하고 있으며, 직원들이 최상의 컨디션으로 고객들을 대할 수 있도록 최선을 다하고 있다.

고객 관리에 있어서 만큼은 기본에 충실하고 있으며, 매장을 찾는 사람이라면 고객뿐만 아니라 브랜드 영업사원, 피부미용관리사를 가리지 않고 모든 사람에게 진실된 마음으로 다가가고 있다.

제3부 각사 시판 유통 브랜드

5장 각사 시판 유통 브랜드

5장

각사 시판 유통 브랜드

- 니오베 코스메틱
- 동성제약 에스메딕화장품
- 리스앙쥬
- 소망화장품
- 엔프라니
- (주)이넬화장품
- JNC화장품
- 쿠지인터내셔널
- 한국코스모화장품
- 한국화장품
- 동성제약 오마샤리프화장품
- 로제화장품
- (주)보브
- (주)아모레퍼시픽
- LG생활건강
- 일진코스메틱
- 지오 라미화장품
- 프리비아코리아
- (주)한국폴라

경쟁이 치열하면 치열할수록 소비자들은 브랜드에 더 많은 관심을 갖는다고 한다. 또 경기가 어려워져도 시장을 선도하는 No.1 브랜드는 큰 타격을 받지 않는다.

그래서 브랜드는 가장 든든한 자산이라고 하며, 기업들은 인지도와 충성도를 높여 브랜드 파워를 강화하기 위해 노력한다. 화장품산업은 다른 어느 산업보다 브랜드의 중요성이 큰 만큼 화장품기업이 브랜드 파워를 강화하기 위해 쏟는 노력은 더 말할 나위도 없다.

화장품전문점 역시 당연히 브랜드에 많은 관심을 갖을 수밖에 없다. 물론 브랜드사와는 다른 입장에 있기 때문에 다른 시각으로 보는 것은 당연할 것이다. 화장품전문점협회가 전용 브랜드 개발을 주요 업무로 설정하고 많은 공을 들이는 것은 전문점이 브랜드에 대해 갖는 관심을 잘 보여 준다 하겠다.

화장품시장에서는 국내외의 수많은 브랜드가 각축을 벌이고 있다. 이 장에서는 그중에서 주요 기업의 시판 브랜드를 각사의 자료를 갖고 소개한다. <편집자 주>

니오베 코스메틱

아세로라 기초라인

피부를 촉촉하고 탱탱하게, 환한 빛을 되찾아 주는 천연 비타민C 화장품

■ 콘셉트

무알콜의 저자극 제품으로 지치고 민감해진 피부를 아세로라 추출물과 동백꽃 추출물이 함유돼 피부를 순하고 촉촉하게 가꾸어 주며, 맑고 건강한 피부로 관리해주는 브라이트닝 라인.

■ 주요 성분 및 특징

−아세로라 추출물: 수분 함량이 높고 피부 재생에 효과적, 노화예방 및 멜라닌 생성 억제.

−동백꽃 추출물: 항노화, 항산화 효과, 자극 완화, 아토피 개선의 항염증 효과 우수.

−흑설탕 추출물: 모공수축과 진정작용, 각질제거에 효과적.

−요구르트 추출물: 피부를 유연하고 건강하게 가꿔주는 효과, 우수한 보습효과.

■ 권장 대상

−거칠고 건조해진 피부에 보습과 영양감을 동시에 원하는 고객.

−칙칙하고 활력을 잃은 피부에 브라이트닝 제품으로 맑은 피부 톤을 원하는 고객.

−계절변화 및 각종 외부 환경으로 민감해진 피부에 저자극의 제품을 원하는 고객.

인텐시브 프리미엄 라인
나이를 빛나게 하는 마법 같은 선물

피부 노화에 대응하는 항산화, 피부 재생, 피부 탄력 증가에 탁월한 효과를 내는, 피부 겉과 속의 젊음을 되찾아주는 프리미엄급 안티 에이징 브랜드.

■ 콘셉트

인텐시브 프리미엄 라인은 피부 정화 기능과 쥬얼리테라피(자수정, 진주, 토르말린), 주름개선기능성 성분(아데노신, 피토가바, 나노 EGF)으로 노화의 근본적인 원인과 대처방안을 모색하여 건강하고 아름다운 피부를 유지할 수 있도록 도와준다. 전 품목 피부 안전성 테스트 완료.

■ 권장 대상

–급격히 손상된 피부로 인해 피부노화의 근본적인 예방과 주름개선을 원하는 고객.

–피부가 늘 거칠고 각질이 일어나, 매끄럽고 실키한 피부결을 원하는 고객.

–환절기나 외부환경의 변화에 민감한 피부로 고민하는 고객.

베이직케어플러스 라인
스위스 유기농 허브 성분이 선사하는 롱래스팅 보습효과와 저자극의 모공케어

■ 콘셉트

–스위스 알프스지역에서 재배된 유기농 인증 식물 복합 추출물이 유수분 균형을 되찾아

줌.

　-롱래스팅 보습효과: 보습 케어는 모든 스킨케어의 기본. 느슨한 모공관리에 꼭 필요한 요소.

　-순식물성(자연으로부터의 유래된 피부효능성분)의 저자극 모공케어.

　-미백기능성(에센스, 크림)으로 피부 톤을 맑고 환하게 가꾸어 줌.

　-식물성 콜라겐 성분이 피부 속 탄력을 케어해 주어 탱탱하고 꼼꼼한 피부로 가꾸어 줌.

■ 주요 성분 및 특징

　-보습효과: 멜하이드란(꿀추출물), 넥타퓨어(브델리아 추출물 · 선백리향 추출물)

　-모공케어: 동백꽃 추출물, 말굽잔나비 버섯 추출물

　-피부미백: 알부틴, 기가화이트

　-피부탄력: 식물성 콜라겐

　-피부보호: 넥타퓨어(브델리아 추출물 · 선백리향 추출물)

■ 권장 대상

-번들거리고 넓은 모공을 촉촉하고 깨끗하게 관리하고자 하는 고객.

-수분이 부족해서 늘어지고 처진 모공을 탄력 있게 가꾸고자 하는 고객.

■ 제품 구성

모이스트 앤 포어 토너, 모이스트 앤 포어 플루이드, 모이스트 앤 포어 화이트닝 에센스(미백기능성 화장품), 모이스트 앤 포어 화이트닝 크림(미백기능성 화장품), 화이트닝 아이크림(미백기능성 화장품), 포어 타이트닝 팩, 프로텍션 선블록.

더오션 옴므라인

트렌디하고 세련된 향취의 감각적인 남성 스킨케어

■ 콘셉트

−바다의 시원함을 느낄 수 있는 세련된 오셔닉 그린향이 은은하게 오래도록 지속

−항노화 효과가 우수하며 면도나 상처의 지혈작용을 돕고 세포재생을 촉진

−오래된 각질을 관리해 주어 피부를 촉촉하고 매끄럽게 유지

−빠른 흡수력으로 끈적이거나 번들거림이 없는 산뜻한 피부를 유지

■ 주요 성분 및 특징

−노화&보습 관리: 비타민 E유도체, 포도 추출물, 아미노코트, 베타인 추출물

−모공&각질 케어: 자몽추출물, 망고버터, 위치하젤

−안티 스트레스: 감초 추출물, 알란토인

■ 권장 대상

−눈에 띄는 모공과 각질이 고민인 남성

−스트레스로 점점 피부 활력을 잃어가는 남성

−세련되고 은은한 향취를 하루 종일 느끼고 싶은 남성

www.niobe.co.kr

>>> 회사 소개

고객만족 · 고객가치 창조 추구… 해외에도 과감히 투자

고객만족과 고객의 가치창조를 추구해 온 (주)니오베 코스메틱은 1999년 10월에 설립한 이래 고객의 관심과 애정으로 지속적인 성장을 하고 있다.

천연 아세로라 추출물을 10~20% 함유한 아세로라 브랜드와 슈프라 엘라스틴 라인, 프레스티지 라인, 인텐시브 기초 및 색조라인 등 고품격 제품 개발에 심혈을 기울여온 결과, 다양한 구성과 우수한 품질의 제품으로 고객만족에 다가서고 있다.

또한, 해외에 과감히 투자하여 중국에 이어 미국, 대만, 두바이 등 미래에 도전하는 정신으로 글로벌 인프라를 구축하는 기업으로서 깊은 관심을 보여주는 고객의 기대에 보답하기 위하여 열심히 노력하고 있다.

끊임없는 연구개발을 통하여 고품격 제품을 개발하고 고객의 만족과 이익을 바탕으로 가치창조를 추구하는 기업, 자기 개발 사고와 행동으로 차별화 전략을 세우는 니오베의 경영이념으로 전 임직원이 더욱 더 노력할 것이다.

동성제약 오마샤리프화장품

Re20(리투앤)

20대 피부로 되돌려 주는 '실크의 힘' … 피부 리페어 이론 적용

동성제약(주) 오마샤리프화장품의 대표 브랜드 Re20(리투앤)은 실크성분이 함유된 화장품으로서 실크 프로테인을 이용한 피부 친화성 소재 적용에 관한 연구를 포쉬에연구소와 농업과학기술원 잠사곤충부가 공동으로 수행하여 특허등록(제042843호)한 제품이다.

신물질 개발에 대한 기대가 두드러지고 피부 노화에 관심이 현저하게 급증하면서 피부에 유익한 것, 효용이 있는 새로운 것을 갈망하는 시기에 신물질인 누에고치 추출 성분이 피부에 더 없이 효과적이라는 점에 착안하여 신뢰성 있는 성분임을 증명받기 위해 농진청과 함께 연구된 제품이다.

브랜드 네임 Re20은 '리턴 투 투앤티(Return to 20)'에서 줄인 약자로 여성의 피부를 20대로 되돌려준다는 의미를 가지고 있는 리투앤의 키 메시지이다.

25세 이후 점점 노화되는 피부에 대해 명쾌한 해답을 제시하는 리투앤은 요구가 많아지는 성숙한 피부에 실크 프로테인이 피부 안팎을 속속들이 가꾸어줌으로써 새롭게 태어난 듯한 탄력과 매끄러움을 전해준다. 피부의 시간을 바꿔주는 리투앤은 바르는 순간 피부에서 느껴지는 실크 감촉의 부드러운 힘을 담아 피부 나이를 느끼는 여성들에게 20대 피부를 선사한다.

'시간을 되돌리는 실크의 힘', '실크처럼 촉촉하고 매끄러운 피부' 등의 '실크'라는 단어가 들어간 화장품 광고 문구가 자주 등장한다. '실크처럼 부드럽게 실크 피부와 같은 감촉으로 만들어 드립니다'라는 광고 카피가 이제는 실제 내 피부에서 일어나는 일이라는 사실. 이제는 현란한 수식어구가 아니라 진짜 실크 성분이 부드럽고 촉촉한 피부로 가꾸어 준다.

피부에 실크를 바른다!

그간 누에고치는 풀어서 명주실(실크)을 만들고 옷감 형태인 비단이 돼 의복을 만들어 입었다. 또한 누에가 몸에 좋다는 것은 옛날부터 전해 내려온다. 한방에는 꼭 인용이 되는 허준의 '동의보감'에도 누에의 성분이 당뇨병에 효험이 있다고 전해지며, 민간요법에서는 누에가 당뇨병의 치료뿐만이 아니라 당뇨 예방, 피로 회복, 피부 노화 방지, 치매 예방에 효험이 있다고 알려지고 있다.

조미료, 의료용품, 화장품 등 쓰임새가 다양화되고 있는 실크는 최근 가장 각광받고 있는 21세기 차세대 원료로 '신 약품 창고'라고 불릴 만큼 그 효능이 증명되고 있다. 근래에

는 숙취 해소에 좋은 효과를 나타내고 있다고 밝혀진 실크가 이제 '바르는 실크'로 새롭게 변신했다.

입는 실크, 먹는 실크에서 이제는 '바르는 실크'로 대세가 변화하는 데에 오마샤리프 Re20(리투앤)은 검증된 실크 추출물을 화장품에 도입하여 그 실효 범위와 영역을 넓혀가는 선두주자로서 실크에서 추출한 실크 프로테인을 이용한 피부 친화성 소재 적용에 관한 연구를 수행했다. 실크 프로테인은 누에고치의 섬유에서 추출한 성분으로 인체를 구성하고 있는 단백질 결합체인 아미노산의 다량 함유로 피부 친화력과 흡수력이 우수하여 실크 감촉의 피부를 만들어 준다.

국내 최초 특허 성분인 실크 프로테인을 제품화한 Re20(리투앤)은 21세기 차세대 원료인 실크 성분을 함유하여 25세 이후 급격히 저하되는 피부세포를 움직이는 원동력이자 새로운 세포를 만들어 내는 피부 리페어 이론을 바탕으로 개발된 고기능성 화장품이다.

누에고치에서 추출한 실크 성분 실크 프로테인의 천연 보습인자인 NMF(Natural Moisturizing Factor)는 지나친 끈적임과 피부 부작용, 유화 안정성 문제를 해결해 주는 피부

보습제로 충분한 수분 공급과 콜라겐 재생이라는 놀라운 효과를 나타내고 있다.

실크 성분이 피부를 촉촉하게

실크 프로테인을 함유한 Re20(리투앤)은 미첨가 제품보다 수분 보유능력이 50% 가량 향상된다. 정상적인 피부 표피의 각질층에서는 10~20% 수분이 함유되어 있어 탄력성 및 유연성을 주며 피부 보호 기능을 유지한다. 그러나 각질층의 수분이 온도, 습도 등의 외부환경 변화로 수분량이 감소하게 되면 피부는 탄력성과 유연성이 소실되어 피부 보호 기능을 상실하게 되어 여러 가지 피부 문제의 원인이 된다.

피부 미용에도 크게 영향을 미치게 되는데 특히 혹독한 외부 환경인 바람, 날씨, 햇빛 등과 세안, 스트레스, 공해, 노화라는 인자가 더해져서 쉽게 수분을 잃어 건조하고 거칠며 주름진 피부가 된다. 이렇게 노화가 시작되고 수분 공급이 절실해지는 피부에 Re20(리투앤)의 실크 프로테인에 의한 수분 증강효과는 실로 뛰어나다.

실크 성분이 피부를 젊게

주름 개선 효과 측정법에서 실크 프로테인의 피부세포 성장률을 시험한 결과 45%의 세포 성장률을 나타냈다. 실크 프로테인은 실크사 단백질을 단백질 분해 효소에 의하여 얻어진 필수아미노산 8종을 포함하여 총 17종의 아미노산을 함유하고 있다.

실크 프로테인을 함유한 오마샤리프 Re20(리투앤)은 피부 세포내의 수분 보유뿐만이 아니라 피부 보습막을 형성하여 경피 수분 손실을 효과적으로 막아 주어 피부 보습력을 향상시키는데 도움을 주고 콜라겐 증식에 관여하여 놀라운 노화방지 효과와 피부재생 효과를 발휘하여 피부 나이를 20대로 돌려주는 에이지 리플레이 역할을 한다.

향취

리투앤에 적용된 향은 '르땅 도르'의 '황금의 시절'을 의미하는 불어로 밝고 상쾌한 느낌을 전해주는 탑 노트와 화사한 꽃 향이 은은하고 부드럽게 조화를 이루는 미들 노트 그리고 따스한 볼륨감의 우아한 향을 관능적으로 자아내는 베이스 노트가 여성의 황금 시절에 피어나는 건강한 젊음을 나타내고 있다.

용기 디자인

실크, 즉 누에고치를 형상화한 디자인으로 누에고치를 연상케 했고, 제품의 고급화, 고기능성화를 위해 전체 컬러는 골드를 사용하여 럭셔리 제품 이미지를 극대화했다. 단상

자에서도 화이트 펄에 누에고치의 실을 연상케 하는 라인들을 삽입하여 제품 이미지를 한층 고급스럽게 했다. 또 펌프 타입을 택하여 실용성과 기능성을 돋보이도록 했고, 인체공학적인 설계에 의하여 편리한 사용감을 제공하고 있다.

하나의 컬러에 제품의 이미지를 떠올리는 것, 제품의 성격이나 분위기를 이미지화하는 컬러 마케팅의 일환으로 상품의 패키지 및 광고 등에서 제품의 럭셔리함을 극대화하고 실크, 리턴의 콘셉트를 부각할 수 있는 컬러에 대한 고민을 시작했다. 제품에 대한 메인 타깃인 30, 40대 여성층과 코어 타깃인 25세 이후와 40대 이상의 여성에게도 강하게 어필할 수 있는 컬러를 찾았고 실크와 누에고치 성분을 잘 표현할 수 있으며 고기능성 럭셔리 제품의 성격과도 맞출 수 있는 컬러로 골드를 택하게 됐다.

마케팅

국내 최초 실크 프로테인을 특허 출원한 성분의 특징을 내세워 소비자들에게 기능과 품질에 대한 신뢰를 심어주는 기법의 마케팅을 도입 '실크 단백질의 효능 · 효과 알리기'에 주력했다. 제품 출시 후 꾸준한 인기를 끌고 있는 리투앤은 오마샤리프 화장품에서 시행하는 대대적인 마케팅을 통해 급부상했다.

농진청과 오마샤리프에서 공동으로 개발된 실크 화장품은 기능성 화장품을 원하는 소비자들의 관심을 하나로 모으면서 화장품 관계자뿐만 아니라 농진청 관련자 또는 관련 업계의 관심 확대로 화장품 및 농업계 신문의 보도를 통해 다양하게 노출되면서 '실크 화장품'에 대한 열렬한 관심과 성원이 이루어졌다.

　9년이라는 시간 동안 리투앤은 많은 매체를 통해 노출이 됐다. 관계자는 "리투앤은 드라마, 쇼프로, 라디오, 잡지, 버스 광고 등 많은 매체를 통해 꾸준한 노출이 됐으며, 특히 2006년에 TV 드라마 '넌 어느 별에서 왔니'와 그해 '있을 때 잘해'에서 많은 노출과 홍보가 됐다"고 전한다.

　리투앤은 초기 인지도가 낮았지만 고가의 제품 특성을 살리기 위해 여러 매체를 통해 지속적인 노출 빈도를 높였으며, 리투앤 주요 핵심 타깃 층을 공략하는 전략을 펼쳤다.

　오마샤리프화장품은 뷰티&헬스의 모범 기업으로서 제품력을 생명처럼 여기며 고객의 마음을 사로잡기에 충분한 회사이다. 현재 오마샤리프는 온·오프라인을 통해 꾸준한 이벤트를 진행하고 있으며, SBS 웃찾사, 대학로 컬투 공연의 협찬을 진행하고 있다.

　문의는 080-020-2500.

www.i-omarsharif.co.kr

동성제약 에스메딕화장품

에스메딕 골드 프레스티지
피부에 채워지는 금빛 생명에너지 - 고보습 안티 에이징 브랜드

■ 콘셉트

에스메딕 프레스티지(ESMEDIC Prestige)는 Esthetic(미학적 피부관리)과 Medicinal Formulation(피부과학적 제조)을 의미하며 골드성분으로 피부의 노화 현상에 대응해 품격과 가치(Prestige)를 부여한다.

슈도 세라마이드와 히아루론산, 포도씨 오일 등에서 35세 이후의 노화피부에 가장 강력한 효과를 느낄 수 있는 집중보습을 부여하여 피부의 황금기(Golden Age)를 실현하는 고보습 에이지 리페어 브랜드이다.

■ 주요 성분

나노 골드(Nano-Gold): 순금 1000ppm의 안정한 콜로이드 수용액 원료로 피부에 독성이 없으며 유해 산소를 정화하는 효과와 피부 턴오버의 순환을 활성화하는 성분이다. 피부 진피층의 콜라겐 안정화에 도움을 주어 탄력강화 및 생명에너지 전달 효과가 있다.

A-G Liposome (특허등록 제 10-0670440호): 활용에 한계가 있는 아데노신과 유용성감초추출물을 최신의 Bio-Technology 리포좀 기술을 이용하여 나노-캡슐레이션한 기능성 활성성분. 나노 리포좀의 탁월한 기능성으로 활성성분이 피부 깊숙이 빠르고 안정하게 침투하여 주름개선 등의 효능·효과의 시너지를 창출하는 특허 등록성분이다.

■ 제품 구성 및 특징

골든 에이지 모이스처 스킨 (160ml): 고순도의 수분과 보습성분을 피부 속까지 전달해 피부 수분 보유력을 높여주는 고보습 에이지 리페어 화장수

골든 에이지 모이스처 로션(160ml): 고순도의 보습, 영양성분을 전달하여 피부 유,수분 밸런스를 적절한 비율로 맞추어주는 고보습 에이지 리페어 영양유액

골든 에이지 바이탈 에센스(40ml): DDS로 탄생한 생명에너지를 피부 깊숙이 전달하여 혁신적인 바이탈라이징 효과를 실현하는 고보습 에이지 리페어 농축 에센스

골든 에이지 링클 솔루션 크림(50g, 주름개선 기능성화장품): 주름과 노화의 징후에 적극적으로 대응하여 강력한 피부장벽 효과와 풍부한 영양공급 효과를 주는 고보습 안티에이징 크림

골든 에이지 토탈 솔루션 세럼(40ml, 주름개선 · 미백 이중기능성화장품): 색소침착, 노화현상 및 주름 생성의 문제점을 해결해 주며, 피부 생명에너지 성분의 시너지 효과로 피부의 전체적 웰빙을 지켜주는 고보습 안티에이징 세럼

골든 에이지 링클 솔루션 아이크림(30g, 주름개선 기능성화장품): 눈가의 노화현상 및 주름생성 문제점을 해결해 주며, 섬세하고 예민한 눈가 피부를 보호해 주는 고보습 안티에이징 아이크림

골든 에이지 프루프 선 블록[SPF50+/PA+++](80g, 자외선차단 기능성화장품): UVA와 UVB에 대한 2중 차단효과, 자외선에 의해 발생하는 피부고민을 해결하는 액티브 프루프(Active Proof) 개념의 기능성 자외선 차단 제품

골든 에이지 멀티 커버 비비크림[SPF35/PA++](60g, 자외선차단 · 주름개선 · 미백 삼중기능성화장품): 나노골드, 마린콜라겐 등의 함유로 피부에 촉촉함과 탄력을 주며 뛰어난 커버력이 깨끗한 피부 톤을 완성시켜 주는 멀티 커버 비비크림

골든 에이지 퓨리파잉 클렌징 폼(160ml): 나노골드 성분을 포함한 골드 스크럽이 피부의

노폐물 및 과도한 각질을 관리하며 순수 자연 성분이 피부의 건강한 보호막을 보호해 주는 멀티 트리트먼트 개념의 수성 세안용 클렌징 폼

골든 에이지 퓨리파잉 클렌징 크림(300ml): 산뜻한 사용감의 클렌징 크림으로 피부에 마일드하게 작용해 메이크업을 깔끔하게 관리해 주는 순수 자연 성분의 멀티 트리트먼트 개념의 클렌징 크림

더 커버 클래식
26년 전통의 커버 메이크업 전문 브랜드

더 커버 클래식(the cover classic)의 역사는 오리리화장품의 카바마크 (COVERMARK)로 거슬러 올라간다.

오리리 카바마크는 커버 메이크업의 시초로 커버맥스와 더커버Ⅱ 등의 브랜드로 리뉴얼되어 지난 20여 년간 다양한 피부 결점을 자연스럽게 감추어주는 여성의 동반자로 함께 했다.

스킨케어를 지향하는 메이크업에 대한 니즈로 다시 한 번 새로워진 더 커버 클래식은 20여 년간 누구도 따라잡지 못한 탁월한 커버력에 현대인의 피부 색상 변화와 긍정적인 질감 변화를 적용, 개발되어 다양하고 심화된 피부 결점과 트러블을 완벽하고 자연스럽게 감추어 준다.

■ 주요 성분

나노 코엔자임 큐텐: 세포를 프리래디컬로부터 보호하며 피부를 재생 및 복구시켜 주는 항산화 효과가 탁월한 성분. 나노 캡슐레이션 기술로 용해가 어려운 코큐텐을 수용성으로 전환

시켜 피부 침투가 용이하다.

나노 리포좀 아데노신: 세포 재생과 증식을 촉진하며 피부탄력 및 유연성 강화에 관여하는 콜라겐과 엘라스틴의 단백질 합성 및 생성을 촉진하는 성분. 피부자극이 적고 안정성이 높은 세포 에너지 대사 촉진 물질로서 밤과 낮에 관계없이 사용할 수 있다. 더커버클래식의 아데노신은 나노 사이즈로 리포좀화되어 있어 피부침투성과 안정성이 매우 높다. 나노 리포좀 아데노신은 특허출원 성분이다.(출원번호 10-2006-001743호)

■ 대표 제품

더 커버 클래식 프로 파운데이션(자외선차단 기능성 화장품 / SPF24, PA++): 완벽한 커버력, 전문적인 피부결점 조정 효과 및 우수한 산소 투과율을 지닌 스킨 트리트먼트형 크림 파운데이션.

기미, 주근깨, 점, 잡티 등 피부 결점을 효과적으로 보정해 주는 전문 커버 파운데이션으로 완벽한 커버력과 자연스러운 피부색상 및 보습력을 지닌 스킨 트리트먼트형 제품이다. 자외선과 외부 공기 중의 피부 유해인자로부터 피부를 안전하게 보호해 주며 피부 색소 침착을 막아줄 뿐 아니라 피부의 원활한 산소 공급과 피부 호흡을 도와주어 건강하고 투명한 피부색을 살려준다. 땀이나 물에 쉽게 번지거나 지워지지 않고 지속성이 우수하여 수정화장 없이도 하루 종일 흐트러짐 없는 화장을 유지시켜 준다. 용량은 11g.

더 커버 클래식 소프트 파운데이션(자외선차단 기능성화장품 / SPF24, PA++): 소프트한 발림성과 산뜻하고 매트한 사용감의 피부 결점 커버 전문 파운데이션(팩트타입).

피부 친화력과 보습력이 우수한 아미노산 코팅 파우더 함유로 놀라운 밀착력과 지속력을 발휘, 하루 종일 자연스러운 피부 표현을 유지해 주는 피부결점 커버 전문 파운데이션이다. 소프트한 감촉으로 발리며 보송보송하고 매트하게 마무리돼 피부 결점을 커버해 주고 깨끗한 화장 상태를 유지시켜 준다. 땀이나 물, 피지 등에 쉽게 지워지지 않는다. 용량은 11g.

더 커버 클래식 스틱 파운데이션(자외선차단 기능성화장품/SPF33, PA++): 기미, 주근깨, 반점 등 심화된 피부결점 부위를 커버해 주는 국소 부위 전문 파운데이션(스틱 타입).

탁월한 밀착력으로 밀림 현상이나 들뜸 없이 완벽한 커버 메이크업을 연출하는 스틱형 파운데이션이다. Liquid Crystal 공법으로 개발된 피부 친화력이 우수한 성분이 부드럽고 편안한 사용감과 보습 효과를 주는 스킨 트리트먼트 개념의 메이크업 제품이다. 눈 밑이나 입가 등 국소 부위의 잡티도 세심하게 가려주며 주름이나 근육의 움직임에도 피부 보호형 화장막이 파괴되지 않아 지속력과 커버력이 탁월하다. 용량은 5g.

www.esmedic.co.kr

>>> 회사 소개

에스메딕(ESMEDIC)은

'Esthetic&Medicinal Cosmetic' 이란 뜻으로 효과적인 제약개념 에스테틱 시스템의 순수과학 피부 솔루션을 지향한다. 피부를 잘 아는 동성제약 50년의 역사와 신뢰를 바탕으로 자연 그대로의 건강한 피부를 약속한다.

역사와 전통의 화장품 기업

1983년, 'Camouflage Color Therapy-오리리 카바마크'로 시작된 에스메딕화장품은 동성제약 중앙 기술연구소의 전문적인 피부 연구 데이타를 바탕으로 트러블을 다스리는 피부과학 브랜드 에이씨케어 T.LAB. 솔루션, 역사를 담은 컬러 메이크업 브랜드 더커버클래식, 그리고 나노 테크놀로지를 이용한 메디컬 개념의 에스테틱 브랜드 에스메딕에 이르기까지 전문화된 기능의 제품을 선보이며 최고의 기술로 피부과학을 이끌어가고 있다.

연혁

1979	미백화장품 전문 이몽 화장품 탄생
1983	(주)오리리화장품 설립
1993	국내 최초 파운데이션으로 FDA(미국식품의약청) 공인
1997	여드름 전문 브랜드 A.C. CARE 출시. 동성제약 리케아 화장품사업부로 흡수 통합
2002	자연주의 화장품 에스메딕 출시
2003	CJ 홈쇼핑 '23년 커버노하우-커버맥스' 론칭
2006	트러블을 다스리는 피부과학-에이씨케어 T.LAB. 솔루션 출시. 역사를 담은 컬러-더커버클래식 출시
2007	동성제약 에스메딕화장품 명칭 변경
2008	고보습 안티 에이징 스킨케어-에스메딕 프레스티지 출시

로제화장품

십장생
피부에 적합한 한방원료 10종 함유 … 프리미엄 브랜드

십장생의 이미지를 형상화한 자연한방화장품으로 방판시장의 포화상태를 감안해 전문점의 이윤 확보와 철저한 관리를 콘셉트로 2002년 시판시장에 출시했다. 전문점에 대한 마일리지 운영 등 로열티 프로그램을 통해 철저한 가격질서 유지와 마진을 보장해 주는 원-원 전략 및 주부생활교실과 미용강좌 등의 문화 이벤트를 전개해 프리미엄 브랜드의 입지를 탄탄히 했다.

■ 콘셉트

십장생(十長生)이란 예로부터 오래 산다고 믿어 왔던 소재 열가지(해, 구름, 산, 바위, 물, 학, 사슴, 거북, 소나무, 불로초)로 불로장생의 상징물을 뜻하는데 모든 인간의 불로(不老)에 대한 공통된 염원을 담고 있다.

로제화장품은 십장생의 염원으로 피부에 가장 적합한 한방 원료 10가지를 모아 십장생 복합체(SJS complex)를 개발했다. 십장생 복합체는 실제 십장생을 피부에 적합한 소재로 전환해 소나무는 솔싹, 불로초는 영지버섯, 학은 월귤나무, 거북은 자라, 바위는 게르마늄, 물은 로얄제리, 산은 홍삼, 해는 인어알, 구름은 레몬으로 표현하고 있다.

'십장생'은 차별화된 10가지 한방 성분을 적용한 한방화장품으로 쇠퇴하는 피부 구조에 역점을 두어 피부 건조, 탄력상실, 잔주름, 피부 칙칙함 등의 기본적인 문제를 해결한다. 특히 10 가지 성분을 차별 적용하여 근원적인 피부 고민을 개선하는 제품이다.

또한 피부타입과 한방재료간의 음양오행의 원리를 응용, 기와 혈을 북돋아 기혈의 순환 통로인 경락의 원리로 피부 탄력 유지와 피부에 윤기를 준다. 이와 함께 보톡스와 동일한 메커니즘으로 잔주름을 개선해주는 신소재인 헥사펩타이드와 천연보습인자와 구성 성분이 비슷한 자작나무수액을 함유하고 있다.

■ 십장생 금안 라인

• 대나무통 발효기술 접목

피부 불로장생의 염원을 담은 십장생복합체를 대나무통 발효해 고유 효능성분의 입자를 저분자화해 피부 흡수를 용이하게 했다. 또한 발효대사과정에서 생성되는 여러가지 좋은 성분들이 피부에 이로움을 더하여 피부를 더욱 생기있고 탄력있게 가꾸어 준다. 대나무통 발효는 대나무의 향과 효능이 발효된 십장생복합체에 녹아들어 효능을 극대화했다.

• 물의 차별화

일반 정제수가 아닌 피부 노화방지에 유익한 한방수인 금안수(金顔水)를 사용하여 화장품의 기본이 되는 물부터 철처히 차별화 했다. 금안수란 중국 고의서인 천금요방에 기재된 천금면고를 바탕으로 현대적으로 재해석한 처방으로 귀한 한방 약재로 사용되는 복령, 천궁, 백지, 송엽, 목향을 복합 처방하여 피부 노화와 주름을 방지하고 피부 탄력과 얼굴빛을 환하게 되돌려주는 한방수이다.

• 펩타이드 강화

차세대 주름개선 성분으로 알려져 있는 펩타이드 성분을 제품의 기능에 따라 차등 강화하고 자작나무 수액을 보강해 기존 십장생보다 빠르게 피부 탄력 저하, 피부 노화, 피부 건조 등의 문제점 개선하여 피부 불로장생을 실현했다.

■ 주요 타깃

십장생 제품은 30대 중반 이후의 고객을 타깃으로 해 제품광고·프로모션을 집중했다. 또한 주부들을 대상으로 광범위한 샘플 전략을 시행해, 소비자에겐 '제품력 좋은 브랜드'로 전문점주에겐 '믿고 권할 수 있는 브랜드'로 거듭났다.

더블리액션

자연 유래 피부친화형 성분 함유 … 주름개선 · 미백 이중기능성

■ 더블리액션 기초라인

로제화장품의 '더블리액션(Double Reaction)'은 경쟁이 치열한 기존 시판 시장에 이중기능성 콘셉트로 소비자 만족의 효용을 극대화했다.

또한 자연에서 유래한 각종 유효 영양성분과 자연추출수의 함유로 피부에 편안함을 부여해주며, 주름개선 및 미백의 이중기능성을 부여해주는 피부친화형 기능성 화장품이다.

– 제품 특징

• 안정성이 탁월한 주름개선 화장품: 불안정한 레티놀과는 달리 안정하면서도 획기적인 주름개선 효능의 아데노신을 적용한 주름 대책 전문 기능성 화장품이다.

• 지속성이 우수한 미백 화장품: 공기 중에서 쉽게 산화되는 불안정한 비타민C를 안정화한 아스코빌글루코사이드를 적용해 미백 효과를 지속적으로 유지한다.

• 허니 테리피 효과: 외부 스트레스에 지친 피부를 건강하게 유지시키고자 자연성 꿀벌 유래성분을 적용해 약리작용의 활성화를 통한 피부 건강 유지시킨다.

• 플라워 테라피 효과: 피부 보호 효과가 탁월한 꽃 추출물을 적용했다.

– 타깃층

주름과 미백을 동시에 차단하고자 하나 무거운 사용감을 기피하는 20~40대 여성 고객을 핵심 타깃으로, 50대 초반 피부 노화에 대응하고자 하는 모든 여성 고객층으로 타깃층을 확대하고 있다.

■ 더블리액션 메이크업라인

로제 더블리액션 메이크업 라인은 노화로 인해 늘어나는 주름, 피부 처짐, 잡티, 칙칙한 피부 톤 등 화장을 해도 감추기 어려운 여성들의 큰 고민거리인 결점들을 자연스럽게 커버해 준다. 또한 주름개선과 미백, 자외선 차단, 보습, 영양까지 근본적인 원인을 케어해 피부 노화를 막아주는 기능성 메이크업 제품이다.

– 제품 특징

가볍고 피부 부담감을 극소화시킨 에어필링 제형을 구성해 피부 흡수 후에도 처음 사용감을 지속적으로 유지시켜 준다. 내추럴한 피부 색감을 연출하는 트랜스루시드 티탄 파우더는 특허 기술(598496호)을 적용해 밝고 자연스러운 피부 톤을 표현한다.

피부 밀착감이 우수한 슬림핏파우더는 특허 기술(447309호)을 적용해 깨끗하고 얇은 화장막을 연출하는데 효과적이다. 재스민, 라벤더, 로즈마리, 녹차추출물 등의 허브 콤플렉스를 함유해 외부 자극인자로부터 피부를 보호한다.

– 주요 성분

• 아데노신(adenosine): 주름개선 효과

피부 흡수가 용이하도록 나노 캡슐화시킨 아데노신을 유화 제품군에 적용, 피부 진피 층까지 주름 개선 효과를 빠르게 전달한다.

• 알부틴(arbutine): 미백효과

멜라닌을 형성하는 메라노사이트에 티로시나제 활성을 감소시킨다.

• 트랜스루시드 티탄 파우더: 자외선 차단 효과

자외선 차단(UV-A,B) 및 자연스러운 반투명 베이지색감 연출에 효과적이다.

- 재스민: 피부진정과 유연효과, 염증 및 상처 치료, 보습, 피지 밸런스 조절이 탁월하다.
- 로즈마리: 살균 및 항균작용, 피부 상처 치유와 피부 노화 방지에 효과적이다.
- 라벤더: 항균, 항염 작용과 피부 긴장 완화와 진정, 외상 치료와 보습 효과가 뛰어나다.
- 녹차 추출물: 피부 활성산소와 과산화지질의 생성을 억제한다.

오퍼스 클래식
자연 발효 복합체 함유 … 건성 피부에 적합

■ 개발 배경

'오퍼스 클래식' 은 라틴어로 '작품' 이라는 의미를 가지고 있으며, 함축적인 의미로 고전적이고 우아한 피부를 위한 제품이라는 이중적인 의미를 갖고 있다. 에센스의 명가인 로제화장품에서 만들어 낸 '오퍼스 클래식' 은 건성화가 시작된 피부나 심하게 거칠어진 피부를 가진 소비자들에게는 큰 인기를 얻고 있다.

■ 콘셉트

– 클래식한 여성의 피부를 위한 아름다움의 비법 '자연발효': 고대부터 미의 여신이라 불리던 여인들이 아름다운 피

부를 가꾸기 위해 사용했던 천연의 미용법을 바탕으로 최근 붐을 일으키고 있는 과학적인 발효기술을 접목시켰다.

또한 명화 속의 여인들처럼 희고 건강하게 빛나는 피부로의 회귀를 돕는 제품이다.

– 건성 피부를 위한 촉촉탱탱 '영양 · 보습': 자연이 선물해준 천연 영양보습제 아보카도, 비타민E, 알로에가 풍부한 수분과 영양을 공급해 건성 및 악건성의 문제점을 해결해주고 촉

촉함과 영양을 장시간 유지시켜 준다. 또한 피부 처짐, 잔주름, 칙칙한 피부 톤 등 노화현상을 예방 및 완화시켜준다.

　– 리치한 영양감이 눈으로 느껴지는 제형: 건성 및 악건성 피부의 문제점은 수분 부족과 영양 불균형으로 이를 해결하기 위해 영양이 농축된 듯한 연한 노란 색상을 적용하여 눈으로 직접 풍부한 영양을 확인할 수 있도록 했다. 또한 일반적인 수분 타입 스킨과 달리 에센스를 담아놓은 듯한 점액 타입 스킨, 크림과 에센스의 중간 형태의 크리미한 에센스 형태이다.

■ 자연발효복합체란?

밀을 맥주로 만드는 과정에서 발생된 효모, 우유를 발효시킨 유산균, 포도를 숙성시킨 와인에서 얻은 폴리페놀 등 자연의 시간으로 만들어진 천연 유래 발효 성분으로 보습, 영양, 탄력 등 건성화된 피부가 필요로 하는 미용 효과를 효과적으로 전달하며 장시간 유지시켜 준다.

　– 효모(맥주): 미백효과가 있는 맥주의 거품으로 하얗고 깨끗한 피부로 가꾸어 준다.

　– 유산균(우유): 탁월한 보습력과 미백효과로 촉촉하고 고운 피부로 가꾸어 준다.

　– 폴리페놀(포도주): 항산화 · 항노화 효과가 뛰어나 탄력있고 생기있는 피부로 가꾸어 준다.

오퍼스 알로에
사계절용 알로에 브랜드 … 유기농 성분 함유한 자연주의 제품

■ 개발 배경

'오퍼스 알로에'는 시장 전체에 넓게 확산되어 있는 자연주의 콘셉트를 한층 업그레이드한 친환경 뷰티 브랜드이다. 기존 '알로에=여름용'이란 공식을 깨고 사계절용으로 기획된 브랜드로, 신선한 유기농 알로에를 주성분으로 하여 자연 그대로의 느낌을 잘 살린 제품이다.

■ 콘셉트

　– 유기농 알로에를 내 피부에 그대로 바른다: 친환경 자연주의 콘셉트에 맞춰 신선한 유기

농 알로에의 함량을 극대화했다. 화학비료, 농약성분을 사용하지 않고 유기물, 자연광석 등 자연적인 자재만을 이용한 유기농 알로에를 사용했다. 특히 유기농에 대한 세계적 인증기관인 CCOF(California Certified Organic Farmers)의 인증을 받았다.

– 여름철뿐만 아니라 사계절 언제나: 기존 알로에 제품들에서 부족했던 유분감을 보충해 계절에 상관없이 언제나 사용할 수 있게 기획했다. 이외에도 유·수분 밸런스를 맞춰 모든 피부가 사계절 사용 가능하다.

– 알로에의 진정&보습 효과: 알로에의 탁월한 진정&보습 효능으로 민감한 피부, 건조한 피부에 탁월하다. 알로에 이외에도 마치현·백차 추출물을 함유해 보습, 진정 효과뿐만 아니라 노화방지, 문제성 피부에도 탁월한 효능이 있다.

– 마치현 추출물: 피부 자극과 항알러지 반응 진정, 항균 보습, 천연 식물성 보습제로 피부 건조 예방 및 항염 작용으로 염증 치료에 효과적인 성분이다.

– 백차 추출물: 피부 진피층을 관리해 항균 및 항바이러스 작용을 통해 탄력 있고 건강한 피부로 관리해 준다.

마자린 위드 캐비어(MAZARIN WITH CAVIAR)

고품질·중저가 매스티지 브랜드 … 캐비어·해양성 성분 함유

로제화장품은 그 동안 고품격, 고품질 화장품으로 인식됐다. 각각의 제품들이 뛰어난 제품력을 자랑하며 시장에서 '로제=우수한 제품'의 공식을 만들어 나갔다. 그러나 지속되는 경기 침체와 국내외 환경의 변화로 인해 소비자의 니즈가 고품질&저가격대의 제품들로 변화하였고, 이에 로제화장품에서는 중저가 브랜드 '마자린 위드 캐비어'를 출시해 소비자가 원하는 가장 합리적인 브랜드를 탄생시켰다.

■ 개발 배경

- 매스티지 전략(고급화+대중화): 진귀하고 특별한 성분인 캐비어를 함유했으며, 합리적인 가격(1만원 대 중반, 스킨 기준)을 통해 대중화에 초점을 맞췄다.

- 럭셔리 웰빙: 대중화된 웰빙 아이템을 차별화(캐비어)해 소비자에게 특별함을 부여했다.

- 차갑고 건조해진 계절에 고영양 고보습 부여: 단백질, 비타민 성분이 생체조직에 적합한 수분과 영양을 공급해 피부 보호 및 탄력 지속, 노화 예방에 초점을 맞췄다.

■ 제품 특징

- 캐비어 함유의 고(高)영양 화장품: 세계 3대 진미 중의 하나로 단백질, 비타민이 생체조직에 적합한 수분과 영양을 공급해 피부 보호 및 탄력 지속, 노화 예방에 매우 효과적이다.

- 해양성 성분을 함유한 고(高)보습 화장품: 해양심층수, MFS 등 해양성 성분이 함유돼 수분을 공급하고 보습을 유지시켜 촉촉함을 오래 느끼게 하는 피부 수분유지 화장품이다.

■ 주요 성분

- 캐비어: 지구상에 존재하는 가장 오래된 어류인 철갑상어에서 생산되며, OMEGA-3 와 지용성 비타민A, D, E 외 B1, B2 등 47종의 비타민, 수분을 잡아주는 미네랄, 필수 아미노산 및 피부재생작용을 하는 필수 지방산 등을 함유하고 있다. 특히 세포보다 20배나 많은 순수에

너지가 집약되어 있고 인간의 피부 단백질 구조와 유사한 구조를 가지고 있다.

 - MFS(Marine Filling Sphere): 피부 표피 상층에서 날라가는 수분을 잡아 피부 수분도를 높일 뿐만 아니라 즉각적인 주름개선 및 페이스 라인 정돈에 효과적이다.

 - 해양심층수: 수심 200m미만의 깊은 바닷속 해수로 외부환경에 영향을 받지 않아 영양이 풍부하고 깨끗하다.

www.rosee.co.kr

>>> 회사 소개

고품질 · 고기능성 제품으로 소비자 신뢰 확보

'국내 화장품의 고급화'란 기치를 내걸고 1991년도에 설립된 로제화장품은 환희, 에슬리, 십장생 등 빅히트 제품을 선보이며 소비자들의 고객만족을 최우선 목표로 했다. 로제화장품은 창립 이래 지금까지 고기능성, 고품질의 화장품을 생산하는 대표적인 화장품사로 국내외 여성들과 업계에서 주목을 받고 있다.

로제화장품은 '믿음과 신뢰를 통한 기업의 미래가치 창조'라는 경영이념을 토대로 소비자에게 다가섰으며, 이를 통해 믿을 수 있는 브랜드라는 이미지를 소비자에게 심어 줄 수 있었다. 안정적인 유통망을 통한 제품의 공급과 다양한 프로모션을 통해 소비자와의 신뢰 형성은 지금의 로제화장품의 밑거름이 되었다 할 수 있다.

소비자들이 로제화장품 하면 가장 먼저 떠올리는 것은 '에센스의 명가', '뛰어난 제품력'을 꼽는다. 시간이 흘러 최근까지도 로제화장품의 소비자 만족도는 최고라 할 수 있다.

로제화장품만의 특허기술 만들어낸 십장생 복합체(SJS complex)를 이용한 '십장생'을 필두로 최근에는 대나무 발효라는 차별화된 기술력을 통해 '십장생' 브랜드를 한층 업그레이드 했다. 이외에도 진귀하고 특별한 성분인 캐비어를 활용한 '마자린 위드 캐비어', 자연발효 복합체를 이용한 '오퍼스 클래식' 등 브랜드마다 최고의 기술력과 우수한 성분들을 이용했다.

또한 로제화장품은 '직거래 유통의 활성화'를 통해 타사와 유통차별화를 선택했다. SC(Skin Consultant)매니저들이 활동하는 직거래 조직은 전국의 1천5백여개 거래처로 거미줄처럼 뻗어져 있다.

직거래 유통의 장점을 꼽자면 첫째, 신속한 제품 확산이다. 회사에서 생산된 신제품은 하루 또는 이틀 안에 전국의 전문점으로 도착, 소비자의 손에 건 낼 수 있다.

둘째, 소비자와 쌍방향 커뮤니케이션의 반응이 빨라진다. 소비자들의 의견, 개선사항 등 수많은 고객의 소리를 회사에서 신속히 대응할 수 있다. 또한 회사의 마케팅전략 또한 신속히 전달될 수 있다.

셋째, 전문점의 이익과 투명한 유통이 보장된다. 회사와 전문점간의 거래이기에 중간단계의 유통마진이 1차 소비자인 전문점주에게 귀속된다. 또한 직거래를 통해서 가격질서를 유지하기 용이하다.

로제화장품은 정직과 믿음을 바탕으로 건강하고 아름다운 세상을 만들기 위해 모든 열정을 다하고 있다.

리스앙쥬

고품격 피부관리 프로그램

리스앙쥬 EX 링클 앤 퓨어 화이트닝 C 세럼(순수 비타민 C 8% 함유)

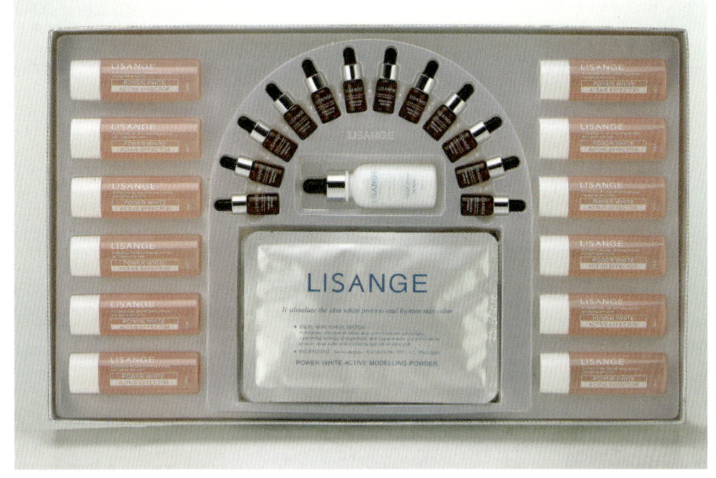

불안정한 비타민C 성분을 안정화하여 순수한 상태로 8% 함유시킨 고농축 프로그램형 세럼으로 실리콘 젤 네트워킹 시스템이 순수 비타민C를 안정화하여 주름개선 및 미백 기능을 도와주는 이중기능성 세럼이다.

순수 비타민C는 비타민C 유도체와 달리 공기에 노출되면 효과가 현저히 떨어지고, 산화돼 순수 비타민C의 효과를 높이기 위해 공기를 차단할 목적으로 특허 등록된 용기를 사용했다.

리스앙쥬 파워 콜라겐 프로그램

주름개선 효과가 뛰어난 아지렐린의 함유로 피부 노화를 방지해주고, 집중적인 주름 완화에 도움을 주며, 식물성 성분인 마치현추출물, 자몽추출물이 지치고 예민해진 피부를 정상적으로 회복시켜 건강한 피부로 개선시켜 주는 집중 관리 프로그램이다.

리스앙쥬 파워 화이트 프로그램

미백성분인 알부틴을 나노 리포좀화시켜 피부로 안정하게 전달해 멜라닌의 생성을 억제하고, 미백에 도움을 주어 피부 톤을 환하게 가꾸어 주고 식물 복합체인 피토라이트 성분의 집중

화이트닝 효과와 피부에 필수적인 미네랄 성분이 촉촉한 피부로 가꾸어 준다.

리스앙쥬 파워 리노베이션 프로그램

아데노신을 함유하여 주름개선에 효과가 우수하며, 캐비어추출물, 자몽추출물 등의 함유로 보습과 주름 완화작용에 우수한 효과를 나타낸다.

집중적인 수분과 영양을 공급하여 부드럽고 견고한 피부결로 가꾸어 주어 탄력 있는 피부로 개선시켜 주며, 트리트먼트 세럼의 보습성분이 끈적이지 않고 산뜻하게 스며들어 한결 보들보들한 피부로 선사해 준다.

리스앙쥬 파워톡스 프로그램

히아루론산액 5%, 마린 콜라겐액 5% 함유로 탄력 없고 거친 피부에 작용하여 탱탱하고 생기 있는 피부로 가꾸어 준다. 빠른 흡수력과 산뜻한 마무리감과 사용 시 촉촉한 수분감을 충분히 느낄 수 있다. 또한 베타 – 글루칸 성분의 함유로 피부의 면역활성을 촉진하여 표피의 면역성을 강화시켜 준다.

리스앙쥬 파워 솔루션 프로그램

특허성분인 상지추출물 2% 함유로 여드름 완화 효과와 피지를 조절해 주는 효능이 우수하며, 윌로우박 추출물이 거칠어진 피부결을 정돈해 준다. 티트리 오일이 피부를 보호하고 진정시켜 피부 트러블을 방지하며, 오드랄린 성분이 필요한 영양성분을 공급하여 피부를 건 강하게 가꾸어 준다.

▌피부 시간을 되돌려 젊음을 찾아주는 MX 고탄력 라인

리스앙쥬 MX 고탄력 토너 세트

메트릭실, 린덴추출물이 스트레스로 인해 거칠어지고 피로해진 피부를 매끈하고 탱탱하게 가꾸어 주며, 나이아신 아마이드 성분 배합으로 촉촉한 피부 상태로 유지시켜 주는 영양공급 고탄력 토너.

리스앙쥬 MX 고탄력 링클 아이크림 세트

라디칼 스폰지, 코엔자임 Q10 성분의 함유로 거칠어진 눈가 피부를 부드럽게 정돈하여 주고 아데노신 미용성분의 함유로 눈가 탄력강화와 주름 개선에 도움을 주는 아이크림.

리스앙쥬 MX 고탄력 에센스 세트

라디칼 스폰지, 린덴 추출물, 매트릭실 코엔자임 Q10, 미용성분들이 피부에 집중적인 에너지를 공급하여 탄력 있는 피부로 되돌려 드리는 고탄력 에센스.

리스앙쥬 MX 고탄력 에멀젼 세트

폴리리프트, 라디칼 스폰지, 히아루론산 성분의 함유로 유·수분 밸런스를 유지시켜 주며, 스트레스에 의한 활성 산소를 제거하여 밝고 건강한 피부로 회복시키며, 탄력과 부드러움을 더해주는 고탄력 에멀젼.

리스앙쥬 MX 고탄력 크림 세트

린덴추출물, 라디칼 스폰지, 매트릭실, 폴리리프트 성분이 지친 피부를 빠르게 회복 시켜주며, 아세틸글루코사민, 나이아신 아마이드 성분으로 세포외기질을 재구축시켜 촉촉한 피부 상태를 오랫동안 유지시켜 주는 고농축 고탄력 크림.

워터 스프링 컬러 메이크업 (Water spring color make up) 스페셜 아이템

수채화를 그리듯 은은하게, 번지듯이 표현하는 메이크업이 최근 유행하는 트렌드이다. 소프트 컬러를 번지듯 그리는 것이 포인트. 올 봄에도 메이크업의 규칙은 없다. 마치 하얀 캔버스 위에 그림을 그리듯 얼굴 위에 사랑스러운 컬러들을 가득 채우면 된다.

컬러 믹스에도 제한이 없다. 여러 가지 컬러를 사랑스러워 보이도록 믹스하면 된다. 여러 가지 컬러를 사랑스러워 보이도록 믹스하면 된다. 파스텔 컬러를 최대한 은은하고 가볍게 바르며 옐로우와 그린, 오렌지와 피치 등 비슷한 컬러 톤으로 맞춰 과하지 않게 표현한다. 이때 중요한 것은 바로 베이스메이크업. 은은한 컬러감으로 잘 살리려면 투명하면서도 화사하게 표현해야 한다는 것. 자신의 피부 톤 보다 한 단계 밝은 톤의 베이스를 사용한다.

리스앙쥬 MX 선프로텍션 파우더 팩트 SPF35, PA+++

스펀지가 물을 빨아 들이 듯이 피지를 빨아들이며 수시로 덧발라도 피부에 뭉치지 않고 피지를 보송보송하게 잡아주는 팩트. 새로운 아크릴 공법을 이용한 특허 받은 명판이 제품의 가치를 한 단계 업그레이드시켜 해외 명품 화장품과 비교해도 손색이 없다.

리스앙쥬 MX 매직 BB 멀티 사이언스 크림

자외선 차단, 주름개선, 미백의 삼중기능성 고시 성분이 워터인 실리콘 기술로 안정화 상태로 함유되어 자외선에 의한 피부 노화와 멜라닌 생성을 억제시킨다. 또한 천연 폴립 페놀 성분이 보습 증대와 피부에 유해한 활성산소의 발생을 억제해 윤기 나는 메이크업을 연출 한다.

- 럭셔리 마블 블러셔: 고광택 펄감 빛에 따라 변화하는 신비한 컬러. 오로라 빛처럼 화사하고 자연스럽게 표현해 준다. 하이라이터로도 사용이 가능하다.
- 럭셔리 아이새도우: 은은한 파스텔 컬러가 신비로운 느낌을 준다.
- 캡슐 립스틱: 한 번의 터치로 가볍게 발리는 사용감이 원하는 컬러를 표현해 준다.
- 샤이니 립글로스: 사랑스러운 펄이 입술을 은은하게 반짝이도록 한다.

www.lisange.co.kr

>>> **회사 소개**

피부 감동 · 품질 우선

리스앙쥬는 1994년 5월 창업 이래 15년간 피부 감동과 품질 우선이라는 목표 아래 최상의 제품을 개발하여 국내 시장에서는 작지만 알찬 기업으로 세계 최고의 품질을 지향하는 회사로 인정받기 위해 노력하고 있다.

2006년 6월 1일부로 명실공히 세계 최고의 품질을 지향하는 기초 및 색조를 겸비한 종합 화장품회사로 한 단계 발전하기 위하여 '리스앙쥬' 로 신설하여 설립했다. 리스앙쥬는 제2의 창업이란 사명감과 '피부 감동', '품질 우선' 이라는 목표 아래 최상의 제품을 개발하여 국내 시장에서 작지만 알찬 기업으로 인정받기 위해 노력했다.

리스앙쥬는 여성용 브랜드 리스앙쥬 MX, 리스앙쥬 EX, 리스앙쥬, 에떼레브 등 기초화장품과 색조화장품을 비롯하여 2백여개의 제품을 갖추고 있다.

2009년 현재 미국, 중국, 태국, 필리핀, 싱가폴, 미얀마 등 6개국에 수출하고 있으며, 앞으로 더 많은 국가에 수출을 확대 할 계획이다.

연혁

1994	조이벨 상사 설립
1996	(주)조이코스 법인 변경
2003	리스앙쥬 브랜드 런칭
2005	리스앙쥬 EX 브랜드 런칭
2006	(주)리스앙쥬로 법인 분할
2006	리스앙쥬 MX 브랜드 런칭

(주)보브

보브 쇼 케이스

2009 아이콘 걸들의 메이크업
소녀적 감성의 청순하고 생기있는 걸리쉬 메이크업

■ 콘셉트

㈜보브는 S/S 패션계 트렌드와 함께 봄의 생동감과 화사함을 가지고 있는 보브 S/S 트렌드 쇼 케이스를 선보였다. 이번에 선보인 쇼 케이스 메이크업 룩은 사랑스러운 잇 걸, 핫 걸로서 표현되며, 미래 지향적인 팝 아트적 영감의 그린, 핑크 톤 컬러를 내추럴하고 투명하게 표현했다.

봄의 보브 쇼 케이스는 밝은 소녀적 감성의 핫 걸리쉬와 생동감 넘치는 봄의 느낌을 담아 색감이나 라인의 강조보다는 깔끔하고 청순한 듯, 발랄하고 생기있는 메이크업을 선보인다. 보브 쇼 케이스는 생기있고, 발랄한 톡톡 튀는 봄의 표정을 그대로 담아내며 사랑스럽고 해맑은 소녀의 맑은 피부, 생기 넘치는 이미지를 현대적으로 재해석 했다.

보브는 보브 쇼 케이스를 통해 매 시즌마다 새로운 메이크업 패턴을 제시하며 트렌드를 리드해 나갈 예정이다. 또한 1823세내들을 타깃으로 한 히트 브랜드를 육성해 전략적인 브랜드 Value-up 과 기업 이미지의 제고를 통해 메가 브랜드 육성에 전념해 나갈 방침이다.

■ 제품 구성 및 특징

보브 쇼 케이스 메이크업은 바르는 즉시 피부에 가볍게 밀착되어 투명하고 맑은 컬러감을 연출해주는 것이 포인트!

사랑스러운 쇼니 러브와 생기 넘치는 쇼니 스타일은 동양인의 눈매에 어울리며, 업 타운 걸들의 메이크업으로 달콤한 봄의 느낌을 담아낸다.

보브 쇼 케이스 메이크업은 한번의 터치만으로 컬러 발색이 우수하고, 가볍고 부드러운 밀착력으로 지속력이 높은 것이 특징이며, 시간이 지나도 뭉침 없이 자연스럽게 표현되어 맑고 생기 있는 메이크업 룩을 완성해준다.

1. 보브 아이데이션 < VOV EYEDATION > / 1호 쇼니 러브 / 2호 쇼니 스타일

자연스러운 그라데이션 색상으로 한층 더 화사하게 입체적인 눈매로 만들어주는 아이데이션 멀티 섀도우 제품

BI (Back Injection) 공법을 적용해 소프트한 사용감으로 화사한 눈매를 연출하며, 가루 날림이 적고 밀착감이 우수해 색상이 선명하면서도 투명하게 발려 화사한 눈매 연출이 가능하다. 4가지 컬러의 자연스런 그라데이션으로 입체적인 눈매를 연출할 수 있다.

2. 보브 아이팟 스틱 < VOV EYE POT STICK > / 1호 아이라이트 핑크

촉촉하게 반짝이는 청순 눈매를 연출해주는 아이 스틱

글로우 에센셜 베이스(Glow Essential Base)가 함유되어 눈 아래 애교 살에 살짝 덧발라주는 것만으로도 은은한 윤기와 자연스럽게 반짝이는 느낌을 완성해 준다.

3. 보브 쇼잉 립 컬러 < VOV SHOWING LIPCOLOR > / 1호 쇼니 밀키 핑크

입술 위의 매끄럽고 생생한 컬러 슬라이딩! 볼륨있는 입술을 위한 롱라스팅 립 컬러

입술 위에서 매끄럽게 발리는 크리미한 질감으로 선명한 컬러가 오래도록 지속된다. 워터 홀딩 시스템으로 강화된 보습력이 입술을 한층 더 촉촉하게 유지시킨다.

4. 보브 립 플레이 글로스 < VOV LIP-PLAY GLOSS > / 1호 여리베리

탱글탱글한 입술로 볼륨 업! 반짝반짝 유리알 광택으로 플레이 온!

고감도 광택감을 연출하는 샤인 업 폴리머(Shine-up polymer)가 매끈하게 반짝이는 유리알 입술을 연출하며, 에센셜 코팅(Essencial coating) 효과로 이슬을 머금은 듯 글로시한 촉촉함을 부여한다.

5. 보브 볼 온 치크 〈VOV BALL ON CHEEK〉

리얼 베이비 페이스 효과! 5가지 컬러 볼이 보송보송 아기 피부 연출!

데라코타 공법으로 구워진 5가지 컬러 볼이 믹스되어 은은하고 신비로운 컬러를 선사. 부드러운 재질의 리본 퍼프가 볼을 부드럽게 블랜딩하여 피부에 얇게 밀착된다.

캐슬듀

전문점 히트 브랜드
촉촉하면서도 화려한 반짝임의 색조 프리미엄 브랜드로 소비자와 전문점 사랑 독차지

(주)보브는 그 동안 색조 브랜드로서 화장품 시장에서 도약하며, 트렌드를 리드해오고 있다. 그동안 캐슬듀는 프리미엄 색조 브랜드로서 제품력을 인정받으며, 많은 여성들에게 인기 있는 베스트 셀러로 자리매김하고 있다. 2009년 봄, 캐슬듀는 신비한 매력과 고급스러움이 묻어나는 'Noble Lady' 신애를 모델로 기용하며, 프리미엄 색조 브랜드로서 도약할 예정이다.

■ 브랜드 스토리

캐슬듀는 매 시즌마다 때묻지 않은 원석의 맑고 투명함, 그리고 보석의 눈부신 화려함으로 많은 여성들의 사랑을 받아오고 있다. 타 색조 제품과 달리 한번의 터치로 선명한 컬러 발색이 가능하며, 캐슬듀만의 촉촉하면서도 화려한 반짝임을 연출하는 듀 스톤 펄의 컬러 믹스가 그 어떤 색조 제품보다 더 샤이닝 하다. 또한, 오묘하게 빛나는 화려한 펄 메이크업에 고급스러움을 연출해 소비자들의 지지를 받으며 색조 메이크업의 리더로서 발돋움 하고 있다.

2009년 봄의 캐슬듀는 부드럽고 신비로움을 간직한 메이크업으로, 우아함과 여성스러움을 극적으로 표현하고 있다. 패션계의 극대화된 페미닌 열풍으로 인해 감각적인 엘레강스의 메이크업 룩이 강세를 보이며, 럭셔리하고 고급스러운 여성을 표상하는 시즌 메이크업이 또 하나의 트렌드로 떠오르고 있다. 캐슬듀 트렌드인 노블 레이디는 핑크와 퍼플의 조화로 여성스러움을 표현하며, 여기에 은은한 펄 감이 우아함을 연출해 준다. 인위적이지 않은, 자연스러움을 강조한 이번 캐슬듀 봄트렌드는 투명하게 빛나는 텍스처로 보석의 신비스러움을 고급스럽고 럭셔리한 모티브로 재해석한 점이 부각된다.

캐슬듀는 보석보다 화려하고 눈부신 아름다움을 만들어 가는 프리미엄 색조 브랜드로, 여성들의 아름다움을 연출하고자 하는 니즈를 충족시키며, 전문점과 소비자들의 사랑을 받고 있다. 또 화려

하고, 신비스러운 광채와 화사함으로 트렌드를 리드해 나가고 있다.

■ 제품 구성 및 특징

1. 캐슬듀 다이아 컷 아이즈 9색 '샤인 주얼 다이아'

샤인 퍼플로 눈은 더욱 화사하고 신비롭게!

베일을 매만지듯 소프트한 텍스처로 미세하고 은은하게 반짝이는 펄 섀도우로 연출

캐슬듀의 노블 레이디 메이크업 룩은 자연스럽고 촉촉한 스킨 베이스에 자연스러운 광택감을 주며, 포인트 메이크업은 색의 레이어링을 통해 최대한 화사하며 은은한 신비스러움을 연출하는 것이 중요하다. 봄의 느낌을 끌어안은 캐슬듀 컬러샷 아이즈 9색 '샤인 주얼 다이아'는 미세하고 은은하게 반짝이는 부드러운 펄 섀도우로 샤인퍼플을 전체적인 눈 두덩이에 얇게 펴 발라 준 후 주얼 바이올렛으로 자연스러운 그라데이션해 연출한다.

2. 캐슬듀 오버세팅 글로스 '플라워 핑크'

플라워 핑크 립글로스로 생기 있고 촉촉한 봄의 립 연출

더욱 화사하고 볼륨감 있는 입술을 연출해주는 캐슬듀 컬러샷 립스 '페일핑크' 컬러를 사용해 전체적으로 투명하게 빛나는 입술을 연출해준다. 그리고 좀 더 입체감 있고 촉촉한 입술 연출 표현을 위해 캐슬듀 오버세팅 글로스 '플라워 핑크'를 이용해 입술 안쪽의 중앙에 살짝 터치해 포인트를 살려준다.

보브 옴므

그루밍 시장의 새로운 강자로 도약하다!
남성 피부 고민을 한번에, 빠르게, 간편하게 해결하는 고기능성 컨버전스 스킨케어

■ 브랜드 스토리

보브 옴므는 남성의 다양한 피부 고민을 한번에 빠르고 간편하게 해결하기 위해 끈적임 없이 한번에 흡수되는 SALT공법으로 거칠고 칙칙해진 남성의 피부를 빠르게 리페어 시켜주는 신개념의 남성 전문 스킨 케어 브랜드이다. 이번에 론칭한 보브 옴므의 컨버전스 라인은 피부를 탄력 있고 젊게 가꾸고 보호하고 싶은 남성을 위한 고기능성 안티에이징 제품으로 25세~35세 남성을 위한 전문 스킨케어 라인이다. 건조한 남성 피부에 집중 보습을 통해 주름을 방지하며 동시에 피부 탄력을 강화해 젊고 어린 남성 피부로 케어해 주는 특징을 가지고 있다.

■ 제품 구성 및 특징

그루밍족을 위한 보브 옴므 컨버전스 스킨케어 라인

보브 옴므만의 혁신적인 테크놀로지 SALT(Speed-Action Liposome Tech) 특허 공법으로 유효 성분을 나노 농축 캡슐화 하여 피부 깊숙한 곳까지 빠르게 흡수시킨다. SALT 공법은 피부 보습 및 탄력을 증가시키고 피부 톤을 맑게 케어 하는 각종 유효 성분들을 나노 농축 리포좀(Encapsulation)화 함으로서 피부 깊은 곳까지 빠르고 효과적으로 안정되게 전달하여 남성의 피부를 빠르게 회복시켜주는 특허 기술로 보브 옴므만의 특화된 콘셉트이다.

보브 옴므 퍼펙트 리페어 스킨 130ml

손상된 피부를 촉촉하고 탄력있게 진정

시켜주는 저자극 스킨으로, 면도 후 손상된 피부를 진정시키며 보습과 탄력을 부여하여 각질을 케어하고 넓은 모공을 수렴해 주는 기능성 스킨이다.

보브 옴므 퍼펙트 리페어 에멀젼 130ml

각질과 건조함으로 지친 피부에 즉각적인 보습과 탄력을 부여하는 로션으로 주름개선 기능성 제품이다. 건조함과 늘어진 모공으로 탄력을 잃은 피부에 풍부한 수분과 영양을 부여하여 촉촉하고 탄력 있는 피부로 개선해준다.

보브 옴므 퍼펙트 스킨 에센스 130ml

칙칙하고 늘어진 피부를 환하고 탄력 있게 개선해주는 스킨· 로션· 에센스 겸용으로 풍부한 보습력으로 각질과 건조함을 해결해주며, 늘어지고 칙칙해진 피부를 밝고 탄력 있게 개선해 준다. 피부에 바르는 순간 흡수되는 나노-농축 에센스 타입으로 수분과 영양을 빠르게 공급하여 각질과 건조함을 해결해 주는 멀티 제품이다.

보브 옴므 퍼펙트 클렌징 폼 150ml

미세한 스크럽이 모공 속 피지 및 각질을 말끔하게 제거해줘 개운한 사용감의 폼으로 부드러운 거품 및 미세한 스크럽 알갱이가 모공 속 노폐물 및 피지를 깔끔하게 세정해주고 피부 각질을 부드럽게 제거해준다.

면도와 딥 클렌징을 한번에 해결해주는 상쾌한 느낌의 폼 생크림처럼 풍성하고 미세한 거품이 부드러운 면도와 깔끔한 클렌징을 도와주는 쉐이빙 겸용 세안제이다. 또한 DTRT(Dual-Target Refining Tech) 공법으로 피부 표면의 각질과 모공 속 피지를 2중으로 케어하여 매끄럽고 환한 피부 톤으로 관리해준다.

굿바이 아이펜더
마스카라 최강 브랜드
'굿바이 컴플렉스 마스카라' 론칭 … 연이은 히트 행진

㈜보브(대표이사 서덕원)는 연이은 마스카라 제품의 히트로 많은 소비자와 전문점의 사랑을 받고 있다.

그 동안 굿바이 아이펜더 시리즈는 소비자의 니즈를 정확히 반영한 마스카라와 아이라이너의 지속적인 콘셉트 개발로 마스카라와 아이라이너 제품 개발에 신시장을 개척했다는 평을 듣고 있다.

특히 이를 통한 전문점의 파워프로덕트 육성과 매출 증대에 크게 이바지하며 국내 마스카라와 아이라이너 시장에서 독보적인 자리를 만들어 가고 있다.

최근 TNS를 통해 실제 마스카라 사용자를 대상으로 조사한 바, 상당수의 소비자들이 굿바이 아이펜더 마스카라를 사용하고 있으며 재구매율도 높은 것으로 드러났다. 이에 2007년, 2008년 2년 연속 마스카라 부분에서 1위의 영예를 수상해 다시 한번 인기를 실감했다.

■ 브랜드 스토리

초기에 번짐 없는 마스카라에 착안해 개발된 굿바이 아이펜더 마스카라는, 한국 여성들이 마스카라 할 때 컬링과 볼륨을 중요시 여기는 한편, 오후에 마스카라 가루가 떨어지거나 번지는 현상 등으로 불편함을 느끼는 점에 착안해 개발되었으며, 제품 특징을 알 수 있는 제품 네임과 브랜드 타깃들의 생활 속에서 제품을 접목한 이색 광고로 이슈를 일으켰다.

또한 제품의 기능 및 라이프 스타일에 맞춘 다양한 콘셉트의 연이은 출시로 마스카라 시장의 입지를 다졌다. 국내 마스카라로서는 개별 브랜드로 브랜드 파워를 가지고 있는 거의 유일한 브랜드이며 뛰어난 제품력, 절묘한 브랜드 네임, 브랜딩을 위한 효과적인 커뮤니케이션이라는 3박자가 고루 갖추어져 파워 브랜드로서의 입지를 굳힐 수 있었다.

마스카라에 대한 소비자의 니즈가 점차 큰 폭으로 상승됨에 따라 보브는 매 시즌별 차별화된 콘셉트의 상품을 선보이고 있으며, 현재 굿바이 컴플렉스 마스카라로 다시 한번 히트 상품 대열에 합류하여, 보폭을 맞출 예정이다.

■ '굿바이 컴플렉스 마스카라' 콘셉트
굿바이 아이펜더 마스카라 시즌 3
'홑꺼풀, 쌍꺼풀 눈을 위한 맞춤형 아이 메이크업 솔루션'

올 상반기에도 (주)보브는 굿바이 컴플렉스 마스카라 라인을 출시하며, 소비자의 니즈에 맞춘 제품으로 큰 이슈가 되고있다. 이번 상반기의 히트 아이템으로 떠오를 굿바이 아이펜더 시즌 3는 모든 속눈썹과 눈 모양의 고민을 해결 해주는 이색 마스카라로 콤플렉스 없이 선명하고 또렷한 눈, 보다 매력적인 아이 메이크업의 모든 솔루션을 제공한다.

보브 굿바이 컴플렉스 마스카라는 홑꺼풀, 쌍꺼풀 여성의 마스카라 고민을 한번에 해결해 주며, 여성들의 모든 눈에 대한 고민을 해결하는 맞춤형 마스카라이다. 보브 굿바이 컴플렉스 마스카라는 홑꺼풀, 쌍꺼풀의 각 눈에 맞는 맞춤 마스카라와 아이 메이크업의 솔루션을 제안하며, 또 한번 마스카라의 강자로 떠오를 것으로 전망된다.

■ 제품 구성 및 특징
보브 굿바이 컴플렉스 마스카라 1호 '홑꺼풀 전용 마스카라'

홑꺼풀 눈의 단점인 작고 답답해 보이며, 뻣뻣하고 처짐이 심한 눈을 위한 보브 굿바이 컴플렉스 마스카라 1호 홑꺼풀 전용 마스카라는 작은 눈을 크고 시원하게 컬링, 볼륨 업 해주어, 원데이 앞트임 효과를 부여해준다.

또한 혁신적인 구조의 마이크로 컬 브러쉬가 눈 구조에 맞게 완벽하게 컬링해 주며, 하루 종일 번짐 없이 강력한 워터프루프 테크놀러지 마이크로 입자가 속눈썹 표면을 한번 더 코팅하여 번짐이나 가루 날림이 없다.

보브 굿바이 컴플렉스 마스카라 2호 '쌍꺼풀 전용 마스카라'

쌍꺼풀이 있지만 크고 밋밋해 보이는 눈매, 눈썹의 볼륨감이 적고 숱이 없는 속눈썹을 위한 보브 굿바이 컴플렉스 마스카라인 2호 쌍꺼풀 전용 마스카라는 자칫 강렬해 보이지 않는 동그란 눈을 최대 각도로 깊고 길게 해주어 원데이 뒤트임 효과를 부여해준다.

쌍꺼풀 눈 모양에 맞춘 과학적인 '투 웨이 볼륨 브러쉬'가 뭉침없이 세밀하게, 듬성듬성한 속눈썹을 보다 입체적이고 풍성한 볼륨으로 연출해 준다.

www.myvov.com

>>> **회사 소개**

29년간 색조 화장품 산업의 선두주자로 활약
소비자의 니즈 파악한 제품 개발·우수한 제품력으로 글로벌 브랜드로 도약

(주)보브는 프로페셔널과 대중성이라는 이미지가 극을 이루고 있는 1998년, 개성 추구의 소비자 니즈를 파악하여 프로페셔널의 대중화를 통해 나만의 컬러 창조를 표방하고자 론칭되었다. 이후 다양한 맞춤형 컬러 시스템을 도입하여 한국 색조 화장품과 시판 시장에서 우위를 점하는 등 국민 브랜드로써 자리매김하고 있다.

연혁

(주)보브(대표이사 서덕원)는 1981년 진양화장품공업사로 화장품사업을 시작하면서 처음으로 '우아미'라는 색조 브랜드를 출시했다. 1993년 샤몽화장품으로 사명을 변경한 후, 1998년 '보브'를 출시하면서부터 독특하면서도 깔끔한 컬러로 제품이 인기를 끌기 시작했다. 이후 2001년 사명을 (주)보브로 변경하며 다양한 컬러를 통해 소비자들의 니즈를 반영한 제품으로 전성기를 맞게 되었다.

2004년에는 소녀적 우아함으로 리뉴얼을 단행한 뒤, 29년간 국내 여성들의 아름다움을 책임져 온 브랜드로서 단순 메이크업과 컬러 제안에서 벗어나 타깃 소비자들의 신념과 라이프 스타일을 대변하는 라이프 어드바이저로 도약하게 되었다.

경영방침

(주)보브는 지난 29년간 쌓아온 노하우를 바탕으로 더 큰 꿈을 실현하기 위해 코스메틱 시장을 선도해나갈 커다란 거목으로의 성장을 다짐하는 Growth(성장), 인재의 힘으로 경쟁하고, 인재의 힘으로 성장을 다짐하는 People(인재), 고객의 가치, 기업의 가치, 그리고 개인의 가치로 벨류업을 다짐하는 Value(가치), 꿈과 상상의 실현이 차별화된 힘을 키워줄 것이라는 확신의 Imagination(상상)이라는 네 가지 비전을 선포했다.

(주)보브는 이와 같은 네 가지 비전을 실현하기 위해 세계화 경영, 고객 감동 경영, 가치 경영, 인재 경영의 네 가지 경영 방침을 발표하였다. 이를 전제로 상품 기획과 디자인 개발, 마케팅을 아우르는 유기적인 경영 관리 시스템을 운영하고 있다. 이는 직원 간, 부서 간, 그리고 회사와 고객 상호 간의 커뮤니케이션을 강화하여 경영 일선에 직접적으로 반영함으로써 경영 효율 증대와 제품 혁신성, 더 나아가 고객을 향한 브랜드 파워를 강화하기 위함이다. 그 일환으로 상품 제조를 과감히 분리하여, 내부적으로는 상품 개발과 디자인의 혁신성을 높이고 외적으로는 기업과 제품에 대한 마케팅에 집중하여 고객의 니즈에 충실한 제품을 만들어가고 있다.

한편 (주)보브는 지난 2005년부터 적극적인 해외 마케팅을 통해 세계 시장으로 진출해나가고 있다. 러시아와 중동 지역에서의 인기몰이를 필두로 동남 아시아 등 32개국을 전략 지역으로 선정하여 보다 공격적인 투자를 펼치고 있다. 이러한 활발한 해외 진출을 바탕으로 올해 (주)보브는 '1000만불 수출의 탑'을 받는 쾌거를 이루어내기도 했다.

중장기 비전

2009년 ㈜보브는 추세에 맞추어 보브의 브랜드의 입지를 보다 강화 시키며 사업 패러다임의 변화를 통해 미래 경쟁력를 통한 지속 성장에 목표를 두었다. ㈜보브는 중장기적인 경영 전략인 NEW VOV 2010을 선언하며, 2009년 사업 다각화의 변화를 통해서 미래 경쟁력을 확보하여 지속 성장해 나갈 예정이다.

앞으로 (주)보브는 29년간 쌓아온 경영, 마케팅 노하우를 바탕으로 화장품 제조 회사의 이미지를 벗고, 브랜딩 경영 선언을 통해 코스메틱 시장을 선도하기 위한 의지를 강화하고 있다. 또한 마케팅 강화를 통해 브랜드 파워 및 보브의 역량 강화에 총력을 다하고 있으며, 특화된 브랜드의 이미지 포지셔닝에 초점을 맞추어 나감으로써 고객을 이끄는 매력적인 브랜드로 키워나갈 계획이다. 향후에는 매출 1천억원 이상의 우량 기업으로 성장하여 코스 뷰티 시장을 선도하는 글로벌 리더로 도약한다는 목표를 통해 (주)보브는 오늘도 고객의 아름다움을 위해 열정을 다하고 있다.

소망화장품

다나한

고객의 니즈 반영 … 진화하는 '젊은 피부를 위한 한방화장품'

'젊은 피부를 위한 한방화장품'이라는 카피로 한방화장품의 새 지평을 열었던 다나한은 2004년 출시 이후 유통별 브랜드 라인업 및 품목 세분화를 통해 소망화장품의 대표 브랜드로 자리매김했다.

매년 소비자 니즈 변화와 구매 패턴 분석을 통해 리뉴얼과 추가 라인을 개발하여 제품 만족도를 높이는 한편, 소비자 중심의 독특한 마케팅 전략을 통해 브랜드 인지도를 제고함으로써 명실상부한 한방화장품의 대표 브랜드로 성장하였다.

끊임없이 변화하는 고객의 니즈에 전략적으로 접근하기 위하여, 2007년에는 녹용에 발효 기술을 적용하여 피부흡수율을 높이고 유효 성분을 강화시킨 '피부 보약' 콘셉트로, 2008년에는 홍삼의 희귀 사포닌 RG2로 '깊은 주름을 다스린다'는 기능적인 접근으로, 2009년에는 황실 명약 경옥고를 통해 '주름과 미백을 동시에 다스린다'는 이중기능성을 강조한 브랜드 정책을 펼쳐오고 있다.

또한 나나한 브랜느에서는 죄조로 색조 메이크업까지 풀로 갖추어진 신제품 메이크업 라인과 하절기 시즌을 공략한 한방 수분 기초라인이 출시 예정이다.

■ 다나한 RGⅡ

홍삼의 38가지 사포닌 중 주름 개선에 탁월한 홍삼 사포닌 Rg2를 나노좀화하여 피부 흡수력이 뛰어나고 주름 개선에 도움을 준다. 안정된 효능으로 계절과 밤, 낮 구분 없이 사용 가능하며, 7가지 귀한 한방 성분을 담은 오행보연단과 피부탄력에 도움을 주는 EGF, EXTENSINE, PHYTOSAN 성분이 피부를 탄력 있고 윤택하게 가꾸어주는 프리미엄급 주름 개선 한방 화장품이다.

제품 구성

−다나한 RGⅡ 스킨토너 160ml

−다나한 RGⅡ 에멀젼 140ml

−다나한 RGⅡ 안티 링클 에센스 (주름개선 기능성) 50ml

−다나한 RGⅡ 안티 링클 크림 (주름개선 기능성) 50ml

−다나한 RGⅡ 안티 링클 & 화이트닝 아이크림 (주름개선+미백 2중기능성) 30ml

−다나한 RGⅡ 포맨 스킨(주름개선 기능성) 140ml

−다나한 RGⅡ 포맨 로션(주름개선 기능성) 140ml

■ 다나한 효용 고(膏)

중국 황실의 3대 명약인 경옥고를 발효시키고 '발효 녹용' (酵茸)을 더하여 피부 속 깊은 곳까지 영양과 보습으로 채워주는 주름 개선 · 미백 이중기능성 한방화장품이다.

제품 구성

−다나한 효용 고(膏) 수액 160ml

−다나한 효용 고(膏) 유액 140ml

−다나한 효용 고(膏) 진액 50ml

−다나한 효용 고(膏) 크림 50ml

−다나한 효용 고(膏) 아이크림 30ml

−다나한 효용 고(膏) 썬에센스 SPF40, PA+++ 60ml

－다나한 RGⅡ 포맨 스킨(주름개선기능성) 140ml

－다나한 RGⅡ 포맨 로션(주름개선기능성) 140ml

■ 다나한 효용

녹용을 저온 숙성 생(生)발효시켜 유효성분을 극대화시킨 효용진액과 삼십홍보단(三十紅寶丹) 리포좀의 한방 처방으로, 처지고 혈색과 윤기가 없는 여성 피부에 기품을 더하고 윤기나는 피부로 가꾸어주는 발효 한방화장품이다.

■ 다나한 효용 미백

백옥 같은 피부를 위해 엄선된 고삼, 율무, 상백피, 약쑥, 수세미, 백작약 복합체인 설희단(雪熙丹)과 감초추출물, 보약 중의 보약인 녹용을 저온 숙성 생(生) 발효 시킨 효용진액의 작용으로 피부의 원기를 회복해주는 발효 미백 한방 화장품이다.

■ 다나한

30가지 한방 성분으로 만든 삼십홍보단과 로얄젤리의 함유로 피부 보습력을 강화시켜주고 매끈하고 탱탱한 피부로 가꾸어 준다.

■ 다나한 고운빛 메이크업

다나한 고운빛 메이크업은 한방의학에서 기초이론으로 삼고 있는 음양오행설의 색채이론인 파랑, 노랑, 빨강, 하양, 검정 5가지 오채(五彩) 이치를 도입하여 피부 자체의 아름다움을 상승시키기 위해 6가지 한방 미용성분으로 만든 오채단(五彩丹)을 함유하여 사계절 화사하고 고운 피부 빛으로 표현해주는 한방 메이크업 라인이다.

꽃을 든 남자 먹물 헤어 칼라 크림
한국산업 브랜드파워 염모제 부문 1위 … 잇달아 히트제품 출시

항상 최고의 자리에서 대한민국 4천만 국민의 건강한 염색 문화를 만들어가고 있는 '꽃을

든 남자' 염모제는 최근 한국능률협회컨설팅(KMAC)에서 조사한 '2009년 한국 산업 브랜드파워(K-BPI)'에서 염모제 부문 브랜드파워 1위로 선정되는 영예를 차지하며 다시 한 번 국민 염모제 자리를 확고히 했다.

K-BPI(Korea Brand Power Index)는 전국 15세 이상 60세 미만의 남, 녀 1만1천2백72명을 대상으로, 일대일 개별면접 조사를 실시하여 국내 그 어떤 조사 기관보다도 정확하고 신뢰할 수 있는 결과라고 할 수 있다.

과거 '케라틴 염모제'부터 '헤나 염모제'까지 선보이는 제품마다 모두 히트상품으로 성장시킨 소망화장품은, 지난해 '오징어 먹물' 콘셉트의 염모제를 새롭게 선보이며 또 한 번 최고의 자리에 올려놓는 쾌거를 이루었다.

오징어 먹물

오징어 먹물은 염색 시 모발 손상을 최소화하는 데 도움을 주며, 항염, 항균 효과가 우수하여 두피 자극을 완화해 주고 가려움증과 비듬을 억제해주는 데 탁월한 효과가 있다. 또 오징어 먹물 속에 함유되어 있는 세라마이드와 피톤치드 오일은 손상된 모발에 단백질을 보충해 주고, 건조한 모발의 수분 밸런스를 조절해 준다.

제품 특징

－냄새나 자극이 없는: '염색약 냄새 때문에' 염색이 꺼려진다는 사람이 있다면, '꽃을든남자 먹물헤어칼라크림'을 추천한다. 염색을 하면서 TV를 보고 있으면, 염색을 한 것 조차 까먹을 정도로 냄새가 전혀 나지 않는다. 이유는 바로 자극적인 암모니아 성분 대신, 자극 완화 성

분인 감초 추출물(M.A.G)이 함유되어 있기 때문이다. 게다가 감초 추출물에는 두피 보호 효과까지 있으니 일석이조.

　-촉촉한: 모이스처라이징 성분을 기존의 염모제에 비해 40% 이상 대폭 강화시켜 염색 시 모발 손상을 최소화하는 동시에, 염색 후에도 촉촉하고 건강한 모발로 케어 해 준다. 또 케이스 안에 오징어 먹물 트리트먼트(40ml)가 함께 들어있어, 염색 후 7일 동안 집중 스페셜 케어를 해 줌으로써 물 빠짐을 방지하고 선명한 모발 색상을 오랫동안 유지시켜 준다.

　-경제적인: 1제와 2제 모두 튜브 타입으로 사용할 만큼의 양만 간편하게 덜어서 사용할 수 있으며, 용량도 기존 염모제보다 많은 200g으로, 앞머리만 부분적으로 새치를 커버하시려는 분들이나 머리가 짧은 남자분들은 4~5번에 나누어 염색할 수 있어 경제적이기까지 하다.

　-내장품의 고급화: 기존의 비닐장갑은 염색 시 자주 손에서 흘러내려 불편하던데 반해, 이 제품은 손에 착 감기는 전문가용 비닐장갑과 빗, 그리고 염색모 전용 트리트먼트가 내장되어 있어 염색이 더 편리하고, 염색 후에는 애프터케어까지 가능하게 해 준다.

대대적인 광고

　전속 모델인 구혜선 이 기존의 이미지와는 전혀 다른 파격적인 팜므파탈의 모습으로 등장한 CF로 인해 많은 소비자들의 눈길을 끄는데 성공했다. 대대적인 제품 홍보를 위해 '오징어 먹물' 이라는 성분에 착안하여 자극 없고 마일드한 염모제를 콘셉트로 시장을 선점하고자, 공중파 TV를 비롯하여 지면광고, 전용 매대 설치, 리플렛 제작 및 다양한 매체를 통해 대대적인 마케팅 전략을 펼쳐나가고 있다.

제품 구성

　-새치머리용(오징어 먹물): N1흑색, N2진한흑갈색, N3흑갈색, N4자연흑갈색 N5진한갈색, N6자연갈색 / 총 6종

　-새치머리용 / 7분칼라 (오징어 먹물): N1흑색, N2진한흑갈색, N3흑갈색, N5진한갈색, N6자연갈색 / 총 5종

　-새치머리용 (오징어 먹물 + 참숯): N1흑색, N2진한흑갈색, N3흑갈색, N4자연흑갈색 N5진한갈색, N6자연갈색 / 총 6종

－패션칼라용 (오징어 먹물 + 참숯):B4블루블랙, N7커피브라운, O7오렌지브라운, CN7카
푸치노브라운, N8밝은갈색, N10황금빛갈색, Y10레몬옐로우 / 총 7종

에소르
산자부 선정 '남성화장품 브랜드 파워' 6년 연속 1위

국내 최초로 남성 스킨케어에 향수 개념을 도입한 브랜드로, 모공 관리와 리프팅 등 남성
피부의 고민들을 체계적으로 관리해 준다. 2002년 출시 이후, 산업자원부에서 선정한 '남성
화장품 브랜드파워 부문' 6년 연속 1위 자리를 지켜가고 있으며, '여성이 써도 좋을 만큼 마
일드한 남성화장품' 이라는 파격적이고 감각적인 TV광고로 눈길을 끌기도 했다.

주요 성분 '펩타이드'

펩타이드란 미국을 중심으로 전세계적으로 레티놀과 비타민C에 이은 차세대 주름개선 기
능성 소재로 각광받고 있는 성분이다. 콜라겐과 엘라스틴의 생성을 촉진하여 주름이 생긴 피
부에 탄력을 선사하는 필러 기능을 해 주며, 자극으로 인해 민감해진 피부는 물론 자외선 및
외부자극에 의해 손상된 피부까지 마일드하게 회복시켜 주는 특징이 있다.

■ 에소르 러브

여자가 써도 좋을 만큼 마일드한 스킨케어

펩타이드가 남성들의 피부에 탄력을 부여하고 자수정·진주·토르말린 혼합 추출물 크리
스탈 워터가 촉촉함을, 과일복합추출물이 피부에 생기를 더해 주는 '저알콜, 고보습, 고영양'
의 마일드한 스킨케어이다. 섬세한 여성성과 감미로운 남성성이 결합된 커플 향수처럼 유니
섹슈얼한 향기가 특징이다.

주요 성분

－펩타이드: 거칠어지고 지친 피부를 촉촉하고 탄력있게 유지시켜 준다.
－크리스탈워터: 자수정, 진주, 토르말린 추출물이 피부에 생기를 준다.

-과일추출물: 자몽, 망고, 키위 추출물이 피부 진정 및 보습을 부여해 준다.

-시트러스 그린 계열의 감각적이며 유니섹슈얼한 향취

주요 타깃

-20, 30대로 민감하고 섬세한 스킨케어를 원하는 분

-펩타이드의 차세대 필러 효과로 기능적인 스킨케어를 원하는 분

-여성이 사용해도 좋을 만큼 순하고 부드러운 스킨케어를 원하는 분

제품 구성

-에소르 러브 스킨

-에소르 러브 로션

-에소르 러브 수더

-에소르 러브 스킨에센스

-에소르 러브 컬러로션

-에소르 러브 마일드 폼클렌징

■ 에소르 스포츠

쿨하고 산뜻한 스포츠 스킨케어

스포츠를 즐기는 젊은 남성층을 주요 타깃으로, 손상되기 쉬운 남성 피부의 특징을 세심하게 고려한 제품이다.

현대 남성의 라이프 스타일 및 피부 상태를 이해한 최적의 처방과 펩타이드 성분을 통한 피부 활력부여로 열정적인 에너지를 충전해 준다.

주요 성분

−펩타이드: 면도 및 불규칙한 생활 등으로 자극받고 지친 피부를 펩타이드가 탄력있고 촉촉하게 지켜준다.

−버섯추출물·해조추출물: 2가지 추출물 성분의 시너지 효과로 피지 조절 및 모공 관리에 탁월한 효과를 준다.

−프레쉬 아로마틱 머스키 계열의 산뜻하고 시원한 향취가 특징이다.

주요 타깃

−20, 30대 중반의 남성으로 활동적이고 스포츠를 즐기시는 분

−모공 컨트롤 + 피지 조절의 효과와 산뜻하고 가벼운 사용감을 원하는 분

−외부 활동이 많아 땀과 피지로 얼굴이 늘 번들거리는 분

제품 구성

에소르 스포츠 스킨

에소르 스포츠 로션

에소르 스포츠 아쿠아틱 스킨에센스

에소르 스포츠 스크럽 폼 클렌징

에소르 스포츠 선크림

■ 에소르 퍼펙션

주름개선 + 미백 이중기능성 스킨케어

아데노신 성분이 피부를 보다 탄력 있게 지켜주며, 알부틴 성분이 피부 톤을 환하고 밝게 가꾸어 준다. 신선하고 감각적인 프레쉬 우디 바닐라 계열의 향이 피부를 오래도록 은은하게 에워싸, 매혹적이고 향기로운 피부로 가꾸어 준다.

주요 성분

−알부틴·아데노신: 주름 개선 성분 아데노신과 미백 성분 알부틴이 피부 주름은 물론 칙

칙한 피부톤을 맑고 환하게 가꾸어 준다.

　－펩타이드·솔싹추출물: 피부를 진정시키고 수분을 공급하여 피부에 생기를 더해준다.

　－프레쉬 우디 바닐라 계열의 품격 있고 고급스러운 향취가 특징이다.

주요 타깃

－펩타이드의 차세대 필러 효과로 기능적인 스킨케어를 원하는 분

－여성이 사용해도 좋을 만큼 순하고 부드러운 스킨케어를 원하는 분

제품 구성

－에소르 퍼펙션 스킨

－에소르 퍼펙션 로션

－에소르 퍼펙션 멀티이펙터

－에소르 퍼펙션 아이크림

동백화장품 레드플로(redflo)
통영 동백 추출 동백수·동백오일의 이중 보습 작용

동백의 붉은 꽃을 의미하는 'red flower'의 약자로 질 좋은 청정지역 통영의 동백을 이용한 토털 브랜드이다. 소망화장품과 통영시가 전략적인 제휴를 통해 선보인 브랜드로, 청정지역 통영 동백에서 추출한 동백수와 동백오일의 이중 보습 작용과 코엔자임Q10 성분의 시너지 효과로 인해 뛰어난 보습과 탄력이 특징이다.

주요 성분

－통영산 동백 독점 사용: 동양의 나폴리라 불리는 청정지역 통영산 동백만을 독점 사용하였는데, 이 지역의 동백은 다른 지역에 비해 깨끗한 자연환경과 풍부한 일조량 덕분에 인체에 유익한 각종 영양분의 함량이 높고, 동백 중에서도 항산화 효과가 우수한 자포니카종 동백만을 사용하여 두피와 모발 건강에 매우 효과적이다.

특히, 열에 의한 변성이나 불순물 없이 유효성분을 최대한 많이 추출해 내는 방법인 초임계 공법으로 추출하여 각종 미용 성분을 다량 함유하고 있다.

예로부터 우리 여인들이 미용을 위해 사용해 온 동백의 효능, 효과를 과학적으로 입증하여 '항염증, 항산화 활성을 갖는 동백추출물 및 이를 함유한 화장품 조성물' (특허번호 제 10-0708236호) 및 '피부 수렴 효

과를 갖는 동백꽃 추출물을 함유하는 화장료 조성물' (특허번호 제 10-0708236호)을 통영시청 산하 농업기술센터와 공동 개발하여 특허 등록을 완료 하였으며, 식약청에서 인정하는 더마프로 피부과학연구소와 피부개선 효과(피부 수분 함량, 탄력도, 각질개선, 거칠기 개선)에 대한 임상 테스트도 마친 과학적인 제품이다. (스킨케어 3종, 헤어 2종/모발 손상 방지, 탄력 개선에 한함)

■ 레드플로 기초

건조하고 메마른 피부를 빠른 보습과 이중 보호막으로 관리해 주는 스킨케어 라인으로, 항산화 및 보습효과가 우수한 동백수, 동백오일과 히아루론산, 코엔자임Q10, 쉐어버터 성분이 피부에 수분과 탄력을 공급해 준다.

제품 구성

-레드플로 스킨소프너

-레드플로 에멀젼

-레드플로 에센스

-레드플로 모이스트 아쿠아 크림

−레드플로 뉴트리티브 크림

−레드플로 아이크림

−레드플로 폼 클렌징

−레드플로 폼 클렌징크림

■ 레드플로 헤어

동백은 예로부터 여인들의 머릿결을 가꾸는 미용법으로 이용되어 왔다. 레드플로는 남해안 청정지역 통영 동백나무에서 초임계 추출법으로 얻은 동백오일과 동백수가 모발 손상을 방지해주며, 윤기가 흐르는 건강한 머릿결로 가꾸어 준다.

동백이 모발에 주는 효과

−모발 윤기 강화: 동백오일이 외부환경으로부터 손상된 모발에 큐티클 층을 회복시켜 주며, 윤기를 더해 찰랑찰랑한 모발로 가꾸어 줌

−모근 강화: 동백수가 모발의 유·수분 밸런스를 도와주며 모근을 강화시켜 줌

−수분 증발 억제 효과: 모발에 필요한 수분의 증발을 억제해 촉촉함이 지속됨

−자외선(UV−B) 방어 효과: 모발을 손상시키는 햇빛(자외선 UV−B)로부터 모발 보호

− 전기 방지 효과: 빗질에 의한 정전기를 방지하여 촉촉함이 오랫동안 유지

−내열 효과: 동백오일의 코팅 효과로 헤어드라이어의 고열로부터 모발 보호

−손상 방지 효과: 모발 표면을 보호해 주어 큐티클의 손상을 막아줌

제품 구성

−레드플로 동백 헤어 샴푸

−레드플로 동백 헤어 컨디셔너

−레드플로 동백 헤어 트리트먼트

−레드플로 동백 헤어젤(내추럴)

−레드플로 동백 헤어젤(슈퍼하드)

−레드플로 동백 헤어스프레이(슈퍼하드)

－레드플로 동백 헤어 코팅 에센스

－레드플로 동백 헤어 워터 에센스

－레드플로 동백 헤어 에멀젼 에센스

－레드플로 헤어 글레이징 에센스

－레드플로 헤어왁스(슈퍼하드)

－레드플로 헤어왁스(매트클레이)

－레드플로 헤어왁스(볼륨웨이브)

■ 레드플로 바디

피부 속에 물을 머금은 듯 동백수, 동백오일의 이중케어로 건강하고 윤기 있게 관리해주는 바디케어 라인으로, 외부환경에 의해 손상 받은 머리결에 영양을 공급해 주고, 윤기를 부여해 준다.

제품 구성

－레드플로 동백 바디클렌저

－레드플로 동백 바디에센스

－레드플로 동백 바디오일

－레드플로 동백 바디크림

－레드플로 동백 핸드크림

에이디파잉

사춘기 여드름부터 성인 여드름까지 사용하는 트러블 전용 케어 라인

에이디파잉은 내외적 스트레스 및 호르몬 불균형에 따른 과잉 피지분비, 각질 생성 등으로 발생하는 피부 트러블 케어를 위한 브랜드로, 과잉 피지 + 각질 + 모공 + 수분 밸런스 + 피부 진정 + 트러블 자국 관리 등을 통하여 피부 트러블을 집중 관리해 준다.

특히 사춘기 트러블 뿐만 아니라 성인 여드름까지 폭넓게 사용 가능하며, 과도한 스트레스와 불규칙한 식습관, 각종 공해로 인해 생긴 뾰루지와 같은 트러블까지도 관리해 준다. 특허 받은 성분으로 피부 속까지 보다 빠르게, 보다 깊게 케어해 준다.

소망화장품과 숙대 약학 연구소가 공동 연구 개발하여 특허 받은 석류피 추출물(제10-0562077호)이 스트레스 및 호르몬의 불균형에 따른 과잉 피지 분비는 물론 각질 제거, 모공 케어, 수분 밸런스 그리고

피부 진정 작용을 통해 여드름을 비롯한 피부 트러블을 철저하게 관리해 준다. 또 은행잎 추출물, 대두황권, 야국화 추출물이 트러블로 인해 지친 피부를 진정시키고 여드름 흔적을 완화시켜 주며, 바르자마자 피부에 쏙 흡수되는 부드럽고 산뜻한 사용감도 특징이다.

주요 성분

-석류피 추출물: 숙대 약학 연구소와 공동 특허(제10-0562077호). 과잉 피지 및 각질 관리.

석류피 추출물을 함유한 조성물(특허)로 과잉 피지 및 각질을 관리하고 수렴효과가 우수해 피부 트러블로 지친 피부를 매끈하고 상쾌하게 가꾸어 준다.

-은행잎 추출물: 피부 진정

예로부터 생명의 나무로 불리워진 은행잎에는 피부 진정 및 자극 완화에 효과적인 성분이 함유되어 트러블로 인해 민감해진 피부를 편안하게 관리해 준다.

-대두황권: 모공 관리

산간지역에서 재배되는 곡물로 단백질과 비타민B군이 풍부하며, 외부 요인으로 발생한 트러블로 지친 피부를 편안하게 관리해 맑은 피부로 가꾸어 준다.

-야국화 추출물: 피부 진정

한국 토종 야생 국화류로 청정 무공해 지역에서 자생하는 식물로 스트레스 및 유해환경으로 생긴 피부 문제로 지친 피부를 매끈하고 편안하게 가꾸어 깨끗한 피부로 케어해 준다.

제품 구성

−에이디파잉 스킨토너 200ml

−에이디파잉 에멀젼 130ml

−에이디파잉 에센스 50ml

−에이디파잉 클리어 스팟 30ml

−에이디파잉 폼클렌징 크림 (의약외품) 150ml

−에이디파잉 스킨샤워 (의약외품) 200ml

CF 스토리

여기저기서 자꾸만 올라오는 두더지들을 잡기위해 이리 뛰고 저리 뛰며 열심히 방망이를 두드리던 그녀. 하지만 방망이로 두드리려고만 하면 얄밉게 쏙! 구멍 속으로 숨어버리는 두더지들의 모습에 한숨만 내쉬는데… 바로 그때! 그녀의 눈에 들어온 것은 바로 '에이디파잉 클리어 스팟'. 얼른 스팟을 손에 덜어 트러블이 난 부위에 바르자, 그렇게 휘두르던 방망이에는 요리조리 잘도 피하던 두더지들이 '에이디파잉 클리어 스팟'에는 꼼짝없이 잡혀 고요해진다.

마케팅 전략

현재 국내 여드름 화장품 시장은 1천억원대로 성장하였으며, 앞으로도 성장가능성이 충분하다고 분석됨에 따라 소망화장품에서는 에이디파잉 출시 이후 탄탄한 영업기반을 바탕으로 광고와 홍보 활동을 전폭적으로 지원하고 있다. 먼저 우수한 제품력을 알리고자 온·오프라인을 통해 '제품 체험단'을 모집하였고, 브랜드 인지도를 향상시키기 위해 '광고 모니터링 후 시사평 남기기'라는 프로모션을 진행하기도 하였다. 또, 지난 4월 잡지 광고를 집행함과 동시에, 5월 초부터는 광고 CM을 TV를 비롯한 케이블, 지상파 DMB를 통해 대대적으로 방영하며 '에이디파잉'을 트러블케어 시장의 선두 브랜드로 성장시켜 나가고 있다

www.somangcos.co.kr

창업 17년만에 중견기업으로 성장

'꽃을 든 남자' 브랜드로 널리 알려진 소망화장품은 1992년 11월 불과 3명의 직원으로 출발하여, 창업 17년만에 6백여명의 직원과 연매출 1천3백억원에 이르는 비약적인 성장을 이뤄냈으며, 한국 화장품산업의 핵심 역할을 담당하는 종합화장품 전문회사로서의 입지를 확고히 하고 있다.

특히, 화장품에서는 드물게 순 한글인 '꽃을 든 남자'를 브랜드 네임으로 내세워 '스킨샤워' '컬러로션' 등 히트제품을 연신 선보이며, 독특한 마케팅 전략과 끊임없는 기술 개발을 통해 성장의 발판을 마련했다.

또한, 업계 최초로 축구선수 안정환을 모델로 기용하는 파격적인 모델전략과 독특한 광고 제작 및 IMF시기에 대대적인 광고마케팅 전략을 통해, 기업과 브랜드 인지도를 제고했던 투자 전략은 창립 이후 지속적인 매출 상승의 견인차 역할을 톡톡히 해냈다.

소망화장품은 현재 화장품전문점, 마트, 홈쇼핑, 인터넷 판매 등의 주요 영업망과 국내 2백70여개, 해외 3백40여개 매장을 확보하고 있는 '뷰티크레딧'을 통해 안정적인 매출성장을 이뤄가고 있으며, '꽃을 든 남자', '다나한', '에소르', '레드플로(redflo)' 등의 대표 브랜드를 확보하고 있다.

소망화장품은 3평의 작은 사무실에서 임직원 2명과 자본금 5천만원을 가지고 시작한 지 17년 만에 6백여명의 임직원과 연매출 1천3백억원을 상회하는 건실한 중견기업으로 성장했다. 창립 당시에는 누구도 지금 소망화장품의 성공을 예측하지 못했다. 하루에도 몇 십개의 기업이 생기고 없어지는 것이 국내 업계의 현실이기 때문이다. 하지만 1등 제품으로 정직하게 팔면 언젠가는 소비자의 마음을 열 수 있을 것이란 굳은 신념으로 창업 이후 단 한번도 매출상승 곡선이 꺾인 적 없이 오늘에까지 이르렀으며, 소비자로부터 신뢰의 기업 사랑받는 기업으로 성장할 수 있었다.

차별화된 제품, 차별화된 마케팅

소망화장품의 역사에 빠트릴 수 없는 것은 브랜드 및 마케팅의 차별화 전략이다.

소망화장품은 브랜드 전략부터 달랐다. 97년 외래어 일색이던 화장품에 순수 한글 브랜드인 '꽃을 든 남자'를 내세워 신선한 바람을 몰고 온 것이다. 이에 산업자원부에서 주최한 '2003 브랜드 가치평가 남성화장품 부문 1위' 등 각종 브랜드 관련 수상을 휩쓸기도 했다. 이러한 소망화장품의 남다른 아이디어는 제품 철학과 마케팅전략에도 그대로 이어진다.

우선 '스킨샤워' 제품만 해도 기존 클렌징의 문제점인 복잡한 클렌징을 한 번에 해결해준다는 특징과 컬러링, 모발 보호를 강조하던 염모제 시장에서 저자극과 냄새가 적음을 강조한 이른바 '노란색 케라틴 염모제' 제품의 독특하고 차별화된 콘셉트는 무명의 기업을 단번에 중견업체로 끌어올리는 일등공신이 되었다.

모델 전략도 남달랐다. 모델 의존도가 높은 화장품 광고는 어떤 모델을 기용하느냐에 따라 브랜드의 승부가 결정된다고 해도 과언이 아니다. 화장품업계에서 축구 스타를 모델로 기용한 것은 소망화장품이 최초로, 그 참신함과 희소가치만큼이나 안정환이 모델로 한 남성기초제품의 매출 곡선은 상승세를 탔다 또한 주력 브랜드인 한방화장품 '다나한' 은 론칭한 이래, 끊임없는 연구를 거듭하며 차별화된 성분과 기술을 내세워 국내뿐만이 아닌 글로벌 브랜드로 성장시켜나가고 있다.

위기를 기회로

그러나 소망화장품의 역사에 언제나 탄탄대로만 있었던 것은 아니었다. 창업 5년만에 IMF시대가 닥친 것이다. 워크아웃과 감원 등 모두들 긴축경영에 들어갈 당시 소망화장품도 IMF의 환란을 비켜갈 수는 없었다. 소비심리가 위축되어 매출이 기대이상의 상승곡선을 타지 않는 등 여러 가지 어려움이 닥쳤다.

하지만 '위기는 곧 기회'란 신념으로 과감한 투자를 시작했다. 바로 급격한 경기 위축으로 다들 마케팅비용을 최소화할 무렵 소망화장품은 오히려 광고와 제품 개발 등에 과감한 투자를 단행하여, 광고를 줄인 타 기업에 비해 상대적으로 좋은 지면과 시간대에 광고를 할 수 있어 광고 효율성을 크게 높일 수 있었다. 이로 인해 소망화장품은 기업 및 브랜드 인지도를 상당부분 끌어올릴 수 있었다.

나보다 이웃을 생각하는 기업

소망화장품은 외형적인 성장 못지않게 내적인 성장에도 역량을 발휘하고 있다. 순이익의 일부를 지속적으로 사회에 환원함으로써 기업의 사회환원사업의 본보기가 되고 있다. 95년에는 국제기아대책기구와 실로암 안과 지원 사업을 펼쳤으며, 북한 어린이를 돕는 사업에 앞장서기도 했다. 이후에도 다양한 방면의 사회환원 사업에 적극적으로 참여하여 신뢰할 수 있는 기업, 사회와 환경을 생각하는 긍정적인 이미지의 기업으로 발돋움하였다.

'뷰티크레딧'으로 새로운 시작

소망화장품은 2004년 소망제약에 이어 '뷰티크레딧'을 본격적으로 오픈하여 사업 다각화와 유통다변화를 시도하고 있다. 창립 12주년 기념일 다음날인 지난 2004년 11월 11일 2개 매장의 오픈(노량진점, 광명점)을 시작으로, 2009년 5월 현재 국내 2백70여개 매장 해외 3백40여개 매장이 운영되고 있다. 뷰티크레딧은 브랜드명 자체가 모든 사람들의 소망인 아름다움(Beauty)을 믿을 수 있는 품질과 합리적인 가격으로 실현하겠다는 신용(Credit)의 의지를 표현하고 있다.

앞으로도 소망화장품은 차별화 되고 공격적인 경영과 함께 믿을 수 있는 제품 개발과 지속적인 사회환원사업으로 정도 경영을 추진해나갈 것이다.

연혁

1992. 11	소망화장품 설립
1994. 2	소망화장품㈜ 법인 설립
1995.	인천 공장 준공 및 공장 등록 필
1996. 1	유망 중소기업 선정 (중소기업 진흥공단)
1997. 7	'꽃을 든 남자' 브랜드 런칭
2001. 4	인천공장 신축 완료 (건평 : 5,500평)
2001. 10	소망빌딩 완공
2001. 11	멜라클리어 출시 및 제약 사업 출범

2003. 5	서울 소망화장품 사옥 준공
2003. 10	산업자원부 '브랜드 가치평가' 남성화장품 부문 1위 수상
2004. 1	한방화장품 다나한 런칭
2004. 10	산업자원부 '브랜드 가치평가' 남성화장품 부문 1위 수상 (2년 연속)
2004. 11	브랜드샵 '뷰티크레딧' 노량진 1호점 오픈
2005. 5	중국 상해지사 법인 설립
2005. 7	뷰티크레딧 해외 진출 (대만, 미국)
2004. 10	산업자원부 '브랜드 가치평가' 남성화장품 부문 1위 수상 (2년연속)
2005. 10	산업자원부 '브랜드 가치평가' 남성화장품 부문 1위 수상 (3년 연속)
	뷰티크레딧 해외 진출 (뉴질랜드, 일본)
2006. 10	산업자원부 '브랜드 가치평가' 남성화장품 부문 1위 수상 (4년 연속), 헤어 스타일링 부문 1위 수상
2007. 4	로제화장품 인수
2007. 4	통영 동백화장품 '레드플로 런칭–국책과제 협약
2007. 6	'제1회 뷰티크레딧 대학생 디자인 공모전' 개최
2007.	뷰티크레딧 해외 진출 (인도네시아, 이라크)
2007. 10	산업자원부 '브랜드 가치평가' 남성화장품 부문 1위 수상 (5년 연속)
	'헤어 스타일링 부문 1위 수상 (2년 연속)
2008. 12	화성 물류센타 설립 (건평 : 1,463평)
2008. 12	산업자원부 '브랜드 가치평가' 남성화장품 부문 1위 수상 (6년 연속)
	헤어 스타일링 부문 1위 수상 (3년 연속)
2009. 2	〈 2009 한국능률협회 컨설팅 (KMAC) 염모제 부문 1위 브랜드 선정〉
	: 꽃을 든 남자' 염모염색제 부문 1위 브랜드 선정

ARITAUM
My Beauty Solution
www.aritaum.com

NEW

LANEIGE

SPF 50+ PA+++

SLIDING PACT_EX [WHITE PLUS RENEW]
슬라이딩 팩트 EX [화이트 플러스 리뉴]

시간을 이기는 빛 피부 위에 내리다
늘 새로 화장한 것처럼 눈부시게 빛나는 피부

LANEIGE

롯데백화점 및 전국 아리따움에서 만나실 수 있습니다.
고객상담실 080-023-5454 (수신자 요금부담)
www.laneige.co.kr

(주)아모레퍼시픽

아이오페

코스메디컬 지향 ··· 기능성 대표 브랜드

■ 브랜드 히스토리

1996년도 10월 론칭한 아이오페(IOPE)의 코스메디컬 지향 화장품의 명성은 과학적인 기술과 피부에 대한 완벽한 이해로써 완성되어 왔다. 피부 분석과 효능 안정성, 피부과학 연구의 R&D 노하우를 바탕으로 레티놀 안정화 성공, 제4세대 미백화장품 개발, 획기적인 에이징 케어 화장품 개발을 통해 지난 10여년간 아이오페는 기능성 대표 브랜드로 자리매김했다.

■ 브랜드 철학

아이오페의 모든 스킨 케어 테크놀로지는 오직 하나만을 생각한다. 바로 상품의 기본 가치에 충실하다는 것이다. 화장품의 존재 이유는 아름다운 피부에 있다. 적합한 효능 성분을 찾아 효과적으로 피부를 케어해주는 것이야말로 화장품을 화장품답게 하는 기본 가치인 것이다. 그리고 이는 곧 아이오페가 지향하는 철학이자 사명이기도 하다. 자연과 과학이 만나 이뤄내는 완벽한 고민 해결, 그속에서 아이오페만의 진정한 뷰티 케어를 실현해 나가고 있다.

■ 브랜드 콘셉트

뛰어난 성분을 엄선해 과학적인 처방을 거쳐 완성된 코스메디컬 지향 화장품. 케어를 중시하는 트렌드 속에서 화장품 역시 더 과학적인 연구와 테크놀로지가 요구된다. 아이오페는 자연과 과학, 그리고 인간의 조화로운 어울림 속에 완성된 슈퍼내추리얼을 통해 끊임 없이 진화하며 더욱 높은 품질의 효과를 제공해 준다.

이제 자연 성분들은 아이오페의 피무과학을 만나 피부 변화에 대한 미래의 해답을 전해준다. 식물 추출물의 뛰어난 효과(INTEGRATION OF PLANT EXTRACT)라는 이름처럼 뷰티 케어를 향한 상품 기본에 충실한 정직함을 담은 아이오페는 결코 기교를 부리지 않는 솔직함을 표현해 낸다. 사물을 이루는 가장 기본적인 원형 타입에 편리함을 더한 디자인은 심플하면서도 모던한 이미지를 표현해 준다. 자연을 상징하는 코발트 블루, 순수한 화이트, 그리고 품격 있는 화이트 골드와 골드의 컬러 매치는 아이오페만의 독특한 브랜드 파워를 표현해주기에 충분하다.

■ 주요 제품

슈퍼바이탈 크림 (SUPER VITAL EXTRA MOIST CREAM)

• 건조, 거침, 탄력 부족 등 피부 생명력 저하에 따른 총체적인 피부 고민을 케어해주는 스페셜 크림.

• 나노생명캡슐(N.L.C) 안에 안정화된 식물성 오메가3가 활동성이 저하된 피부에 활발한 신진대사 촉진 효능을 부여해 환절기의 예민한 피부에 새로운 활력과 생명력을 선사한다.

• 피부에 적합한 식물성 원료와 함량으로 끈적임 없이 피부 속부터 느껴지는 촉촉함을 선사해 피부 생명력 저하에 따른 총체적인 피부고민을 케어한다.

• 미네랄 콤플렉스 펩티드, 로제비타 추출물, 식물 유래 천연 보습 추출물을 함유해 외부 자극으로부터 피부를 보호하고 편안하게 진정시켜 준다.

－70㎖, 15만원

화이트젠 RXC 뉴로라인 (WHITEGEN RXC NEURO LINE)

• 피부 자체 내에서 생성되는 멜라닌 합성 효소의 활성을 근본적으로 제어한다.

• 폴루션 안테나(외부 오염물질을 감지하는 물질)의 활성화를 억제해 외부 오염 물질에 의해 멜라닌 과다 생산이 일어나는 것을 사전에 차단한다.

• 멜라닌 생성 신호를 보내는 다크닝 인자를 억제함으로써 심리적인 스트레스로 인해 멜라

닌이 과다 생산되는 것을 방지한다.

- 뉴로 스케일링 80ml, 5만원선

- 뉴로 에센스 50ml, 8만원선

- 익스트림 스팟큐어 에센스 25ml, 패치 2쌍*8매, 1만원선

I.P.L. 이 펙 터 + (IDEAL PERFECT LUMINOUS EFFECTER +)

• 복합 기능을 가진 IPL시술처럼 잡티, 색소 침착, 주름, 탄력 등 복합적인 피부 고민을 간편하고 확실하게 해결.

• 피부 자극의 위험성을 가지고 별도의 회복 기간이 필요한 피부과 시술과는 달리 안전하고 간편하게 피부과 시술의 효능을 재현.

• 화장품업계 최초로 도입한 피부과 시술 성분인 인도시아닌 그린과 더마레이의 붉은 빛이 만나 피부 속 멜라닌과 염증 생성을 근원적으로 예방해 맑고 깨끗한 피부를 완성한다.

• 고도의 기술이 필요한 650nm 파장의 빛과 음이온으로 새로워진 더마레이가 1, 2제의 화이트닝 및 주름 개선 효능을 부스팅시켜 준다.

- 1제 7ml*4 / 2제 7ml*4 / 더마레이(미용기구) 20만원선

플랜트 스템셀 스킨 리뉴얼 라인(PLANT STEM CELL SKIN RENEWAL LINE)

• 식물성 줄기세포를 직접 주입하여 피부에 가장 효과적인 안티 에이징 효과를 구현하기 위해 식물 줄기세포 성분을 국내 최초로 함유하고 있다. 이로써 식물 줄기세포의 놀라운 재생 에너지를 피부에 고스란히 전달해 피부 노화를 효과적으로 완화하는 라인이다.

• 식물 줄기세포 성분이 에너지 대사를 촉진하고 탄력을 강화해 노화를 완화함으로써 피부 속 깊이 새로움을 전하는 주름 개선 기능.

• 식물 줄기세포 성분의 풍부한 영양성분이 피부 속부터 활성화해주어 피부노화를 효과적으로 케어하고 지친 피부에 활력을 되찾아 주는 주름 개선 기능.

- 세럼 50ml, 7만원선

- 크림 70ml, 8만원선

- 아이크림 30ml, 6만원선

- 에멀전 130ml, 4만원선

- 소프너 150ml, 3만8천원선

레티놀 NX (RETINOL NX)

• 35초당 1개 꼴로 판매(성인 여성 4명 중 1명이 사용한 셈)된 레티놀 출시 12년차 아이오페의 야심작.

• 아이오페만의 'NX 테크놀로지'로 신경성장인자(NGF) 공급을 통해 퇴화된 신경세포를 재생해 깊은 주름은 물론 눈에 보이지 않는 잠재주름까지 개선.

• 밤 전용 주름 케어로 12년간 사랑 받아온 레티놀에 이어 낮에도 사용할 수 있는 프로-레티놀 개발.

• 1천32명의 여성들의 피부 노화 증상과 니즈를 분석한 자료를 바탕으로 개발된 레티놀 NX라인은 초기 노화부터 노화 개선까지 세분된 퍼스널 주름 케어를 제안.

- 레티놀 NX 딥링클 코렉터 40ml, 8만원선

- 프로레티놀 NX 멀티 코렉티브 세럼 40ml, 6만원선

www.iope.co.kr

라네즈

에너지 넘치는 피부 · 트렌디한 스타일 … 글로벌 영 프리미엄 브랜드

■ 브랜드 히스토리

자연에서 온 '눈'이라는 뜻을 가지고 있는 라네즈(LANEIGE).

나이에 상관없이 25세 즉, 이오공감(二五共感) 세대의 감정과 스타일을 즐기는 이들을 위한 브랜드인 라네즈는 1994년에 탄생한 (주)아모레퍼시픽의 글로벌 영 프리미엄 브랜드이다.

라네즈는 출시 이후 15여년간 스킨케어라인은 물론 메이크업라인을 아우르며 국내 화장품 업계를 대표하고 있는 브랜드이다.

또한 국내에서의 인기에 힘입어 글로벌 브랜드로 거듭나기 위해, 2002년 홍콩 소호 백화점 입점을 시작으로, 철저한 사전조사를 통해 현지 정서를 정확히 파악한 마케팅과 우수한 품질로 현재 중국 주요 37개 도시 1백42개 백화점에서 매장을 운영하는 성공을 이뤘다. 특히 2007년에는 중국 진출 단 5년만에 손익분기점 돌파와 흑자 전환를 달성하면서 본격적인 성과를 내기 시작했다. 이러한 중국 시장 성공을 기반으로 싱가포르와 대만, 인도네시아 등 동남아 시장에도 적극 진출해 아시아 대표 브랜드로 자리잡아 가고 있다.

또한 2007년, 라네즈는 프리미엄 메이크업라인을 출시하여 한국은 물론 세계의 뷰티 트렌드를 선도해 나가는 브랜드로 자리매김하고 있다.

■ 브랜드 콘셉트 및 인기요인

단지 피부만을 위한 단순 화장품의 단계를 넘어서, 라네즈 브랜드 자체가 지니는 가치를 높이고 어필한 것이 주요 인기요인이라고 볼 수 있다. 언제나 생기 넘치고 스타일리쉬한 자신을 가꾸는 즐거움을 아는 이들이, 라네즈와 함께함으로써 감성과 스타일은 물론 피부까지 젊고 아름답게 지켜낼 수 있는 것, 이것이 바로 라네즈가 추구하는 뷰티 미션이며 라네즈의 인기 요인이라고 볼 수 있다.

더불어 아모레퍼시픽의 기술 연구를 바탕으로 아시아 여성들을 위해 최적화된 스마트한 화장품들의 출시가 계속되는 것도 글로벌 브랜드 라네즈의 인지도 상승 이유이다.

■ 주요 제품

하이드라 솔루션 에센스

아주 특별한 물을 담은 라네즈의 하이드라 솔루션 라인.

2008년 9월 1일 출시한 '하이드라 솔루션 에센스'는 판매 15일만에 초도로 찍어낸 수량이 완판되었으며, 백화점 영업 개시 첫날 역시 품절 현상을 빚을 만큼 인기가 좋은 제품이다.

라네즈 하이드라 솔루션 라인은 살아 있는 히말라야 빙하수의 강력한 수분 에너지의 작용으로 피부 변화의 고민에 대응하고 맑고 투명한 피부(Crystal clear skin)를 가꾸어주는 수분

솔루션 제품이다.

세포 정상화를 위한 히말라야 빙하
수가 담겨 있어 피부에 빠르게 작용하
는 초수분 케어. 오랜 시간 자연 속에
서 변화하고 정화된 히말라야 빙하수
의 살아 있는 에너지를 담은 음이온이
풍부하게 함유되어 있어 비타민C보다
1000% 높은 항산화 효능으로 세포 손
상을 예방하고 혈액 순환을 촉진하여
건조하고 거칠어진 피부를 촉촉하고
윤기있는 피부로 가꾸어준다.

슬라이딩 팩트EX

라네즈의 메이크업 제품 중 베스트를 꼽자면 단연 슬라이딩 팩트(애칭 윤광팩트)라고 말할
정도로 가장 인기를 얻고 있는 제품이다.

2008년 4월에 기존의 라네즈 팩트에서 보다 진화된 디자인으로 선보인 슬라이딩 팩트 EX
는 출시되자마자 30초에 1개 꼴로 전국 매장에서 판매될 만큼 많은 사랑을 받고 있는 제품. 출
시된 이후 4, 5, 6월 석 달이란 짧은 기간에 22만개, 판매치가 목표 수량의 180%를 달성한 기
록을 가지고 있는 인기 제품이다.

2008년 베이스 메이크업 트렌드를 '윤광'이라는 키워드로 정의하며 '윤광' 메이크업 트렌
드의 선두주자로 앞서나가고 있는 라네즈는 최신 트렌드인 윤광 메이크업을 표현해줄 아이템
으로 '슬라이딩 팩트 EX 스노우 크리스탈', 일명 '윤광 팩트'를 선보였다.

1000도씨 이상의 고온에서 정제, 재결정화하는 도자기 윤광 공법으로 만들어진 스노우 퓨
어 크리스탈 파우더로 이루어져 피부를 눈처럼 투명하게 표현하고 시간이 지나도 칙칙해지지
않는 것이 장점인 제품이다. 또 일반 파우더에 비해 3배 정도로 피부에 섬세하고 얇게 펴 발리
는 것은 물론이고, 주위 환경과 피부 상태에 따라 유수분을 흡수 저장, 또는 발산시켜 촉촉하
고 건강한 피부 상태를 유지시켜주는 스마트한 제품이다.

워터 슬리핑 팩

잠자는 사이 수분을 집중적으로 공급하는 수면 팩으로 국내보다 해외에서 먼저 좋은 반응을 얻어 화제가 된 제품이다. 해외에서 라네즈를 단숨에 인기 브랜드로 올려놓은 효자 상품.

편안한 것을 추구하는 중국인의 특성을 잘 파고들어 성공한 제품으로 바르고 자면 된다는 편리함과 수면 중 충분한 보습을 주어 아침이면 촉촉해진다는 두 가지 기능이 라네즈를 단기간에 아시아 내의 수분 전문 브랜드로 자리매김하게 만들었다.

워터 슬리핑 팩은 중국 내에서 단일 품목으로 브랜드 전체 매출 수량의 15% 이상이 팔릴 정도로 지금도 히트하고 있다.

취침 전 세안 후에 바르고 자는 편리한 수면팩으로 건조한 피부를 단기간에 촉촉하게 관리해주는 제품이다.

사용 후 끈적임이 전혀 없어 흡수시킨 후 바로 수면을 취할 수 있는 반투명 젤 크림 타입 팩으로 8시간 수면 리듬에 맞추어 수분이 공급되므로 더욱 과학적인 스킨케어가 가능한 제품이다.

라네즈 옴므

이제는 남성도 여성 못지않게 외모를 가꾸는 것이 필수인 시대. 라네즈에서는 그루밍족들을 위해 라네즈 옴므를 출시, 세련되면서도 순수한, 그러면서도 스마트한 남성들을 위한 똑똑한 제품들로 단기간에 옴므 시장에 자리매김하는 데 성공하였다.

최고의 인기를 얻고 있는 아쿠아 액티브 에센스를 비롯한 기초 스킨케어 제품은 물론 링클케어 제품과 선블록 로션 등의 기능성 제품까지 전문화된 라인으로 점점 더 까다로워지는 남성들의 니즈를 만족시켜주고 있다.

■ 모델

세계 속에서 라네즈를 대표하는 모델은 2008년 1월부터 활동한 송혜교이다. 대표적인 한류스타로 이름높은 그녀는 생얼 미인, 피부미인이라고 불릴 정도로 피부가 아름답기로 소문난 연예인.

따라서 라네즈는 해외 인지도의 상승에 박차를 가하기 위해 한류열풍의 주인공인 송혜교를 뮤즈로 내세웠다.

'풀하우스'와 '가을동화'로 아시아 지역에서 최고의 인기를 얻고 있는 송혜교가 라네즈의 글로벌 모델로 활동하자마자 아시아 각 지역에서 '송혜교 효과'라는 말이 생길 정도로 라네즈의 인지도 상승에 큰 영향을 보이고 있다.

2009년 3월부터 글로벌 영 프리미엄 브랜드 라네즈의 남성 라인인 라네즈 옴므의 모델로 활동하게 된 현빈. 세련된 이미지와 부드럽고 따뜻한 훈남 이미지로 유명한 그는 세련된 도시 남성을 위한 화장품 브랜드인 라네즈 옴므의 콘셉트와 딱 맞아떨어질 뿐만 아니라, 한국은 물론 아시아 전역에서 큰 인기를 떨치고 있는 한류 스타로서 송혜교와 함께 아시아 곳곳에서 판매되고 있는 글로벌 브랜드의 모델로 완벽하여 라네즈 옴므를 대표하게 되었다.

■ 라네즈의 2009년

라네즈는 지속적인 연구 및 개발을 바탕으로 대표 제품들의 리뉴얼, 업그레이드에 주력할 예정이며, 2009년 2월에 출시한 아시아 여성들의 속눈썹에 최적화된 멀티펑션 마스카라, 3월 출시한 아시아 여성들만을 위해 특별히 제작된 신개념 화이트닝 제품인 '화이트플러스 리뉴 라인' 등으로 국내는 물론 아시아권을 주도해가는 영 프리미엄 브랜드의 인식을 공고히 할 예정이다.

www.laneige.co.kr

마몽드
여성적 아름다움의 가치를 믿는 브랜드

■ 브랜드 히스토리

1991년도 11월에 론칭되어 현재까지도 끊임없는 사랑을 받고 있는 대한민국의 대표 화장품 브랜드 마몽드(Mamonde)는 꽃이 지닌 생명력을 피부 깊숙이 전달하여 더욱 촉촉하고 윤기있는 피부로 가꿀 수 있는 특별함을 선사한다.

마몽드(Mamonde)는 나(ma)의 세계(monde)라는 불어로 여성스럽고 부드러우면서도 자신만의 세계를 간직한 여성을 위한 브랜드이다.

■ 브랜드 콘셉트

'여성적인 아름다움의 가치를 믿습니다.'

마몽드 브랜드를 한마디로 표현한다면 바로 페미닌 뷰티(Feminine Beauty) 라고 말할 수 있다. 이는 세월이 바뀌어도, 아무리 시대가 변해도 달라지지 않는 가치, 그것이 바로 여성이며 여성

의 아름다움이라는 것이 바로 마몽드의 철학인 것이다. 여성 본연의 모습을 잃지 않고 자신의 아름다움을 더욱 돋보이게 가꾸고 키워나가는 여성이야말로 마몽드가 완성해내고자 하는 여성상이라고 할 수 있다.

그리고 이러한 아름다움의 실현을 위해 최고의 품질로 다가가는 것, 그것이 바로 마몽드 브랜드가 페미닌 뷰티에 바탕을 두고 추구하고 있는 철학이다.

마몽드의 로고는 꽃이 피워내는 생명력을 간직한 듯한 절제의 느낌과 부드러운 여성미가 어우러진 모습을 형상화했다.

■ 모델

마몽드의 뮤즈는 현재 2005년 8월부터 활동한 탤런트 한가인이다. 섬세하고 여성스러운 외모가 마몽드의 브랜드 콘셉트와 잘 어울리는 동시에 스마트하고 지적인 이미지는 향후 브랜드가 추구하는 적극적인 여성상이다.

■ 마몽드의 2009년

대한민국의 모든 여성들의 아름다움의 매개체가 되기 위한 마몽드는 전반적인 경기 불황 시기인 2009년에 보다 합리적인 가격과 스마트한 효능을 구비한 제품들을 통해 소비자들에게 다가설 계획이다. 대표적인 마몽드 브라이트닝 파우더팩트 10hr라인과 토탈솔루션 스마

트라인 이외에도 3 in 1 기능의 마몽드 멀티폼 등 다양한 멀티 기능성 제품으로 2009년도 상반기 시장 공략에 성공했다.

또한 2008년도에 론칭한 플로리스 메이크업 라인도 저렴한 가격 대비 화사함이 가득한 색상 구성으로 마몽드 매출에 큰 기여를 하고 있어, 2009년도에도 기대되는 라인이다. 또한 마몽드는 그 어떤 브랜드에 비해 온라인 후기가 많고, 소비자들의 공고한 입소문을 바탕으로 지속적인 광고 · 홍보전략을 펼칠 예정이며 전년도 대비 샘플링을 강화할 예정이다.

■ 중국서 비약적 성장

현재 마몽드는 중국에서 성장하고 있는 브랜드로 전문점과 세포라를 비롯하여 2백여개의 백화점에 입점되었다. 2011년까지 백화점 매장 수 4백50개, 전문점 5천개까지 오픈을 목표로 열심히 달리고 있다. 백화점과 전문점을 모두 커버하는 브랜드로 고급스러운 이미지를 전달한다.

한국과 마찬가지로 토탈솔루션 라인은 베스트 셀러이자 주력 상품이다. 또한 중국은 시장 특성상 미백 상품이 일년 내내 소구되는 양상으로 퓨어화이트 라인이 매출 1위를 기록하고 있다. 2008년 11월에 론칭, 중국 현지의 취향을 반영한 중국 전용 라인인 에이지컨트롤 라인은 초기 안티 에이징 라인으로 출시 두 달만에 전체 매출 5% 가까이를 차지할 정도로 폭발적인 인기몰이 중이며, 철저한 중국 소비자 조사를 통한 제품 개발로 좋은 반응을 얻고 있다. 현재 크림과 아이크림, 에센스 등 3가지 상품을 운영 중이며 2009년 11월에 3가지 품목을 추가해 2008년 대비 400% 성장을 목표로 하고 있다.

■ 주요 제품

마몽드 토탈솔루션 스마트 라인

2008년 슈어 뷰티 어워드 시 온라인 쇼핑몰 판매 1위, 매스 브랜드 판매율 1위, 로드숍 단일 매출 1위에 오르는 기염을 토한 마몽드의 대표 제품.

마몽드 토탈솔루션 스마트 라인은 비타민E의 10배에 달하는 항산화 효능이 있는 엉겅퀴, 산화 스트레스로부터 피부를 보호하는 에델바이스, 그리고 피부에 수분막을 형성하는 월화향 등 3가지 꽃 추출물을 함유해 피부를 보다 촉촉하고 깨끗하고 탱탱하게 지켜주는 제품이다.

– 토탈솔루션 스마트 모이스춰 크림(고보습 크림) 50ml, 3만2천원선

– 토탈솔루션 스마트 워터리 크림(고수분 크림) 50ml, 3만2천원선

– 토탈솔루션 스마트 모이스춰 세럼 50ml, 3만2천원선

– 토탈솔루션 스마트 모이스춰 아이크림 50ml, 3만2천원선

마몽드 브라이트닝 파우더팩트 10hr

1998년 대한민국 최초의 팩트형 파우더로 출시되어 현재까지 사랑 받고 있는 마몽드의 밀리언 셀러 아이템. 2002년에 마몽드의 콘셉트에 맞추어 꽃잎 모양으로 팩트 디자인을 변경한 뒤 1분에 1.5개씩 팔리는 기록을 세우는 등 밀리언 셀러 기록을 세웠다. 2008년 새롭게 업그레이드되어 출시한 브라이트닝 파우더 팩트 텐 아워 역시 그 인기를 이어가고 있다.

브라이트닝 파우더팩트는 더욱 화사해진 피부 표현이 칙칙해짐 없이 촉촉하게 오래 지속해 준다.

• 유기농 장미, 쟈스민, 카모마일 꽃잎을 그대로 갈아 만든 플로랄 블루밍 파우더가 꽃잎 그대로의 화사함을 전해준다.

• 블루밍 스킨 효과로 꽃잎 형상 파우더와 피부 유사굴절 파우더가 함유되어 피부를 한층 화사하고 생기있게 표현해 준다.

• 브라이트 래스팅 시스템이 적용되어 최신의 이온교환기술을 응용, 피지나 외부환경에 대해 지속성이 높아 하루종일 칙칙해짐 없는 화사한 피부를 연출해준다.

• 피부 친화 플로랄 추출물이 함유되어 쟈스민, 아르니카, 야로우 꽃에서 추출한 마몽드만의 자연 유래 보습 복합체의 피부 보습 효과와 진정작용으로 더욱 깨끗한 피부를 유지시켜 준다.

– 20g, 1만8천원선

마몽드 콜라겐 미백 크림

기미, 검버섯, 잡티를 몰아내 깨끗하고 환한 피부를 선사하는 콜라겐 미백 크림.

마몽드 콜라겐 미백 크림은 2009년 3월 신제품으로 기존의 화이트닝 제품과는 달리 손상된 기저층의 콜라겐을 회복시켜 피부 깊은 곳에 뿌리깊게 박힌 멜라닌을 몰아내 피부 톤 전체

를 고르고 환하게 가꿔 주는 제품이다.

기존의 미백크림이 바르고 난 후에 건조했다면 훨씬 더 촉촉하고 부드러운 사용감이 돋보이는 제품이다.

또한 피부 혈액 순환을 촉진해 주는 휀넬(Fennel) 성분이 함유되어 피부 속 노폐물을 배출시키고 피부 칙칙함의 주범인 피부 속 산화 스트레스를 함께 제거하여 탄력이 증가되어 매끈한 피부를 가질 수 있다.

– 50ml, 3만원선

www.mamonde.com

한율
동의한방으로 피부 '율려' 실현 … 젊은 한방 브랜드

■ 브랜드 스토리

한율(韓律)은 한국적인 아름다움에 대한 생각과 접근을 담았다.

20~30대를 겨냥한 프리미엄 한방화장품으로 한방 입문자들인 많은 젊은층들이 좀 더 쉽게 한방에 접근할 수 있도록 한방 향취를 부드럽게 설계하고 이들의 피부 고민과 사용감 특성에 맞게 개발되었다. 우리 체질에 최적화된 동의한방을 접목시켜 100% 국내 재배 약재만을 사용하여 제품을 생산한다.

또한 예로부터 여인들에게 많은 사랑을 받아온 한국의 색인 쪽빛과 한국의 문양인 조각보를 형상화한 케이스, 신영복 선생의 아름다운 한글서체로 표현된 브랜드 아이덴티티 등을 통해 디자인에 있어서도 우리 고유의 문화를 살렸다.

■ 브랜드 콘셉트
한국 사람의 피부를 편안하게 해 주는 동의한방

동의한방은 기후, 계절, 토질과 같은 생육 환경의 영향이 그 지역의 고유한 체질을 형성하게 하고 식물 또한 같은 종이라 해도 성분의 종류 및 함량에 차이를 지니게 되는 점에 주목하였다. 따라서 우리나라 사람에게 가장 적합한 용량과 용법, 그리고 당약(唐藥)이 아닌 우리의 한방 원료로 한국 사람을 위한 처방을 체계화하게 되었다.

한율은 한국 사람에게 가장 최적의 효과를 발휘하고, 한국 사람의 피부에 꼭 맞는 편안함을 주기 위해 동의한방에 충실하게 접근했다.

4계를 지닌 한국의 자연과 그 4계의 계절별 성질이 담긴 음식은 한국인의 체질과 피부를 만들었다. 약초에도 이러한 4계의 특징이 있으며, 한국의 약초는 다른 지역과는 조금씩 다른 성질을 갖게 되었다. 동의한방은 우리나라 사람의 체질과 약초에 맞추어 재단되어 오랜 시간 검증되고 응축된 한국의 지혜이다.

우리나라 여성의 피부는 섬세하고 곱지만 균형이 깨지기 쉽기 때문에 한율은 기, 피부 흐름, 진액(피부에 공급되는 영양성분)의 원활한 순환을 강조하는 동의한방 처방으로 피부가 스스로 생명력을 강화해 율려(律呂, 균형) 상태를 찾도록 했다(율려란 음과 양이 조화된 이상적인 상태를 지칭하는 우리 고유의 음양사상으로 한율이 제안하는 피부의 최적 상태).

국내의 깨끗하고 맑은 지역, 깊은 숲에서 얻은 자연의 생명력

한율은 가장 한국적인 토양과 기후 조건에서 자란 자연의 귀한 약초(100% 국내 재배, 청정 지역에서 깨끗하게 키운 한방원료)를 사용해 동의한방에 충실하게 접근했다.

한율의 공통 처방인 율려단, 그리고 각 라인별 성분은 모두가 맑고 깨끗한 국내의 청정 지역에서 재배하거나 깊은 숲에서 채취하여 자연의 생명력이 가득하다.

율려단 외에도 백복령, 황기(8년근 이상), 인삼, 송이, 백과아 등의 한방 약재가 들어 있다. 특히 일일이 재배지를 답사하여 우리나라 청정지역에서 깨끗하게 키운 약재만을 사용하여 안전성을 높였다. 또한 일반 물 대신 18시간 동안 달여 얻은 한방농축액(천궁, 당귀, 쑥)만 사용해 피부 자생력을 강화하고, 피부 수렴, 진정 등의 효과를 높였다.

이러한 원료를 '전통 옹기숙성방식'으로 한방성분을 깊게 담았다. 옹기는 금속과의 반응을 차단해 변성를 막고 효능물질을 신선하게 유지시켜 주며 원료에 담겨 있는 불순물을 자연적으로 걸러준다. 한율은 옹기가 장착된 가마에 고압추출방식의 현대적인 기술을 더해 고농도의 신선한 한방추출액을 얻어냈다.

또한 밀어넣듯이 한방성분을 깊숙이 도달시키는 아모레퍼시픽만의 특허성분(특허번호: 10-0669161-00-00)인 생체 친화성 캡슐은 피부 친화력이 탁월한 캡슐을 다시 아주 작은 사이즈(머리카락을 10만분의 1사이즈로 나눈 것과 같은 사이즈)로 나누어 놓은 기술로, 한방 유효성분을 피부 깊숙이 도달시킨다.

음양의 조화를 이루는 순환요법 3단계

봄, 여름, 가을, 겨울 사계의 순환을 통해 자연의 생명력을 창조하듯, 피부에서도 기, 피부 흐름, 진액이 원활하게 순환함으로써 음양의 조화를 이루게 된다.

한율 순환요법 3단계는 피부의 자오유주 리듬을 일깨워 매끄럽고 촉촉한 피부 최적의 균형 상태를 이끌어낸다.

한방에서는 피부에서도 '기' 와 '피부속 흐름' 그리고 진액의 순환이 매우 중요하다고 생각한다. 한율은 베이직 케어부터 스페셜 케어에 이르기까지 3단계에 걸쳐 피부 순환을 강화해, 흐트러짐 없는 최적의 균형 상태 즉, 율려의 상태를 끌어낸다.

이를 위해 피부 순환을 활성화시키는 3단계 순환요법을 제시하고 각 단계별 제품 라인을 갖추고 있다.

1단계는 피부의 움츠린 기를 순환시키는 기초라인인 '활음 라인' 과 '채음 라인', 2단계는 정체되어 있는 피부의 흐름을 강화해 피부를 맑고 윤택하게 하는 '유빛 라인', 3단계는 거칠고 메마른 피부에 부족해진 진액을 보강해 탄력을 강화해주는 '고결 진액 라인' 이 해당된다.

• 한율 순환요법 1단계: 기(氣)의 흐름 강화

한율의 활음과 채음의 베이직 케어가 계절, 식사, 라이프 스타일의 불균형으로 움츠러든 '기' 를 고르게 순환시키고, 피부의 자오유주 리듬을 되찾아준다.

"기가 쇠하면 몸의 기능이 쇠퇴하고, 노화가 빨리 오게 되므로 예부터 동의한방에서는 사람의 몸에서 기를 고르게 하는 것을 가장 중요하게 여겼다."

• 한율 순환요법 2단계: 피부 속 흐름 강화

한율의 유빛 마사지 에센스는 피부 속에 고인 나쁜 성분을 제거하고 구석구석 피부 속 흐름을 강화시켜 준다.

"피부 속 흐름은 기와 함께 짝을 이뤄 순환하면서 맥 속을 쉬지 않고 운행하여 오장에 영양을 고르게 공급시키고 몸의 전체적인 생리기능을 유지시켜 준다. 또한 피부 생기를 찾아주고, 매끄럽고 탄력이 넘치는 작용을 한다."

• 한율 순환요법 3단계: 진액(津液)의 보강

한율의 고결진액라인은 고갈된 진액의 생성을 촉진해 기를 채우고, 피부의 거침, 메마름 등의 증상을 없애 주며, 탄력을 강화해 준다.

"진액(津液)은 기가 모여 생긴 것으로 피부 속 흐름으로 변화하여 몸 전체에 퍼지며, 각 장기마다 꼭 필요한 영양 성분의 역할을 하게 된다."

■ 주요 제품

고결진액 에센스(고결진액라인)

피부의 모든 영양성분인 진액은 '기'와 '피부 흐름'을 강화해 줘 기를 채워 주고 피부의 거침, 메마름, 탄력을 다스려 준다.

• 6년근 금산인삼, 국내의 천연송이, 율려단의 한방성분이 농축(한방성분 70% 함유)되어 부족해진 진액을 활발하게 생성시킨다.

• 인삼은 피부의 원기를 북돋우며, 신진대사 강화와 항상성을 높여준다.

• 천연 송이는 외부 저항성을 강화시키고, 생성된 진액을 오랫동안 유지시키는 효과가 뛰어나다.

• 고결진액 크림과 함께 사용하시면 진액 생성작용이 상승된다.

• 한방성분이 농축되어 있으면서도 빠르고 가볍게 흡수된다.

– 50ml, 9만원선

고결진액 크림(고결진액라인)

피부의 모든 영양성분인 진액은 '기'와 '피부 흐름'을 강화해 줘 기를 채워 주고 피부의 거침, 메마름, 탄력을 다스려 준다.

• 6년근 금산인삼, 국내산 천연송이, 율려단의 한방성분이 농축(한방성분 50% 함유)되어 부족해진 진액을 활발하게 생성시킨다.

• 인삼은 피부의 원기를 북돋우며, 신진대사 강화와 항상성을 높여 준다.

• 천연 송이는 외부 저항성을 강화시키고, 생성된 진액을 오랫동안 유지시키는 효과가 뛰어나다.

• 도톰한 보습막을 형성해 피부에 영양을 공급한다.

• 고결진액 에센스와 함께 사용하면 진액 생성작용이 상승된다.

• 도톰하게 발리는 첫 사용감이 특징적이며, 피부결 하나하나를 채워 준다.

– 60ml, 10만원선

한율 유빛마사지 에센스 정(訂) & 연(軟)

화장하지 않는 본래 피부의 투명함과 뽀얀 우유빛 안색을 끌어내는 '안색 개선'을 위한 에센스.

• 유빛마사지 에센스 정(訂): 이로운 것을 북돋아 줘 바로잡음으로써 피부 흐름을 강화하고 안색 개선. 부드러운 롤링감으로 마사지한 후 한방성분이 흡수되는 한방 에센스의 기능을 한번에 부여하여 즉각적 피부 안색 개선 효과와 영양감을 부여하는 마사지 에센스. 백과아 성분을 강화하여 피부 흐름을 촉진시켜 칙칙했던 안색을 환하게 개선하여 생기 있는 피부로 가꾸어준다.

• 유빛마사지 에센스 연(軟): 과한 것을 연하게 하여 피부 흐름을 강화하고 안색 개선. 시원하고 부드러운 롤링감으로 마사지한 후 유분감을 줄이고 가볍게 마무리되어 흡수되는 가벼운 '유빛 마사지 에센스'의 새로운 제품.

여름철 피부 칙칙함의 원인인 순환 장애와 피부열을 케어하여 마사지로 피부 흐름을 다스리고 청열과 피지 케어로 즉각적으로 안색을 개선함으로써 지성피부, 여름피부에 사용하도록 최적화된 제품이다. 백과아가 피부 흐름을 촉진시키고 어성초의 청열, 항염 작용으로 열을 내려주고 과잉 피지를 잡아주어 하절기에 지치고 칙칙해진 피부 안색을 환하게 개선해준다.

–100ml, 5만원선

www.hannule.com

이니스프리
피부 휴식과 에너지를 추구하는 그린 라이프 브랜드

■ 브랜드 히스토리

2000년 한국 최초의 자연주의 화장품 브랜드로 선보인 '이니스프리'는 합리적인 가격의 정통 자연주의 브랜드로 지속적인 성장을 이어가고 있다. 이니스프리는 2005년과 2006년 2년 연속 소비자 웰빙지수 1위로 선정되는 등 소비자들의 지속적인 사랑을 받아 왔으며, 이러한 소비자들의 뜨거운 반응은 두터운 매니아층 형성으로 이어지고 있다.

최초 론칭 당시 마트 전용 화장품으로 출발한 이니스프리는 2005년 12월 명동 1호점을 오픈하면서 본격적인 로드숍으로 탄생했다. 날이 갈수록 치열해지고 있는 화장품 브랜드 로드숍의 경쟁 속에서 이니스프리는 지난해 25% 성장하며 지속적으로 발전하고 있다.

■ 브랜드 콘셉트

'자유의 섬'을 뜻하는 이니스프리(innisfree)는 현대를 살아가는 우리들이 힘들고 지칠 때마다 자연과 하나되어 편안한 휴식을 즐길 수 있는 곳을 의미한다. 돌아가 쉬고 싶은 곳, 넉넉한 아름다움을 실현할 수 있는 곳, 그곳이 바로 이니스프리가 추구하는 청정한 '자유의 섬'이다.

이니스프리에는 과학보다 한 발 앞선 자연의 위대한 에너지가 담겨 있다. '청정 섬'의 4대 근본 에너지(태양, 토양, 물, 공기)로부터 탄생한 이니스프리의 식물 에너지는 지친 피부에 생명력 넘치는 휴식을 선사해준다.

■ 제품 포트폴리오

이니스프리의 제품은 아기부터 20~30대, 나아가 중장년층까지 남녀노소 모든 연령대를 아우르는 라인 구성으로 폭넓은 소비자들의 사랑을 받고 있다.

스킨케어 및 메이크업, 바디케어, 그리고 헤어와 아로마라인, 남성 제품에 이르기까지 이니스프리에서는 현재 총 5백여 품목의 제품을 운영 중이다.

■ 주요 제품

그린티 퓨어 라인

제주 청정지역에서 재배된 녹차 사용 … 피부 수분 부족 해결

그린티 퓨어 라인에 사용된 녹차수는 아모레퍼시픽 설록 다원의 친환경 농법으로부터 얻어진 것이라 더욱 믿을 수 있다.

다양한 피부 트러블의 원인이 되는 피부 수분 부족을 해결하기 위해 태어난 그린티 퓨어 라인은 피부 곳곳에 수분을 운반하고, 마치 스펀지처럼 피부 표면에 겉도는 수분까지 끌어당겨 촉촉한 상태로 유지시켜 준다. 그린티 퓨어 크림과 그린티 미네랄 미스트가 주력 품목으로 손꼽힌다.

올리브 리얼 스킨

에코서트 인증 엑스트라 버진 올리브 오일 함유 … 우수한 보습효과

이니스프리의 대표 제품인 '올리브 리얼 스킨'은 우수한 보습 효과로 2006년 출시된 이래 꾸준한 사랑을 받고 있는 제품이다. 특히 2008년에는 엄격하고 신뢰 받는 프랑스 유기농 인증기관인 에코서트(ECOCERT) 인증을 받은 올리브의 엑스트라 버진 올리브 오일을 사용한 제품을 출시, 더욱 믿을 수 있는 자연주의 화장품으로 발돋움하였다.

이니스프리 올리브 리얼 스킨은 지난 2006년 출시 직후, 10개월간 약 10만개의 판매량을 기록하였다. 2008년 10월 1일 리뉴얼된 올리브 리얼 스킨은 출시 이후 전국 2백20개 이니스프리 매장 기준으로 1달 반 만에 5만개의 판매 기록을 올리는 등, 나날이 판매 기록 갱신을 이어가고 있다.

이는 그 동안 이니스프리 홈페이지 및 각종 온라인 화장품 동호회를 통한 소비자들의 올리브 리얼 스킨에 대한 뜨거운 입소문과 우수한 품질력에 기초한 식지 않은 열기의 반영이라고 볼 수 있다.

에코레시피라인

국내 최초 에코서트 인증 화장품 … 피부 자생력 강화

프랑스 대표 3대 유기농 허브인 라벤더, 카모마일, 위치하젤을 주 성분으로 한 에코레시피라인은 수분 공급과 청정 수딩, 피부 복원력을 강화하는 등 피부의 자생력을 키워 지친 피부를 건강한 상태로 회복시켜 주는 것이 특징이다.

에코레시피 라인의 모든 제품들은 100% 신문지로 재활용된 포장 박스를 사용하여 제품의 성분부터 용기, 외부 포장 박스까지 모두 친환경적인 공정으로 만들어진 진정한 자연주의 화장품으로 손꼽을 수 있다.

■ 그린 마케팅 활동

이니스프리는 환경을 생각하여 콩기름 인쇄의 전 제품 포장 박스와 쇼핑백 사용을 실천하고 있으며 따로 첨부되는 제품 설명서 대신 모든 제품 정보를 외부 포장 용기에 표기하는 방식을 통해 종이 절약의 실천에 앞장서고 있다.

대학가 축제 기간 동안 대학생들의 참여로 이루어지는 '캠퍼스 그린 라이프' 캠페인은 이니스프리에서 6년째 꾸준히 전개하고 있는 대표적인 친환경 이벤트. 캠퍼스 그린 라이프는 환경의 소중함을 느끼고 자연을 사랑하는 마음을 함께 실천하자는 취지의 캠페인이다. 2009년 5월에는 재활용 쓰레기 분리 수거와 자신의 친환경 실천 아이디어를 제안하는 캠퍼스 그린 라이프 서명식을 주요 프로그램으로 진행돼 대학생들의 큰 호응을 얻었다.

그 밖에 2008년에는 유엔환경계획(UNEP) 한국위원회에서 진행한 환경 교육 기금 마련 캠페인을 지원하였으며, 화장품 공병을 모아 친환경적으로 처리하는 '그린 리사이클 캠페인' 등 각종 환경 캠페인을 꾸준히 진행 중이다.

■ 2009년의 이니스프리

2009년에는 본격적인 친환경 브랜드로의 입지를 강화하고, 로드숍 대표 브랜드로 성장하는 것이 브랜드의 큰 목표이다.

이니스프리는 환경을 위해 보다 적극적인 활동을 지속적으로 전개, 그 일환으로 환경에 관심을 갖고 친환경적인 제품 생산 및 다양한 환경마케팅에 심혈을 기울일 예정이다.

www.innisfree.co.kr

>>> **회사 소개**

아시안 뷰티 크리에이터 지향 ··· 글로벌 뷰티 & 헬스 기업

(주)아모레퍼시픽은 지난 64년간 우리나라 화장품산업의 대표기업으로서 한국 화장품산업을 선도해 왔다.

1945년 9월 5일 서울 중구에서 '태평양화학공업사'라는 작은 화장품 제조회사로 출발한 (주)아모레퍼시픽은 1954년 화장품업계 최초로 연구실을 개설했고, 1957년부터는 매년 기술자들을 독일과 일본 등지로 보내 선진기술을 습득하게 하였다.

1960년대에 들어서서는 신대방동에 대규모 공장을 신축하고, 현대화된 대규모 생산설비와 앞선 기술 개발력 그리고 방문판매라는 새로운 판매경로를 구축하여 비약적인 성장을 거듭했다. 그 결과 1960년대 말에는 국내 화장품시장의 약 70%를 차지할 정도가 되었다.

이후 1990년 9월 화장품의 본고장인 프랑스에 진출해 현지에 생산공장을 건설하였으며, 1995년부터는 중국시장에 진출하였다. 그리고 1990년대 초부터 강도 높은 구조조정을 실시하여 뷰티와 헬스 분야에 핵심역량을 집중함으로써 외환위기에도 큰 흔들림 없이 지속적으로 성장하였으며, 2008년 기준으로 매출 1조5천3백13억원, 영업이익 2천5백52억원의 건실한 기업으로 발전하였다.

'아모레퍼시픽 웨이(AMOREPACIFIC WAY)' 선포

(주)아모레퍼시픽이 2008년 2월 '아시안 뷰티 크리에이터(Asian Beauty Creator)'로서 세계 속에 성공적으로 자리매김하기 위한 기업문화 핵심가치이자 구성원들의 행동규범인 '아모레퍼시픽 웨이(AMOREPACIFIC WAY)'를 선포했다.

'아시안 뷰티 크리에이터'는 태평양 너머에까지 아름다움을 꽃피우겠다는 원대한 창업정신을 승화시킨 글로벌 뷰티&

헬스 기업으로서의 (주)아모레퍼시픽의 정체성이다. 이는 아시아를 대표하는 미(美)의 기업으로서 자연과 인간에 대한 깊은 이해로 내면과 외면이 조화를 이루는 아름다움을 창조하여 아름답고 건강하게 살고자 하는 인류의 영원한 꿈을 실현하겠다는 (주)아모레퍼시픽의 궁극적인 소명을 나타낸다.

'아모레퍼시픽 웨이'는 이같은 성장을 가속화하여 글로벌 비전을 성공적으로 달성하고, 나아가 전세계 고객들로부터 아시안 뷰티 크리에이터로 인정받기 위해 아모레퍼시픽인들이 공유하고 따라야 할 가치 판단과 행동의 기준이 되는 5가지 핵심가치로, '개방(openness), 혁신(innovation), 친밀(proximity), 정직(sincerity), 도전(challenge)'이다.

'개방'은 진리는 외부와의 소통 즉, '고객과의 대화'에 있다는 믿음을, '혁신'은 언제나 새로운 것을 세상에 내놓고자 하는 열정을, '친밀'은 고객과 물리적, 심리적으로 언제나 '가까운 자리'에 있음을, '정직'은 어떤 일이든 '나의 일, 내 가족의 일'처럼 진정으로 함을, '도전'은 현재에 안주하지 않으려는 마음을 담고 있다.

지주회사 체제로의 전환

(주)아모레퍼시픽은 국내 1위 화장품 회사에 만족하지 않고, 2015년 글로벌 TOP 10 화장품 회사를 목표로 삼고, 글로벌 기업으로 거듭나기 위한 하드웨어 구축을 추진 중이다.

그 전략 중 하나로 2006년 6월 투자회사인 ㈜태평양과 사업회사인 (주)아모레퍼시픽의 분할을 성공적으로 마무리하였다.

지주회사 체제로의 전환은 1990년대 초부터 진행되어 온 선행적인 구조조정(선택과 집중)의 완결 과정으로서, ①기업지배구조 개선, ②핵심사업 역량 강화, ③주주가치 제고, ④경영위험 분산 등의 효과를 기대해 볼 수 있다.

앞으로도 (주)아모레퍼시픽은 화장품과 생활용품, 건강제품 등 '미(美)와 건강(健康)' 사업에 집중하여 핵심 역량을 전념할 계획이다.

양손경영과 끊임없는 혁신

(주)아모레퍼시픽은 '고객의 미(Beauty)와 건강(Health)을 위해 토탈 케어를 제공하는 글로벌 기업(Global Total-care Provider of Beauty & Health)'이라는 비전 달성을 위해 고객 중심 프로세스를 정립하기 위한 끊임없는 기업 체질 변화를 도모하고 있다.

프레스티지 시장에서는 '설화수', '헤라', 'AMOREPACIFIC', '비비프로그램(V=B Program)' 등 프리미엄 브랜드와 차별화된 상품가치와 서비스를 제공하는 한편, 매스시장에서는 '라네즈', '아이오페', '한율', '마몽드', '이니스프리' 등을 통해 가격 대비 가치 만족도를 제고하며, 스킨케어와 메이크업 주요 유형의 균형 성장에 노력하는 '양손경영'을 통해 경영의 내실을 확보해 가고 있다.

또한, 경영환경 변화에 대응하고, 고객 중심적 혁신을 위해 6시그마 활동을 추진하고 있다. 6시그마 활동을 통해 상품과 기술의 변화를 읽고, 고객의 잠재적 니즈를 찾아내 고객이 원하는 상품을 탄생시키는 연구를 진행하고 있으며, 영업, 생산, 물류 등 전사적인 6시그마 활동으로 고객만족도 향상, 시장 대응력 강화, 원가 절감, 생산성 향상 등 가시적인 성과를 달성하고 있다. ㈜아모레퍼시픽은 앞으로 6시그마를 통해 선도적인 경영혁신기법을 전사적으로 확산하고 전략과의 연계성을 강화함으로써 끊임없는 혁신을 진행할 계획이다.

그리고 2000년 9월 1일, 도딜 뷰티 솔루션숍 '아리따움(www.aritaum.com)'이 본격적인 사업을 시작하여 현재 성공적으로 안착하였다.

'아리따움'은 '아름다운 사람들의 공간'이라는 뜻의 순 우리말로, (주)아모레퍼시픽의 비전인 '아시안 뷰티'를 실현해 주는 대표적인 뷰티 솔루션 공간이다. 고객의 12가지 피부 고민에 대한 1:1 맞춤형 솔루션 제공을 위해 매장 내 카운슬링 존에서 업그레이드한 피부진단기를 이용하여 전문적인 카운슬링과 편안한 구매 체험을 제공하는 것이 특징이다.

(주)아모레퍼시픽은 2008년 말 기준 8백90여개 점의 계약을 완료하고 매장 공사와 신규 가맹점에 대한 추가 계약을 실시하고 있다. 아이오페, 한율, 라네즈, 마몽드, 해피바스, 오딧세이, 미쟝센 등 아모레퍼시픽의 인기 브랜드와 아리따움 PB상품 2백여 품목, 마몽드 메이크업 신제품 1백여 품목, 에스쁘아 향수 및 수입 향수 등을 한자리에서 만날 수 있다.

기술연구원의 힘

아모레퍼시픽이 국내 화장품업계 부동의 1위를 유지할 수 있는 밑바탕에는 기술연구원이 자리잡고 있다.

1954년 업계 최초로 설립된 기술연구원은 현재 3백50여명에 달하는 연구인력을 확보하여, 아시아지역 여성 가운데 50% 정도가 사용하는 미백화장품 개발, 자외선차단제, 주름 개선 화장품, 육모, 비만 등의 부분에 대하여 집중 연구하고 있다.

아모레퍼시픽의 대표 브랜드인 설화수, 기능성 화장품 브랜드 아이오페, 중국과 홍콩 등에서 인기를 얻고 있는 라네즈, 미국에 성공적으로 진출한 아모레퍼시픽 브랜드 등은 모두 기술연구원 연구개발의 산물이다.

지속가능경영 및 사회공헌활동 대표 기업

(주)아모레퍼시픽은 1945년 창립 이래, 인류 공헌에 대한 염원을 담은 경영이념을 바탕으로 고객에게 최고의 품질과 최상의 서비스를 제공하며 국내 화장품 및 녹차 산업을 이끌어왔을 뿐 아니라 고객에게 사랑과 존경을 받는 기업의 사회적 책임을 다하고자 다양한 사회공헌활동을 진행해 왔다.

'인류를 아름답게 사회를 풍요롭게(Beautiful People Better Tomorrow)'라는 슬로건을 바탕으로 나눔경영 활동을 전개하고 있으며, 화장품업계 1위 기업으로서의 책임과 기업시민으로서 사회적 소임을 다하기 위해 앞장서 온 ㈜아모레퍼시픽의 노력을 보여준다 할 수 있다.

특히, 지난 2007년 11월 29일 유엔글로벌컴팩트(UNGC)에 국내 화장품업계 최초로 가입하였는데, 이는 UNGC가 표명하는 인권, 노동, 환경 및 반부패에 관한 10대 원칙들을 기업 활동의 모든 부분에 단계적으로 적용, 개선을 지속적으로 진행하겠다는 약속 및 의지의 표명이다.

(주)아모레퍼시픽 사회공헌활동은 공익재단을 설립하여 운영·후원하는 부문과 직접 참여하는 부문으로 크게 나눌 수 있다. 공익사업의 전문성을 살리고 지속적이고 체계적인 실천을 위해 공익재단 설립 시 기본재산을 출연할 뿐 아니라 재단 운영과 고유의 목적사업을 위해 매년 일정 금액을 기부함으로써 사업을 활성화시키는 등 공익재단 활동을 적극적으로 지원하고 있다. 또한 기업시민으로서 기업 차원의 다양한 활동을 전개하고, 구성원이 참여하는 활동을 지원하는 방법으로 직접적으로 참여하고 있다.

(주)아모레퍼시픽 사회공헌활동은 창업자와 CEO가 지속적인 관심과 모범을 보임으로써 구성원들이 자율적으로 실천하는 등 자연스럽게 기업문화로 정착되었으며, 나아가 사회적 책임 경영 실천의 밑바탕이 되고 있다.

www.amorepacific.co.kr

韓方
한율

안색케어
받아보셨어요?

맑은 안색을 찾아주는 한율 유빛마사지 에센스

당신의 아름다움이 얼마나 깊고 맑은지, 생기있는 얼굴색이
모든 것을 말해줍니다. 피부속 흐름을 다스려 유빛의 맑고
화사한 안색을 찾아주는 한율 유빛마사지 에센스

깊은 다스림- 한율

韓方
한율

ARITAUM
My Beauty Solution
www.aritaum.com

· 한율은 아모레퍼시픽이 만든 한방화장품입니다
· 아리따움 및 대형마트에서 한율을 만나실 수 있습니다. 고객상담실 080-023-5454 www.hannule.com

때묻지 않은 땅에서, 맑은 물 머금은
제주녹차가 여름수분크림이 되었습니다

여름피부가 지치면, 이니스프리 섬으로 쉬러 오세요
맑고 생기 가득한 제주녹차수분이
목마른 여름피부를 가볍고, 촉촉하게 적셔줍니다

제주녹차의 시원한 수분
이니스프리 그린티 퓨어 크림

GREEN TEA
PURE CREAM

피부에 휴식을 주는 섬 - innisfree

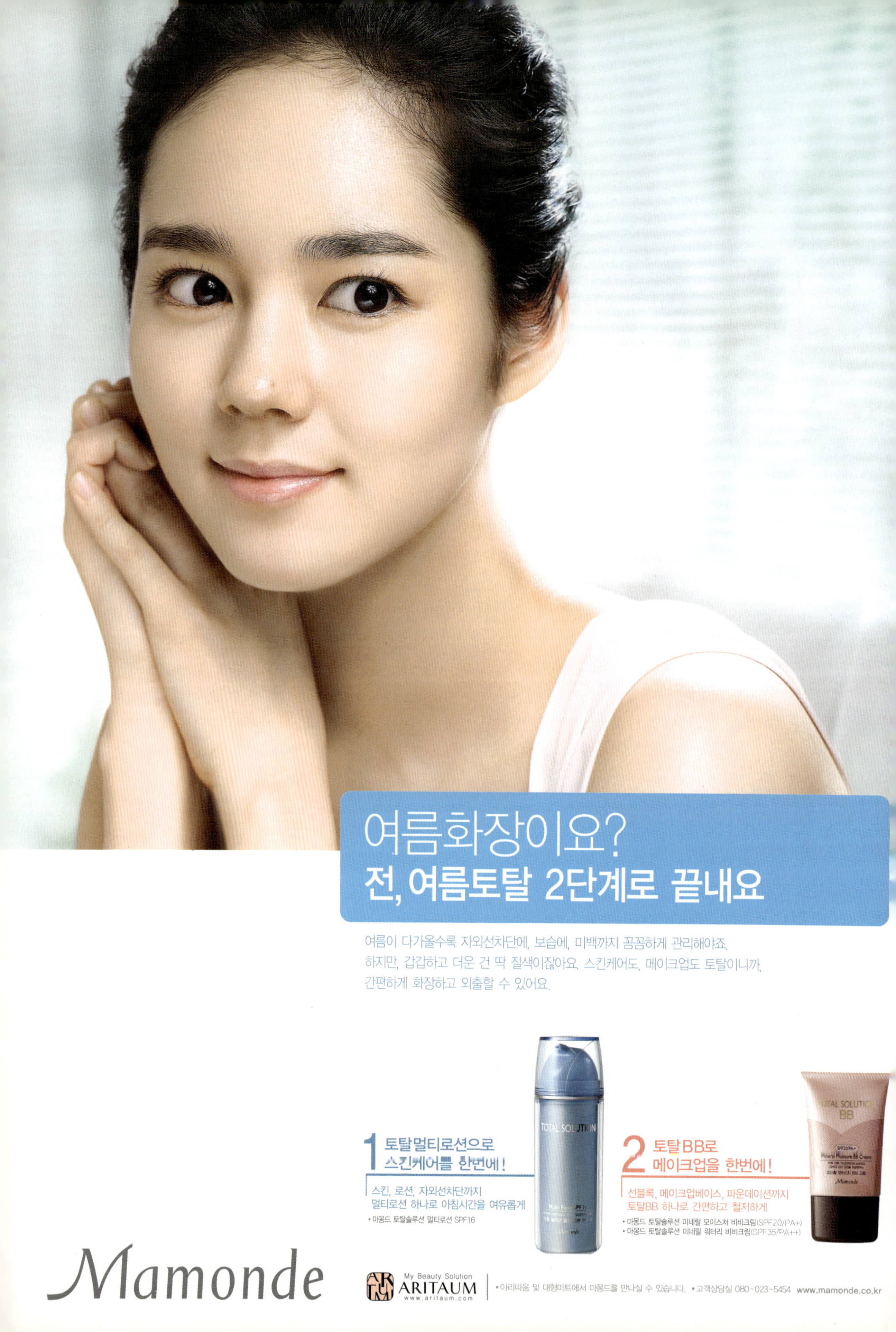

여름화장이요?
전, 여름토탈 2단계로 끝내요
여름이 다가올수록 자외선차단에, 보습에, 미백까지 꼼꼼하게 관리해야죠.
하지만, 갑갑하고 더운 건 딱 질색이잖아요. 스킨케어도, 메이크업도 토탈이니까,
간편하게 화장하고 외출할 수 있어요.
1 토탈멀티로션으로 스킨케어를 한번에!
스킨, 로션, 자외선차단까지 멀티로션 하나로 아침시간을 여유롭게
• 마몽드 토탈솔루션 멀티로션 SPF16
TOTAL SOLUTION
2 토탈BB로 메이크업을 한번에!
선블록, 메이크업베이스, 파운데이션까지 토탈BB 하나로 간편하고 철저하게
• 마몽드 토탈솔루션 미네랄 모이스처 비비크림(SPF20/PA+)
• 마몽드 토탈솔루션 미네랄 워터리 비비크림(SPF35/PA++)
TOTAL SOLUTION BB
Mamonde
My Beauty Solution
ARITAUM
www.aritaum.com
• 아리따움 및 대형마트에서 마몽드를 만나실 수 있습니다. • 고객상담실 080-023-5454 www.mamonde.co.kr

엔프라니

레티노에이트
세계가 인정한 주름 개선 대표 화장품

많은 화장품 회사들이 보다 뛰어난 주름개선 성분 개발을 위해 고민하던 시기, 업계가 엔프라니를 주목했다. 2007년 9월, 엔프라니가 놀랄만한 파워 아이템을 탄생시킨 것이다. 레티놀을 뛰어넘는 효능을 가졌다는 주름개선 화장품 레티노에이트가 바로 그것.

최근까지 국내외적인 큰 성과들을 이루어내며 세계적인 성분으로 인정받고 있으며 이를 발판으로 현재 해외수출 준비에도 박차를 가하고 있는 등 전력이 집중되고 있다. 출시 이후부터 현재까지 기술 인증상 등을 휩쓸며 승승장구 중인 레티노에이트는 이러한 쾌거와 함께 2008년에는 창사 이래 가장 높은 매출을 기록하며 흑자 전환을 이뤄내기도 했다. 엔프라니의 효자 품목인 레티노에이트의 향후 행보가 더욱 기대된다.

획기적 효능의 차세대 주름개선 성분 '레티닐 레티노에이트'

지금까지 대표적 안티에이징 성분으로 알려졌던 레티놀의 경우, 그 효과는 우수하나 낮은 피부 침투력과 광불안정성, 광독성, 피부 자극 등 많은 단점을 가지고 있어 사실상 주름 개선에 대한 직접적인 효과를 보기 힘들다는 지적을 받아왔다. 이러한 한계점을 보완했을 뿐 아니라 획기적으로 개선하여 탄생시킨 차세대 주름개선 성분이 바로 엔프라니의 레티닐 레티노에이트이다.

엔프라니가 6여 년에 걸친 오랜 연구 끝에 탄생시킨 레티노에이트는 기존 레티놀 대비 콜라겐 합성 능력이 8배 우수해 그만큼 직접적이고 즉각적인 주름 개선 효과를 보인다. 동시에 기존 레티놀 성분은 빛에 약해 밤에만 사용해야 했던 반면 레티노에이트는 광(光)안정성까지 뛰어나 낮에도(24시간)사용 가능하다.

이 외에도 보습력과 피부톤 개선 등의 효과까지 우수해 기능적으로 기대가 큰 성분임을 인정받아 국책과제로 선정, 국가로부터 연구비 지원을 받아 연구 및 개발을 진행하는 등 그 탄생부터가 남달랐다.

각종 기술 관련 상 휩쓸며 효능 우수성 입증

레티노에이트는 2007년 말, 과학기술부의 신기술 인증(NET)과 2008년 1월, 보건복지부 신기술 인증(HT), 2008년 5월에는 한국능률협회(KMAC) 주관 2008 주목받는 신상품으로 선정되는 쾌거와 함께 산업자원부/특허청 공동주관 2008 우수특허제품 50선에 선정되는 등 출시 이후부터 효능의 우수성을 인정받으며 학계 및 업계의 주목을 한 몸에 받았다.

뿐만 아니라 국내외 특허(한국, 미국, 일본, 유럽) 획득과 국제 논문 발표(SCI)를 통해 연구 가치를 인정받기도 했다. 이와 함께 국제 화장품 원료집(INCI)에 등록되어 향후 레티닐 레티노에이트 성분을 국내 및 해외 시장에 보급하여 화장품 원료 시장의 90% 이상을 수입에 의존하고 있는 국내 시장의 현실에 경쟁력 있는 원료 수출을 가능케 했고, 이는 국내 기능성 소재 개발의 우위성을 알리는 것은 물론, 국가 경쟁력 향상을 가져올 수 있는 기회가 될 것이다.

레티노에이트는 제품 출시 전 진행한 임상 실험 결과 4주 사용 후 사용자의 90% 이상이 눈에 띄는 주름 개선 효과를 경험한 것으로 밝혀진 바 있는데, 레티놀 대비 절반에 불과한 저자극으로 저녁에만 사용할 수 있는 레티놀 제품과 달리 아침과 저녁 모두 사용 가능해 주름개선에 대한 효과를 더욱 빨리 기대할 수 있다. 또 눈가와 입가의 잔주름은 물론 이마의 굵은 주름을 완화하는데도 탁월한 효과를 보이는 것으로 알려져 주름 때문에 고민하는 많은 소비자들로부터 각광받고 있다.

-레티노에이트(40m): 12만원 선

-레티노에이트 아이솔루션(15ml): 10만원 선

P메이크업 라인

전문성과 다양성, 트렌디함 갖춘 프리미엄급 전문 메이크업 라인
빛이 만드는 각도를 이용한 '완각 메이크업' 으로 입체감 살리는 것이 특징

2009년 3월 야심차게 선보인 엔프라니 P메이크업 라인. 제 3세대 신개념 전문 메이크업으로 정의되는 엔프라니 P메이크업은 베이스 메이크업 제품부터 다양한 색조까지 총 1백20품목, 풀 메이크업 라인으로 선보이며 모던하고 고급스러운 디자인으로 현대 여성의 감성을 대변하기에 부족함이 없다. 여기에 몇몇 제품들은 핸드폰 등에 걸 수 있는 액세서리 형으로 디자인되어 아기자기한 맛을 더했다.

엔프라니 P메이크업은 '빛' 을 이용해 여성의 얼굴을 가장 아름답게 만드는 '레이:디 앵글 시스템(Ray:D Angle System)' 을 채용했다는 것이 가장 큰 특징. 빛이 만드는 각도를 이용해 작고 또렷한 얼굴 윤곽을 만든 후, 투명하고 매끈한 피부 결을 표현하고 빛의 조건에 반응하는 최상의 색상 표현으로 카멜레온 같은 다양한 이미지를 연출하는 일명 '360도 완각(완벽한 각도 표현) 메이크업' 을 내세워 여심을 공략 중이다.

엔프라니 P메이크업에서 가장 주목해야 할 아이템은 바로 퍼플 컬러 케이스의 '레이:디 팩트(Ray:D Pact)'. 이 제품은 여러 번 덧발라도 들뜨지 않고 피부에 얇게 밀착되어 실외에서도 조명을 받은 듯 슬림하고 또렷한 얼굴 표현을 가능케 한다.

또 피부 속은 촉촉하고 겉은 보송보송한 완벽한 마무리 감을 선사한다. 이 외에도 건조한 피부에 촉촉한 수분 보습 코팅막을 씌우는 '레이:디 팩트 모이스춰' (SPF 30/PA++), 고지수 자외선 차단 효과에 빛을 적절히 반사시켜 잡티를 확실하게 커버하는 화이트닝 팩트인 '레이: 디 팩트 화이트' (SPF 50+/PA+++)를 함께 선보였다.

또 엔프라니 P메이크업이 제안하는 핑크 컬러의 메이크업 제품도 눈길을 끈다. 2008년에 이어 2009년에도 여전히 핑크는 여성의 사랑스러움을 극대화하면서도 팔색조의 매력을 보 여줄 수 있는 최고의 컬러. 엔프라니 메이크업 라인은 립 제품 외에도 섀도와 같은 포인트 메 이크업에 있어 여성들이 선호하는 핑크 컬러를 활용한 제품을 다양하게 구성, 소비자들의 마 음을 사로잡고 있다.

부드러운 핑크 컬러로 사랑스럽게 표현하는 '담비 핑크' 룩

엔프라니 P메이크업 라인의 부드러운 핑크 컬러 퍼포먼스는 무대 위에서 카리스마 있는 모 습의 손담비도 사랑스럽고 상큼하게 변신시킬 수 있다. 사랑스러운 매력이 듬뿍 묻어나는 손 담비의 핑크 메이크업, 일명 '담비 핑크' 퍼포먼스는 은은한 핑크 빛 발색에 반짝거리고 싱그 러운 매력을 담은 귀여운 느낌의 핑크 메이크업이다. 여성이라면 누구나 한번쯤 꿈꿀 법한 싱 그럽고 사랑스러운 소녀 같은 분위기를 연출해 준다.

'담비 핑크' 메이크업의 소녀 같은 이미지를 극대화하기 위해서는 먼저 자연스럽고 촉촉하 게 베이스 메이크업을 마무리한다. 수분 함량이 많은 메이크업 베이스로 피부 톤을 화사하게 보정한 후, 리퀴드 타입의 파운데이션으로 수분감이 감도는 피부로 정리한다. 피부 메이크업 의 마무리 단계로 일명 담비팩트라 불리는 레이:디 팩트를 사용해 작고 입체적인 페이스 라인 으로 표현해 완벽한 각도의 메이크업을 완성해 준다.

여기에 '핸디컬러모노 3호 프린세스'를 베이스로 눈두덩이 전체에 바르고, '핸디컬러모노 7호 핑크 B'를 포인트 컬러로 활용, 쌍꺼풀 라인을 따라 덧발라 주면 사랑스러운 '손담비의 핑크 아이 메이크업'이 완성된다. 또 '핸디컬러 모노 1호 샤인빔'으로 눈 앞부분에 포인트를 수면 눈이 더욱 커지는 효과를 줄 수 있다.

손담비와 같이 입체적이고 사랑스러운 입술을 표현하기 위해 적격인 제품은 바로 엔프라니

‘샤인글로우 507호 핑
크 B’. 자연스럽게 반
짝이는 발색의 부드러
운 이 립스틱을 입술 전
체에 바르되, 입술 라인
을 살려 바른다. 이후
‘샤인글로스 507호 핑
크 B’나 ‘핸디컬러튜
브 07호 핑크 B’를 덧
발라 촉촉하고 통통하
게 차오르는 사랑스러

 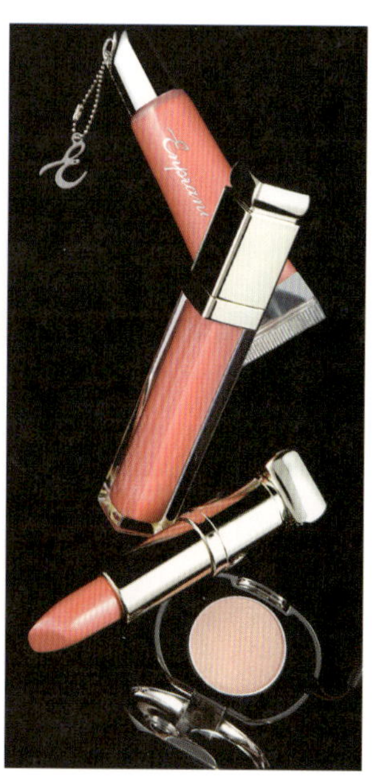

운 핑크 립을 완성한다. 담비 핑크 룩을 완성하는데 사용된 엔프라니 P메이크업의 모든 핑크B
제품은 일명 ‘담비 핑크’로 통한다.

우아하고 섹시한 이미지를 위한 글래머러스 ‘고메즈 핑크’ 룩

카리스마있는 고혹적인 눈빛과 섹시한 입술을 표현하고 싶은 날에도 핑크 컬러를 선택하
자. 제시카 고메즈의 관능적인 이미지에서 착안한 ‘고메즈 핑크’ 메이크업의 선명한 핑크 컬
러는 여성의 글래머러스함을 부각시켜 섹시하면서 화려한 느낌으로 변신시킨다.

고메즈의 매력적인 핑크 메이크업을 위해서는 커버력 있는 리퀴드 타입 파운데이션으로 피
부를 매끄럽고 윤기있게 표현한다. 여기에 ‘핸디컬러모노 6호 드레시 핑크’를 베이스 컬러로
눈두덩이 앞부분을 밝게 연출하고, 좀 더 화려한 느낌의 ‘핸디컬러모노 5호 핑크 G’를 2/3지
점부터 눈 꼬리 끝까지 넓게 그라데이션해 매혹적인 핑크 아이 메이크업을 완성한다. ‘1호 샤
인 빔’으로 눈 앞부분에 포인트를 주면 눈매가 더욱 깊어 보여 신비로운 느낌을 더할 수 있다.

섹시한 분위기의 고메즈 핑크 메이크업은 무엇보다도 립 메이크업이 관건. 선명한 색상이
돋보이는 ‘모이스춰 크림 립스틱 05호 핑크 G’를 입술 라인을 따라 또렷하게 바른다. 여기에
립스틱 같은 발색을 자랑하는 ‘루즈크림글로스 05호 핑크 G’나 ‘핸디컬러튜브 05호 핑크 G’
를 덧발라 글로시한 입술을 부각시킨다. 립글로스를 바를 때 입술 산의 라인을 부각시키며 바

르면 더욱 글래머러스하면서도 볼륨감있는 입술을 연출할 수 있다. 고메즈 핑크 룩을 완성하는데 사용된 엔프라니 P메이크업의 모든 핑크 G 제품은 일명 '고메즈 핑크'로 통한다.

　사랑스러운 이미지를 원할 땐 엔프라니 핑크 B라인(담비 핑크)으로, 섹시하고 매혹적인 이미지를 원할 때는 엔프라니 핑크 G라인(고메즈 핑크)으로 기분에 따라 색다른 이미지를 연출할 수 있다.

■ 제품 구성

– 베이스메이크업

레이 샷 스킨 베이스 SPF25, PA++(미백&자외선 차단 이중기능): 2만5천원 선

워터레이 스킨 베이스 SPF50+, PA+++(미백&자외선 차단 이중기능): 2만원 선

레이 샷 화이트 베이스 SPF42, PA++(미백&자외선 차단 이중기능): 2만7천원 선

레이 샷 비비 SPF25, PA++(미백&자외선 차단 이중기능): 3만5천원 선

레이 샷 롱–핏 파운데이션 SPF34, PA++(주름&자외선 차단 이중기능): 2만5천원 선

워터레이 스킨 파운데이션 SPF25, PA++(미백&자외선 차단 이중기능): 2만2천원 선

더블 레이:디 투웨이 팩트 SPF30, PA++: 3만원 선

레이:디 팩트 SPF30, PA++(일명 담비팩트): 2만8천원 선

레이:디 팩트 모이스춰 SPF30, PA++: 3만원 선

레이:디 팩트 화이트 SPF50+, PA+++: 3만3천원 선

프리즈믹 레이 루스 파우더: 1, 2호 2만5천원 선/3호 2만3천원 선

클리어링 워터 메이크업 리무버: 1만3천원 선

– 포인트메이크업

모이스춰 크림 립스틱(7컬러, 일명 고메즈 핑크): 1만8천원 선

샤인 글로우 립스틱(7컬러, 일명 담비 핑크): 1만8천원 선

루즈 크림 글로스(10컬러): 1만6천원 선

샤인 글로스(10컬러): 1만6천원 선

핸디 컬러 튜브(10컬러): 1만원 선

프리즈믹 컬러 섀도우5D(2컬러): 2만7천원 선

핸디컬러 듀오(10컬러): 1만5천원 선

핸디컬러 모노(30컬러): 1만원 선

프리즈믹 터치 블러셔 5D-멀티(3컬러): 2만7천원 선

롱 샷 마스카라: 2만원 선

볼륨 팝 마스카라: 2만원 선

X2 리퀴드 아이라이너: 1만원 선

핸디 컬러 듀얼아이(3컬러): 1만원 선

내추럴 쉐이딩 아이브로우(3컬러): 8천원 선

프라니엘
세포 생명력을 컨트롤해 노화에 대응하는 고품격 에이징케어 브랜드
- 노화 예방을 위한 세포 과학 실현으로 젊고 아름답게 깨어나는 피부 황금기
- 피부 재생 촉진에서 피지 조절, 탄력 및 보습력 증가, 주름 감소 효과까지 한번에

엔프라니에서 생명 공학 기술을 기반으로 획기적인 고품격 에이징케어 브랜드 '프라니엘'을 2007년 9월 새롭게 선보인 바 있다.

2002년부터 큰 폭의 하락세를 보이던 전문점 화장품 유통이 2005년을 기점으로 숨 고르기 양상을 보였다. 이에 엔프라니는 전문점의 재도약 기회를 마련하고자 타깃과 시장의 특성 등을 분석했고, 그 결과 주로 주거 밀집지역 상권을 이용하는 35세 이후 여성들이 전문점 주 고객이라는 결론을 얻었다.

이들은 화장품 구매 시 스킨케어에 대한 다양한 제안과 심도 있는 카운슬링을 중요시 하는 고객층이다. 그들의 니즈 충족을 위한 전문점 전용 브랜드의 필요성과 노화를 절감하는 타깃의 특성을 고려해 '에이징 케어 전문점 전용 브랜드'인 프라니엘을 선보이게 됐다.

■ 제품 특징 및 브랜드 전략
엔프라니 '프라니엘'은 GGA Complex라는 핵심성분을 활용, 과학적인 원리로 다양한 피

부개선 효과를 한 번에 제공한다. 노화의 원인을 밝혀내고 세포의 생명을 연구하여 더욱 과학적이고 새로운 안티 셀 에이징 솔루션(Anti

Cell Ageing Solution)을 제시하는 엔프라니 프라니엘.

이 성분은 피부 속 각 세포에 작용, 개인의 피부 특성에 맞춘 케어가 가능하므로 건조한 피부에 강한 보습력을 제공하여 촉촉한 피부를 유지시켜 주며, 혈관 내피 세포의 조절을 통해 피부 톤을 맑고 깨끗하게 가꿔줄 뿐 아니라 콜라겐과 엘라스틴을 활성화시켜 탄력은 증가시키고 주름은 감소시켜 언제나 젊고 건강한 피부를 유지시켜 준다.

특히 프라니엘의 스페셜 라인으로 구성되어 있는 '프리미엄 골드 에릭서' 는 순도 99.9%의 순금이 함유된 하이 퀄리티 솔루션 제품으로 금이 피부에 쉽게 흡수되지 못한다는 점을 보완, 캡슐을 사용하여 피부 깊숙이 금의 침투율을 높였다. 순금 성분으로 피부 내 원활한 혈액 순환을 돕고, 피부 톤까지 화사하고 생기있게 표현한다.

함께 스페셜 라인의 구성을 이루는 슈페리어 토탈 에센스와 크림은 복합 노화 현상의 효과적인 관리를 돕는 프리미엄 제품으로 프라니엘 브랜드 중에서도 높은 가격으로 책정된 고품질 고기능의 제품이다.

프라니엘 '에이지 매직컬 마사지' 제품은 젤 타입의 크림이 피부에 마사지되면서 하얀 크림타입으로 변형되는 특징을 가졌다. 이것은 피부 내 독소 성분을 제거하고 생기를 향상시켜 주는 에너자이징 마사지 크림으로 독소가 많은 사람일수록 제형이 빠르게 변화하는 것을 직접 눈으로 확인할 수 있어 출시 전 품평회에서도 각광을 받은 제품이다.

프라니엘은 35세 이상을 타깃으로 출시한 만큼 노화 방지 및 지연을 위한 GGA Complex와 같은 고품질, 고기능의 복합 노화 성분을 사용, 효과 및 만족감을 높이고 향후에도 꾸준히 프리미엄 이미지를 지향한다는 방침이다.

■ 제품 구성

클렌징 라인

- 립 앤 아이 메이크업 리무버(100ml, 1만8천원)

- 딥 리파인 클렌징 폼(170ml, 2만8천원): 적포도주 추출물 함유

- 딥 리파인 클렌징 크림(250ml, 3만원): 티슈 오프 타입

베이직 및 미백라인

- 하이 모이스춰 스킨 소프너(150ml, 4만2천원 선): 촉촉하고 풍부한 영양감의 고보습 제품

- 하이 모이스춰 에멀전(120ml, 4만5천원 선): 촉촉하고 풍부한 영양감의 고보습 제품

- 바이탈리티 스킨 소프너(150ml, 4만2천원 선): 피부 밸런스를 유지시켜 주는 보습 제품

- 바이탈리티 에멀전(120ml, 4만5천원 선): 피부 밸런스를 유지시켜 주는 보습 제품

- 뉴트리셔스 큐어 에센스(45ml, 6만원 선): 피부 밸런스를 유지시켜 주는 보습 제품

- 뉴트리셔스 큐어 크림(55ml, 6만원 선): 피부 밸런스를 유지시켜 주는 보습 제품

- 슈페리어 토탈 에센스(45ml, 9만원 선): 모공을 조이고 피부 탄력을 살려주는 코르셋 제품

- 슈페리어 토탈 크림(55ml, 9만원 선): 모공을 조이고 피부 탄력을 살려주는 코르셋 제품

- 프리미엄 골드 에릭서(30ml, 9만원 선): 99.9% 순금 및 콜라겐이 풍부히 함유되어 탄력과 주름을 개선해 주는 앰플형 에센스

- 24HR 아이 크림(25ml, 8만원 선): 24시간 아이팩을 한 듯 보습과 탄력을 강화하는 아이 크림

- 화이트 RX 세럼(30ml, 9만원 선): 알부틴의 1,340배 효능을 가진 레시노이드 성분과 발표 쌀겨 추출물이 주는 강력한 미백 효과 제품(미백 기능성)

- 화이트 RX 멀티퍼펙션(55ml, 9만원 선): 알부틴의 1,340배 효능을 가진 레시노이드 성분과 발효 쌀겨 추출물이 주는 강력한 미백 효과 제품(미백 기능성)

- 화이트 RX 선크림 SPF50+/PA+++(70ml, 3만5천원 선): 알부틴의 1,340배 효능을 가

진 레시노이드 성분과 발표 쌀겨 추출물이 주는 강력한 미백 효과 제품(미백&자외선 차단 기능성)

스페셜 라인

– 3-이펙트 크리스탈 필링(150ml, 3만5천원 선): 묵은 각질 제거로 피부 톤을 개선해 주는 필링 제품으로 크리스탈과 다이아몬드 가루가 홈케어 효과를 제공

– 로얄 뉴트리션 마스크(150ml, 3만5천원 선): 빛나는 윤기를 주는 보습&탄력 마스크(워시오프 타입)

– 에이지 매직컬 마사지(250ml, 3만5천원 선): 순환과 생기를 향상시켜 주는 에너자이징 마사지(워시오프 타입)

메이크업 라인

– 립 앤 아이 메이크업 리무버(100ml, 1만8천원 선)

– 타임페어 멀티 베이스(40ml, 5만5천원 선): 윤기필, 메이크업베이스, 파운데이션 3중 기능

– 타임페어 메이크업 베이스(40ml, 3만8천원 선): 1호 내추럴 그린, 2호 내추럴 피치

– 타임페어 파운데이션(40ml, 3만8천원 선): 21호 소프트베이지, 23호 내추럴 베이지

– 타임페어 커버링 팩트(14g, 4만8천원 선): 21호 소프트베이지, 23호 내추럴 베이지

뉴트리엘 리커버테라피
고보습 · 고영양 · 고탄력 · 리커버리 기능

뉴트리엘 리커버테라피는 고보습을 기본으로 하여 고영양과 고탄력, 재생에 리커버리 기능까지 제공하는 스페셜 제품이다. 피부 속까지 유효하게 작용하는 성분 외에도 먹어서 몸에 좋은 성분들을 함유한 영양 만점의 화장품들로 조금 더 특별하게 피부를 관리해 준다면 평생 동안의 아름다움을 유지하는 데 도움이 된다.

30대 중반 이후 급격하게 나타나는 피부 변화와 문제점에 적극 대응하기 위해 더욱 강력한

솔루션을 제시하는 엔프라니 뉴트리엘 리커버테라피 라인은 부활초와 아쿠아 포린 액티베이터EX, 리치 성분을 함유, 고보습 기능을 기본으로 했으며 더불어 풍부한 영양감을 위해 엄선된 유기농 율무, 포도씨, 현미, 참깨, 홍화씨 등 5가지 씨앗에서 추출한 천연 오일을 함유하여 한 층 업그레이드된 영양감을 제공한다.

또 비타민 E의 5백배 효과로 수퍼 비타민 E로 불리우는 새우, 연어 등에 함유된 붉은색 천연 항산화 성분 '아스타잔틴'을 함유하여 콜라겐과 엘라스틴을 강화하고 멜라닌 생성을 억제해 피부 탄력을 강화, 건강하고 생기있는 피부 빛을 선사한다.

엔프라니 뉴트리엘 리커버테라피의 가장 강력한 핵심 성분은 항산화 효과가 뛰어난 '아사이베리'이다. 아사이베리는 브라질 아마존 북부에서 서식하는 열대과실로 단백질과 비타민, 각종 미네랄이 풍부하고 탁월한 항산화 기능으로 피부에 탄력을 주고, 손상된 피부 재생에 우수한 효과를 보인다. 최근 아사이베리는 미국의 유명 토크쇼인 '오프라 윈프리 쇼'에서 소개되며 전 세계적으로 유명세를 치르기도 했다.

뉴트리엘 라인의 스페셜 아이템인 리커버테라피 에센스와 크림은 주름개선 및 미백 기능성 제품으로 탄력이 저하된 피부에 한 단계 진화된 리프팅 효과를 제공해 준다.

– 뉴트리엘 리커버테라피 에센스(45ml/11만원 선): 피부에 영양 및 탄력을 공급해 주는 주름 개선 기능성 에센스로 탄력 없이 처진 피부에 영양과 탄력을 제공하여 또렷한 얼굴 라인과 탱탱한 피부를 되찾아준다.

– 뉴트리엘 리커버테라피 크림(45ml/11만원 대): 파워풀한 영양 및 탄력 개선 효과를 보이는 주름개선, 미백 이중 기능성 크림이다. 노화가 진행돼 탄력을 잃거나 외부 환경에 의해 지친 피부가 원하는 영양과 탄력을 깊게 충전해 나이보다 젊고 아름다운 피부로 가꿔 준다.

www.enprani.co.kr

>>> 회사 소개

엔프라니는 '자율 경영과 열린 경영을 통한 fun culture 기업'

여성의 주목과 사랑을 가장 많이 받는 회사

엔프라니는 2002년 9월, CJ로부터 완전 분리하여 독자 경영체제를 구축한 화장품 전문회사이다. 모기업인 CJ의 마케팅력과 원칙에 기반, 창립 초기부터 철저한 이미지 관리와 브랜드력 향상에 주력하여 현재 사내외 신뢰 구축은 물론 미혼여성이 결혼 시 가장 선호하는 웨딩가치 1위 제품에 선정되는 등 최근 5년간 20대 여성 고객의 주목과 사랑을 가장 많이 받는 화장품 회사로 성장했다.

럭셔리 그룹(luxury group)으로의 발전

엔프라니는 신규 제품 라인이나 브랜드 개발, 신 유통 경로 개척, 뷰티 관련 사업 모델 개발에 박차를 가함으로서 고품격 명품 브랜드를 보유한 프리스티지(Prestige) 기업을 추구한다. 장기적으로는 '브랜드 사업'이라는 관점에서 끊임없는 변화를 추구함은 물론 화장품을 기반으로 뷰티 산업 전반에 걸친 사업 기회를 모색함으로서 럭셔리 그룹으로의 발전을 도모하고자 한다.

fun culture 기업

엔프라니는 fun culture를 기반으로 하는 창의적이고 도전적인 조직 문화를 구축함으로서 역량있는 인재가 자신의 분야에서 열정적으로 능력을 실현할 수 있는 장을 마련하고자 한다. 회사 전체가 fun culture의 정신으로 충만된 조직 문화로 나아갈 때 자율경영, 열린 경영의 완성은 물론 개인의 가치 및 회사 성과도 지속적으로 향상될 수 있는 기반이 조성되리라 보기 때문이다.

엔프라니의 비전은 "고객의 Pride와 아름다움을 창조하는 화장품 전문회사"

>> 엔프라니의 뿌리는 삼성 및 CJ에 있으며,

>> 조직의 구성원 또한 삼성 및 CJ(CEO, 임원, 간부)를 중심으로 기존 화장품 회사에서 역량있는 전문가를 채용함

>> 조직문화는 ① 삼성의 관리 ② CJ의 자율, 창의, 신뢰 ③ 엔프라니의 젊음, 도전, fun culture가 결합됨.

엔프라니의 미션은

>> 고객의 가치 창출과 품격 향상 추구

>> 수익성 있는 성장과 인정받는 회사 만들기

>> 새로운 사고로 끊임없는 창의와 도전 추구

>> 임직원 역량 개발을 통한 성장의 일터 만들기

엔프라니의 강점은

>> 젊은 회사: 평균 연령 32세

>> 마케팅을 잘 하는 회사: 식품, 생활용품, 화장품 경험이 풍부한 마케팅 전문 인력 포진,
   과학적인 프로세스 체계 확립, 브랜드 마케팅 중시

>> 엔프라니의 big brand 화: 출시 2년 만에 big brand 대열 진입

>> 품질 최우선주의 원칙에 의해 뛰어난 R&D 역량과 생산 시스템을 갖춘 회사

>> 우수한 영업 인력을 바탕으로 한 판매 및 유통 전략을 추진하는 회사

>> 우수한 인적자원을 보유한 회사: 삼성그룹 공채(20%), CJ그룹 공채(30%), 우수 화장품 회사 경력 채용(24%)

연혁

2008　ENPRANI 보건복지부 신기술인증(HT)획득 – 레티노에이트(1월)

SCI 저널 논문 게재 – 레티노에이트(5월)

한국능률협회 주관 2008 주목받는 신상품 선정 – 레티노에이트(5월)

레티노에이트, 프라니엘 GD(굿디자인)상 수상(5월)

우수특허제품 대상 상반기 50선 선정–레티노에이트(6월)

지속가능경영대상 최우수상(중소기업청장) 수상(10월)

신기술 실용화 관련 유공기업 부문 지식경제부 장관상 수상(11월)

보건산업 유공기업 부문 보건복지가족부 장관상 수상(12월)

우수특허제품 대상 '최우수상' 수상–레티노에이트(12월)

엔프라니 베이직 라인 리뉴얼 출시(9월)

아티스트 메이크업 브랜드 셉(SEP) CJ 홈쇼핑 론칭(8월 말)

2007　ENPRANI 주름개선 화장품 엔프라니 레티노에이트 출시(9월)

'레티닐 레티노에이트' 신기술인증(NET) 획득(8월)

레티노에이트 성분 한국, 미국, 유럽, 일본 특허 등록 완료

온라인 전용 브랜드 90일 신선 화장품 '메이프레쉬' 출시(5월)

슬림블랙팩트 모이스춰 타입 출시(11월)

피부관리전문 화장품으로 코스메슈티컬 브랜드 닥터힐다 출시(10월)

화장품 전문점 전용 고품격 라인 엔프라니 프라니엘 출시(9월)

수분라인 화장품 '수퍼아쿠아' 일본 기자 간담회 진행(7월)

2006　ENPRANI 엔프라니 한방브랜드 천년비책 고윤 출시(4월)

2005　ENPRANI 네추어 비, 스포츠조선주관 히트상품 선정(12월)

CGMP(우수화장품제조 및 품질관리기준) 재인증(11월)

엔프라니, 2005 명품 브랜드 대상 기초화장품 부문

엔프라니, 한국경제신문사 주관 2005올해의 브랜드 대상 수상(10월)

엔프라니 공장 환경친화 기업 재선정(7월)

남성 화장품 페라루크, 스포츠서울 주관 히트상품 선정(6월)

네추어 비, 스포츠서울 주관 히트상품 선정(6월)

페라루크, 스포츠투데이 주관 히트상품 선정(5월)

엔프라니 공장 피킹장 증축(5월)

페라루크, 태권도 협회 기금 전달식(2월)

2004 ENPRANI 생명공학 화장품 엔프라니 래스티앤(Lastian) 론칭(11월)

엔프라니(주), SBS와 2004 슈퍼모델 선발대회 공동주최(11월)

엔프라니(주) 피부과학 연구소장 국무총리상 수상(10월).

기업연구소가 국가 과학기술력에 이바지 한 것에 대한 수상 아로마슈티컬 피부 치유 개선 화장품 에스클라(S,claa) 론칭(9월)

CNF 매니지먼트, 한국경제신문사 주관 2004 신뢰기업대상 선정(5월)

능률협회 주관 대한민국 마케팅 대상 브랜드 부문 명품상 수상(5월)

CNF 매니지먼트, 한국경제신문사 주관 2004 퍼스트 브랜드 대상 기능성 화장품 부문 선정(소비자 62만명이 직접 선정)(3월)

자연친화적 여성 토털 스킨케어 브랜드 네추어 비: 출시(1월)

2003 ENPRANI 공장 무재해 2배(2001.4.28~2003.12.8) 목표 달성(12월)

CGMP(우수 화장품 제조 및 품질관리 적합) 재인증(11월)

대한민국 20대가 선택한 크림 부문 1등, 엔프라니 '수퍼 아쿠아 크림'(6월)

한국 품질재단/한국경제신문 주관 제 1회 신품질혁신상 브랜드 가치혁신부문 수상(5월)

국내 최초 복합 뷰티센터 '엔프라니 애비뉴' 오픈(4월)

디지털 조선일보 주관 대한민국 웨딩제품 가치 1위 인증 여성화장품 부문 선정(3월)

2002 ENPRANI 생산혁신 세계대회 수상(11월)

CJ그룹으로부터 분리, 독자경영(9월)

환경부 지정 환경친화기업 선정(화장품 업계 3번째, 7월)

한국능률협회 선정 대한민국 마케팅대상 수상–명품상

사명변경 : ENPRANI Co.,Ltd(1월)

2001 CJ ENPRANI 남성용 화장품 댄하버 출시(9월)

엔프라니 9개 일간지 상반기 히트상품 선정

화장품 사업 분사 : CJ ENPRANI – 자본금 2백23억(4월)

2000 CJ 전문점 Premium 브랜드 엔프라니 출시(10월)

연아, 어떤 눈 화장을 했길래...
눈물에는 강하지만 물에는 쉽게 지워지는 연아 라이너 & 마스카라
눈물과 땀에는 번짐없이 아찔하고 매혹적으로!
지울때는 미온수로 간편하고 말끔하게!
라끄베르 라이브 워셔블 아이라이너 & 마스카라 컬링 래쉬
live natural
LACVERT

LG생활건강

수려한
옥용서시단 · 정통 피부한의학 적용 '명품'

수려한은 동의보감에서 전해 내려오는 절세 미인 서시의 미용 비법인 옥용서시단을 정통 피부 한의학으로 승화시켜 탄생한 엘지생활건강의 대표 한방 화장품이다.

옥용서시단의 14가지 한약재의 유기적인 상호성까지 과학적으로 분석해 수려한 피부를 위한 완벽하고도 정확한 배합과 연구로 탄생한 수려한은 폭넓은 연령대의 여성들에게 꾸준히 사랑받으며 성장을 계속해나가고 있다.

좋은 재료와 끊임없는 연구로 탄생한 수려한의 화장품은 외면의 아름다움뿐만 아니라 내면의 아름다움까지 채워주는 이 시대 피부의 진정한 명약이 아닐 수 없다.

■ 기초 스킨 케어 라인

수려한 윤하

'수려한 윤하'는 전통 한방 피부비법과 첨단 식물과학이 결합된 기초 스킨 케어라인이다.

줄기세포를 한방적으로 재해석한 '생아단' 성분의 넘치는 생명력이 피부 생명의 근본을 다스림으로써 노화를 막아주어 생기 넘치는 젊은 피부로 가꾸어 준다.

윤하 보윤 수액과 유액, 에센스, 초보습 유액, 아이크림, 크림, 초보습 크림 등의 구성이며, 안티에이징 기능이 더욱 강화된 보양 에센스와 보양 크림 2종도 구성됐다.

수려한 윤하 미백

피부를 촉촉하게 다스리는 강력한 미백치법을 제시하는 수려한의 신개념 화이트닝 라인인 윤하 · 미백은 피부를 미백 체질로 바꾸어 개선해준다.

주요 성분인 호장근추출물과 칠백단, 홍려단 성분이 상사배위돼 상승작용을 해 피부 기미

와 잡티를 집중적으로 제거해주
고, 피부 신진대사를 촉진시켜 맑
고 화사한 피부로 만들어준다. 미
백수, 미백유액, 미백고, 미백 에
센스, 미백 크림 등 5종 구성이다.

수려한 비책

길고 깊은 주름을 전통 한방 홍
삼삼원치법으로 다스리는 수려한
의 안티에이징 라인이다.

홍삼 사포닌은 콜라겐 합성을
촉진하여 길고 깊어진 주름을 개
선해주고 홍삼 콜라겐은 부족해
진 콜라겐을 보하여 피부 탄력을 강화, 홍삼 조사포닌은 노화된 세포를 활성화하여 세월의 흔
적으로 깊어진 주름을 팽팽하게 다스려 준다.

비책 라인은 비책 에센스와 크림, 아이 트리트먼트 3종으로 구성됐다.

수려한 수

천상의 기품 어린 피부로 재탄생 시켜주는 수려한의 프리미엄 라인이다.

하늘과 땅의 진귀한 성분들을 전통 한방 배합의 최고의 비방인 천지인 처방론에 따라 배합
하여 피부의 허쇠를 보완하고 지친 피부에 생명력을 불어넣어 피부 고민의 근본을 해결함으
로서 하늘이 내린 듯한 새 피부로 재탄생 시켜 준다.

선유 수액, 선유 유액, 선유 진액과 선유 아이크림, 선유 크림 총 5종으로 구성됐다.

■ 색조라인

수려한 다빛윤

'다빛윤'은 여성 피부의 지극한 아름다움 청아하고 화사한 피부를 위한 한방미네랄 메이크

업 라인이다.

주름에 끼지 않고 당김 없이 촉촉하게 화사한 피부로 표현해 주는 한방 기능성 색조 제품으로 피부 속 수분과 영양분을 보충하고 피부 음양 밸런스를 회복해주는 서시옥용단 성분과, 세포활성을 촉진하고 피부의 탁한 기운을 제거해 주는 한방미네랄 성분이 함유되어 있다.

또한 자수정과 진주 성분을 함유하고 있어서 혈색을 조절하고 피부 위에 맑고 청아한 빛을 더해 줄 뿐 아니라, 네추럴한 느낌에 허브의 향을 가볍게 터치한 은은하면서도 개성적인 한방 향이 난다.

지윤 베이스, 지윤 파운데이션, 지윤 비비크림 등 베이스 메이크업 제품과 지윤 컴팩트, 투웨이케익, 파우더, 선팩트, 지윤 립스틱 등의 색조 메이크업 제품으로 구성됐다.

www.sooryehan.co.kr

이자녹스(ISA KNOX)

지치지 않는 생명력 · 아름다움 선사하는 베스트 브랜드

아름다움을 위한 최고의 선택 '이자녹스'는 우아하고 아름다운 여성의 이름의 상징인 'ISA'와 로마 신화 속 밤의 여신인 'KNOX'의 합성어로 여성들이 스스로를 가장 아름답게 가꿀 수 있도록 지치지 않는 생명력과 미를 부여해준다.

이자녹스가 추구하는 여성상은 프로페셔널(PROFESSIONAL), 인텔큐러(INTELLCTUAL), 콘피던트(CONFIDENT), 모던(MODERN)한 여성으로 그동안 세련되고 자신감 넘치며 자신을 가꾸는 데 투자를 아끼지 않는 그녀들을 위한 다양한 제품 라인을 발표

해왔다.

미에 대한 끊임없는 탐구와 한국 여성의 피부에 대한 연구, 과학과의 만남 등 지속적인 노력과 발전을 통해 여성들의 베스트 브랜드로 자리매김한 '이자녹스'가 2009년에도 아름다움의 새로운 트렌드를 제시하고 있다.

■ 기초 & 기능성 라인

리액티브

시간을 되돌리는 피부의 비밀 '이자녹스 리액티브'는 피부의 신진대사를 더욱 활성화시켜 밖으로 보이는 현상이 아닌 근본적인 피부 노화에 보다 적극적으로 대처하는 혁신적인 스킨케어 라인이다.

스킨, 에멀젼, 크림 등으로 구성된 7종과 미백 기능이 더해진 리액티브 아쿠아 라인 6종으로 구성됐다.

화이트 엑스투 플러스

순백에 도전하는 피부 과학의 결정판 '이자녹스 화이트 엑스투 플러스'는 검은 멜라닌까지 환하게 바꾸어주는 미백 라인이다.

화사한 피부 빛을 부여하는 촉촉하고 산뜻한 수분 화이트닝 라인인 루미넌트 8종과 미백 기능에 자외선 차단 기능까지 이중기능성을 자랑하는 선케어 라인 5종으로 구성됐다.

링클 디클라인

나이 주름부터 자외선 주름까지 차단하는 이자녹스의 주름 케어 라인 '링클 디클라인 더블 이펙트 RF3'은 노화로 인해 깊어지는 주름뿐만 아니라 제3의 탄력 섬유 강화로 자외선으로 인해 빨라지는 주름까지 한번에 케어해주는 신개념의 풀 라인 주름 케어 제품이다. 스킨, 에멀젼, 세럼, 아이필러, 크림 5종으로 구성됐다.

안티 폴루션

썩은 물도 정화시킨다는 연꽃추출물로 강화된 이자녹스의 클렌징 라인 '안티 폴루션'. 오염과 유해 환경으로부터 피부를 확실하게 보호해주며 피부 노화와 피부 시스템도 건강하게 가꾸어주는 라인이다. 클렌징 폼, 클렌징 오일, 클렘징 크림, 클렌징 로션, 마사지 크림과 각질 제거 및 여드름 케어를 위한 필 오프 팩, 클리어 소프트 젤, 아크네 폼 크림으로 구성됐다.

■ 색조라인

룩시안

트렌드를 넘어서는 품격있는 스타일을 지향하는 고급스러운 포인트 메이크업 라인이다. 링 클 프리 샤인 립스틱, 립글로스, 립에센스와 쥬얼 드롭 아이섀도, 볼륨 마스카라, 아이라이너 등으로 구성됐다.

타임리스

세월의 흔적을 지워주는 30대 이후의 여성을 위한 색조 전문 메이크업 라인이다. 에센스 메이크업 베이스, 에센스 파운데이션, 에센스 투웨이케익, 에센스 스킨 커버로 구성되어 있다.

샤인듀

에어파우더의 커버력과 듀베이스의 강력한 보호효과로 이슬처럼 영롱한 피부 표현을 가능하게하는 기능성 색조 라인이다. 메이크업 베이스, 파운데이션, 에어팩트, 페이스 파우더로 구성됐다.

www.isaknox.co.kr

라끄베르(LACVERT)
아름다운 피부 위한 열정 · 노력 … 20대 전문 브랜드

라끄베르는 10년 넘게 꾸준한 사랑을 받아온 엘지생활건강의 20대를 위한 대표적인 화장품 전문 브랜드이다.

호수와 초목색을 의미하는 프랑스어에서 탄생한 브랜드명 '라끄베르'는 맑고 투명한 호수와 건강한 초록색처럼 깨끗하고 아름다운 피부를 만들겠다는 브랜드의 콘셉트가 그대로 담겨져 있다.

그동안 많은 히트상품을 내놓으며 자연친화적이면서도 제품력이 우수한 화장품으로 이름을 널리 알려온 라끄베르는 2009년에도 '라이브 내츄럴' '살아 있는 그대로'라는 청정한 자연의 이미지를 담은 기초 스킨케어 라인을 출시하는 등 아름다운 피부에 대한 끊임없는 열정과 노력을 멈추지 않고 있다.

■ 스킨케어 라인

라이브 내츄럴

신선한 식물 세포 성분이 피부를 생생하게 가꾸어주는 스킨케어 라인이다. 피부에 살아있는 세포는 정기적인 순환과 균형이 중요하다. 피부 세포의 신진대사 사이클이 무너지면 피부 세포 손상이 누적되고, 세포활성이 감소하여 피부 기능에 이상신호가 오기 마련이다.

'라이브 내츄럴'은 피부 속 신진대사 사이클을 활성화하고, 피부 밸런스를 잡아주는 살아 있는 식물의 천연 유효성분을 극대화하기 위해 신선한 상태로 추출, 피부에 공급해주어 생생하고 자연스러운 아름다움을 선사해준다.

모이스처 리치 스킨 소프너, 모이스처 밸런싱 스킨 소프너, 모이스처 인텐스 에센스, 실크 모이스트 에센스,아쿠아 워터젤 크림 등 다양한 피부 타입으로 나누어진 기초 스킨 케어 9종 구성이다.

라이브 내츄럴 화이트

촉촉함이 오래 지속되는 브라이트닝 전용 스킨케어 라인으로 기존 라이브 내츄럴의 맑고 깨끗한 생명력에 안색과 미백 케어까지 한번에 해결해준다. 식물이 식물 체내에 생성되는 과도한 갈색 색소 성분을 조절하듯이 피부에 멜라닌 색소 발생을 제어해주는 시스템을 비롯한 라끄베르만의 독자적이고 과학적인 방식으로 개발된 화이트닝 기술로 탄생한 '라이브 내츄럴 화이트'는 에멀젼, 세럼, 크림, 필링젤 등 5종으로 구성됐다.

타임리페어

'타임리페어'는 히말라야 황금 뿌리가 피부 속 어린 피부로 되돌려주는 젊은 안티에이징 라인이다.

4천5백 미터 이상의 히말라야 고산 지역의 바위틈에서 자생하는 식물 '골든 루트(Golden Root)'의 강한 자생력과, 현대 의학에서 사용되는 치유 효과가 뛰어난 식물들의 핵심 성분을 결합하여 개발된 '파워 리커버리 콤플렉스(Power recovery complex)'가 자생 에너지와 활성을 피부에 전달하여 강력한 재생 효과를 가져다주는 제품으로 라끄베르의 베스트 셀러 제품이다. 스킨 리터닝 소프너, 에멀젼, 에센스, 크림과 아이크림 5종으로 구성됐다.

콜라겐 필러

필요한 만큼의 콜라겐을 피부 속에 탱탱하게 채워 넣는 혁신적 기술을 이용한 순수 심해 콜라겐 성분이 피부 탄력을 되돌려주는 라끄베르의 고탄력 기능성 라인이다.

주요 성분인 마린 콜라겐은 콜라겐에 대한 새로운 연구 결과를 토대로 밝혀낸 것으로 기존의 콜라겐보다 질적으로 훨씬 우수하며 피부에 쉽게 흡수되는 놀라운 성분으로 이 성분을 20% 함유하고 있는 것이 바로 '콜라겐 필러 라인'이다. 스킨, 에멀젼, 세럼 등 기초 스킨케어 5종으로 구성됐다.

■ 선케어

라끄베르 라이브 내츄럴 선

'라이브 내츄럴 선케어 라인'은 살아있는 식물 세포를 제품화한 신개념 화장품으로 더욱 순하게 자외선으로부터 피부를 보호해 준다.

라끄베르만의 첨단 플레빈(Frevin) 기술로 신선한 상태 즉, 식물의 살아있는 세포 성분을 그대로 유지, 전달해 준다. 쉐이킹 에센스 선과 멀티 플레이 선블럭 2종 구성이다.

www.lacvert.co.kr

캐시캣(Cathy Cat)
'내게' 맞는 전문가적 감각의 메이크업 연출

캐시캣은 모두가 사랑하는 아름다운 여자 캐서린(Catherine)의 애칭 캐시(cathy)와 섹시하고 세련된 캣(cat)의 이미지, 거기에 크리에이티브 컬러리스트(creative colorist)라는 의미까지 부여된 합성어이다.

전문가적 감각이면서도 내게 맞는 메이크업 스타일대로 쉽게 즐길 수 있는 기분 좋은 메이크업이라는 콘셉트로 그 브랜드 이름만큼이나 통통 튀며 자신을 제대로 가꿀 줄 아는 개성있고 세련된 여성들의 머스트 해브 코스메틱으로 출범 이후 줄곧 뜨거운 사랑을 받고 있다.

부담 없는 가격으로 선명하고 풍부한 컬러와 오래도록 지속되면서 피부에 부담을 주지 않는 순한 메이크업을 원한다면 베스트 초이스는 바로 캐시캣이다.

베이스 메이크업

촉촉하고 생기 있는 메이크업을 만들어주는 캐시캣의 기초 메이크업 베이스 제품.

생기있는 얼굴 안색과 화사한 빛을 선사한 라이트 인 데이 메이크업 베이스와 마르지 않는 촉촉한 얼굴을 위한 모이스쳐 인 데이 메이크업 베이스, 미백까지 책임지는 루시드 퓨어 화이트닝 베이스 등 자신의 피부 톤과 개성에 맞게 피부를 가꿀 수 있는 다양한 구성으로 이루어져 있다.

팩트 & 파운데이션

메이크업을 완성하는 마무리 메이크업을 위한 캐시캣의 팩트 & 파운데이션은 매 시즌 더욱 새로워진 신제품이 출시되어 많은 인기를 누리고 있다.

기존의 라이트 인 데이, 모이스쳐 인 데이, 루시드 퓨어 화이트닝의 파운데이션 뿐 아니라 비밀스럽게 피부의 결점을 가려주고 부드럽게 피부를 채워주는 시크릿 커버링 커버 팩트와 커버 케익과 워터 프루프 기능과 자외선차단까지 완벽하게 갖춘 아쿠아 선팩트 AD, 수시로 덧발라도 뭉치지 않는 보송보송한 피부를 위한 오일컷 팩트 등을 선보이고 있다.

블러셔& 하이라이터

개성 있는 얼굴을 완성하는 캐시캣의 포인트 메이크업 제품들은 브랜드 콘셉트만큼이나 깜찍하고 매력 있는 여성들을 위한 아이템이 많다.

치크치크 블러셔와 팝 블러셔, 팝 하이라이터, 글리츠 쉬머브릭 등 캐시캣의 포인트 메이크업 제품들은 간편한 사용법과 다양한 쉐이드와 컬러, 그리고 언제 어디서나 자연스러운 효과를 주는 내츄럴한 제품으로 인기를 얻고 있다.

립 메이크업

더욱 강렬하게! 촉촉하고 보드랍게! 내게 맞는 입술 표현을 위한 럭키 아이템인 캐시캣의 립 메이크업은 립스틱, 립글롯, 립밤으로 구성됐다.

반짝이고 글로시한 입술을 만들어준 캐시캣 드림 글리터 루즈와 드림 글리터 글로스는 스테디 셀러 아이템. 여기에 최근엔 원터치 방식으로 사용이 더욱 간편해지고 뛰어난 발색력과 합리적인 가격으로 무장한 터치업 립스틱 핑크 에디션이 출시되어 인기몰이중이다.

립밤은 해피 틴트, 스마트, 울트라 플럼핑 립밤으로 구성되어 있는데 입술색을 살려주는 발색과 금방 도톰한 입술로 변신시켜 주는 플럼핑 립밤의 인기가 특히 높다.

아이 메이크업

또렷한 눈매와 신비로운 깊이감을 표현해주는 캐시캣의 아이 메이크업은 아이섀도, 아이라이너, 아이브로우, 마스카라 등으로 구성되어 있다.

간편한 사용법으로 초보라도 매력적인 눈매를 완성할 수 있는 캐시캣의 이지 아이라이너, 더 플라잉 마스카라, 아이브로우 펜슬 등이 인기 아이템.

최근에는 깜찍한 컬러로 구성된 컬러 토크 아이즈와 펄과 크림의 조화로 더욱 풍부하고 개성 있는 눈매를 만들 수 있는 듀얼 펄 & 크림 섀도가 출시되어 관심을 모으고 있다.

www.cathycat.com

보닌(VONIN)

강하지만 섬세하고 감각적인 남성상 지향

세련된 현대적 귀족 남성을 위해 탄생한 브랜드 '보닌'은 런칭 이후 현재까지도 스탠다드한 남성들의 화장품으로 지속적인 사랑을 받고 있는 대표적인 남성 스킨케어 브랜드이다.

보닌은 중세 기사 혹은 귀족을 뜻하는 VON과 INDIVISUAL의 IN의 합성어로 단순히 귀족적인 사람을 뜻하는 것이 아니라 그에 맞는 수준과 애티튜드까지 갖춘 사람을 의미한다. 중세 기사들의 유행을 주도하며 리더십을 발휘하던 모습과 현대 남성들의 능동적이고 진취적인 스타일에 대한 열망과 추구를 일치시킨 브랜드 보닌은 외면적으로는 강하지만 내적으로는 여성 못지않게 섬세하며 감각적인 남성상을 지향한다.

보닌 더 스피릿 라인

'보닌 더 스피릿'은 남성 프리미엄급 안티에이징 라인으로 최상의 피부 상태에서 피부 노화를 미리 관리해 준다.

피부 보호는 물론 피부 노화와 탄력까지 책임지는 멀티 아이템이라고 할 수 있다. 주요 성분인 아가우드 수지가 함유되어 콜라겐 파괴를 막아 피부를 탄력 있게 유지하여 주며 올리고 펩타이드가 피부 탄력을 더욱 증진시켜 주는 역할을 한다. 스피릿 라인은 애프터쉐이브,에멀젼, 에센스, 그리고 피부 노폐물을 말끔히 제거하고 촉촉함만을 남기는 젤 타입 폼 클렌져인 더 스리핏 폼 워시 4종으로 구성됐다.

보닌 더 스타일 라인

'보닌 더 스타일'은 히노키 수로 하루 종일 촉촉하게 피부를 가꾸어주는 스킨케어 라인과 자외선 아래에서도 거뜬하게 피부를 보호해주는 선 케어 라인으로 구성됐다.

세련된 패키지에 멀티 기능을 갖춰 인기가 높은 라인으로 애프터쉐이브, 에멀젼, 세범 포어 에센스로 구성됐다. 독특한 디자인과 사용법으로 인기가 높은 자외선 차단제 스타일의 선밤과 트리플 비비는 멋을 아는 남성을 위한 제품으로 휴대성도 뛰어나다.

보닌 퓨어 라인

유기농 인증 성분이 들어있어 촉촉하고 순한 '보닌 퓨어 라인'은 20대 남성을 위한 스킨케어 제품이다.

여드름 원인균을 케어하고 보습을 강화해 아로마 테라피 효과까지 주는 친환경 제품이라 이제 갓 성인이 되어 피부 관리에 들어가는 민감성 피부의 남성들에게 인기가 높다. 무알콜 무자극의 스킨&에멀젼으로 구성되어 있다.

보닌 알엑스 스포츠

보닌에서 최근 출시된 운동으로 자신을 가꾸는 스포티하며 활동적인 남성들을 위한 스포츠 전용 스킨케어 라인이다.

신체 운동으로 인해 자극받은 피부를 더욱 건강하고 촉촉하게 가꾸어주며 시원하고 상쾌한 사용감이 특히 매력적인 제품이다. 수선화추출물이 피부 안정 효과를 호밀추출물이 피부 보호 기능을 띠 추출물이 피부에 수분을 빠르게 공급하는 역할을 한다.

스킨과 모이스쳐 라이져, 에센스, 클렌져 뿐 아니라 선블록, 풋 스프레이, 헤어&바디 클렌져까지 피트니스 후 모든 스킨케어가 가능한 다양한 제품으로 구성됐다.

www.vonin.co.kr

비욘드(BEYOND)

지속 가능한 아름다움 추구 … 천연 에코 브랜드

비욘드는 맑고 투명한 지구를 위해 대자연 속에서 인간과 자연의 교감을 통한 후대에 물려줄 지속 가능한 아름다움을 추구하는 천연 에코 브랜드이다.

그동안 건강한 브랜드 이미지와 우수한 제품력으로 꾸준한 성장을 거듭해 온 에코 뷰티 비욘드는 소비자를 향한 10가지 약속을 실현함으로서 브랜드 이미지를 더욱 확고히 구축하고 있다.

비욘드는 빼기, 강화하기, 줄이기, 안하기 등 크게 4가지 약속을 실천한다.

그 약속에는 친환경 브랜드 이미지를 지켜나가면서 지구 공해와 환경 파괴를 방지하기 위한 다양한 해결책이 제시되어 있다.

재활용하기, 인체에 유해한 성분을 사용하지 않을 것, 오염원 발생의 최소화, 동물 원료와 실험 반대 등 다양하고 지속 가능한 노력을 통해 비욘드는 가장 대표적인 에코 브랜드로서 자리매김하고 있다.

비욘드는 네이처 캠페인을 통해 비욘드의 브랜드 이미지뿐 아니라 올바른 녹색 소비자를 만들기 위한 캠페인도 하고 있다.

환경을 고려한 기업의 상품이나 서비스를 선호하고 구매하면서 사회적 의식과 책임을 갖고 선구적으로 소비하는 사람들을 일컫는 녹색 소비자는 비욘드가 추구하는 브랜드의 이상과도 일치한다.

무니만 친환경, 또는 트렌드에 따라가는 웰빙이 아닌, 순수하고 깨끗한 그대로의 자연과 그대로의 생명을 추구하는 비욘드의 브랜드 가치가 소비자들에게 다가가고 있다는 방증일 것이다.

페이셜(FACIAL) 라인

비욘드의 페이셜 라인은 스킨, 로션, 에센스, 크림 등 기본 제품들과 마스크, 팩, 선케어 라인 등으로 구성됐다. 자연 친화적인 유기농법으로 재배된 성분과 환경에 무해한 깨끗한 식물 등을 사용해 만들어진 제품인 에코서트 제품들로 피부를 먼저 생각하고 환경을 먼저 생각한 제품들이다.

크림베리 라벤더 등 특별한 친환경 성분으로 만들어져 부드럽고 매끄러운 피부를 선사하는 에이씨 훼이셜 스킨 토너, 피토가닉 에센스, 크림 등이 특히 인기가 있는 제품이다.

바디(BODY) 라인

비욘드의 바디 라인은 클렌져와 미스트, 입욕제와 핸드 & 풋 크림 등 다양하고 여기에 베이비 라인까지 갖추어져 있어 선택의 폭이 넓다.

피부의 수분 손실이 많은 목욕시에 항상 촉촉하고 당김없이 부드러운 바디를 가꾸어주는 클렌징과 미스트, 그리고 특히 모이스쳐라이저 라인이 인기가 높다. 바디 라인 역시 제품에 따라 특성도 다양하고 효과도 다양해 자신에게 맞는 제품을 선택할 수 있는 폭이 넓다.

헤어(HAIR) 라인

윤기나는 머리결 뿐만 아니라 모발 자체도 건강하게 가꾸어 주는 비욘드의 친환경 케어는 헤어 라인에서도 돋보인다.

녹차, 콩 등 자연원료를 그대로 사용한 빈에이지, 그린티 샴푸와 브로콜리 성분을 함유한 퓨리파잉 샴푸 린스 등 비욘드 다운 에코서트 제품이 가득하다.

샴푸 린스의 기본 헤어 제품 외에 역시 친환경 소재와 천연 성분으로 만들어진 트리트먼트와 헤어 세럼 제품 등이 인기가 높다.

www.beyond.co.kr

나나스비(nana's B)
10대를 위한, 10대에 의한 브랜드 … 맑고 투명한 빛 투영

나나스비는 대한민국 청소년 틴스터 3백명과 엘지퍼스널케어 연구소가 공동 개발해 탄생한 10대만을 위한 10대에 의한 화장품 브랜드이다.

브랜드 론칭 당시부터 10대들의 우상

인 인기그룹 샤이니를 모델로 내세우고 나나스비 샤이니 비비크림을 출시해 '순정만화 피부'라는 타이틀로 10대들의 '꽃남·꽃녀' 열풍에 한 몫하며 관심을 한 몸에 받았다.

10대의 피부는 성인 피부와는 달리 아직 아기 피부처럼 맑고 깨끗한 속 피부를 간직하고 있다. 그러나 피지, 여드름, 각종 트러블로 인해 그 깨끗함과 맑음을 잃어 순수하고 청아한 피부를 제대로 드러내주지 못한다.

나나스비는 피부의 창을 케어해 맑고 투명한 빛을 투영해주는 화장품이다. 엘지생활건강은 민감하고 여린 사춘기 피부를 전문적이고도 과학적으로 케어하기 위해 국내 천연물 전문업체와 손을 잡고 10대 피부에 가장 적합한 천연성분을 개발하였고 트러블에 약하고 스트레스에 쉽게 노출되는 10대 피부만을 위한 제품을 탄생시켰다.

산뜻 라인

피지 분비로 인한 번들거림이 걱정될 땐 나나스비의 산뜻 라인이 필요하다. 산뜻 라인은 10대만을 위한 특별한 식물 추출물인 천사의 눈물이 함유되어 피지 조절, 트러블 방지, 피부 정화에 탁월한 효과가 있다.

산뜻 라인은 세안시 사용하는 산뜻 폼 클렌져, 세안 후 촉촉한 피부를 가꾸기 위한 산뜻 토너와 산뜻 로션, 피지조절에 탁월한 흡수 파우더 나나스비 뽀송뽀송 피지퍼프, 그리고 피지분비를 조절하는 오일 컨트롤 필름으로 구성됐다.

촉촉 라인

나나스비 촉촉 라인은 피지조절 뿐 아니라 수분 부족도 걱정되는 피부를 위한 라인이다.

촉촉 라인은 폼 클렌져, 토너와 로션, 그리고 바를 때 마다 물방울이 톡톡 터지는 시원하게 흡수되어 수분이 가득한 피부로 만들어주는 수분 톡톡 젤리, 굿나잇 수딩 콤플렉스가 밤새 피부를 진정시켜줘 다음 날 아침 맑고 건강한 피부로 만들어주는 굿나잇 팩으로 구성됐다.

아크니스 라인

보다 복합적인 피부 트러블로 고민하고 있다면 10대 전용 트러블 전문케어 라인인 아크니스 라인을 추천한다. 아크니스는 모공 속 피지를 깨끗이 녹여낼 수 있도록 고안된 다가알콜시스템과 식물성 세정성분의 듀얼 클렌징 시스템으로서 피부 트러블 방지에 효과적인 포어 퍼펙트 클리어 시스템으로 예민해진 피부를 진정시키는 트러블 케어 라인이다.

아크니스 폼 클렌져, 토너와 로션, 그리고 닥터허브, 미인초, 고삼, 마치현 추출물 등이 트러블 피부에 직접 작용하여 빠르고 효과적으로 관리하여 주는 아크니스 퀵스팟 젤 4종 구성이다.

스페셜 라인

예뻐져만 가는 친구의 피부 비밀을 알고 싶을땐 바로 나나스비 스페셜 라인인 나나스비 샤이니 비비크림이다.

가볍고 보송보송한 비비크림으로 흔히 말해 투명하고 반짝이는 순정만화 피부를 만들어준다. 자연스러운 커버력은 물론, 트러블 방지, 저자극, 피지까지 컨트롤 해주는 가볍고 보송보송한 블레미쉬 밤. 실리콘 폴리머 제형으로 피부에 매끈하게 발리고 고흡유성 파우더가 피지량을 조절하여 보송보송한 피부를 오래 오래 유지시켜 준다.

www.nanasb.co.kr

>>> 회사 소개

1947.	1	락희화학공업사(樂喜化學工業社) 설립, 국내 최초 화장품 '럭키' 크림 출시
1949.	3	'락희화장품연구소' 개소
	4	투명크림 개발에 성공
1954.	10	부산 연지공장 준공
1959.	10	락희유지공업주식회사 설립
1960.	10	국내 최초 화장비누 '크로바비누' 출시
1964.	10	'크로바비누' 유지제품으로는 국내 최초 KS표시 허가 획득
1967.	7	국내 최초 샴푸 '크림샴푸' 출시
1984.	3	'드봉' 화장품 출시, 화장품사업 재진출
1985.	5	'드봉' 화장품 미국 · 싱가포르 등에 최초 수출
1989.	4	제1회 미스 드봉 선발대회 개최
1990.	6	미국 내 판매법인 LDI(現 LG HAI) 설립
1995.	2	'(주)LG화학' 으로 상호 변경
	10	화장품 '이자녹스(Isa Knox)' 출시, 중국 항주 화장품 공장 준공, 중국 화장품사업 시작
1996.	10	화장품 '라끄베르(Lacvert)' 출시
1997.	8	베트남 호치민 화장품 J/V 설립
	9	백화점 전용 화장품 '오휘' 시판
1998.	11	남성화장품 '보닌(VONIN)' 출시
1999.	10	LG생활건강 인터넷 쇼핑몰 '케어숍' 오픈
2000.	3	베트남 동나이 화장품 공장 준공, 색조전문 화장품 '캐시캣(Cathy Cat)' 출시
	6	'이자녹스 링클 디클라인' IR 52 장영실상 수상
	9	'이자녹스 링클 디클라인' 업계 최초 국산 신기술 마크(KT) 획득
2001.	1	'엘라스틴' 샴푸 출시
	2	'이자녹스 링클 디클라인' 국내 최초 식약청 인증 주름개선 기능성 화장품 선정
	4	독립법인 '(주)LG생활건강' 출범, 조명재 사장 대표이사 취임
	11	'이자녹스' 화장품 단일브랜드 매출 1천억원 돌파
2002.	2	피토클리어 EL-1(미백원료), IR52 장영실상 수상
	3	화장품 방문판매 사업 진출
	10	청주 화장품공장, 국내업계 최초로 산자부 '국제공인시험기관' 인정
2003.	2	한방화장품 '후' 출시
	8	한방화장품 '수려한' 출시
2004.	9	화장품 브랜드숍 '뷰티플렉스' 오픈
	12	이자녹스 '2004년 월드 스타 디자인상' 수상, '이자녹스 MX-II' IR52 장영실상 수상

2005.	3	중국 통합 판매법인 출범
	4	에코 뷰티 브랜드 '비욘드' 출시, 오휘 에센스+ 팩트파운데이션 IR52 장영실상 수상
	5	'이자녹스 이지터치 립스틱' 세계패키지협회(WPO) 주관 '월드스타 디자인상' 수상
	6	한방샴푸 '리엔' 출시
	9	'오휘' 중국 백화점 매장 1호점 오픈
2006.	1	최고가 화장품 '후 환유고 크림' 출시
	2	향전문연구소 '센베리 퍼퓸하우스' 개소
	3	궁중 한방스파 '후 스파팰리스' 오픈
	4	'이자녹스' 세계일류상품 선정
	11	'후' 대한민국 브랜드대상 수상
2007.	1	안면기형 어린이 후원 '오휘 아름다운 얼굴' 캠페인 시작
	7	'L-스킨케어' 개발, 국내최초 피부미용 분야 신성분 승인, 후 한방 피부과학연구소 설립
	10	한국코카-콜라보틀링 인수
	11	발효화장품 '숨 37' 출시
2008.	6	'케어존 엔비클리닉' 출시, 코슈메슈티컬 사업 진출
	9	주니어 화장품 '나나스비' 출시
	12	대만 현지법인 설립

www.lgcare.com

" 스포츠로 만든 피부같다 "

VONIN Rx Sports
보닌 알엑스 스포츠

도시 남자를 위한 토탈 스포츠 라인 보닌 RX스포츠의 3단계 케어

1단계_안정 수선화에서 추출된 IBR-Dormin 성분이 운동이나 외부활동 등으로 지친 피부를 상쾌하게 안정시켜줍니다.
2단계_보호 올리고 펩타이드와 미네랄이 풍부한 호밀 추출 성분이 자외선과 활성산소 등으로부터 피부를 보호해줍니다.
3단계_공급 띠 추출물이 건조한 피부에 수분을 빠르게 공급해 주어 하루 종일 피부 내 촉촉함이 유지되도록 도와줍니다.

VONIN Rx Sports
Energizing Moisturizer

VONIN Rx Sports
Dynamic Skin

이자녹스
www.isaknox.co.kr

촉촉해져라~
탱탱해져라~
ISA KNOX
AQUA MAX
twister essence
하루 종일 촉촉촉! 탱탱탱!
이자녹스 회오리 에센스
더운 열에 쉽게 지치는 여름철 피부,
더 강력한 수분이 필요합니다
회오리 모양의 수분에너지 에센스와 모공 에센스가
피부 속까지 촉촉하게! 늘어진 모공까지 탱탱하게!
하루종일 촉촉하고 탱탱한 피부가 완성됩니다
◀◀◀ 아쿠아 맥스 트위스터 에센스
ISA KNOX

(주)이넬화장품

IPKN MY
색다른 감성과 트렌드 제시하는 이모셔널 뉴욕 지향

입큰 마이 메이크업라인은 알파걸에서 한 단계 발전한 여성들의 새로운 롤모델, '핑크 알파걸'을 타깃으로 2008년 2월 론칭한 트렌디한 메이크업 라인이다. 기존의 메이크업

라인보다 어린 20대 초반을 메인으로 자아를 중시하는 현대 여성들에게 좀더 감각적인 메이크업 트렌드를 선보이고 있다.

피부 자체의 질감을 중요시하는 베이스 메이크업군과 톡톡 튀는 감각의 립글로스, 마스카라, 아이라이너 등의 색조 메이크업군으로 구성된 입큰 마이 메이크업라인은 제품력은 물론 핑크로 대변되는 재미있고 독특한 콘셉트로 인기몰이를 지속하고 있다.

■ 디자인 콘셉트
마이 메이크업 라인 디자인은 '심플'과 '핑크' 두 가지 단어로 표현할 수 있다. 모든 제품에 핑크를 포인트 컬러로 도입해 펀(fun)한 감성을 나타내는 것이 가장 큰 특징이다.

팩트, 베이스, 파운데이션 등의 베이직 아이템은 심플한 유선 형태에 메탈 핑크 요소를 감각적으로 표현했으며 비비크림 등의 트렌디한 멀티 아이템은 무광 블랙 용기에 유광 글자의 결

합으로 트렌디한 세련됨을 보여주고 있다. 이는 20대 초반의 핑크 알파세대의 감각에 부합하기 위한 입큰의 이모셔널한 변신을 나타낸다.

■ 제품 구성

마이 퍼스트 팩트 / 17g

식물성 코튼 파우더가 번들거림을 흡수하고 피부 위에 가볍게 밀착되어 보송보송하면서도 결이 고운 아기 피부를 완성시켜주는 파우더 팩트.

마이 베이비돌 비비 (SPF27/PA+++) / 40ml

식물성 히아루론산, 알로에 베라, 올리브 스쿠알란 등에서 추출해낸 수분 · 보습 인자를 55% 이상 함유해 촉촉하고 생기 있는 동안 피부를 연출해주는 워터드롭 BB크림.

마이 잇 글로스 10호수 / 4.5g

시즌 별 잇 컬러를 촉촉한 광택과 함께 끈적임 없이 연출해주는 립글로스. 펄이 많은 투명 글로스 타입과 보이는 색 그대로 선명하게 발색되는 일반 글로스 타입, 내추럴 오일 성분인 Wheat Germ Oil과 틴트가 만나 건조함 없이 촉촉하게 입술을 물들여주는 틴트 글로스의 세 가지 타입으로 구분된다.

IPKN LUXURY
소장가치 높은 프리미엄 메이크업라인

입큰 럭셔리 메이크업 라인은 여성들이 메이크업을 하면서 디자인, 향기, 텍스쳐 등 어느 것 하나도 놓치지 않는 최고의 아름다움과 소중함을 느낄 수 있도록 최고의 퀄리티와 가치를 담은 프리미엄 메이크업 라인이다.

럭셔리 라인은 메이크업 라인이면서도 촉촉하고 부드러운 스킨케어 기능을 적극적으로 고려한 것이 가장 큰 특징이다. 고대로부터 부활의 식물로 알려진 로즈 오브 예리코 추출물이 전 제품에 함유되어 보습과 항산화 효과를 주어 피부에 촉촉하면서도 고급스러운 윤기로 메이크업을 마무리해준다.

■ 디자인 · 향기

입큰 럭셔리 라인은 장인정신을 느낄 수 있는 마뜰라쎄 문양에 수공예 스와로브스키를 박아 화려하면서도 소중한 가치를 디자인에 담으려 했다. 특히 무광 골드와 반짝이는 보석이 어우러져 화장품에서도 디자인을 중시하는 여성들에게 '갖고 싶다' 는 생각이 들 수 있도록 제작되었다.

또한 행복한 감정을 불러온다는 네롤리 향에 오리엔탈 향을 더해 입큰 럭셔리 메이크업만이 가질 수 있는 고급스러우면서도 신비한 네롤리 오리엔탈 향을 완성해 메이크업시 후각적인 만족까지 극대화할 수 있도록 개발되었다.

■ 제품 구성

오드 퍼퓸 파우더 팩트(SPF25/Pa++) / 17g

스노우 레이어링 파우더가 뭉침이나 들뜸 없이 실크처럼 부드럽고 매끄럽게 피부에 피트되는 파우더 팩트. 에센스의 모이스처라이징 효과로 촉촉하게 마무리해준다.

멀티메이크업 피니쉬(SPF45/PA+++) / 50ml

자외선차단 · 베이스 · 파운데이션의 3 in 1의 멀티제품으로 하나만 발라도 베이스메이크업이 촉촉하고 윤기 있게 마무리되는 멀티 아이템. 스위트 아몬드 오일이 메이크업을 하는 동

안 영양과 수분을 공급해 피부를 부드럽게 감싸준다.

다이아몬드 인 립스 / 4.5g

선명한 발색의 절묘한 컬러로 구성되어 피부를 한층 더 우아하고 고급스럽게 연출해주는 립스틱. 에더블 플라워 성분이 입술을 촉촉하게 케어해주며 쟈스민, 피치 등 천연의 은은하고 고급스러운 향을 넣어 립스틱 특유의 향을 억제했다.

IPKN Blossom
만개한 꽃의 생기가 주는 보습효과 … 자연주의 스킨케어

입큰 블라썸은 풍부한 수분과 영양 성분으로 피부 속부터 건강하게 관리해주는 자연 발효수를 베이스 워터로 함유해 물 하나에도 정성을 담아 피부뿐 아니라 삶의 건강까지 생각한 입큰의 자연주의 스킨케어 라인이다. 초수분과 초보습 세트로 구성된 입큰 블라썸은 각자의 피부 타입에 맞게 선택해서 사용할 수 있도록 했다.

순수 국내산으로 믿을 수 있게 직접 재배한 산수유, 홍삼 등 피부에 좋은 자연 성분을 효모 발효시키는 과정이 블라썸의 발효수를 만드는 첫 번째 과정이다. 그 후 다시 한번 숙성 과정을 거치면 아미노산과 유기산, 미네랄, 비타민 등 피부 세포와 유사한 영양분이 생성되며 피부 친화도가 높아져 흡수가 잘 되는 성분으로 다시 한번 바뀌게 된다. 특히 전 세계적으로 면역력을 높여주는 효과를 인정받은 발효 성분은 자연 발효 과정에서 더욱 강력해지는데, 이때 생성된 해독 성분이 지치고 칙칙한 피부를 정화시키는 디톡스 효과를 발휘한다.

자연에서 얻은 풍부한 수분과 영양을 그대로 담아 만개한 꽃의 생기가 느껴지는 피부로 관리해주는 입큰 블라썸 라인은 정성으로 발효시킨 자연 발효수로 피부에 생기 필름을 씌운 것 같은 피부 판타지를 실현해준다.

■ 제품 구성 · 특징

모이스처 (초수분) 라인

395일 동안 자연 발효시킨 산수유에서 얻은 발효수로 만든 초수분 케어. 스킨, 에멀전, 크림 총 3종으로 구성된 수분 공급 라인이다.

• 토너(160m): 피부에 바르는 순간 산수유 발효수와 알로에 앰플 캡슐이 터지면서 피부를 진정시켜준다.

• 에멀전(135ml): 피부 자체의 수분 보유력을 높여주고 부드럽게 발리는 일명 '생크림 로션'.

• 크림(50g): 콜라겐 수분 시트 마스크 효과로 탱탱하고 촉촉한 피부를 만들어주는 모이스처 크림.

엑스트라 모이스처 (초보습) 라인

1125일 동안 자연 발효시킨 홍삼 발효수로 만든 초보습 라인. 스킨, 에멀전, 크림 총 3종으로 구성된 보습 라인이다.

• 토너(160ml): 고농축 홍삼 발효수의 영양이 담긴 스킨. 바르는 순간 캐비어 앰플 캡슐이 피부에 즉각적인 윤기를 더해준다.

• 에멀전(135ml): 에스테틱 마사지 효과처럼 진한 영양성분이 편안한 유분감을 전달해주는 윤기로션.

• 크림(50g): 피부 구성요소와 유사한 고농축 홍삼수 성분이 촘촘하게 스며들어 촉촉하게 흡수되는 엑스트라 모이스처 크림.

Magis Lene
천연 자연식물서 찾아낸 3H 함유 … 피부 노화에 적극 대응

마지스 레네(MAGIS LENE)는 한국 여성의 피부 고민을 함께하는 고품격 스킨케어 브랜드로서 화장품 개발 90년 전통의 일본 콜마 및 프랑스 바이오 웨어의 기술력을 바탕으로 탄생했다.

마지스 레네의 프리미엄 스킨케어 라인인 트리앙 쏙 H라인은 90년 전통의 일본 콜마 연구진이 천연 자연 식물인 아세로라, 석류, 낫또에서 찾아낸 3H성분을 마지스 레네 만의 특수한 농축과정을 통해 정교하게 처리해 담아 피부 노화에 적극 대응하는 토털 트리트먼트 스킨케어 라인이다.

■ 주요 성분

트리앙 쏙 H라인은 금눈돔에서 추출한 해양성 콜라겐과 휘시오네-Y성분에 여성 피부 케어에 효과적인 3H 성분이 더해진 트라이앵글 시스템이 주름, 탄력, 보습과 색소 침착에 동시에 작용해 피부노화를 더욱 효과적으로 케어해 준다.

3H

3H는 석류와 아세로라, 낫또에서 추출한 식물성 성분으로 수분과 유효성분의 밀착력을 강화시켜 촉촉하고 탄력 있는 피부로 가꿔준다.

또한 주름, 건조, 색소 침착 등 각종 피부 노화 현상에 작용해 촉촉하고 활력 있는 피부로 되돌려 준다.

해양성 콜라겐

해양 심층부에 서식하는 남양 금눈돔에서 추출한 고순도 콜라겐이 20% 함유되어 있어 피부의 보습력과 탄력을 강화시켜준다.

휘시오네-Y

일본 콜마의 독자적인 특허성분인 휘시오네-Y는 피부 본래의 수분을 되돌려 나이에 따른 탄력저하를 효과적으로 억제해주어 피부를 더욱 팽팽하게 마무리해준다.

■ 제품 구성

토너 / 150㎖

고농축 세럼 타입의 촉촉한 토털 리커버리 토너.

피부를 정리해주는 듯 한 느낌으로 밀착되는 토너제품으로 외관상으로도 3H성분의 농축 정도가 확연히 드러나는 질감으로 피부 속부터 촉촉하게 채워준다.

에멀젼 / 125㎖

고농축 에멀젼 유액타입의 토털 케어 에멀젼.

중년 여성 피부에 리프팅, 풍부한 수분과 영양공급을 통해 전성기 때의 피부로 가꾸어준다. 풍부한 에멀젼 유액이 터지면서 부드럽고 촉촉한 보습막으로 감싸주어 충분한 수분과 영양공급을 통해 당김이 심한 피부나 거친 피부를 예방해 주며 피부에 생기를 부여해 준다.

세럼 / 45㎖

해양성 콜라겐, 휘시오네-Y와 낫또, 아세로라, 석류 추출물이 함유된 고농축 앰플 타입의 세럼으로 피부내 수분 흡수율을 높여 칙칙한 피부 개선에 뛰어난 효과를 제공한다. 또한 해양성 콜라겐이 피부 탄력을 강화하며 휘시오네-Y 성분이 피부 활력을 찾아주고, 낫또H가 굳어진 피부를 연화시켜 실크같이 부드러운 피부를 선사한다.

크림 / 50g

여성들을 위한 식물성 수액이 피부 고민현상을 집중 마크해주는 고농축 연고타입의 토털 트리트먼트 크림.

콜라겐 감소 방지, 피부 각화 방지, 피부 惡효소 억제 능력이 우수하며 활력을 잃은 피부에 리프팅과 탄력을 강화시켜준다.

www.ipkn.co.kr

>>> 회사 소개

아름다운 여성들의 세상을 만드는 기업

1999년 1월 '아름다운 여성들의 세상을 만들자'는 취지 아래 설립된 이넬화장품은 뉴욕의 감성을 바탕으로 한 IPKN Newyork과 글로벌 브랜드 Magis Lene에 이어 온라인 브랜드 clamue를 론칭해 차별화된 아이덴티티와 탁월한 제품력으로 꾸준한 성장을 이어가고 있다.

국내 최초 향기 나는 파우더 팩트, 밀림없는 베이스로 지난 10년간 베스트셀러의 자리를 놓치지 않고 있는 IPKN 퍼퓸 파우더 팩트와 인텐스 마이크론 베이스 외에도 순수 해양성 콜라겐 20%를 함유하여 과학적, 근원적으로 피부를 치유하는 Magis Lene 콜라겐 속 등 수많은 베스트셀러들을 배출하며 고객의 사랑을 받고 있다.

또한 중국, 호주, 이란, 미국 등 세계 각지에 수출이 확대되고 있어 세계 속에서 인정받는 글로벌 브랜드로 한발 한발 도약을 이어가고 있다.

이넬의 약속

아름다운 여성의 세계를 가꾸는 기업

이넬화장품의 inel은 영어의 'in'과 불어의 아름다움을 뜻하는 'ELLE'의 합성어로서 화장품을 주력으로 아름다운 여성들의 세계를 만드는데 기여할 것이라는 기업의 사명을 담고 있다. 이넬화장품 전 직원들은 보다 아름답고 발전적인 여성들의 세계를 만들어가기 위해 앞으로도 많은 노력을 기울일 것이다.

신뢰를 바탕으로 하는 기업

모든 일의 바탕은 상호 신뢰다.

이넬화장품은 소비자는 물론 대내외적 관계에서 신뢰를 바탕으로 경영하며 정도 영업으로 시장 경제를 주도해나가고자 한다.

창조적인 발상으로 앞서가는 기업

이넬화장품이 지난 10년동안 화장품 전문기업으로 정착해올 수 있었던 원동력은 바로 남보다 앞서가는 창조적인 발상과 노력이었다. 앞으로도 유행에 만감한 여성들의 니즈와 트렌드를 잘 파악해서 앞서가는 창조적 발상과 제품개발로 화장품 문화를 선도해 나갈 것이다.

연혁

1999	(주)이넬화장품 법인 설립, 대표이사 장희수 취임, IPKN 베이직 라인 런칭
	IPKN 브랜드 전문점 영업 개시, IPKN 1차 전속모델 김연주 계약, TV 광고 방영
2000년	㈜이넬화장품 송파구 방이동으로 사옥이전, IPKN 2차 전속모델 김민 계약, TV 광고 방영
	IPKN 럭셔리 메이크업, 링클 시그니티 런칭, IPKN 퍼퓸 파우더 팩트, 10만개 판매 돌파

2001	IPKN 호주, 대만, 캐나다, 미국 수출시작, IPKN 아이디얼화이트, 맨해튼 5 론칭
	IPKN 퍼퓸 파우더 팩트, 인텐스마이크론 베이스, 입소문 베스트 코스메틱 선정
2002	IPKN 동유럽 수출계약 체결, IPKN 기초라인 전격 리뉴얼 출시
	(주)이넬화장품 매출액 170억 돌파
2003	IPKN 리페어EX, 입큰맨 라인 론칭, IPKN 중국수출 계약 체결
	IPKN 미국 수출액 10만 달러 돌파
2004	글로벌브랜드 Magis Lene 론칭, 영업개시, IPKN 3차 전속모델 이기용 계약
	주간신문 CMN 색조화장품 부문 특별상 수상
2005	IPKN 럭셔리 라인 세미 리뉴얼 및 3차 TV광고 방영, Magis Lene 메이크업 라인 론칭
	한국경제신문 소비자 마케팅 우수 브랜드 선정, Magis Lene 온라인숍 오픈, 3만 회원 돌파
2006	IPKN 4차 TV 광고 방영, IPKN 2006 베스트 코스메틱 선정(매거진 쎄씨, 싱글즈)
	IPKN 링클 시그니티 라인 론칭, 온라인 전용 브랜드 Clamue 런칭
	International Business Award 마케팅 부문 수상
2007	IPKN 4차 전속모델 김민희 계약, IPKN 화이트 시그니티, 콜라겐 시그니티 론칭
	IPKN 뉴 럭셔리 메이크업 라인 론칭, IPKN G마켓 전용팩트 출시
	IPKN 수출전용 브랜드 쉬크에버 론칭, 해외 수출 100만불 달성
	Magis Lene 프리미엄 스킨케어 트리앙솔 론칭
2008	clamue 2차 전속모델 홍인영 계약, IPKN 마이라인 론칭
	IPKN 기초 아크비타 라인 론칭, IPKN 5차 CATV CF 방영
	IPKN Men 1차 전속모델 배정남 계약, IPKN Men 스타일 키트 론칭
	(주)이넬화장품 매출액 200억 돌파

일진코스메틱

초목담 진(眞)
11가지 조성물 특허 출원 … 예방관리 한방시스템

■ 개발 배경

최근 우리사회에는 '웰빙' 열풍이 거세다. 많은 사람들이 그 바람에 기대어 요가를 배우고, 유기농 야채를 섭취하고, 헬스클럽에서 달리며 살을 뺀다.

그런데 그 열풍을 자세히 들여다보면 '행복'과 '안녕'이라는 사전적인 의미의 '웰빙'(well being)이라는 말이 무색할 만큼 고소득층의 사치스러운 소비패턴이나 새로운 소비문화로 인식되는 경향이 있다.

그러나 진정한 의미에서의 웰빙은 몸과 마음의 자유가 핵심이다. 아무리 거창한 건강법이라도, 또 깨끗하고 몸에 좋은 유기농 야채라도 그것이 몸과 마음의 자유를 구속한다면 올바른 방법이 아니다.

이런 면에서 한의학의 건강관은 우리에게 매우 유용하다. 한의학은 마음의 안정, 자연에 순응하는 삶, 담백한 음식을 건강의 바탕으로 삼고 있다. 게다가 3천여년 간의 삶의 노하우가 축적되어 있기 때문에 한의학은 건강 지혜의 보고다. 또 환자의 치료에 있어서도 인공적인 약품이 아닌 자연의 산물을 약재로 활용한다. 한의학의 건강관은 '웰빙' 그 자체인 것이다. 우리 몸에 맞는 한방웰빙, '초목담 진'은 바로 이와 같은 한의학의 건강관이 알려주는 진정한 웰빙 두피&모발 건강법을 담고 있는 시스템이다.

■ 콘셉트

초목담 진은 웰빙 시대에, 우리 한국인의 체질에 맞는 한방성분 엑기스만을 선별, 개발한 두피관리 시스템으로, 최근 확대되

고 있는 후천적 요인의 탈모 가능성을 최대한 빠르고 깊게 고객들에게 인지시키고자 한다. 즉 '예방관리 한방 시스템' 이다.

■ 차별화 성분

발모 촉진 효능평가시험을 통한 11가지 조성물 특허 출원으로 제품 효능에 대한 전문시험기관의 테스트를 마쳐, 새롭게 예방관리 한방 시스템 '초목담 진' 으로 개발되었다.

11가지 발모 촉진 특허 출원 성분은 ①감초 ②소엽 ③형개 ④고삼 ⑤방풍 ⑥황금 ⑦당귀 ⑧승마 ⑨홍삼 ⑩김 ⑪하수오 등이다.

■ 사용법

▶ **1단계** – 초목담 진 두피 클리닉 샴푸 (지루성 두피와 문제성 두피를 위한 샴푸)

저자극 식물성 세정 성분의 두피청결효과와 자극이나 가려움 등이 과도한 피지분비로 인한 두피트러블을 억제해주는 한방 샴푸로, 냄새 없이 건강하고 청결한 두피상태로 만들어 준다.(500ml, 60ml)

▶ **2단계** – 초목담 진 두피클리닉 트리트먼트 (문제성 두피와 모발을 위한 트리트먼트)

모발에 대한 컨디셔닝을 기초로 하여, 불안정한 피지분비와 두피각질 형성을 자연스럽게 억제·해주는 문제성 두피&모발 겸용 트리트먼트다.(500ml, 60ml)

▶ **3단계** – 초목담 진 모근강화 토닉 (문제성 두피를 위한 헤어 토닉)

비타민, 아미노산, 식물성 추출물 등이 두피 속 혈행을 자극시켜 영양과 수분을 공급해주는 문제성 두피용 한방 헤어 토닉으로, 항염증, 해독작용이 두피 저항력을 강화시켜 준다.

(100ml, 7ml)

▶ **비듬케어** – 초목담 진 비듬클리닉 샴푸 (비듬 두피와 문제성 두피를 위한 샴푸)

비듬억제에 탁월한 징크피리치온과 버드나무 추출물 등이 예민한 두피각질을 깔끔하게 세정해주는 한방샴푸로, 비듬균 생성을 컨트롤해주어 개운한 두피로 유지시켜 준다.

(500ml, 60ml)

소비자상담실 080-3272-500.

www.iljincosmetics.co.kr

ECO, 적극적인 녹색환경 지킴이 기업

'eco'란 뜻은 생태학 'ecology(생태학, 생태)'의 앞부분을 따서 만든 말로 친환경, 생태 보존을 위한 사회 전반에 걸친 기술과 활동 등을 말한다.

현재의 과학과 문명의 시대에, 우리 인간들은 자신도 모르게 많은 환경오염을 야기하며 살아왔으며, 다시 원시의 건강했던 환경과 생태로 돌아가고픈 욕구가 절실해지게 되었다.

이렇듯 우리 삶의 모든 것을 친환경화하는 것이 바로 'Eco'이며, 국가 산업 시스템을 포함하여 우리 삶의 양식과 의식구조를 변화시키고 생태와 환경을 지켜가는 일이 바로 Eco의 개념인 것이다. 나아가 Eco 속에는 적극적인 환경 개선 철학, 녹색성장 미래가 깃들어 있는 것이다.

이제는, 적극적으로 환경을 복원해 가기 위한 노력이 필요하다. 단순히 현재의 생태를 유지하는 것이 아니라 우리가 가진 최대의 첨단기술과 노력을 투자해서 지금의 환경을 복원하고 과거 순수했던 상태로 개선해 가는 일이 바로 적극적인 Eco 이다.

당장 급하진 않아도, 지금의 자연환경과 세계적 동향을 고려해 볼 때, 이 시대가 요구하는 매우 중요한 과제임은 분명한 사실이다.

(주)일진코스메틱은 올해로 창립 47주년을 맞은 화장품기업으로, 창립 이래 '연구 제일 장인정신'에 입각해 정직한 아름다움을 지키는 기업이 되고자 노력하고 있다.

이에 제품의 연구, 제조, 생산, 유통, 관리 등 전 과정에서 발생하는 환경피해 요소를 최소화하고, 인간의 아름다움을 최우선으로 하는 시스템에 총력을 기울이고 있으며, 기계설비, 고급 원료와 성분에 아낌없는 투자를 하여 철저한 자연주의 'ECO AROMA(에코 아로마)'를 실천하고 있다.

특히, 최근 수년간 향초와 약초를 직접 시험 재배하고, 실제 증류 과정을 거쳐 독특한 아로마 향 처방전을 완성하였으며, 합성향료 대신 100% 식물성 아로마 오일 함유 제품을 개발하여 건강하고 아름다운 삶의 근원지가 될 수 있도록 최선을 다하고 있다.

또한, 지난 2007년에는 International Industrial Certification Co., Ltd로부터 품질경영시스템 ISO9001, 환경경영시스템 ISO14001을 인증 받아 글로벌화 시대에 전세계에서 인정되고 통용될 수 있는 인증서를 획득, 제품이 생산되는 전 과정에 대한 환경경영을 시스템화하는 기업의식을 실천하고 있다.

이러한, 노력은 환경관리청의 생산공장 지도, 점검에서 위반사항이 없는 '청색업소'로 지정되는 결과로 연결됐다.

이렇듯 창립 이래부터 환경을 생각하는 책임감 있는 일진코스메틱의 기업의식은, 앞으로 지속적으로 천연성분 원료와 천연물질의 포장재 사용, 엄격한 환경정책하의 생산관리를 통하여 보다 완전한 형태의 환경친화를 선도하는 대한민국 화장품기업을 향하고 있다.

JNC화장품

■ 콘셉트

JNC화장품의 제품들은 친환경 콘셉트를 추구하고 있다. 제품은 99.8% 이상의 순수한 자연성분 화장품으로 유기농 원료의 엄격한 심사를 거친 원료를 사용한 기능성 제품이다.

특히 여드름 피부, 노화 방지 및 개선, 미백 기능, 아토피, 모공 확장 개선, 잔주름 개선, 악건성 피부 개선 등 문제성 피부 개선에 매우 효과적이다.

■ 라인별 특징 · 효능

미네랄플러스 마그네슘 리치 라인

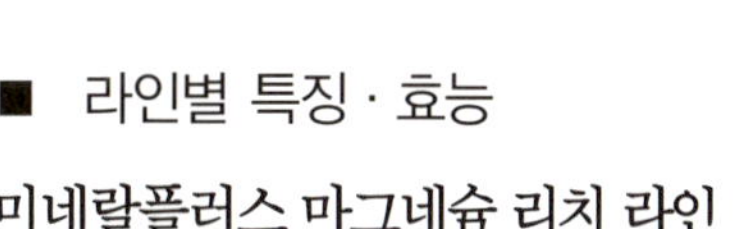

사해수 함유 … 건성 · 민감 피부에 적합

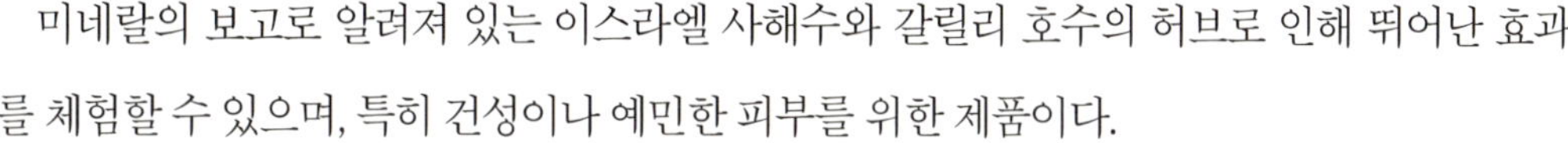

미네랄의 보고로 알려져 있는 이스라엘 사해수와 갈릴리 호수의 허브로 인해 뛰어난 효과를 체험할 수 있으며, 특히 건성이나 예민한 피부를 위한 제품이다.

미네랄플러스 리프트 세럼, 리프트 크림, 훼이셜 머드 마스크, 미네랄 마스크, 아이 리프트 세럼, 훼이셜 토너, 리프트 로션, 클렌징 밀크, 훼이셜 워시 등으로 구성돼 있다.

머드 마스크는 천연 사해 머드 성분이 피부 개선과 피부 회복이 동시에 가능하며 촉촉한 광택과 벨벳 같은 피부 느낌을 바로 느낄 수 있다.

스킨 밸런스 라인

기초 밸런스 유지 보습 활성 제품

스킨 밸런스는 피부를 맑고 건강하게 유지시켜 기초 밸런스를 맞춰주는 보습활성 라인으로 바이오테크 공법에 의해 엄선된 자연성분과 최첨단 기술로 제조됐다. 뉴셀 스킨밸런스 시리즈를 규칙적으

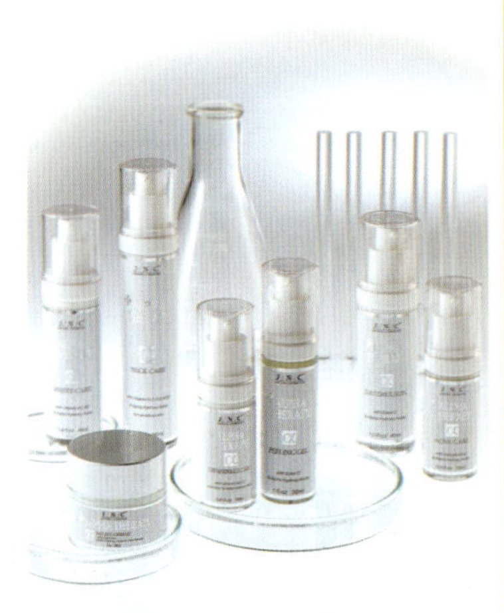

로 사용하면 아로마 테라피 효과를 체험할 수 있으며 건강 피부와 영양 단계의 흡수를 획기적으로 높일 수 있다.

센스티브 클렌저, 포밍 워시, 딥 클렌저, 모이스처라이징 토너, 마사지 크림, 슬리핑 크림팩 등으로 구성돼 있다.

알파 테라피 라인

고기능성 피부 재생 화장품

낡은 각질을 신속하게 제거해 새로운 세포 형성을 촉진시켜 문제성 피부를 정상적인 피부로 개선해 주는 고기능성 피부 재생 화장품이다. 이 제품은 탁월한 트리트먼트 성분인 알파 하이드록시 애시드의 필링 작용이 매우 우수해 일반 기초 화장품을 넘어서는 치료용 제품이다.

데이 에멀전, 나이트 크림, 아이링클 케어, 필링 젤, 화이트 케어, 아크네 케어, 넥 케어 등의 제품이 있다.

맥스 비타민 C 라인

특허 공법 적용 … 비타민 C 안정화

JNC만의 특허 공법으로 비타민 C의 안정화에 지용성화에 성공함으로써 기존 비타민 C보다 8배의 지속력과 효능을 갖게 됐다. 이로써 피부 침투력의 극대화로 지속적인 효능을 강화할 수 있는 제품으로 멜라노사이트의 활성을 억제하고 맑고 투명한 피부로 개선한다.

맥스 비타민 C 클렌저, 스킨토너, 멀티 액션, 울트라 로션, 화이트닝 에센스, 크림, 울트라 세럼, 아이 리프트 등의 제품이 있다.

맥스 비타민 B 라인

웰빙 개념 안티스트레스 제품

비타민 B군 복합체를 함유한 웰빙 개념의 안티스트레스 제품으로 공해와 스트레스에 지친 피부에 활력과 생기를 부여해주는 제품이다.

스킨토너, 로션, 에센스, 아이크림, 모이스처 크림, 아이 수딩워터 등의 제품이 있다.

84% 알로에 베라 라인

보습 · 진정작용으로 문제성 피부 개선

JNC화장품의 알로에 제품은 가장 이상적인 환경에서 재배된 알로에만을 엄선하여 그 효능과 안전성 면에서 매우 우수하다는 평을 듣고 있다. 특히 보습 및 진정작용이 탁월한 고농축 알로에가 84% 이상 함유되어 있어 거칠어진 피부에 활력과 탄력을 주며 건성, 지성, 여드름 피부 등 문제성 피부의 개선 효과에 뛰어나다.

슈퍼겔, 모이스처 크림, 위치 베라 겔, 84% 모이스처 로션 등의 제품이 있다.

문의는 02-420-8954

www.jnc.co.kr

맞춤처방 · 피부관리로 신속한 피부 개선

1999년 설립된 JNC화장품은 전세계적으로 효능이 뛰어난 천연식물성분만을 처방 제조하여 환경을 보호하고 정확한 피부진단을 통해 고객의 피부에 꼭 맞는 제품의 맞춤처방과 피부 개선을 위한 피부관리 시술로 신속하게 피부를 개선하는 것을 기업이념으로 삼고 있다.

JNC화장품은 피부관리 영업을 지원하는 브랜드로서 오랜 기간 동안 실무 경험을 바탕으로 고객의 피부 문제를 개선하기 위해 정확한 진단과 효능이 뛰어난 제품을 개발하여 짧은 기간에 급속한 성장을 만든 기업이다.

이는 확실한 제품력과 독특한 마케팅 전략의 성과라 할 수 있다. 아울러 정확한 피부진단을 위해 155가지 피부상태로 분류하는 기술을 독자적으로 개발, 사용하고 있어 어떤 피부라도 충실히 진단해 그에 맞는 피부개선 처방을 할 수 있는 능력을 갖추고 있다.

이러한 노하우를 바탕으로 개발된 제품들은 소비자들에게 친환경 제품으로 사랑받고 있으며 고객들의 수많은 임상수기를 통해 입증되고 있다.

JNC화장품 패밀리숍이 되면

1, 자체 개발한 피부진단 시스템과 고객관리 시스템을 지원해 매장을 업그레이드해 준다.

2, JNC만의 독특한 디자인의 간판 및 인테리어를 지원한다.

3, 전문가의 경영진단과 수익관리를 통해 높은 소득을 약속한다.

4, 단일 상권, 단일 전문점 공급 원칙으로 완벽한 상권 보호와 마진이 보장된다.

5, 제품 회전율이 높고 전 제품의 교환 반품이 자유로워 재고 부담이 적다.

6, 선진국의 첨단 마케팅기법의 교육 인력관리를 본사에서 직접 한다.

7, 저렴한 가격의 일반 제품에서 모든 문제성 피부의 고민을 해결할 수 있는 고기능성 제품까지 제품 구색이 다양하다.

8, 문제성 피부 개선 사례를 통해 새로운 소개 고객이 늘어난다.

지오 라미화장품

지오 셈프레 해피 & 플리즈 플라워터 스킨케어

'꽃의 정화' 화이트 · 오리엔탈 플라워 콤플렉스가 주는 행복한 스킨케어

지오 셈프레 해피&플리즈 플라워터 스킨케어는 사용하는 동안 행복함에 빠져들 만한 기분 좋은 제품이다.

놀랍도록 부드러운 질감과 은은한 아로마 플라워 향취가 어우러져 피부를 더욱 건강하고 아름답게 만들어 주며 실크처럼 부드러운 핑크톤의 포뮬러와 은은한 펄감은 피부결을 고르게 개선하고 얼굴을 자연스럽게 빛나게 해 활력으로 가득 차게 해 준다.

장미가 없었더라면 의학이 이처럼 발전하지는 못했을 것이라는 말이 있을 정도로 피부에 편안함을 주는 장미에서 추출한 로즈워터를 비롯하여 백장미, 코스모스, 쟈스민, 화이트릴리,

아이리스, 무궁화, 연꽃 등 7가지 꽃에 함유된 보습 및 영양성분이 피부에 신속하게 전달되도록 초임계 추출법을 도입하여 함유한 화이트 플라워 콤플렉스 성분이 피부 나이에 민감한 여성들의 고민을 덜어준다.

또 동의보감, 향약집성방, 본초도감 등 의서에 많이 처방 된 금은화, 국화, 연꽃, 홍화꽃에서 피부에 도움을 줄 수 있는 성분들만 골라 추출한 오리엔탈 플라워 콤플렉스 성분이 피부 장벽

기능을 강화시키고 충분한 보습을 부여해 준다.

핑크 컬러가 주는 세련되면서도 사랑스러운 이미지와 식물의 넝쿨처럼 재미있게 배열된 패턴이 직선적인 용기에서 느껴지는 단조로움을 탈피해 재미와 여성스러움을 강조해 준다. 또한 스킨케어 용기에 스와로브스키로 포인트를 준 것은 처음 시도되는 방식으로 보석의 찬란한 빛을 담은 새로운 뷰티 아이템이다.

■ 제품 특징

1. 화이트 플라워 콤플렉스가 피부 노화를 효과적으로 케어한다

꽃이 지닌 생명력을 피부 깊숙이 전달해 더욱 촉촉하고 윤기있는 피부로 가꿀 수 있는 특별한 스킨케어. 새롭게 태어난 지오 셈프레 해피&플리즈 스킨케어는 백장미, 코스모스, 쟈스민, 화이트릴리, 아이리스, 무궁화, 연꽃 등의 7가지 꽃에서 추출한 화이트 플라워 콤플렉스 성분이 각각의 효능·효과 성분을 피부에 신속하게 전달 할 수 있도록 초임계 추출법을 도입하여 피부 노화를 적극적으로 케어한다.

• 화이트 플라워 콤플렉스 : 백장미, 코스모스, 쟈스민, 화이트릴리, 아이리스, 무궁화, 연꽃 등 7가지 추출물(효능: 고보습, 유해산소 제거, 피부 재생 등)

• 초임계 추출법 : 높은 용해력과 빠른 침투성 등 자연성분을 최대한 원형 그대로 보존하면서 정제가 용이하고 유효성분을 파괴하지 않으면서 안전하게 성분을 추출하는 고도의 혁신 기술 추출법으로 지오 셈프레 해피&플리즈 스킨케어에 처음 응용됐다.

2. 오리엔탈 플라워 콤플렉스가 피부 보습장벽을 형성해 촉촉하고 윤기 있는 피부로 만들어 준다

동의보감, 향약집성방, 본초도감 등 의서에 많이 처방 된 금은화, 국화, 연꽃, 홍화꽃에서 피부에 유익한 성분들만 엄선하여 추출한 오리엔탈 플라워 콤플렉스 복합체가 피부 보습 장벽을 형성해 촉촉하고 건강한 피부로 가꾸어 준다. (효능: 천연보습, 혈액순환 촉진, 진정, 재생 효과)

3. 로즈 워터 성분이 피부 보습은 물론 내외적 스트레스를 완화시키는 안티−스트레스 케어

이다

피부에 편안함을 주는 장미 추출물 로즈워터 성분이 피부 보습은 물론 트러블과 내 · 외적인 스트레스를 완화 시키는데 집중한 안티-스트레스 화장품이며 식물성 콜라겐과 비타민E 유도체 성분이 피부에 풍부한 수분과 영양을 공급해 주는데 효과적인 제품이다.

4. 플라워터에 의한 풍부한 사용감, 촉촉하고 부드러운 최적의 피부 느낌을 부여한다

피부에 적합한 식물성 원료와 함량으로 사용시 끈적이거나 무거운 느낌 없이 편안하게 스며들며 핵심 성분인 플라워터 성분이 피부 속까지 촉촉하게 스며드는 풍부한 보습력으로 메마르지 않고 윤기 있는 최적의 피부 상태를 만들어 준다.

■ 제품 구성

지오 셈프레 해피&플리즈 플라워터 릴랙시안 스킨… 145ml

로즈워터 성분이 피부보습은 물론 트러블과 내, 외적 스트레스를 완화시키는데 집중한 안티-스트레스 화장품으로 식물성 콜라겐이 피부에 풍부한 수분을 공급해 주는데 효과적인 스킨.

지오 셈프레 해피&플리즈 플라워터 릴랙시안 에멀젼 … 145ml

로즈워터 성분이 피부보습은 물론 트러블과 내, 외적 스트레스를 완화시키는데 집중한 안티-스트레스 화장품으로 식물성 콜라겐과 비타민 E 유도체 성분이 피부에 풍부한 수분과 영양을 공급해 주는데 효과적인 에멀젼.

지오 셈프레 해피&플리즈 플라워터 안티-멜라에이징 크림 … 50g (미백 & 주름개선 기능성 화장품)

로즈워터 성분이 피부보습은 물론 트러블과 내, 외적 스트레스를 완화시키는데 집중한 안티-스트레스 화장품으로 식물성 콜라겐과 비타민 E 유도체 성분이 피부에 풍부한 수분과 영양을 공급해 주고 석류추출물이 피부에 윤기와 탄력을 더해준다.

미백기능성 성분인 알부틴이 피부 잡티 생성을 억제하고 주름개선기능성 성분인 아데노신이 주름 생성을 억제해 매끄러우면서도 투명한 피부로 관리해 주는데 효과적인 미백& 주름개선 기능성 크림.

지오 셈프레 해피&플리즈 플라워터 안티-멜라에이징 아이크림 … 30g (미백 & 주름개선 기능성 화장품)

로즈워터 성분이 피부 보습은 물론 트러블과 내, 외적 스트레스를 완화시키는 데 집중한 안티-스트레스 화장품으로 호호바오일과 비타민 E 유도체, 아보카도 오일 성분이 풍부한 영양을 공급하여 탱탱한 눈가 피부로 유지시켜주며 미백기능성 성분인 알부틴이 피부 잡티 생성을 억제하고 주름개선기능성 성분인 아데노신이 눈가 주름 생성을 억제해 매끄러우면서도 투명한 피부로 관리해 주는데 효과적인 미백& 주름개선 기능성 아이크림.

지오 셈프레 해피&플리즈 플라워터 안티-멜라에이징 세럼 … 50ml (미백 & 주름개선 기능성 화장품)

로즈워터 성분이 피부보습은 물론 트러블과 내, 외적 스트레스를 완화시키는데 집중한 안티-스트레스 화장품으로 호호바오일과 비타민 E 유도체, 아보카도 오일 성분이 풍부한 영양을 공급하여 윤기 있는 피부로 유지시켜주며 미백기능성 성분인 알부틴이 피부 잡티 생성을 억제하고 주름개선기능성 성분인 아데노신이 주름 생성을 억제해 매끄러우면서도 투명한 피부로 관리해 주는데 효과적인 미백& 주름개선 기능성 세럼.

■ 마케팅 전략

1차 고객인 전문점주를 대상으로 브랜드 인지도 및 제품력을 인정 받기 위해 전문지 광고를 시점으로 포스터 광고를 통해 제품의 인지도를 확산시키고 테스터 제품 지원과 기획제품 공급으로 매출 확대에 기여하고 만족도를 높여가고 있다. 또 소비자 접점에서 영업사원 및 판매자의 판매의지 강화를 위한 교육을 진행하고 현장 영업 사원들의 적극적인 전문점 방문으로 정확한 상품 지식을 전달하며 제품별 미니어처를 다량 샘플링하는 동시에 홈페이지를 통한 이벤트 진행으로 셈프레만이 지니고 있는 최고의 퀄리티를 소비자에게 직접 체험할 수 있도록 하고 있다.

레노마 라헨느 마스카라
풍성하고 긴 속눈썹 연출 … 볼륨&글래머 · 롱&컬링

마스카라로 인해 높아진 속눈썹은 여인의 눈매를 더욱 매력적이고 강렬하게 만들어 줄 뿐만 아니라 이는 여성의 자존심이며 자신감이다.

콧대 높고 깐깐한 여자들을 만족시켜 주기 위해 여러 코스메틱 브랜드들이 앞다투어 '좀 더 길고, 좀 더 풍성한' 마스카라를 선보였다.

자연스럽게 속눈썹 형태로 라운드 처리된 커브형 브러쉬를 3면 멀티 커팅하고 브러쉬모 자체에 웨이브를 주어 포뮬러가 충분히 고일 수 있도록 하여 풍성한 속눈썹을 쉽게 연출할 수 있도록 해주어 여자들이 진정 원하는 풍부한 속눈썹을 만들

어 줄 수 있도록 했다. 섬세한 부분까지 빠짐없이 발릴 수 있도록 탄력 있는 브러쉬모를 넓게 분포시키고 끝부분을 자연스럽게 구부린 벤딩형 브러쉬를 선택함으로써 속눈썹이 짧은 사람도 속눈썹 사이사이 마스카라액이 충분히 발릴 수 있도록 하여 풍성하게 길어진 속눈썹을 쉽게 연출할 수 있도록 적용하였다. 단순히 속눈썹을 진하고 길게 올려주던 기능을 넘어 한번에 보다 많은 효과를 얻을 수 있는 복합 기능의 마스카라로 진화했다.

■ 디자인

빛의 각도에 따라 신비로운 분위기를 연출한 레인보우 글리터 루비 컬러로 표현된 전체적인 느낌으로 심미적이고 화려한 여성의 이미지를 부각하고 중간 링에 골드유광색으로 포인트를 살려 컬러의 단조로움을 피하는 동시에 고급스러움을 표현하였다. 또한 원형에서 사각으

로 이어지는 용기의 변화를 곡선으로 표현하여 전체적으로 여성적인 라인을 형상화하였으며 특히, 손잡이 부분에 적용한 곡선은 컬링 시 그립(Grip)감을 높여주어 길고 풍성한 속눈썹을 연출할 수 있도록 세심한 노력을 기울였다.

■ 제품 구성 및 특징

레노마 라헨느 볼륨&글래머 마스카라

몇 번의 터치로 속눈썹이 풍성해지는 드라마틱한 효과

• 드라마틱한 풍성함

소프트 포커스 파우더(Soft Porous Power)와 부착성이 우수한 내추럴 왁스를 함유하여 뭉침 없이 한 올 한 올 풍성한 속눈썹으로 연출해 주며 덧바르면 덧바를수록 부드러운 포뮬러에 의해 속눈썹끼리 뭉치는 현상 없이 신기할 정도로 속눈썹이 풍부해져 인조 속눈썹을 붙인 듯 눈매가 그윽해 진다.

• 번짐 현상 없는 깔끔함

부드럽고 신축성 있는 소프트 핏팅 폴리머(Soft Fitting Polymer)가 다량 함유되어 움직임이 많은 속눈썹을 강하게 코팅해주며 퍼팩트 픽스 폴리머(Perfact Fix Polymer)를 효과적으로 배합하여 더블코팅 효과로 눈물이나 땀에 쉽게 번지지 않으며 가루날림 없는 깨끗한 화장을 유지시켜 준다.

• 볼륨을 위한 3면 멀티커팅 브러쉬

볼륨 업 파우더 성분이 포뮬러 자체에 볼륨감을 부여하여 한번의 터치로도 속눈썹이 풍성해 보일 수 있도록 처방되었으며 자연스럽게 속눈썹 형태로 라운드 처리된 커브형 브러쉬를 3면 멀티 커팅하고 브러쉬모 자체에 웨이브를 주어 포뮬러가 충분히 고일 수 있도록 하여 풍성한 속눈썹을 쉽게 연출할 수 있도록 해준다.

레노마 라헨느 롱&컬링 마스카라

속눈썹 연장술을 받은 듯 아찔하게 길어진 효과

• 드라마틱한 아찔함

소프트 포커스 파우더(Soft Porous Power)와 부착성이 우수한 내추럴 왁스를 함유하여 뭉침 없이 한 올 한 올 풍성한 속눈썹으로 연출해 주며 렌스닝 폴리머(Lengthening Polymer) 성분이 속눈썹 끝에서 늘어나 듯 도포되어 속눈썹 연장술을 받은 듯 더욱 길어진 속눈썹을 연출해 준다.

• 번짐 현상 없는 깔끔함

부드럽고 신축성 있는 소프트 핏팅 폴리머(Soft Fitting Polymer)가 다량 함유되어 움직임이 많은 속눈썹을 강하게 코팅해주며 퍼팩트 픽스 폴리머(Perfact Fix Polymer)를 효과적으로 배합하여 더블코팅 효과를 부여해 눈물이나 땀에 쉽게 번지지 않으며 가루날림 없는 깨끗한 화장을 유지시켜 준다.

• 롱래쉬를 위한 텐션&벤딩 브러쉬

볼륨 업 파우더 성분이 포뮬러 자체에 볼륨감을 부여하여 한번의 터치로도 속눈썹이 풍성해 보일 수 있도록 처방되었으며 섬세한 부분까지 빠짐없이 발릴 수 있도록 탄력있는 브러쉬 모를 넓게 분포시켜 끝부분을 자연스럽게 구부린 벤딩형 브러쉬를 선택함으로써 속눈썹이 짧은 사람도 속눈썹 사이사이 마스카라 액이 충분히 발릴 수 있도록 하여 풍성하게 길어진 속눈썹을 쉽게 연출할 수 있도록 해준다.

■ 사용법

• 바를 때 : 뚜껑을 열어 브러쉬에 포뮬러를 적당량 취해 벤딩형 브러쉬 바깥쪽 면을 이용하여 속눈썹 위에서 아래로 쓸어 내리듯 발라주고 안쪽면의 탄력 있는 모를 이용하여 속눈썹을 빗어 올리듯 아래에서 위로 힘있게 끌어올려 주어 풍부하면서도 길어진 속눈썹으로 연출해 준다.

• 클렌징할 때 : 세안 시 눈가에 번지는 현상 없이 마스카라가 통째로 떨어져 깨끗하게 지워지는 워시 오프 타입(Wash-Off Type) 마스카라로 메이크업 리무버를 따로 사용하지 않고 세안 시 미온수에 의해 자연스럽게 제거된다.

■ 마케팅 전략

볼륨, 컬링, 롱래쉬 등 한가지 효과를 강조한 기존 제품들에 비해 복합기능 마스카라로의 전환을 꾀해 풍성한 볼륨감과 컬링력을 기본으로 눈에 최대한 자극을 주지 않고 별도의 리무버

없이 물세안만으로 깔끔하게 지워지는 마스카라 콘셉트를 가지고 있으며 디자인을 비롯해 포뮬러와 솔, 속눈썹과의 삼각관계를 접목시켜 소비자 만족도를 높일 수 있는 제품으로 출시했다. 또한 1차 고객의 만족도를 높이고 자신감 있는 판매 촉진을 위해 다량의 테스터 제품을 각 전문점에 지급하고 내입품도 주름개선 기능성 아이필러를 내장하여 소비자 만족도를 높였다.

마스카라에 대한 소비자 니즈가 더 전문화, 세분화 되어 브랜드만 보고 마스카라를 구입하지 않고 브랜드 신뢰도, 기능, 입소문에 민감하게 소비자의 선택 범위가 넓어지는 만큼, 레노마 마스카라도 소비자의 선택을 받기 위한 품질력, 기능, 만족도에 최선을 다하여 히트 상품으로 육성하고자 한다.

지오 셈프레 C-워터 투웨이
독자 기술 적용 파우더 4종 함유 … 모공 관리 투웨이

지오 셈프레 C-워터 투웨이는 C-워터 캡슐 파우더, 리놀산 처리 파우더, 피지흡착 파우더, 클리어 베일 파우더(4PURE POWDER)를 라미화장품만의 독자적 기술인 B.I 방식으로 만들어 미끄러지듯 발려 빈틈없이 밀착되는 고운 입자의 생생함으로 이제까지는 느껴보지 못했던 피부의 자신감을 갖게 해준다.

• 지오 셈프레(GEO SEMPRE) 란?

GEO(순수 · 자연), SEMPRE(항상 · 늘)의 합성어.

"항상 변함없는 순수한 아름다움을 유지해준다"는 의미.

• C-워터란?

C는 C-워터의 주요 성분인 Chlorella(클로렐라), Chamomile(카모마일), Cactus(선인장)의 이니셜과 워터는 이상적인 피부를 만들기 위해 필수적으로 필요한 물을 의미.

"C-워터는 이상적인 피부를 만들기 위해 필수적으로 필요한 성분을 피부에 빠르고 쉽게 흡수 될 수 있도록 나노테크놀로지 기술을 이용하여 워터로 만든 것"을 의미.

■ 콘셉트

모공, 잡티, 건조함을 빈틈없이 커버해 주는 투웨이.

• C-워터 캡슐 파우더가 보습, 보호, 모공수렴 효과를 부여한다.

특수 파우더 속의 C-워터 성분 중 보습력이 우수한 캑터스 추출물이 피부 건조로 들뜨는 것을 방지하며 클로렐라 성분이 피부를 외부 환경으로부터 보호하고 카모마일 성분이 수렴하여 메이크업 후 균일하고 매끄러운 피부결로 보이도록 해준다.

• 피지를 유연화시키고 흡착시켜 모공이 막히거나 번들거리는 현상이 없다.

베이스메이크업 시 피부표면이 막혀 피지 분비가 제대로 이루어지지 못해 모공속에 뭉쳐있는 피지를 리놀산처리 파

우더가 유연화시켜 모공이 편안하게 숨쉴 수 있도록 해준다. 이렇게 유연화 되어 분비된 피지는 피지흡착 파우더가 선택적으로 흡착하여 번들거림을 잡아준다.

• 고운 입자가 빈틈없이 밀착되어 피부톤은 맑고 피부색은 균일하다.

기존 투웨이케이크의 프레스 방식과는 다른 B.I(BACK INJECTION) 방식으로 만들어 파우더 입자 하나하나가 생생하게 살아 있어 뭉침 없이 가볍게 펴 발리며 얇고 고운 클리어베일 파우더입자가 균일하게 밀착되어 매끄러운 피부 감촉을 느끼게 해주며 너무 두껍지 않은 적당한 커버력으로 잡티를 커버하여 투명하고 화사한 피부색으로 만들어 준다.

■ 핵심 성분

4PURE POWDER-C-워터 캡슐 파우더, 리놀산처리 파우더, 피지흡착 파우더, 클리어 베일 파우더가 순수한 피부로 표현해준다.

• C-워터 캡슐 파우더

셈프레 C-워터 스킨케어에 함유된 C-워터 성분(클로렐라: 푸른 혈액이라 불리는 엽록소로 면역, 피부보호 효과. 카모마일: 아로마 효과가 있는 허브로 모공수렴, 항염 효과. 선인장: 90%가 물로 구성되어 피부보습, 피부 거침 개선)을 속이 빈 파우더 캡슐 속에 넣어 피부에 닿는 순간 안전하게 흡수될 수 있도록 만든 특수 파우더.

• 리놀산 처리 파우더

파우더 표면을 리놀산으로 처리한 파우더로 메이크업 후 모공속의 피지가 뭉치지 않고 자연스럽게 분비되도록 해주어 여드름과 같은 트러블이 생기지 않도록 해주는 파우더

• 피지흡착 파우더

과다한 피지분비를 흡착하여 번들거림과 뭉침, 들뜸 등의 현상을 방지해 주는 파우더

• 클리어 베일 파우더

빛의 투과성이 우수하고 얇고 균일하게 밀착되는 파우더

■ 제품 특징

특수 파우더 속의 C-워터 성분이 피부 속에 안전하게 흡수되어 촉촉한 피부 상태를 만들어주며 리놀산 처리 파우더가 피지 분비를 원활히 해주고 분비된 피지는 피지 흡착 파우더가 흡수하여 메이크업 후 모공이 막히거나 번들거리는 현상을 없애 투명한 피부로 관리해 준다. 또한 클리어 베일 파우더가 빈틈없이 고르게 커버해 피부 자신감을 갖게 해주는 국내 최초의 모공 관리 투웨이다.

* 색상 구성

21호 : 밝은 베이지 23호 : 베이지 25호 : 어두운 베이지

www.lamy.co.kr

>>>회사 소개

일반 현황

대표이사 : 소병욱

대표전화 : 02)2230-6800

팩스번호 : 02)2230-6852

주소 : 서울시 성동구 용답동 235-4 유선 빌딩 2층

홈페이지 : www.lamy.co.kr / www. renomacos.co.kr

연혁

1975	9월에 동아제약(주)이 리리화학공업주식회사를 인수
1976	라미화장품주식회사로 상호변경(3월 5일), 경기도 용인군 기흥면 상갈리 47-1 공장이전
	부산, 광주에 지점을 설치, 라피네 스킨케어 발매
1979	독일 웰라사와 기술제휴 계약, 대구, 대전 지점 개설, 라미상사주식회사 설립, 라피네 모이스처 발매
1980	라미벨 스킨케어 발매
1981	웰라 1차 제품을 발매하여 라미웰라 스튜디오 개설, 라미벨 美 FDA 승인
1982	서울 사무소를 여의도동 61 (라이프빌딩)으로 이전, 라미벨 메이크업 발매
1983	라미미용학원 설립, 이사벨 스킨케어 발매
1984	미용 교양지 라미(羅美)지 창간, 미국 맨넨사와 기술 제휴
	원주지점 설치, 말레이시아 "Miss Lamy" 선발대회 개최, 이사벨 메이크업 발매
1985	라미의 날 개정, 라미뷰티아카데미 개설
	이천 공장 준공, 미국 엘리자베스 아덴과 기술제휴
1986	명미(明美)화장품 설립, 에리제 스킨케어 발매
1987	부산 뷰티아카데미 개원, 에리제 메이크업 발매
1988	기업공개 (7월16일), 라미노동조합 설립
	라미 뷰티아카데미 확장 이전, 세라미 메이크업 발매, 주니어 브랜드 마니또 발매
1989	구로물류센타 설립, 서울역프라자 직매장 개설, 주니어 브랜드 마니또 피칸테 발매
1990	연구실 화상해석 시스템 도입, 셈프레 스킨케어 발매
1991	프랑스 마리꼬르사와 기술제휴, 전지점 전산시스템 확보, 남성 브랜드 리젠트 발매, 셈프레 메이크업 발매
1992	라미헤어살롱 개설, 부산아카데미 이전, 라미에뜨 스킨케어 & 메이크업 발매
1993	전주지점 개설, 구로 물류센타 상갈 이전, 남성 브랜드 디플로마 발매, 야채 브랜드 발매
1994	서울사무소 서초구 서초동 이전
	국내 최초 습식성형 방식 도입 제품 카타리나 UV 화이트 체크 트윈케이크 발매
	야채 화장품 상반기 & 올해의 히트상품 선정

	야채 화장품 상공자원부선정 GOOD PACKAGING 수상, 카타리나 스킨케어 & 메이크업 발매
1995	남성 브랜드 샤코스 발매
1996	서울 사무소 경기도 용인시 기흥읍 상갈리로 이전, 끄레앙 스킨케어 & 메이크업 발매
1997	서울뷰티아카데미 신사동으로 이전, 서울 4개지점 신설(동부, 남부, 중부, 서부)
	'97 우수산업디자인 상품 선정(통상산업부) : 카타리나 지오 UV 그린
	KIDP 원장상(통상산업부) : 앙시오르, GD 마크획득(통상산업부) : 앙시오르, 젠틀토너 外,
	카타리나 지오 스킨케어 발매
1998	라미상사(주) 사무실 상갈로 이전, 라미상사(주) 영업권 양수 (CS사업부)
	주니어 브랜드 매직클리어 발매
1999	국내 최초 피부타입별 지오 투웨이케이크 발매, 남성 브랜드 지오 우모 발매
2000	레노마 사업부 발족 (기술 제휴), 알비온 사업부 발족 (독점 수입)
	상갈 사무소 서울 대치동으로 이전, 인터넷 홈페이지 오픈
	남성 브랜드 샤코스 발매, 지오 식물수 스킨케어 발매, 지오 인텐시브 발매
2001	매직 클리어 틴 3기 모델 선발, GOOD DAY 신문 선정 빅브랜드 대상 수상 : 지오 네이처
	GD 마크획득 : 레노마 비져블 화이트, 주니어 브랜드 매직 클리어 틴 발매
	지오 네이처 스킨케어 발매, 레노마 기능성 화장품 비져블 화이트 발매
2002	"GEO배 프로 여류 국수전" 개최, 지오 셈프레 C-워터 스킨케어 출시
2003	대치동에서 용두동으로 사옥 이전, 국내 최초 모공관리 투웨이 지오 셈프레 C-워터 투웨이 출시
	식물수 이즈 스킨케어 발매, 레노마 전문점 전용 브랜드 바이오-플라즈마 스킨케어 발매
	(주)수석과 합병 – (주)수석 라미화장품사업부로 명명
2004	프랑스 레노마사 재계약, 소르띠에 스킨케어 출시(전문점 유통 브랜드)
	야채 클렌징케어 리뉴얼
2005	레노마 루시드 클렌징케어 발매, 쟈드락 남성 브랜드 론칭
2006	채운정 한방 화장품 발매, 레노마 엑시아 스킨케어 발매, 지오 셈프레 해피&플리즈 파우더 팩트 발매
	지오 셈프레 해피&플리즈 베이스메이크업 발매-미백 & 주름개선 기능성 화장품
	소르띠에 클레리티 파우더 팩트 발매
	레노마 프리시얼 링클 디파이 스킨케어 발매-주름개선 기능성 화장품
2007	지오 라미화장품 주식회사로 상호변경
	레노마 크로소버 더블케어 프로그램 발매-미백 & 주름개선 기능성
	레노마 픽셀 파우더 팩트 발매-턴 & 폴딩 스타일 디자인
	레노마 라헨느 스킨케어 발매-전제품 이중 나노 에멀전 특허 공법 처방
2008	지오 셈프레 해피&플리즈 플라워터 스킨케어 발매-안티스트레스 화장품
	레노마 쟈르뎅 샤워코롱 발매, 소르띠에 노블린 스킨케어 발매-전문점 전용 브랜드
	소르띠에 클레리티 클렌징 라인 발매-전문점 전용 브랜드
	전속모델 서단비 계약

쿠지인터내셔널

쿠지

과학과 자연의 조화 ··· 고품격 자연주의 화장품

■ 콘셉트

쿠지인터내셔널은 과학과 자연이라는 상반된 콘셉트가 조화를 이룬 뷰티 브랜드 '쿠지 (COOGI)'를 론칭해 천연 식물 추출물을 피부에 보다 적합하도록 최신 과학기술로 개발, 피부의 명품 화장품을 시현했다.

또한 선진 기술과 원료를 도입해 과학적으로 제조된 고품격 화장품 개발을 지향하고 있다. '쿠지(COOGI)'는 고농축 천연 성분들을 함유해 미향, 저 알코올, 자연 컬러를 표현하는 자연주의 화장품이다.

■ 마케팅

컬러 마케팅

브랜드 컬러인 블랙 앤 화이트를 일관되게 사용하여 고급스럽게 시각화 하는 작업을 지속적으로 실시하며, 서브컬러를 이용 안정된 변화를 시도하였다. 또한 세련되고 고급스러운 브랜드 이미지를 만들어 나가는 한편, 쿠지 코너의 디스플레이를 꾸준히 업그레이드해 브랜드 이미지를 강화해 오고 있다.

AD/PR 마케팅

차별화된 비주얼(Visual)로 브랜드 이미지를 제고하며, '피부의 명품 쿠지' 라는 일관된 메시지 전달에 주력하고 있다.

또한 다양한 매체 노출을 통해 브랜드 인지도를 높이는 한편 스타 마케팅을 활용한 브랜드 파워 강화에도 노력하고 있다.

■ 쿠지 코랄워터 화이트 디펜스 라인

피부과학이 선사하는 눈부신 화이트닝 케어.

자외선과 유해 환경으로 인해 칙칙해지고 어두워진 피부를 환하고 밝게 가꾸어 주는 미백 개선 전문 트리트먼트 제품이다. 청청지역인 오키나와섬에서 1만5천년 동안 산호가 퇴적되어 만들어진 산호초에 의해 여과된 청정한 해수 엑기스인 산호수, 코랄워터를 비롯하여 자외선과 외부 유해 환경으로 인한 피부 손상을 방어, 보호해 주는 오스모퓨어 성분이 피부 본래의 기능을 되찾아 준다.

트리플 쉴드 시스템(Triple shield system)으로 특허 받은 산뽕나무목부추출물과 알부틴, 수용성 비타민 B3인 나이아시나마이드, 비타민C 유도체인 AA2G(Ascorbic acid−2 glucoside) 성분이 멜라닌 합성단계인 타이로시아제의 생성부터 이동을 완벽하게 차단해 주어 피부를 환하고 빛나는 피부로 가꾸어주는 미백 개선 전문 트리트먼트 제품이다. 트리플 쉴드 시스템은 1단계로 특허 받은 산뽕나무목부추출물과, 알부틴 성분이 멜라닌을 합성하는 타이로시나제의 생성을 억제 해 주며, 2단계로 비타민 B3인 나이아시나마이드 성분이 표피층 하단의 멜라노사이트에서 생성된 멜라닌이 피부 위로 올라오는 것을 막아 주어 미백 효과를 준다. 3단계로 비타민C 유도체인 AA2G 성분이 이미 생성이 된 멜라닌 색소의 탈색화로 멜라닌 색소들로 인해 칙칙해진 피부를 밝게 가꾸어 준다. 쿠지 코랄워터 화이트 디펜스라인은 피부 멜라닌 합성단계를 과학적으로 접근한 미백 케어 제품이다.

쿠지 코랄워터 화이트 디펜스 에멀젼

가볍고 산뜻한 사용감으로 피부에 생기를 부여 맑고 환한 피부로 가꾸어주는 미백 로션. 후레쉬 한 사용감으로 특허 받은 산뽕나무목부추출물 성분과 알부틴성분이 함유되어 피부 톤을 밝고 환하게 가꾸어 주는 미백 기능성 에멀젼이다.

멜라닌 합성을 차단해 주는 삼중 쉴드 시스템(shield system)으로 외부 유해 인자로부터 피부를 보호, 방어해 주며 멜라닌 생성을 차단해 줌과 동시에 전이를 억제 해 효과적인 미백 개선을 돕는 전문 트리트먼트 제품이다. 산호수 성분과 비타민(B3:나이아신아마이드, AA2G:아스코빌글루코사이드)성분이 피부 생리 리듬을 도와 피부에 생기와 활력을 부여해 투명하고 깨끗한 피부로 가꾸어 준다. 산호수 2,500mg 함유.

쿠지 코랄워터 화이트 디펜스 에센스(40ml)

피부 칙칙함을 개선하여 맑고 투명한 피부로 가꾸어 주는 미백 에센스. 진주 빛 오팔펄 에센스로 피부를 감싸 안은 듯 한 부드러운 사용감으로 맑고 투명한 피부로 가꾸어 주는 미백 에센스이다.

멜라닌 합성을 차단해 주는 삼중 쉴드 시스템(shield system)으로 외부 유해 인자로부터 피부를 보호, 방어해 주며 멜라닌 생성을 차단해 줌과 동시에 전이를 억제 해 효과적인 미백 개선을 돕는 전문 트리트먼트 제품이다. 산호수 성분과 비타민(B3:나이아신아마이드, AA2G:아스코빌글루코사이드)성분이 피부 생리 리듬을 도와 피부에 생기와 활력을 부여해 투명하고 깨끗한 피부로 가꾸어 준다. 산호수 2,000mg 함유.

기획세트 구성: 에센스 본품 + 미백크림 (5ml) + 크리미 폼클렌져 (30ml)

쿠지 코랄워터 화이트 디펜스 크림 (50ml)

미백과 보습, 활력을 동시에 주어 피부 톤을 밝게 가꾸어 주는 미백크림. 식약청고시 미백기능성 성분인 알부틴과 특허 받은 산뽕나무목부추출물이 피부를 밝고 환하게 가꾸어 주며 밀착감 있게 피부에 도포되어 끈적임 없이 실키하게 마무리되는 미백 크림이다.

멜라닌 합성을 차단해 주는 삼중 쉴드 시스템(shield system)으로 외부 유해 인자로부터 피부를 보호, 방어해 주며 멜라닌 생성을 차단해 줌과 동시에 전이를 억제 해 효과적인 미백 개선을 돕는 전문 트리트먼트 제품이다. 산호수 성분과 비타민(B3:나이아신아마이드, AA2G:아스코빌글루코사이드)성분이 피부 생리 리듬을 도와 피부에 생기와 활력을 부여해 투명하고 깨끗한 피부로 가꾸어 준다. 산호수 5,000mg 함유.

기획세트 구성 : 크림 본품 + 미백 토너(15ml) + 미백에멀젼(15ml) + 미백 에센스(10ml)

쿠지 코랄워터 화이트 디펜스 스팟 인텐시브 케어 (30ml)

색소침착을 개선해 주어 투명하고 깨끗하게 가꾸어 주는 집중 미백 케어. 볼타입의 스팟 용기로 색소 침착 부위에 마사지하듯 롤링 시 멜라닌 색소의 파괴 역할을 하며 마사지 효과로 신진대사를 원활히 해 준다. 색소침착을 개선해 균일하지 못한 피부 톤을 투명하고 깨끗하게 가꾸어 주는 집중 미백 케어 제품이다.

멜라닌 합성을 차단해 주는 삼중 쉴드 시스템(shield system)으로 외부 유해 인자로부터 피부를 보호, 방어해 주며 멜라닌 생성을 차단해 줌과 동시에 전이를 억제 해 효과적인 미백 개선을 돕는 전문 트리트먼트 제품이다.

산호수 성분과 비타민(B3:나이아신아마이드, AA2G:아스코빌글루코사이드)성분이 피부 생리 리듬을 도와 피부에 생기와 활력을 부여해 투명하고 깨끗한 피부로 가꾸어 준다. 산호수 750mg 함유. 기획세트 구성 : 스팟 인텐시브 케어 본품 + 미백 크림 + 미백 에센스(10ml)

■ 쿠지 3D 스마트 쉐이드 라인

빛의 프리즘을 통해 완성된 완벽한 입체메이크업

빛과 피부색의 자연스러운 조화를 통해 완벽한 입체 화장을 완성하는 메이크업 라인이다. 쿠지 3D 스마트 쉐이드 제품은 피부 본래의 색의 밝기를 헤치지 않고 자연스럽게 자신만의 컬러를 연출해 주어 밝고 화사한 피부결을 표현해 준다.

• 빛의 과학이 선사하는 입체 효과 : 어드벤스 파우더 테크놀러지(Advanced powder technology) 기술이 소프트 포커스 파우더(soft focus powder)와 포토제닉 파우더(photogenic powder)가 빛의 프리즘효과를 이용하여 빛을 여러 각도로 흩어지게 하여 결점을 자연스럽게 커버함과 동시에 빛의 확산, 반사를 이용한 광학 효과로 메이크업을 더욱 화사하게 마무리 해주어 피부결과 피부색이 살아 있는 듯한 색상을 실현한다.

• 피부에 들뜸 없는 초밀착 슬라이딩 팩트 : 미립자 슬라이딩 롤링 파우더 (sliding rolling powder)가 피부에 가볍고 얇게 미끄러지듯 밀착이 되어 한 번의 터치로 얇고 균일한 메이크업 효과를 나타내 준다.

• UV 블러킹 시스템 : 작렬하는 태양으로부터 피부를 보호하기 위한 자외선 차단 기능성 심사 (SPF35/PA+++)

쿠지 3D 스마트 쉐이드 미네랄 팩트 (21호, 23호)

미끄러지듯 가볍게 발리며 피부를 화사하게 표현해 주는 미네랄 팩트. 자외선 차단 기능성 화장품(SPF35/ PA+++)으로 피부에 미끄러지듯 가볍게 밀착되어 발리며, 포토제닉 파우더 (photogenic powder)가 자연스럽게 빛을 반사시켜 주어 피부를 화사하고 입체감 있게 표현해 준다.

기획세트 구성 : 3D 미네랄 팩트 본품 + 3D 스마트 쉐이드 쉬머링 프라이머(10ml) 내장.

미네랄 파우더가 피지를 컨트롤해 주어 보송보송한 피부로 유지시켜 주고, 산호 파우더의 풍부한 미네랄 성분이 피부에 보습과 탄력을 공급하여 건강한 피부로 가꾸어 준다.

기획세트 구성 : 3D 미네랄 팩트 본품 + 3D 스마트 쉐이드 쉬머링 프라이머(10ml) 내장.

3D 스마트 쉐이드 쉬머링 프라이머

은은한 펼감과 실키한 사용감으로 매끄러운 피부를 연출해 주는 프라이머이다.

www.coogi.co.kr

>>> 회사 소개

1998.	10	'쿠지' 브랜드 론칭
	12	국내 화장품 업계 최초로 쌍용화재에 '1억 배상책임보험' 가입
1999.	1	쿠지 인터내셔널 법인 설립
2000.	10	홈페이지 오픈 (www.coogi.co.kr)
	12	'쿠지 옴므' 기초세트 스포츠 서울 선정 2000년 히트상품 선정
2001.	3	신세계 백화점 (인천 영종도 공항점) 매장 오픈
	4	'쿠지 플래티늄' 브랜드 론칭
	7	스포츠 서울 선정 2001년 올해의 톱 브랜드 '쿠지'
2002.	7	스포츠 서울, 스포츠 조선 고객만족도 1위
2003.	3	등촌동으로 사옥 이전 (자가 건물)
	8	전문점협회 선정 시판 우수기업
2004.	1	한방 화장품 '정인' 출시
2005.	10	쿠지 '까리엔' 주름 개선 기능성 브랜드 출시
2006.	2	쿠지 '라크레마' 국내 100% 유기농 기능성 브랜드 출시
	4	한영수 대표이사 취임
	10	쿠지 '까리엔 프레스티지' 고보습 라인 출시
	11	'플라워 톡스' WIDE USE 브랜드 출시
	12	대형 할인점 단독 부스 최초 입점 (롯데 마트 부평점)
2007.	3	롯데 마트 중계점 단독부스 오픈
	4	롯데 마트 월드점, 구로점 단독부스 오픈
		홈 플러스 성서점 단독부스 오픈
	5	롯데 마트 안산점 단독부스 오픈
	6	롯데 마트 화명점 단독부스 오픈
	7	롯데 백화점 청량리점 오픈
	12	홈쇼핑 브랜드 세네린 시즌 1현대 홈쇼핑 론칭
2008.	3	워커힐 호텔 면세점 부스 입점
	4	홈쇼핑 브랜드 '세네린' 시즌2 현대 홈쇼핑 론칭
	4	'코랄 워터' 브랜드 론칭
	5	'쿠지' 이미지숍 오픈

프리비아코리아

브랜드스토리

프리비아(PRIVIA)는 Primacy(탁월, 으뜸)와 Via(~에 의하여)의 합성어로 일, 사랑, 생활 각 분야를 탁월함으로 채우기 위해 열정적으로 삶을 살아가는 여성을 위한 새로운 브랜드다.

뉴욕 감성을 기본으로 건강한 자신감을 표현하는 프리비아는 도시적이며 세련된 프렌치와 시크함이 강조된 뉴요커 스타일을 그대로 느낄 수 있다.

She is Contra-sexual

프리비아는 현실에 안주하지 않고, 사랑에 무릎 꿇지 않으며, 자신의 꿈을 잃지 않는 씩씩하고 아름다운 여성의 꿈, 사랑 그리고 성공과 함께한다.

He is Ubersexual

'Uber'는 독일어로 '더 높은, 더 나은'을 의미하며, 최고의 남성들이 감각적이고 섬세한 자신만의 멋을 창조하며 즐길 줄 아는 스타일이 살아 있는 라이프를 지향한다.

PRIVIA Sweet Illusion 시리즈

프로랄계열 샤워 퍼퓸 · 시트러스&프루티향 오 드 뚜왈렛

프리비아(대표 박홍수)에서 기존의 프리비아 스토리 샤워 퍼퓸의 높은 호응에 이어서 '프리비아 스위트 일루션 샤워 퍼퓸(PRIVIA Sweet Illusion Shower Perfume)' 3종과 '프리비아 스위트 일루션 오 드 뚜왈렛(PRIVIA Sweet Illusion Eau De Toilette)'을 새롭게 출시했다.

프리비아 스위트 일루션 샤워 퍼퓸 시리즈는 레드, 바이올렛, 블루 3가지로 구성됐다. 프로랄계열의 부드러운 향기의 레드는 탑 노트인 그레이프 프룻의 싱그러운 이미지가 매력적으로 발산되는 것이 특징으로 가벼우면서도 달콤한 향이 어우러져 여성스럽고 우아한 느낌을 준다. 용량은 125ml.

마치 비 갠 뒤의 무지개를 보는 듯이 시원한 탑 노트가 풋풋한 신선함을 발산하고 릴리,

Muguet, 쟈스민 등의 프레쉬 플로랄 노트가 더욱 신선함을 느낄 수 있게 해준다. 또 화이트머스크, 샌달우드 등의 베이스 노트가 감미롭게 지속되어 은은한 향을 오랫동안 즐길 수 있다.

부드러운 머스크향의 바이올렛은 탑 노트의 Fruity Complex와 미들 노트의 로즈, 쟈스민, 일랑일랑 등 플로랄 노트의 풍부한 향취가 한아름 꽃을 선물받은 것처럼 황홀하고 감미로운 향을 풍긴다.

앰버, 머스크, 샌달우드, 바닐라 등의 잔잔하면서도 부드럽고 고귀한 베이스 노트의 섬세함이 한껏 사랑스럽게 만들어 주고, 은은하면서도 부드러운 향이 지속적으로 유지되어 더욱 여성스럽게 해준다.

깨끗하고 순수한 감성의 블루는 씨트러스 류의 탑 노트가 아침 이슬 같은 투명함과 반짝임, 설레임을 발하며 Ozonic한 느낌이 감성적으로 사뿐히 다가옴을 느낄 수 있다.

시원한 탑 노트에 맑고 깨끗한 쟈스민, 릴리, Muguet 등의 그린 플로랄 노트의 조화와 우디 머스크 베이스의 부드럽고 깔끔한 마무리가 돋보이는 향취를 은은하게 즐길 수 있다.

프리비아 스위트 일루션 오 드 뚜왈렛(50ml)은 상큼한 시트러스와 프루티가 잘 어우러진 향으로 레몬, 멜론과 함께 발산되는 블랙커런트의 향취가 신선하고 상큼, 탱탱한 탑 노트를 만들어내며 화이트 플로랄 계열의 로즈, 화이트 후리지아 등의 향기가 어우러져 여성의 숨겨져 있는 아름다움과 순수함을 잘 표현해 준다. 간편하게 전신에 뿌릴 수 있으며 향은 6~8시간 지속된다.

샤워 퍼퓸의 가벼운 느낌과 퍼퓸의 지속성, 이 두 가지 특성을 모두 갖고 있어 풍부하면서도 상쾌한 향을 즐길 수 있다. 향수 제품들 가운데 가장 많이 사용되는 종류이며 초보자가 사용하기 좋다.

문의는 02-468-7242 · 080-255-1472.

www.priviau.com

한국코스모화장품

비오젬 비앙벨(Biogem Bien Belle)
생체대사 정상화 … 아름다운 피부 유지

비오젬 비앙벨은 복잡한 피부 구조와 다양한 노화의 원인들을 종합적으로 분석하고, 이에 대한 과학적인 접근을 통해 건강하고 아름다운 피부를 간직할 수 있도록 개발된 브랜드이다.

비오젬 비앙벨에 적용된 MRP시스템은 새로운 생명의 탄생을 위해 필요한 영양분과 외부로부터 스스로를 보호할 수 있는 보호 물질을 풍부하게 간직하고 있는 식물의 씨앗 성분을 함유하고 있다. 또 생명현상을 유지하는 데 필수적인 생체 에너지인 ATP를 피부 세포의 마이토콘드리아에서 원활하게 생성되게 함으로써 생체 대사를 정상화시켜 자발적으로 건강해질 수 있도록 한다. 이 밖에도 피부에 공급된 미용 성분들이 효과적으로 작용할 수 있도록 도와 준다.

■ 주요 기술

MRP 시스템(Multiple Renaturing&Protecting System)

'다각적인 측면에서 피부를 보호하고, 복구(재생)를 도와줄 수 있는 시스템'으로 11가지 복합 기능이 피부노화 현상들에 효과적으로 대처하여 아름답고 젊은 피부를 오랫동안 간직할 수 있도록 도와준다.

3차원적 나노 안정화 시스템(Nano-3D System)

나노좀으로 일차 안정화한 유효 성분들을 다공성 실리카에 2차 안정화시키고, 다시 SLM(Skin Lipid Matrix)에 3차 안정화시켜 불안정한 물질들을 외부 자극으로부터 안정화시켰다.

또 3차 안정화된 성분들은 피부로 서서히 방출되어 피부 흡수율을 증대시켜 주고, 유효 성분들이 장시간 피부에 작용하게 하여 효능·효과를 극대할 수 있게 했다.

■ 제품 구성 및 특징

기초라인(7종)

- MRP 밸런싱 소프너(135ml)

- MRP 카머티브 아스트린젠트(135ml)

- MRP 듀얼 에센스 스킨(135ml)

- MRP 리드레싱 로션(135ml)

- MRP 리드미컬 에센스(35ml)

- MRP 홀딩 데이 크림(50g)

- MRP 레지리언트 나이트 크림(50g)

보습라인(4종)

- MRP 하이드레이팅 컨트롤(135ml)

- MRP 하이드레이팅 로션(135ml)

- MRP 하이드레이팅 에센스(35ml)

- MRP 하이드레이팅 크림(50g)

주름개선·미백 이중기능성 라인

- MRP 보토케이 듀얼 시스템: 주름 생성, 피부 칙칙함, 탄력 상실, 피부 거칠어짐, 생기 부족 등의 모든 피부 노화현상을 해결하기 위한 토털 안티에이징 케어를 위해 개발된 제품으로 노화로 인해 나타나는 여러 현상들을 세포 메커니즘의 근본적인 이해를 통해 과학적으로 해결한다.

제품은 MRP 듀얼 탑 앰플(4ml×9 EA), MRP 듀얼 탑 크림(70g)(주름개선·미백 이중기능성 제품) 2종 구성.

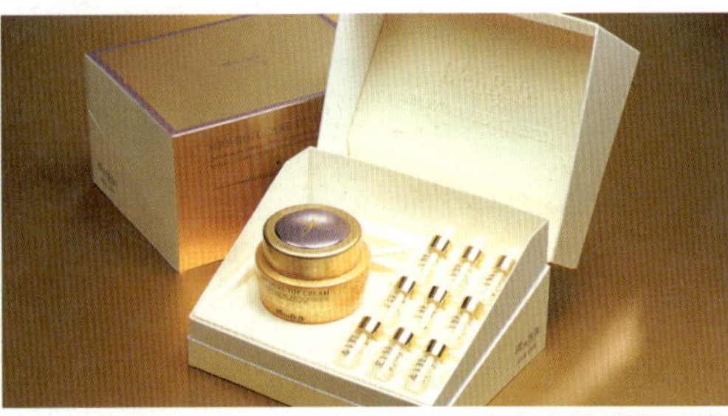

미백라인(3종)

피부색이 좀 더 밝아지고 하얗게 되길 원하는 소비자들을 위해 개발된 미백 전용 라인으로 기존 제품들의 기능을 철저히 분석하고 조합하여 새로운 기능과 원료들을 도입한, 피부 색소 침착 과정을 완벽히 차단시켜주는 종합 미백 시스템이다.

- MRP 퍼펙션 루미너스 마스크(50g)
- MRP 퍼펙션 화이트닝 에센스(35ml)(미백 기능성 제품)
- MRP 퍼펙션 화이트닝 크림(50g)(미백 기능성 제품)

아이케어라인

- MRP 브릴리언트 아이 컨센트레이트(25ml): 얇은 눈가 조직과 모세혈관을 튼튼하게 하여 아이백 및 다크서클을 개선해 준다.

- MRP 링클 베니쉬 아이 크림(30g)(주름개선 기능성 제품): 눈가의 주름을 케어해 주는 주름개선 기능성 제품으로 지치고 피곤한 눈가를 생기 있게 가꾸어 준다.

- MRP 아이 포커스 프로그램: 눈가 피부에 생성되는 주름들의 깊이와 형태를 파악, 탄력 없이 늘어진 눈가를 개선시켜 주기 위해 개발된 눈가 전용 집중 관리 프로그램으로 안전하면서도 확실한 효과가 있는 천연 원료들을 함유하여 눈가를 아름답게 유지할 수 있도록 도와준다. 제품 구성은 MRP 이븐 아이 세럼(5g × 3 EA), MRP 리프팅 아이 에센스(25ml).

필링제품

– MRP 울트라 필링 프로그램: '에스에스씨알디에이 에스에이에프이 필링 프로그램'을 업그레이드해 더욱 강력해진 필링력을 갖춘 각질 관리 전용 프로그램이다. 25%의 AHA를 나노 리포좀에 안정화시킨 필링 솔루션으로 안전하고 완벽하게 피부 표면을 정돈해 준다.

제품은 MRP 옥시 프레셔(스텝 1)(40ml), MRP 울트라 필링 솔루션(스텝 2)(4ml×10 EA), MRP 울트라 림피드 카운터액터(스텝 3)(10ml×10 EA), MRP 인텍트 트랜퀄라이져(스텝 4)(20g)로 구성.

자외선 차단 제품

– MRP 슈퍼레이티브 썬 프로텍트 크림 SPF 50+, PA+++(100g): 노화의 가장 큰 원인인 자외선과 피부의 수분 부족 현상, 이 두 문제점을 하나의 제품에 접목시켜 보다 진보적으로 개발된 자외선 차단 크림으로 언제나 환하고 탄력있는 피부를 유지시켜 준다.

리프팅 제품

– MRP 퍼펙션 페이스 리프팅 프로그램: 얼굴과 목에 강한 조임 현상을 형성하여 늘어지고, 탄력 없는 피부를 효과적으로 리프팅시켜 주는 신개념 제품으로, 주름개선 기능성 승인을 받은 세럼과 크림이 함께 구성되어 있는 노화 관리 전용 프로그램이다.

제품은 MRP 링클 리듀싱 세럼(스텝 1)(5ml×2EA), MRP 페이스 리프팅 업 세럼(스텝 2)(8g×8EA), MRP 페이스 리프팅 업 액티베이터(스텝 3)(1ml×8EA), MRP 인텍트 트랜퀄라이져(스텝 4)(15ml) 4종 구성.

코스메슈티컬 제품

– MRP 익스트라 메타볼라이징 프로그램: 주름개선 기능성 심사를 받은 제품으로 주름개선 기능성 성분인 아데노신과 주름 개선 능력이 뛰어난 펩타이드, 세포를 지속적으로 생성시켜 주는 획기적인 원료인 상피세포성장인자(EGF) 등을 함유하여 보다 젊은 피부로 가꿔준다.

제품은 MRP 익스트라 메타볼라이징 에센스(30g), MRP 익스트라 메타볼라이징 크림(50g) 2종 구성.

모공관리 제품

– 비오젬 비앙벨 엠알피 퍼러스 트리트먼트 프로그램: 각전이 쉽게 제거될 수 있는 환경을 조성해 주고 각전이 제거되면서 공간이 생긴 모공을 수축시켜 점차적으로 넓어진 모공을 정상화시켜 주는 모공관리 전문 제품으로 각층의 보호막이 정상적으로 기능하도록 해 아름답고 건강한 피부를 유지할 수 있도록 도와 준다.

제품 구성은 MRP 옥시 프레셔(100g), MRP 퍼러스 컨트랙트 세럼(45g) 2종.

한국코스모화장품의 제품은 지정된 전문점에만 공급되며 유통됩니다.

www.hkcosmo.co.kr

>>> 회사 소개

1989.1.23 한국코스모화장품 설립	2005.2.25 '캐비어 추출물을 포함하는 나노좀의 유액 조성물 및 그를 포함하는 화장품 조성물' 특허 획득
1989.12. 신축사옥 이전(경기도 부천시)	2006.6. '비오젬 비앙벨' 화장품 출시
1990.2. '킨스 알로에' 화장품 출시	2007.3. 대한민국 베스트 화장품 특별상 수상(주간신문 CMN)
1991.3. 방향제 Q마크 획득	
1992.2. '킨스 로즈' 화장품 출시	2007.5. 중소기업 기술혁신개발사업 전략과제 수행 시작(2009.4까지)
1994.6. 純(순) 진고 화장품 출시	
1995.10. '비오젬' 화장품 출시	2007.5. '비오젬 비앙벨 보토케어 듀얼 시스템' 이중 기능성 제품 출시
1997.9. '비오젬 RDA' 화장품 출시	
1999.3. 경기도 유망 중소기업 선정	2007.7. '비오젬 비앙벨 프레셔스 멀티롤 블래미쉬 밤' 삼중기능성 제품 출시
2000.8. '비오젬 SSCRDA' 화장품 출시	
2001.12. 부천 공장 사옥 증축	2007.11. '비오젬 비앙벨 화이트닝 에센스, 크림, 마스크' 등 미백기능성 제품 출시
2001.7.4 'SSCRDA 브리치 퓨어 크림' 기능성화장품 첫 심사	
2001.12. '굳맨 좋은남자' 화장품 국내 첫 남성용 화장품 기능성 심사	2008.1. '비오젬 비앙벨 울트라 필링 프로그램' 필링 전문 제품 출시
2002.8.16 '한국코스모화장품 피부과학연구소' 설립(부설연구소 인증)	2008.4. '비오젬 비앙벨 퍼펙션 페이스 리프팅 프로그램' 리프팅 전문 제품 출시
2003.4. 여드름 전문 브랜드 'Decomedo' 화장품 출시	2008.6. '비오젬 비앙벨 익스트라 메타볼라이징 프로그램' 코스메슈티컬 제품 출시
2004.4. 'SSCRDA 바디라인' 출시	2008.11. '비오젬 비앙벨 퍼러스 트리트먼트 프로그램' 모공관리 전문 제품 출시
2004.10. 신개념 한방 화장품 '한방자설 옥로' 출시	

(주)한국폴라

사쿠라베일
화(和)의 소재 배합 … 건강하고 촉촉하며 섬세한 피부 실현

사쿠라베일(SAKURAVEIL)은 사쿠라 엑기스 등 '화(和)'의 소재를 배합해 외부 자극에 영향 받지 않는 건강한 피부를 만들고 벚꽃 잎처럼 섬세하고 촉촉한 피부를 유도하여 진정한 피부의 아름다움을 실감할 수 있는 스킨케어 제품이다.

■ 개발 배경

현대는 피부의 외부환경이 악화되고 있다. 에어콘의 보급, 대기오염, 오존층의 파괴, 건조 등이 항상 피부의 주변에서 일어나고 있기 때문이다.

이와 같은 피부에 좋지 않은 영향을 미치는 외부환경으로부터 피부를 지키는 것이 사쿠라 베일의 역할이다.

■ 제품 특징
화(和)성분 배합

사쿠라 엑기스를 비롯하여 많은 화(和) 엑기스를 배합하여 현대 여성의 외부자극으로부터 피부를 지키는 힘을 높이고 피부 결이 정돈된 윤기 있는 피부로 유도한다.

안심설계

POLA를 처음 사용하는 고객들도 안심하고 사용할 수 있도록 설계됐다.

- 알레르기 테스트 완 료
- 논 코메드제닉 테스트 완료

일본 폴라에서 해외 제품으로는 처음 실시한 테스트로 모공의 트러블이나 여드름으로 고민하는 이들이 안심하고 사용할 수 있도록 테스트를 실시했다.

• 무착색

릴렉스아로마향

신록이 싱그러운 경치를 떠올리게 하는 상쾌함과 마이들 감촉을 가진 부케 그린 향으로 피부도 마음도 릴렉스할 수 있는 향이다.

패키지 디자인

벚꽃잎의 엷은 핑크색과 벚나무의 진한 갈색으로 모던하게 벚나무를 디자인했다.

■ 제품 구성

제품 라인업은 클렌징밀크, 워쉬, 셀프포밍 더블 워쉬, 티존 퓨리파잉 스크럽, 마사지&마스크, 로션(I타입, II타입), 밀크(I타입, II타입), 하이드레이팅 에센스, 모이스춰라이징 젤 크림, 아이크림 12품목 및 3종세트인 도쿠도쿠세트(I타입, II타입)로 구성되어 있다.

클렌징 밀크(195㎖, 2만5천원)

농도가 짙은 유액상의 밀크가 메이크업을 부드럽게 닦아내어 주고 클렌징 후 피부에 촉촉함과 부드러움을 선사한다.

워쉬(125g, 2만5천원)

도쿠다미추출물(피지억제성분)과 세박식산데리베이티브(피지케어 성분)의 배합으로 풍부하고 고운 거품이 부드러운 세안을 도와주고 세안후의 피부는 산뜻하고 촉촉한 촉감을 느끼게 한다. 모든 피부타입 사용 가능.

셀프 포밍 더블워쉬(205㎖, 3만원)

엷게 발린 메이크업도 지울 수 있고 아침저녁으로 사용할 수 있으며 펌프를 누르기만 해도 거품이 나오는 새로운 타입의 세안제다.

티존 퓨리파잉 스크럽 (60g, 2만5천원)

숯이 함유되어 T존의 모공 노폐물 및 블랙헤드를 깨끗하게 제거하고 피지를 흡착하여 산뜻한 피부로 만들어 준다.

마사지&마스크 (100g, 3만9천원)

마사지하기 쉬운 크림으로, 색의 변화로 팩이 되어가는 재미있는 활력 아이템.

- 한 번으로 매끈매끈한 피부를 실감할 수 있다.
- 피부가 팽팽해진 느낌과 촉촉함이 느껴진다.

로션 I,II (150㎖, 3만3천원)

두가지 타입의 로션이 촉촉하고 산뜻한 피부로 가꾸어 준다.

밀크 I,II (100ml, 3만3천원)

도쿠다미추출물(피지억제 성분)과 히아루론산(보습성분)이 함유되어 촉촉하고 끈적임이 없는 피부로 가꾸어 준다.

하이드레이팅 에센스 (29ml, 4만5천원)

깜짝 놀랄 정도로 촉촉한 에센스. 촉촉하지만 피부 속까지 느껴지는 윤기. 이 비밀은 유분을 마이크로 사이즈까지 작게 해서 물에 녹였기 때문이다. 흡수도 빠르고 피부에 수분이 적은 이들에게 추천한다.

모이스춰라이징 젤 크림 (35g, 4만5천원)

깜짝 놀랄 정도의 보호력이 있는 젤 크림. 약간의 투명감이 있는 크림은 워터IN오일 때문.

바깥쪽이 오일 성분으로 되어있는 크림은 피부의 수분을 하루 종일 유지한다. 유분이 많은 피부에도 끈적이지 않는 것은 폴라의 높은 기술력 덕분. 피부에 기미나 잡티가 많은 이들에게 추천한다.

아이크림 (20g, 4만5천원)

눈 주위의 피부에 부담을 주지 않고 건조해지는 것을 막아준다. 또한 혈행 촉진 성분인 진생 X에 의해 다크써클을 신경 쓰지 않고 하루를 보낼 수 있다.

알비타
정상 피부 생리주기 유지 ··· 토털 솔루션 앰플 개념 스킨케어 시리즈

피부의 본연의 주기는 28일이다. 나이가 들어감에 따라 피부의 생리주기는 느려지고 피부 각질이 두꺼워져 피부가 둔탁해 보인다. 반면 피부의 생리주기가 너무 빠르게 되면 우리의 피부는 민감한 상태로 되어 버리기도 한다. 알비타(ALVITA)는 각기 다른 피부의 생리주기를 28일 본연의 정상적인 리듬에 맞추어 우리가 바라는 이상적인 상태로 만들어주는 토털 솔루션 앰플 개념의 스킨케어이다.

■ 개발 배경

'피부는 마음과 몸을 묘사하는 거울'이라고 말할 수 있다. 좋은 일이 있는 날은 피부도 밝게 보이고 피곤함이 있으면 피부가 칙칙하게 보인다. 현대를 살아가는 여성은 매일 매일을 바쁘게 지내고 있지만 가끔은 맨 피부에 자신을 갖는 순간이 있다. 그것은 '에스테틱 한 후의 피부'다.

현대여성은 매일의 스트레스로부터 이탈하여 피부를 해방시켜주고 싶어하고 있다. 매일의 바쁜 것과 스트레스로부터 해방될 때 마음과 몸도 가장 좋은 상태가 되고, 그래서 자기 자신에 대한 만족감은 자기 자신에게 숨겨져 있는 것인지도 모른다. 이렇게 에스테틱 한 후와 같이 '투명감이 있고 탄력이 있는 피부'를 알비타에서는 '피부생명력이 높은 피부'라고 이름을 붙였다. 그래서 알비타는 '피부생명력을 높이고' 흡사 에스테틱 한 것과 같은 30대 이후의 노화를 서서히 느끼고 민감한 피부를 지닌 이들에게 '투명감이 있고 탄력 있는 피부'를 실현하게 해주는 앰플 개념의 고품격 스킨케어시리즈로 개발되었다.

■ 브랜드명

이탈리아어로 '새벽', '새벽녁'을 의미하는 'ALVA'와 '원기', '생명'을 의미하는 'VITA'의 합성어로 '피부의 생명이 깨어나고 생기발랄한 피부로 된다' 라는 투명감 있고 탄력 있는 피부를 갖고 싶어하는 모든 여성들의 희망을 함축시켰다.

■ 디자인 콘셉트

알비타는 일본의 설날 생명을 기원하는 버드나무 장식에서 볼 수 있는 우아한 곡선이 여성스러운 아름다움과 함께 생명력의 강함을 표현하고 광택이 있는 펄 소재가 밝기와 높은 질감을 느끼게 하여 준다.

Ⅰ 타입은 따스함이 있는 크림색, Ⅱ 타입은 청량감이 있는 청색의 크림색, 그리고 마사지와 팩은 생기발랄하고 혈행을 좋게 해주는 펄 핑크색으로 부드러운 감각을 표현했다.

■ 제품 특징

알비타는 각기 다른 세포주기를 28일로 정상화시켜주는 폴라 오리지날 성분인 휘토스테사이드가 함유되어 효과적인 각질 관리가 가능하고 신성분인 하샨베추출물, 야나기란추출물, 봉캉과실추출물이 초기, 중기, 후기의 활성산소를 제거하여 노화된 피부를 개선하며 투명감 있고 탄력적인 피부로 가꿔주는 것이 특징이다.

또한 10가지 이상의 약초성분이 함유되어 피부 보습효과와 함께 천연피지 능력 형성으로 피부기능을 정상화 시켜주는 앰플 개념의 스킨케어이다.

■ 제품 구성

제품은 멜티 클리어 클린싱, 오일 폼 클린싱, 휩 클리어 워쉬(I타입,II타입), 바이탈라이징 마사지, 바이탈라이징 팩, 마일드 후레쉬너, 바이탈라이징 로션(I타입,II타입), 베리어모이스트 에센스, 바이탈라이징 밀크(I타입,II타입), 바이탈라이징 크림으로 구성되어 있으며, 총 13품목이다.

멜티 클리어 크린싱 (100g)

피부에 모이스쳐 막을 형성하여 보습과 마사지기능을 동시에 실현시켜 주고 여러 색소를 한 번에 빠르고 가볍게 제거하는 효과를 가지고 있는 크린싱

➜ 추천: 노화피부, 건성피부

오일 폼 클린싱 (130g)

피부표면의 자극을 최소화 시켜주는 업계최초의 거품형태의 오일 크린싱(딥크린싱+각질 제거기능)

➜ 추천: 민감피부, 지성피부, 여드름피부

휩 클리어 워쉬 (120g)

미세하고 풍부한 거품이 자극 없이 피부속 노폐물을 제거하여 산뜻한 사용감과 피부에 보습을 주어서 잡아당김이 전혀 없는 세안제

➜ 추천: I타입 건성, 노화/II타입 지성, 여드름피부

바이탈라이징 마사지 (100g)

매끄러운 사용감에 사용 즉시 혈액순환을 촉진시켜 보습과 탄력을 동시에 만족 시키고 약해진 혈관을 강하게 해주는 마사지크림

바이탈라이징 팩 (80g)

밀도 높은 거품타입으로 석고 팩 효과가 있고 마이크로 입자의 마사지기능으로 피부 혈색 정상화 및 피부 결, 세포자체의 보습기능을 강화 시킨 팩

마일드 후레쉬너 (180㎖)

마일드한 감촉으로 각질주기를 정상화 시켜주고 여분의 유분을 산뜻하게 제거시켜주는 화장수

바이탈라이징 로션 (150㎖)

흡수력이 뛰어나고 세포간 지질성분 함유로 매끄러움을 강화시킨 에센스타입의 스킨
➡ 추천: I타입 중 · 건성용 / II타입 지성용

베리어 모이스트 에센스 (25㎖)

피부표면의 매끄러운 필름 막 형성으로 랩효과가 있어 지친피부를 빠르게 회복시켜주는 각질 세포 재생 에센스

바이탈라이징 밀크 (80㎖)

단단해진 피부 결을 매끄럽게 체인지 시켜주고 피부 트러블을 회복시켜주는 밀크
➡ 추천: I타입 중 · 건성용 / II타입 지성용

바이탈라이징 크림 (30g)

노화의 3대 원인인 건조,기미,탄력등을 동시에 해결하여주고 손상된 피부를 선택적으로 치유하는 크림

문의 02-3661-1211.

www.pola.co.kr

>>> 회사 소개

고품격 기초 브랜드 도입 … 지속적 성장세 시현

(주)한국폴라(대표 키자와 사토시)는 일본의 폴라(스즈키 사토시)와 폴라화성공업(주)가 투자한 한일 합작 회사다. 지난 1985년 설립 이후 다각적인 한국 시장 공략으로 지속적인 성장을 이루어 왔다.

한국폴라는 국내 설립 이후 고품격 브랜드에 부합한 카운슬링 및 판촉, 브랜드 이미지 강화 고품질의 기초브랜드를 한국시장에 접목했으며 그 결과 스킨케어 시장이 일본 대비 상당히 높은 점유율을 차지하고 있다.

브랜드 이미지를 흐리지 않고 소비자 가격을 준수하며 전국의 영업망을 확대하고 있으며 동양인의 피부 타입에 맞는 제품 개발 및 마케팅을 진행, 한국 시장에서 성공을 기대하고 있다.

한편 일본 폴라는 1929년 시즈오까에서 설립된 일본의 전통 있는 화장품회사로 방판사업, 백화점사업, 해외사업을 시작으로 한 화장품사업은 물론, 카탈로그사업, 전시회사업으로 한 다양화사업, 의약품사업, 기타의 관리부분 등의 사업을 진행 중이다.

화장품 브랜드로는 알비타(alvita), 화이티시모(whitissimo), 비탁스(vitax), 비에이(B.A), 오가(AUGHA), 사쿠라베일 등이 있으며 전세계 18개국에 제품을 공급 중이다.

화장품사업 연간 매출은 2008년 12월 현재 1천16억엔이며 종업원 수는 2천여명이 넘고 있다.

연혁

1929	스즈키시노(鈴木忍)가 시즈오까에서 창업
1940	폴라화성공업주식회사 설립(법인화)
1946	주식회사폴라화장품본포 설립(법인화)
1954	시즈오까공장 완공
1957	'폴라부인뉴스'로 TV매체 사용 개시
	'미안합니다. 폴라화장품 세일즈맨입니다' CM 탄생
1958	홍콩에 진출 해외시장에 처음 진출
1960	동경긴자에 '폴라빌딩' 완공
1961	'요코하마공장' 완공 대량생산체제 확립
1964	현대과학의 틀을 결집한 '요코하마연구소' 완공
1966	현지법인 '타이폴라' 설립, 동남아시아 시장 거점 확보
1971	'폴라고탄다빌딩' 완공 본사사무소 이전
1976	'폴라문화연구소' 개설
1977	'후쿠로이공장' 완공
1979	'폴라 창업 50주년 기념으로 '폴라전통문화진흥재단' 설립
1982	'썬비쥬' 전국 발매 건강식품연구 본격 시작

1983	(주)카야쿠에 자본 참가, 의약품사업 분야에 진출
1986	(주)한국폴라 설립
1989	주문 방식의 화장품 '아펙스아이' 전국 발매 니혼바시타카시마야에
	'아펙스아이 코너' 개설 일반화장품 루트에 참가
1992	요코하마에 '중앙연구소' 완성
1993	'폴라데일리코스메주식회사' 설립
1994	제18회 IFSCC(국제화장품학술자연맹) 학술대회 베니스대회에서 최우수상 수상
1995	건강과학연구소 설립
1996	폴라 홈페이지 개설(POLA BEAUTY SQUARE)
	제19회 IFSCC학술대회 시드니대회에서 최우수상 수상
1997	시즈오까공장, 후쿠로이공장 'ISO9002' 인증 취득
1998	신 미백용 의약부외품성분 '루시놀'을 개발 '화이트 샷'에 배합하여
	전국 발매 제20회 IFSCC학술대회 칸느대회에서 최우수상 수상
	시즈오까공장, 후쿠로이공장 'ISO9001' 인증 취득
2000	시즈오까, 후쿠로이공장 'ISO14001' 인증 취득
2002	폴라 신창업 시작
	cofu사업 시작
	백화점사업 확대 전개
	하코네, 센이시하라에 폴라 미술관 오픈
2003	삿뽀로에 '아펙스아이 코너' 개설
	폴라전국대회 100회 대회 개최
2004	스킨케어 알비타 발매
2005	미백 의약부외품 WHITISSIMO 발매
2006	지주회사 폴라, 오르비스 홀딩스 설립
	한국폴라 POLA THE BEAUTY 압구정 직영 1호점 오픈

한국화장품

에이쓰리에프[온]
피부의 자연 치유 리듬 복원 … 젊고 건강한 피부 유지

한국화장품의 대표적인 기능성 브랜드인 에이쓰리에프[온] 은 2001년 첫 출시 후 2009년 3월 리뉴얼 제품을 새롭게 선보였다.

엘란 바이탈 컴플렉스로 새롭게 태어난 리뉴얼 제품은 피부 내의 자연치유리듬을 되살려 피부 속 근본적인 문제를 관리하여 피부 세포 기능을 활성화시키고, 더불어 이미 진행된 노화의 흔적을 완화하여 피부를 더욱 젊고 건강하게 지켜준다.

토너, 에멀젼, 크림, 세럼, 부스터 등 총 5종으로 구성된 '엘란 바이탈 라인' 은 피부 본연의 기능을 활성화시키고 피부 스스로 최상의

상태를 만들어 피부 활성을 도모, 생명력 넘치는 젊은 피부로 가꾸어 주는 것이 특징이다.

크림, 세럼, 아이세럼, 필러 등 총 4종으로 구성된 'VC 링클 라인' 은 다년간 축적되어온 한국화장품의 기술력을 토대로 에이쓰리에프온이 야심차게 준비한 어드밴스드 링클 사이언스 라인이다.

국내 최초 비타민C 유도체 기반의 새로운 주름 개선 성분인 VCCE를 함유하여 일반 잔주름뿐 아니라 깊고 오래된 주름과 피부 처짐까지 개선하여 더욱 매끈하고 탄력있는 피부를 제공한다. 또한 콜라겐 섬유의 결속력을 강화하여 탄력 잃은 노화 세포를 탱탱하게 만들어 주름으로 대표되는 여성 피부 노화의 근본적인 문제 해결을 도와준다.

또한 이번 리뉴얼 제품은 기존의 디자인에서 전혀 다른 모습으로 재탄생하였다. 과학적 아름다움의 대표인 건축물에서 착안한 디자인을 통해 브랜드의 기능적, 과학적 이미지를 극대화하였으며 라인의 특성에 맞게 엘란 바이탈 라인은 메탈릭 퍼플 계열의 컬러로 세련되고 모던한 이미지를 부여하였다.

VC 링클 라인은 블랙과 골드의 컬러 조화로 임팩트 있고 고급스러운 감각을 한층 더 높인 것이 특징이다.

■ 콘셉트

피부 본연의 기능을 활성화시켜 탄력 있는 피부를 제공하는 고기능성 스킨케어 라인

■ 제품 특징

엘란 바이탈 토너 (140ml / 3만3천원대)

산뜻한 마무리감으로 사용 후 끈적임이 없으며 엘란 바이탈 컴플렉스가 피부에 젊은 생기와 윤기를 부여하는 고보습 에센스 토너

· 미용성분 : Elan Vital Complex, Micropatch, 에델바이스 추출물, 금은화 추출물, 셀레늄

엘란 바이탈 에멀젼 (140ml / 3만5천원대)

엘란 바이탈 컴플렉스가 피부 깊은 곳까지 빠르게 흡수되어 피부의 유수분 밸런스를 되찾아주고 피부 탄력 및 지속적인 보습효과를 부여하여 생기있는 피부로 가꾸어주는 고영양 에멀젼

· 미용성분 : Elan Vital Complex, Micropatch, Hyaluronic Acid, 에델바이스 추출물, 금은화 추출물, 셀레늄

엘란 바이탈 세럼 (45ml / 5만원대)

바르는 순간 눈이 녹 듯 부드럽게 스며들어 생기 없는 피부에 촉촉함과 탄력을 부여하는 실키한 사용감의 고농축 세럼

· 미용성분 : Elan Vital Complex, Micropatch, 에델바이스 추출물, 금은화 추출물, 셀레늄

엘란 바이탈 크림 (50ml / 4만원대)

이상적인 성분 조화가 피부의 수분 밸런스를 맞춰주며 엘란 바이탈 컴플렉스가 피부 구석구석까지 생명력 넘치는 탄력과 윤기를 선사하는 고영양 탄력 크림

· 미용성분 : Elan Vital Complex, Micropatch, 에델바이스 추출물, 금은화 추출물, 셀레늄

엘란 바이탈 옵티멀 에이드 (45ml / 4만원대)

피부의 오래된 노폐물이나 과도한 각질을 정돈하여 다음 단계의 제품이 피부 속까지 흡수되도록 도와주며 제품의 효과를 더욱 촉진시켜 주는 기초 첫 단계 고보습 부스터

· 미용성분 : Elan Vital Complex, Micropatch, Hyaluronic Acid, 에델바이스 추출물, 금은화 추출물, 셀레늄, D-PANTHENOL, 해양심층수, GIVOBIO Gcu, Citric Acid

브이씨 링클 인텐스 크림 (50ml / 7만원대 / 주름개선기능성)

VCCE 성분이 진피층에서 콜라겐 합성을 촉진, 피부 노화의 상징인 주름을 개선시켜 한층 더 젊은 피부를 선사하는 풍부한 리치감의 주름 개선 기능성 크림

· 주성분 : 3-O-세틸아스코빅애씨드

· 미용성분 : Elan Vital Complex, Micropatch, D-PANTHENOL, 에델바이스추출물, 금은화추출물, 셀레늄, GIVOBIO Gcu

브이씨 링클 인텐스 세럼 (45ml / 8만5천원대 / 주름개선기능성)

피부에 활력과 생기를 불어넣어 탄력있는 피부로 가꾸어주며 VCCE 성분이 피부의 미세한 주름의 흔적을 최소화시켜 매끈한 피부결로 가꾸어주는 주름 개선 기능성 고농축 세럼

· 주성분 : 3-O-세틸아스코빅애씨드

· 미용성분 : Elan Vital Complex, Micropatch, D-PANTHENOL, 에델바이스추출물, 금은화추출물, 셀레늄, GIVOBIO Gcu

브이씨 링클 아이 솔루션 (30ml / 6만원대 / 주름개선기능성)

섬세하고 민감한 눈 주위의 주름을 VCCE 성분이 피부 안팎으로 케어하여 탄력있고 생기

있는 눈가 피부로 가꾸어주는 주름 개선 기능성 아이 트리트먼트

　· 주성분 : 3-O-세틸아스코빅애씨드

　· 미용성분 : Elan Vital Complex, Micropatch, D-PANTHENOL, 에델바이스추출물, 금은
화추출물, 셀레늄, GIVOBIO Gcu

브이씨 링클 인퓨징 필러 (15ml / 8만원대 / 주름개선기능성)

VCCE 성분이 피부 고유의 재생력을 활성화시켜 천연 콜라겐 생성을 촉진시키며 잔주름은
물론 깊게 패인 주름까지 속에서부터 복원시켜 주는 고농축 주름 개선 기능성 필러

　· 주성분 : 3-O-세틸아스코빅애씨드

　· 미용성분 : Elan Vital Complex, Micropatch, D-PANTHENOL, 에델바이스추출물, 금은
화추출물, 셀레늄, GIVOBIO Gcu, PEPHA-TIMP, IMMUCELL

■　주요 미용성분

Elan Vital Complex : 피부 활성 및 탄력, 보습

에이쓰리에프온 리뉴얼의 주요 성분. 4가지 엄선된 피부 활성 성분의 복합체로 피부 속 깊
은 곳까지 생명력 넘치는 탄력과 생기를 부여한다.

VCCE (3-O-세틸아스코빅애씨드) : 주름 개선 기능성 성분

새로운 주름개선 기능성화장품 원료로 인정된 국내 최초 비타민 C 유도체 신(新)성분으로
비타민 C 유도체로서 최초로 주름 개선 효과를 입증하여 기존의 안티에이징 성분의 성능을
한 단계 뛰어넘었다. 콜라겐 섬유의 결속력을 강화하여 탄력 잃은 노화 세포를 탱탱하게 만들
어 주름으로 대표되는 여성 피부 노화의 근본적인 문제점을 해결하여 준다. 또한 주름 개선 효
과 이외에도 항산화 효과가 탁월하여 피부를 생기있고 건강하게 지켜준다.

Micropatch : 피부 보습

식물성 acacia gum, sodium alginate으로 마이크로 그물망을 형성한 후 보습성분 serine을
포집시킨 혼합물로써 피부에 수분을 유지시켜 촉촉한 피부를 만들어 준다.

금은화 추출물

잎사귀에 긴 관 모양 꽃이 2개씩 피는 금은화꽃에서 추출한 성분으로 자외선, 유해산소에 의한 색소침착과 피부 손상을 억제하며 피부 염증과 상처 치료에 효과적인 성분이다.

에델바이스 추출물 : 항산화 효과 및 피부 진정

에델바이스 꽃/잎 추출물로서 스위스의 고산지대에서 자생하기 때문에 잦은 온도 변화와 강한 자외선 등 거친 환경적인 요소에 대항하여 유효한 보호 성분을 다량 함유하고 있어 항산화 효과가 뛰어나며 피부 진정에 효과적이다.

셀레늄 유도체 : 항산화 효과

우리 몸에 필수적인 무기질로 항산화 효과가 우수하다.

GIVOBIO Gcu : 세포 재생

COPPER와 GLUCONATE의 결합체로 세포 재생 촉진에 뛰어난 효과를 지니고 있다.

플란체 네오 프레쉬 라인
오가닉 콤플렉스 · 천연 식물수 함유 내추럴 에너지 화장품

플란체는 자연에서 얻은 순한 식물성 성분들로 도심 속 각종 유해 환경 및 스트레스로 지친 현대 여성들의 지치고 생기 잃은 피부에 휴식과 자연에너지를 전달하여 피부 본연의 순수함을 되찾아준다. 피부 휴식 및 자연과 함께 심신의 조화를 추구하는 오가닉 콤플렉스와 천연 식물수를 함유한 내추럴 에너지(Natural Energy) 화장품이다.

■ 제품 특징

유기농으로 재배된 6가지 식물성분의 복합체인 오가닉 콤플렉스와 오랫동안 동양에서 애용되어진 한방차 중에서 6종류의 차에서 유효한 성분을 극대화하는 초음파 추출이라는 새로운 개념의 추출법을 사용하여 만든 신 개념의 원료인 오리엔탈 티 콤플렉스, 연꽃추출물, 아이리스 이소플라본 등을 주성분으로 했다. 각종 환경오염과 스트레스로 잃어버린 피부본연의 방어 시스템을 회복시키고 피부 휴식과 자연에너지로 생기 있는 본연의 피부로 되돌려 주는 프레시한 감각의 내추럴 라인으로 민감해진 피부에 자극 없는 순한 화장품을 선호하며 끈적임 없이 산뜻한 사용감과 피부건조를 고민하는 현대 여성들의 니즈를 반영한 제품이다.

■ 베이직 라인 제품 구성

플란체 네오 프레쉬 토너 (150ml / 2만원대)

모든 피부 타입에서 기본적으로 필요한 수분을 자연에서 얻은 식물 추출물로 촉촉하게 정돈해 주는 젤 타입 토너.

오리엔탈 티 콤플렉스의 식물성 복합성분과 연꽃 추출물이 민감해진 피부를 진정시켜 주고, 피부에 수분공급 및 수렴효과로 피부결을 매끄럽고 촉촉하게 가꿔준다.

· 주요성분 : Organic complex, Oriental Tea Complex, NA-hyaluronate, 은행잎추출물, 연꽃추출물

플란체 네오 프레쉬 에멀젼 (150ml / 2만2천원대)

산뜻하고 가벼운 질감으로 빠르게 흡수되어 피부 유수분 밸런스를 유지시켜 주는 트리트먼트 에멀젼. 오가닉 콤플렉스의 식물성 영양성분이 피부에 생기와 활력을 주어 피부속부터 투명하고 촉촉하게 가꿔준다. 유기농으로 재배된 식물성 영양성분이 피부를 편안하게 보호해준다.

· 주요성분 : Organic complex, Oriental Tea Complex, NA-hyaluronate, 은행잎추출물, 연꽃추출물

플란체 네오 프레쉬 세럼 (40ml / 2만6천원대)

유기농으로 재배된 6가지 식물복합성분의 집중적인 보습, 영양 공급 효과와 한방차로 사랑받는 6가지 Tea 의 복합성분이 투명하고 촉촉한 피부를 유지시켜 주고, 여성호르몬과 유사한 식물성 플라보노이드 성분이 피부를 매끄럽게 가꿔준다.

· 주요 성분 : ORGANIC COMPLEX, ORIENTAL TEA COMPLEX, 연꽃추출물, I RIS ISOFLAVONE, 마치현추출물, NA−HYALURONATE, 은행잎추출물,

플란체 네오 프레쉬 크림 (50ml / 2만4천원대)

오가닉 콤플렉스와 오리엔탈 티 콤플렉스의 복합 성분들이 활동하는 동안에는 유해환경으로부터 피부를 촉촉하고 윤기 있게 유지시켜 주며, 수면을 취하는 밤에는 하루 종일 지치고 거칠어진 피부에 영양과 보습을 채워 주어 피부 컨디션을 회복시켜 주는 끈적임 없이 산뜻한 사용감의 크림이다.

· 주요성분 : Organic complex, Oriental Tea Complex, NA−hyaluronate, 연꽃추출물, iris isoflavone,

플란체 네오 프레쉬 아이크림 (30ml / 2만6천원대)

유기농으로 재배된 식물성분이 자극 없이 편안하게 민감한 눈가 피부를 보호해 준다.

또한 오가닉 콤플렉스의 영양성분이 눈밑의 칙칙함을 개선하고 탄력 잃은 눈가를 촉촉하게 가꿔 준다.

· 주요성분 : Organic complex, Oriental Tea Complex, NA−hyaluronate, 연꽃추출물, iris isoflavone

■ 성분 분석

Organic complex : 피부영양 공급 및 수렴효과

오가닉 콤플렉스는 6가지의 국내산 유기농으로 재배된 식물성분의 복합체로 피부에 편안함을 주는 플란체 NEO fresh 라인의 주요 성분이다(로즈마리, 자소, 병풀, 신선초, 어성초, 민들레).

Oriental tea complex : 항산화 효과

오랫동안 동양에서 애용되어진 한방차 중에서 6종류의 차의 유효한 성분을 극대화하는 초음파 추출이라는 새로운 개념의 추출법을 사용하여 만든 신 개념의 원료이다. 또한 항산화, 산화 스트레스 억제 및 프리래디컬 활성을 억제하여 피부를 건강하게 가꾸어 준다.(감잎차, 계피차, 쑥차, 국화차, 모과차, 녹차)

연꽃 추출물 : 보습 및 피부산화 방지

피부트러블 및 각종 독성물질에 대한 중화작용과 피부산화를 방지하며, 피부보습 및 수렴 효과가 우수하고, 연꽃향기는 심신을 안정시키는 효과가 있다.

아이리스 이소플라본 : 피부 활성 효과

여성 호르몬과 유사한 이소플라본(Isoflavone)을 다량으로 함유하고 있는 여성 피부의 보석함 같은 아이리스 추출물은 피부활성 및 촉촉하고 부드러운 피부결로 가꿔준다.

마치현 추출물, 은행잎 추출물 : 항상성 강화

여러 가지 자극원으로 부터 피부를 보호하고 피부 항상성을 강화시킨다.

NA- HYALURONATE, 꿀추출물 : 보습 효과

천연 보습 성분들이 피부에 부족하기 쉬운 모이스처 효과를 부여하여 항상 촉촉함을 유지시켜주고 수분 보유력을 증가시켜 준다.

템테이션 셀 코엔자임 Q10

30~40대 피부고민 해결 ⋯ 코엔자임 Q10 · 셀레늄 함유

템테이션은 지난 1993년 Temtation(유혹) 브랜드로 처음 탄생된 후 한국화장품의 대표 장수 브랜드로 자리잡고 있다.

30~40대의 피부 고민인 노화 방지 및 탄력있는 피부를 위해 항산화 효과에 뛰어난 셀레늄

과 코엔자임 Q10리포좀 성분이 함유되어 피부를 탄력있고 생기있게 가꾸어 주는 헬시 푸드(Healthy Food) 콘셉트의 화장품이다.

■ 특성

현대 생활 속에서 피부는 각종 공해와 담배 연기, 스트레스 등의 내,외적 유해환경으로부터 점점 노화되어 생기를 잃게 된다.

셀레늄과 코엔자임 Q10 성분은 대표적인 항산화 성분으로 건강식품으로 직접 섭취하는 물질이기도 하며, 최근 들어 각광 받고 있는 화장품 성분이다.

셀 코엔자임 Q10 라인에는 항산화에 뛰어난 셀레늄유도체와 코엔자임 Q10 리포좀이 함유되어 시너지 효과를 발휘하여 피부를 탄력있고 생기있게 가꾸어 주는 기능을 한다. 우리 몸에 필수 무기질인 셀레늄과 우리 몸에 꼭 필요한 구성성분인 코엔자임 Q10 함유로 건강하고 탄력 있는 피부를 가꾸어 갈 수 있다.

스킨케어의 가장 기본은 촉촉한 보습. 충분한 수면과 함께 촉촉한 보습케어는 피부의 근원적인 피부보호시스템을 강화시키고,다른 영양성분의 침투를 용이하게 해 준다.

템테이션 셀 코엔자임 Q10 라인은 셀레늄유도체와 코엔자임 Q10 리포좀의 탄력, 항산화 기능을 최적의 피부 상태에서 활성화시키기 위해 식물성 보습 성분의 함유량을 높였다.

피부 진정, 보습 효과에 뛰어난 마치현추추물과 피부혈행 강화, 보습효과를 주는 은행잎추출물은 피부에 순하게 작용하여 피부보습에 뛰어난 효과를 전달해 준다.

■ 제품 구성

템테이션 셀 코엔자임 Q10 스킨 (160ml / 1만6천원대)

우리 몸에 필수적인 무기질인 셀레늄유도체가 함유되어 피부를 건강하고 생기있게 가꿔 준다.

코엔자임 Q10 리포좀을 함유하여 외부 유해환경으로부터 지친 피부를 보호해 주며 탱탱하고 탄력있는 피부로 유지시켜 주는 스킨이다. 피부 유수분 밸런스 및 수렴효과를 지닌 위치하젤이 균일하고 매끄러운 피부결로 가꾸어 준다. 마치현추출물이 건조한 피부에 보습효과를 제공하여 피부를 보호하여 준다.

템테이션 셀 코엔자임 Q10 로션 (160ml / 1만7천원대)

우리 몸에 필수 무기질인 셀레늄유도체가 함유되어 피부를 건강하고 생기있게 가꿔준다. 코엔자임 Q10 리포좀을 함유하여 외부 유해환경으로부터 지친 피부를 보호해 주며, 탱탱하고 탄력있는 피부로 유지시켜 준다(코엔자임 Q10 리포좀 1600mg 함유).

아울러 마치현추출물, 은행잎추출물을 함유, 건조한 피부에 보습효과를 제공하여 피부를 보호하여 준다.

템테이션 셀 코엔자임 Q10 크림 (60ml / 1만7천원대)

우리 몸에 필수 무기질인 셀레늄유도체가 함유되어 피부를 건강하고 생기있게 가꿔준다. 코엔자임 Q10 리포좀을 함유하여 외부 유해환경으로부터 지친 피부를 보호해 주며, 탱탱하고 탄력있는 피부로 유지시켜 준다(코엔자임 Q10 리포좀 600mg 함유). 마치현추출물, 은행잎추출물이 건조한 피부에 보습효과를 제공하여 피부를 보호하여 준다.

템테이션 셀 코엔자임 Q10 아이크림 (30ml / 2만원대)

우리 몸에 필수 무기질인 셀레늄유도체가 함유되어 피부를 건강하고 생기있게 가꿔준다. 코엔자임 Q10 리포좀을 함유하여 외부 유해환경으로부터 지친 피부를 보호해 주며, 탱탱하고 탄력있는 피부로 유지시켜 준다(코엔자임 Q10 리포좀 600mg 함유). 마치현추출물, 은행잎추출물이 건조한 피부에 보습효과를 제공하여 피부를 보호해 주며, 민감한 눈가에 안심하고 사용할 수 있는 무향, 무색소의 저자극 아이크림이다.

■ 주요 미용 성분

셀레늄 유도체 : 우리 몸에 필수적인 무기질로 항산화 효과가 있다.

코엔자임 Q10 리포좀 : 우리 몸에 존재하는 효소로 우리 몸 안의 효소 활동을 돕는 보조 효소로 피부탄력과 항산화효과가 뛰어나다.

은행잎추출물 : 은행잎에서 추출한 성분으로 플라보이드 성분을 함유하여 피부보습과 수렴효과가 뛰어나다.

마치현추출물 : 쇠비름(오행초)에서 추출한 성분으로 피부 보습과 피부 보호효과가 뛰어나다.

위치하젤추출물 : 조록나무에서 추출한 성분으로 피부진정과 수렴효과가 있다.

명방선 미인(美人)라인
양귀비의 미용비법 '양귀미주' 유효 성분 함유

전통 한방 약술인 양귀미주에서 찾은 피부 미인의 비법으로 절세미인 양귀비가 미용을 위해 밤낮으로 애용했다고 전해지는 양귀미주의 피부 미용 유효 성분을 함유하여 건강하고 생기 있는 피부로 가꾸어주는 한방화장품이다.

■ **제품 특징**

전통 한방 약술인 양귀미주 추출물(특허출원 중) 함유

당귀, 작약, 목단피, 적복, 용안, 향부자, 홍화, 치자, 박하잎, 시호, 국화, 대추 등 12가지 한방 생약 성분을 이용한 양귀미주에서 피부 미인의 비법을 찾았다.

경옥단 · 옥정수 함유

명방선만의 차별화된 처방인 경옥단(생지황, 백봉령, 인삼, 꿀)과 옥정수가 함유되어 피부영양과 보습을 지켜준다.

실키하게 스며드는 피부결의 비밀

가볍고 실키한 사용감과 함께 풍부한 영양감이 피부결을 부드럽게 가꾸어준다.

출원번호 : 10-2007-0081909 (특허출원중)

· 발명의 명칭 : 항산화 효과를 가지는 한방 복합 약술 추출물을 함유하는 화장료 조성물

■ 제품 구성

미인수(美人水) (140ml / 3만원대)

미인수는 12가지 생약 성분의 양귀미주 추출물, 옥정수, 경옥단을 함유하여 내,외적 유해환경으로 부터 불균형해진 피부에 생기를 부여하여 피부를 맑고 깨끗하게 가꾸어주는 젤타입 한방 약술 토너이다.

· 미용성분 : 양귀미주추출물, 꿀추출물, 마치현추출물, 인삼추출물, 백복령추출물, 생지황추출물, 옥정수

미인액(美人液) (140ml / 3만5천원대)

미인수로 피부톤을 맑고 깨끗하게 정돈한 후에, 미인액으로 피부를 더욱 촉촉하고 부드럽게 가꾸어준다.

12가지 생약 성분의 양귀미주 추출물, 경옥단, 옥정수가 함유되어 피부에 깊은 영양감을 선사하는 한방 약술 에멀션이다.

· 미용성분 : 양귀미주추출물, 꿀추출물, 마치현추출물, 인삼추출물, 백복령추출물, 생지황추출물, 옥정수

미인결(美人潔)크림 (50ml / 4만5천원대)

미인결 크림은 12가지 생약 성분의 양귀미주 추출물과 수(水)와 단(丹)의 명처방인 경옥단, 옥정수를 함유하여 피부의 조(燥)한 현상을 개선하여 피부를 윤택하게 가꾸어주는 한방 약술 크림이다.

· 미용성분 : 양귀미주추출물, 꿀추출물, 마치현추출물, 인삼추출물, 백복령추출물, 생지황추출물, 옥정수

르비앙(Le Bien)
30대 이후 피부탄력 강화 · 보습 · 모공관리 전문점 전용 토털 스킨케어 브랜드

르비앙은 전문점 전용 브랜드로 석류추출물을 포함한 다양한 성분을 추가하여 30대 이후의 중년 여성에게 가장 필요한 피부 탄력 강화 및 보습, 모공 케어에 초점을 맞춘 것이 특징이다.

'르비앙(Le Bien)'은 '좋은, 아름다운, 만족스러운' 이라는 의미를 가진 프랑스어로 여성의 자연스러운 아름다움을 위해 탄력 있고 건강한 피부를 제공하는 토털 스킨 케어 브랜드이다. '르비앙(Le Bien)'의 레드 퍼밍 라인은 토너, 에멀젼, 세럼, 크림, 아이크림 총 5품목으로 구성되어 있으며 천연 식물성 에스트로겐 성분이 여성의 피부를 생기 있고 탄력 있게 가꾸어 준다. 또한 천연 식물성 성분으로만 이루어져 피부에 자극 없이 순하게 작용, 중년 여성의 피부 고민을 효과적으로 해결해 준다. 특히 레드 러밍 크림은 석류추출물을 포함한 다양한 천연 식물성 성분들이 피부 속 깊이 수분과 영양을 공급하여 부드럽고 탄력 있는 피부로 가꾸어주는 고영양 탄력 크림이다. 또한 늘어지고 거친 피부에 작용하여 생기 있고 활력 있는 피부를 제공하며 피부에 흡수가 빠르고 발림성이 뛰어나 부드러운 피부결을 선사한다.

■ 콘셉트
석류추출물 함유 고탄력 스킨케어 브랜드

■ 제품 구성
레드 퍼밍 토너 (150ml / 1만8천원)
산뜻하고 부드러운 느낌으로 거칠어지기 쉬운 피부에 빠르게 흡수되어 생기있고 부드러운 피부로 가꾸어주는 석류추출물 함유 젤 타입의 토너제품으로 피부에 적정 수분을 공급하여 당김 없이 촉촉한 피부를 유지시켜 준다.

레드 퍼밍 에멀젼 (150ml / 1만8천원)

산뜻하고 부드러운 사용감으로 피부의 유수분 밸런스를 조절하여 피부의 균형을 되찾아주며 촉촉하고 탄력있는 피부로 가꾸어주는 고영양 에멀젼이다. 석류추출물 성분이 피부에 영양을 공급하여 푸석해 보이는 피부를 생기있고 활력 있는 피부로 가꾸어 준다.

레드 퍼밍 세럼 (40ml / 2만4천원)

부드러운 사용감과 질감으로 밀착감있게 피부에 펴 발라지며 빠른 흡수력으로 피부의 촉촉함과 영양감을 부여하는 고농축 세럼이다. 석류추출물을 함유하여 피부의 영양과 탄력을 부여, 생기 넘치는 건강한 피부로 가꾸어 준다.

레드 퍼밍 크림 (50ml / 2만원)

석류추출물을 포함한 다양한 성분들이 피부 속 깊이 수분과 영양을 공급하여 부드럽고 탄력 있게 가꾸어주는 고영양 탄력 크림으로 늘어지고 거친 피부에 작용하여 생기있고 활력있는 피부로 가꾸어 준다.

레드 퍼밍 아이크림 (30ml / 2만4천원)

연약하고 민감한 눈가에 부드럽게 작용하여 건조하고 피로하기 쉬운 눈가에 활력을 부여하는 저자극 아이크림으로 석류추출물 성분이 처진 눈가에 영양과 탄력을 부여하여 생기있는 눈매로 가꾸어 준다.

■ 주요 미용 성분

석류 추출물 : 피부 탄력 강화

천연 식물성 에스트로겐 성분이 다량 함유되어 있어 여성의 건강은 물론, 피부에 생기를 부여하고 탄력있는 피부로 가꾸어 준다.

아이리스 추출물 : 피부 세포 강화 및 탄력 개선

아이리스 식물에서 추출한 이소플라본 성분으로 피부의 표피 세포와 진피 세포의 결합력을 증진하여 피부 탄력 개선에 도움을 준다.

라리씰 : 모공 수렴 및 피부 보습

느타리 버섯의 추출물로 모공 수렴 효과 및 피부 보습 효과가 뛰어나 매끄러운 피부결을 선사해 준다.

마치현 추출물 : 피부 보습 및 보호 효과

쇠비름(오행초)에서 추출한 성분으로 피부에 부족하기 쉬운 모이스처 효과를 부여하여 항상 촉촉함을 유지시켜 주고 수분 보유력을 증가시켜 준다.

은행잎 추출물 : 항산화 작용

은행잎에서 추출한 성분으로 플라보노이드 성분이 풍부하게 함유되어 있어 활성 산소를 억제하여 건강한 피부로 가꾸어 준다.

위치하젤 추출물 : 피부 수렴 및 진정 효과

허브 하마멜리스(Hamamelis virginiana) 꽃과 껍질에서 추출된 성분으로 피부 수렴 효과는 물론 거칠고 예민해진 피부를 진정시켜 부드러운 피부로 가꾸어 준다.

제품 문의 080-023-2221.

www.ihkcos.co.kr

>>> 회사 소개

품질 제일주의 47년 … 고객만족 극대화

한국화장품(주)(대표이사 이용준)는 지난 1962년 3월 창업 이래 47년간 국민의 건강과 아름다움을 위해 끊임없는 연구로 최고 품질의 화장품을 개발하고 있는 국내 중견 화장품사다.

화장품의 불모지였던 1962년에 선진국의 화장품 기술을 도입하여 '품질제일주의'를 모토로 우수한 품질의 화장품을 생산 판매해 온 한국화장품은 종래의 불량품과 저급품에 시달리던 고객들의 전폭적인 호응을 받아 그 성장 기틀을 마련하게 되었다.

아름다움의 과학화와 그 예술성을 동시에 만족시켜 나가는 기업철학 위에 47년이 지난 현재에도 '품질제일주의'를 실천하기 위한 움직임들은 변함없이 지속적으로 이루어지고 있다.

제품 개발은 우수한 기술력을 바탕으로 프리미엄급 리딩 브랜드를 적극 육성하여 핵심역량으로 삼기 위한 경영진의 의사로, 효과적인 마케팅 활동, 전사적인 시스템 구축, 유통의 다변화 전략 등을 통하여 공격적 경영에 온 힘을 집중하면서 가시적 성과가 드러나고 있다.

위기를 기회로 삼고, 2006년 일본시장 진출, 2007년 국내 홈쇼핑 판매 확대, 2009년 프리미엄 색조브랜드, 전문점 전용브랜드 출시 등 경쟁력을 강화시켜 나가고 있다.

1962년 남성 화장품 단학 포마드 개발로 시작해 60~70년대를 풍미한 쥬단학이라는 이름을 거쳐 지금의 A3F[on], 명방선, 템테이션, 르비앙, 산심, 오션, 이뎀, 에카나바에 이르기 까지 말 그대로 우리나라 화장품의 살아있는 역사로 자리잡아온 한국화장품은 항상, 고객의 입장에서 고객의 니즈를 파악하고, 니즈를 충족시키는 제품을 만들어 고객과의 아름다운 약속을 지키기 위한 노력을 지속하고 있다.

한국화장품은 끊임없는 연구개발과 R&D부문의 과감한 투자, 전사적 네트워크 구성, 고객과의 커뮤니티 강화 등 혁신적 기업경영으로 젊고 창의적인 기업문화를 만들어 감으로써 시대의 트렌드와 패션을 주도하는 기업으로 성장하고 있다.

또한 국경 없는 글로벌 시대를 맞이하여 고객만족 극대화를 위해 '고객지향', '가치지향', '미래지향' 적 목표를 달성하며 우수한 품질로 세계 속의 초우량 기업으로 뻗어 나가기 위한 노력을 계속해 나가고 있다.

제4부 브랜드숍

6장 브랜드숍

6장

브랜드숍

- 네이처 리퍼블릭
- 미샤
- 스킨푸드
- 에뛰드하우스
- 이브로쉐
- 토니모리
- 더페이스샵
- 뷰티플렉스(BEAUTYFLEX)
- 아리따움
- 이니스프리
- 잇츠스킨

최근 몇 년간 브랜드숍시장에 대해서 양적인 포화 상태에 달해 성장의 한계에 도달했다는 예상이 꾸준히 제기됐다. 하지만 브랜드숍시장은 이런 예상과 달리 정체되지 않고 더욱 격심한 경쟁을 치르며 오히려 성장세를 시현하고 있는 게 사실이다.

업계에서는 2009년도 시판시장 규모가 2008년도보다 약 8% 큰 2조5천억원대가 될 것으로 예상하며, 이와 같은 성장세의 배경을 브랜드숍과 대형할인점의 선전으로 꼽고 있기도 하다. 그만큼 브랜드숍시장 규모가 꾸준히 확대돼 가고 있음을 뜻한다고 볼 수 있다.

이처럼 브랜드숍이 선전하는 이유로 매스티지전략의 적중과 새로운 콘셉트의 개발을 들고 있다. 특히 2008년도 하반기에는 아모레퍼시픽이 휴플레이스를 이어 아리따움을 출범시켜 관심을 끌었으며, 2009년도 들어서는 새로 등장한 네이처 리퍼블릭에 이목이 쏠리고 있다. 업계 일부에서는 브랜드숍으로의 고객 이동이 계속되면서 기존 전문점과 브랜드숍의 양극화 현상이 더욱 깊어질 것이라는 예상도 나오고 있다. 전문점의 브랜드숍으로의 전환도 계속되고 있다. 이런 점에서 보면 전문점과 브랜드숍은 경쟁의 관계에 있으나 화장품 소매유통을 구성한다는 면에서 브랜드숍 각사의 현황도 소개한다.

한편 브랜드숍들은 국내 시장의 성장 한계를 극복하기 위한 방안으로 해외시장으로 눈을 돌려 동남아권은 물론 미주, 중동 등에까지 진출해 상당한 성과를 올리고 있다.

네이처 리퍼블릭

전통 자연 처방 · 희귀 천연 성분 · 현대 과학의 조화
신개념 초자연주의 화장품

네이처 리퍼블릭은 대자연의 법칙에 기초해 고대로부터 내려온 자연의 처방과 세계 각지의 희귀 천연 성분을 현대 피부과학기술과 접목시켜 탄생한 브랜드다.

'네이처 리퍼블릭'이라는 이름에서 표방하고 있는 것처럼 신개념의 초자연주의 화장품을 고객에게 전달함으로써 현대인의 라이프 스타일을 건강하고 아름답게 하기 위해 2009년 2월17일 설립해 3월31일 명동점 오픈으로 정식 론칭했다.

1. 제품 포트폴리오

총 8백여 품목으로 이루어져 있으며 국내 최초로 시도되는 다양한 제품들로 구성됐다.

네이처 리퍼블릭 제품의 핵심 키워드는 세계 각지의 희귀 성분(Global Ingredient), MD WATER(Miracle of medication water), 특허 받은 피부과학기술로 설명할 수 있다.

일부 품목을 제외한 대부분의 제품에는 2가지 핵심 성분과 피부과학기술을 공통적으로 적용한 것이 가장 큰 특징이다.

연령대별로 차별화된 천연 성분과 기능성, 텍스처를 즐길 수 있는 기초라인, 향과 사용감이 뛰어난 남성 라인, 세계 각지의 천연성분이 함유된 보디 제품과 베이비, 헤어라인으로 구성됐다.

메이크업라인은 높아지는 소비자의 요구에 맞춘 기능별 제품이 있으며, 국내 업체로는 처음으로 4색 파우더를 내놓는 등 표현 범위가 자유로운 신개념의 감각적인 포인트 메이크업 라인이다.

2. 주력 제품

– 폴리네시아 라군워터 프레시 아쿠아 라인

폴리네시아의 푸른 산호초 지대에서 순수하게 정제한 블루라군워터의 청정함과 신비한 에너지를 담은 청량감 넘치는 수분라인이다.

수분이 부족해 메마르고 거친 피부, 생기를 잃은 피부에 블루라군워터 에너지와 서식식물인 아제라툼의 생명력을 불어 넣어 수분이 충만한 생기있는 피부로 가꾸어 준다.

– 파인트리 얼반 디톡스 라인

프랑스 청정 해안의 희귀 소나무 껍질에서 추출한 피크노제놀 성분이 들어 있어 도시 환경에 지친 현대인의 피부를 정화시켜 주는 디톡스 라인.

피크노제놀은 세계 3대 천연 항산화제로 꼽히는 성분으로 비타민E보다 10배의 항산화 효과를 갖고 있어, 천연 소나무 향이 은은하게 살아 있는 '파인트리 얼반 디톡스' 라인은 부드럽고 산뜻한 질감으로 스트레스와 공해 등으로 지친 현대 여성의 피부를 정화하고 심신을 진정시켜 준다.

3. 해외 진출 현황

네이처 리퍼블릭은 해외 시장도 공격적으로 개척하고 있다.

출범 원년인 2009년 상반기에 이미 아시아의 일부 국가에 진출하는 일정이 확정됐으며, 매장 오픈을 원하는 해외 사업자들의 문의가 이어지고 있다.

네이처 리퍼블릭은 태초의 생명력을 담은 차별화된 브랜드 콘셉트, 톱모델인 가수 비(정지훈)의 국내와 해외에서의 인지도, 신뢰도 높은 고품질의 제품 등이 강력한 시너지 효과를 낼 것으로 확신하고 있다.

www.naturerepublic.co.kr

더페이스샵

고급스러운 자연주의 화장품
고객을 위한 창조마케팅 · 서번트 영업

더페이스샵은 2003년 12월 명동 1호점을 오픈하며 출범했다.

더페이스샵의 브랜드 콘셉트는 '고급스러운 자연주의 화장품'이다. 내추럴 스토리(Natural Story)라는 슬로건 아래 모든 제품에 피부 친화적인 자연 성분을 사용하고 있다.

소비자가 싼 제품을 사는 게 아니라 고급스러운 이미지를 산다는 인식을 갖도록 매장 인테리어와 제품, 디스플레이 등을 통해 '고급스러운 자연주의'를 실현하기 위해 노력해 오고 있다.

1. 해외 진출 현황

더페이스샵은 2003년 12월, 국내 화장품업계에 돌풍을 일으키며 브랜드를 론칭했다. 그러나 브랜드 출범 시기부터 국내 화장품시장만을 타깃으로 한 것이 아니라 해외시장 진출에도 적극적이었다.

더페이스샵은 2004년 11월에 대만, 싱가포르, 인도네시아 등을 시작으로 해외 화장품시장에 첫발을 내디뎠다. 2007년에는 그동안 진출했던 국가의 상권을 재분석하고 현지화 전략을 구상하는 등 사업을 정비, 강화하는 데 주력했다.

2008년에는 본격적인 해외시장 확대를 위해 해외 현지화 전략을 실천했다. 특히 해외 현지화 전략 중 하나인 국가별 유통채널 다변화 전략에 따라 2008년 상반기에는 미국 홈쇼핑채널인 HSN(Home Shopping Network), 최대 드럭스토어 유통체인인 월그린스(Walgreens Co.)에 입점했으며, 하반기에는 일본의 도큐핸즈, 소니 플라자 등 버라이어티 숍 1백80여 매장에 진출했다.

현재 더페이스샵은 국내 6백50여개 매장을 비롯해 미국, 중국, 일본, 대만, 요르단, 도미니카공화국 등 해외 19개국에 2백10여개의 단독 매장과 미국, 일본 등의 대형 유통체인 6천여개 매장에 입점해 있다.

– 아시아 화장품 브랜드 최초로 미국 대형 유통체인 '월그린스' 입점

더페이스샵은 2005년 9월 뉴욕을 시작으로 미국 시장에 진출했다. 초창기에는 로드숍(가두점)을 중심으로 매장을 오픈했다.

그러나 2007년부터는 해외 현지화 전략에 따라 기존의 상권 분석과 재정비를 통해 미국 소비패턴과 유통채널 특성에 맞도록 유통채널 다변화 전략에 따라 대형 유통체인을 비롯해 홈쇼핑채널 등 다양한 방식으로 미국 소비자에게 접근하고자 노력하고 있다.

이에 따라 2008년 5월에는 국내 화장품업계 최초로 미국의 대형 홈쇼핑채널인 HSN(Home Shopping Network)에서 미백 기능성 제품인 '화이트트리' 3종을 성공적으로 론칭하는 성과를 이뤘다. 또한 2008년 6월엔 아시아 화장품 브랜드 최초로 미국 최대 드럭스토어 유통체인인 '월그린스'와 계약을 체결하고 같은 해 8월부터 본격적으로 월그린스에 입점해 미국 화장품시장의 핵심 상권을 공략하고 있다.

특히 월그린스의 6천여 매장에서 판매하는 마스크시트 10종은 미국에서는 아직까지는 생소한 품목인데다 간편하게 피부 관리를 할 수 있다는 점에서 매우 긍정적인 호응을 얻고 있다.

더페이스샵은 월그린스에 정식 입점하기 전인 2007년 10월부터 8개월간 실시한 테스트 론칭 기간 동안 매출 기여도 및 소비자 반응, 품질력 등을 까다롭게 평가받았다. 테스트 기간에는 특히 마스크시트에 대한 소비자 반응이 좋아 3차례의 추가 주문이 이뤄져 관계자들을 놀래키기도 했다.

– 고급스러운 자연주의로 중국 '여심' 공략

중국의 경우 지난 2006년 9월 상하이에 5개 테스트 매장을 오픈해 운영했으며, 중국 여성들이 로드숍보다는 주로 백화점이나 쇼핑몰에서 제품을 구매하는 것으로 나타나자 이러한 유통채널 공략에 나섰다.

중국은 아직 소비재산업이 활발하게 발전하지 않아 전체적으로 업종을 불문하

▲ 중국 상하이 팍스백화점 매장

고 로드숍 상권이 태동 단계에 있는 상황이므로, 이에 따라 2007년 12월에는 베이징의 퀸타이백화점에 매장을 오픈했으며 2008년 3월에는 베이징 최대 쇼핑몰 조이시티몰에 대형 플래그십 매장을 열기도 했다.

현재 더페이스샵은 베이징, 상하이, 선양 등에 30여 매장을 보유한 상태다. 중국 여성의 경우 다른 아시아 여성들과 마찬가지로 하얀 피부를 선호하면서 건조한 날씨 탓으로 피부 관리에 관심이 많기 때문에 스킨케어 제품에 대한 수요가 많은 편이다. 이에 따라 미백기능성 성분이 함유된 '화이트트리' 라인과 간편하게 피부 관리를 할 수 있는 마스크시트가 큰 사랑을 받고 있다.

– 일본서도 다양한 채널서 선전

더페이스샵은 미국, 중국 등 주요 핵심 국가를 제외한 기존 진출 국가의 현지 화장품시장에서도 탄탄하게 기반을 다지며 해외에서의 경쟁력을 높이고 있다.

2005년 12월 진출한 일본의 경우, 도쿄 마루이백화점을 포함해 오사카, 요코하마 등에 10여개 단독매장을 보유하고 있다. 지난해 9월에는 도큐핸즈와 플라자 등 버라이어티 숍에 진출했을 뿐 아니라 올 1월에는 일본 대형 홈쇼핑채널인 QVC재팬에 '플레보떼 콜라제닉 70 크

림' 등의 제품을 소개해 폭발적인 인기를 끌기도 했다.

2. 주력 브랜드

– 명한 미인도 명(明)

'명한 미인도–명'은 특허 받은 한방 미백성분인 잣나무박 추출물과 100% 국내산 한방 원료에 음양발효 기술을 적용해 강력한 미백 효과를 부여하는 프리미엄 미백기능성 한방라인이다.

특히 더페이스샵이 독자 개발한 특허 미백성분인 잣나무박 추출물(특허: 제10−0860604, 제10−0860605호)이 함유돼 피부의 멜라닌 생성을 적극적으로 예방할 뿐 아니라 이미 생성된 잡티에 미백 효과를 부여해 맑고 하얀 피부로 관리해 준다.

또 잣나무박 추출물과 함께 처방된 천궁 발효액의 상승 작용으로 미백 기능을 강화했다. '명한 미인도–명' 라인은 토너와 에멀전, 에센스, 크림, 부분 크림, 선 세럼 등 총 6종 구성이다.

– 익스트림 볼륨 마스카라 04 블랙포스

익스트림 볼륨 마스카라 04 블랙포스는 순수한 블랙 컬러로 또렷한 속눈썹을 연출해 주는 마스카라다.

부드러운 신소재 고무 브러시가 속눈썹 모양에 따라 유연하게 움직여 부드러운 사용감을 주고 3백4개의 고무 돌기가 속눈썹에 밀착되듯 한 올 한 올 빈틈없이 마스카라를 발라 준다. 또한 '노 모어 티어 포뮬라'라고 하는 눈물 유사 성분인 포도당(글루코오스)을 함유해 콘택트 렌즈 착용자 등 민감한 눈에 사용하기에 좋다.

– 아르쌩뜨 에코–테라피 익스트림–모이스처 토너 위드 에센셜 어드밴스

유럽에서 인증받은 친환경 성분과 7무(無) 시스템을 적용한 쉐이킹 타입의 고보습 토너로 에코 뷰티를 실천한 제품으로 큰 인기를 끌고 있다.

각종 아미노산과 미네랄을 풍부하게 공급해 건조한 피부에 즉각적인 수분감과 함께 이상적인 수분 밸런스를 유지해 주는 제품이다. 특히 물 대신 사용한 대나무 추출물 100%와 프렌치 로즈 추출물은 프랑스 유기농협회의 에코–서트(Eco-Cert) 인증을 받은 성분이다.

3. 경영방침

송기룡 대표는 2009년 신년사를 통해 경영방침으로 '고객을 위한 창조 마케팅과 서번트 영업(All for our Customers, Creation Marketing & Servant Business)'을 발표하고, 이를 통해 기업 비전인 '신뢰받는 국민 브랜드, 글로벌 리딩 브랜드'로 도약하기 위해 혼신의 힘을 쏟겠다고 역설했다.

또한 2009년 사업 목표로 전년 대비 매출액 10% 성장을 내세웠다. 더페이스샵이 단독 브랜드숍 화장품업계 선두이자 전체 화장품업계 3위의 입지를 굳히고 있는 만큼 2009년에는 외형 확대보다는 점당 매출을 올리고 프로세스를 혁신하는 데 중점을 두고 있다.

또한 더페이스샵만의 독창적이고 창조적인 마케팅을 활발히 펼치는 동시에 매장 환경과 특성에 맞는 봉사와 섬김의 영업을 실천하고 있다.

4. 특허 보유 현황

더페이스샵은 2009년 5월 현재 총 22건의 특허를 보유하고 있다.

이중 4건은 2009년 상반기에 추가 취득한 것으로 피부 보습 및 미백 기능 등에 효과적인 화장료 조성물에 관한 내용이다. 이번에 신규 취득한 특허는 국내 최초 핵심 기술 및 세계 최고 기술 인증으로 더페이스샵의 R&D 우수성을 보여주는 대표적 성과로 평가된다.

더페이스샵은 앞으로도 R&D투자를 확대해 국내외 시장에서 원천기술 경쟁력을 키우고 지속적으로 신기술을 적용한 고품질의 화장품 생산에 박차를 가할 예정이다.

5. 사회공헌활동

더페이스샵은 지난 2006년부터 4년 연속 한국여성의전화의 인권사업을 지원하고 있다.

국내에 6백50여 매장을 운영하고 있는 더페이스샵은 수익금의 일부와 물품 기부를 통해 여성폭력 추방운동과 여성의 경제적 권리 확보운동, 교육사업, 국제연대, 가정폭력상담센터 및 쉼터 운영 등 다양한 활동을 공동으로 펼칠 계획이다.

더페이스샵은 공신력 있는 여성인권단체 후원을 통해 나눔 경영을 실천하고 지역사회에 봉사하며 사회적인 책임을 다하는 기업의 의무를 다한다는 방침이다. 또 연간 환경보호 캠페인인 '세이브 네이처(Save Nature)'와 함께 사회공헌 사업을 보다 체계적이고 안정적으로 전개해 나갈 방침이다.

6. 수상 내역

2005. 5   두바이 미용박람회 인테리어상 'Best Stand Award' 수상

2005. 6   '화이트트리' 등 5개제품 산업자원부 주최 GD 선정

2005. 12   한국유통대상 국무총리상 수상

2006. 12   '더 플라워 메이크업' 등 3개 품목, 하반기 우수산업디자인(GD) 선정

2008. 12   한국보건산업진흥원 '화장품산업 FTA 비즈니스 모델 구축'으로 FTA 활용
　　　　　　　대회 최우수상 수상

www.thefaceshop.com

미샤

최초의 브랜드숍 … 글로벌 브랜드로 도약
고객 커뮤니케이션 강화 … 쌍방향 마케팅 실현

2000년부터 여성포털사이트 뷰티넷(www.beautynet.co.kr)을 통한 인터넷 판매를 시작으로 화장품업계 최초로 브랜드숍 '미샤'를 선보인 (주)에이블씨엔씨는 이미 2004년도에 매출 1천1백억원을 돌파하였고 코스닥에 상장하는 등 현재까지 브랜드숍의 대표주자로 자리매김하고 있다. 2002년 이대앞에 첫 오프라인 매장을 오픈, 현재 국내에 3백70여개 단독매장을 운영하고, 전 세계 19개국 3백6여개 매장을 운영하는 등 창사 10년 만에 글로벌 브랜드로 자리잡았다.

미샤는 4백50만명의 오프라인 멤버십 정회원, 온라인 사이트 '뷰티넷'의 약 3백만명 정회원, 일평균 방문자 수 2만명 이상을 확보하고 있다. 뷰티넷은 단순한 쇼핑몰이 아니라 고객과의 적극적인 소통의 장이다. 미샤는 마케팅 천재가 시장 분석 데이터를 놓고 만들어낸 것이 아니라, 인터넷에서 생산자와 소비자가 대화를 나누는 과정에서 자연스럽게 탄생한 것이다.

뷰티넷에서 품평단, 마니아 구축 등 적극적 활동을 유도해 고객 의견을 실시간으로 수집, 반영 중이며 다양한 게시판을 활용해 고객을 적극적으로 참여시키고 인터넷을 이용한 불만족 처리 관리도 효율적으로 진행하고 있다.

또한 (주)에이블씨엔씨가 가장 중시하는 것은 '고객들과의 직접 소통'이다. 실제로 (주)에이블씨엔씨의 대표이사인 서영필 회장은 직접 고객들과 온·오프라인상에서 끊임없이 접촉하고 있다. 2008년 뷰티넷 회원 초청 행사를 6회 진행하는 등 향후 미샤 화장품을 발전할 수 있게 원동력이 되어준 뷰티넷 회원들과 소통할 수 있는 장을 적극적으로 확대해나가고 있다.

향후 온라인 브랜드 사이트 뷰티넷의 고유한 강점을 활용한 새로운 툴을 개발해 고객 커뮤니케이션을 더욱 강화할 방침이며 멤버십 서비스를 강화하고 고객의 요구를 제품과 서비스로 담아내고 정책에 반영하는 더욱 발전된 쌍방향 마케팅을 실현할 예정이다.

1. 브랜드 콘셉트

미샤는 제품 기획단계부터 소비자의 제안을 수렴, 철저한 품평을 거쳐 생산하고 전 제품 엄격한 피부안전 테스트로 검증된 원료만을 사용해 뛰어난 품질의 기초, 색조, 기능성 화장품을 비롯한 바디, 헤어용품 등 총 8백여종이 넘는 제품을 판매하고 있다.

우수한 성분의 제품뿐만 아니라 세련된 용기 디자인을 채택해, 실용적이면서도 트렌디한 제품을 선호하는 20~30대 여성들에게 특히 높은 인기를 끌고 있다. 최근 고기능성 제품 론칭에 따라 40대 이상의 소비자에게도 어필해 연령에 구애받지 않는 고객층을 확보하고 있다.

2. 해외 진출 현황

미샤 화장품은 지난 2004년 호주 시드니 1호 매장 오픈을 기점으로 해외 시장 진출을 시작, 곧바로 미국과 일본, 중국에도 진출하는 등 해외 시장에서의 활동을 꾸준히 계속해 왔으며, 현재 전 세계 19개국에 약 3백6개의 오프라인 매장이 있다.

일본, 미국, 중국은 물론 사우디아라비아와 아랍에미레이트 등의 중동 지역과 유럽에도 진출해 활발한 마케팅을 펼치고 있다.

고품질의 제품과 8백여개 이상의 다양한 제품군, 이전까지 해외에서는 보기 힘들었던 테스트형 단독 매장 운영, 전문적인 카운슬링을 동반함으로써 현지인들에게 큰 반향을 일으키고 있다.

3. 주력 제품

– M 시그너처 래디언스 투웨이 팩트 SPF27 PA++

투웨이케익의 커버력과 파우더 팩트의 가벼움을 절충한 제품으로 화사한 피부 표현을 도와주는 기능은 물론 피부 노화를 관리해주는 노벨화학상 수상 '풀러린' 성분이 함유된 것이 특징. 인위적인 펄감으로 샤이닝 효과를 주는 것이 아니라, 피부 안과 밖의 조건을 최상의 상태로 만들어 피부 본연의 빛을 발현시켜 준다.

또 미네랄과 콜라겐 성분을 다공성 파우더에 포집시키는 기술력을 통해 보습과 탄력이 오랜 시간 지속되어 화장 효과를 높이는 동시에 항산화 작용을 통한 피부 노화 관리까지 도와주는 고기능성 베이스 메이크업 제품이다.

– 미샤 수퍼 아쿠아 울트라 워터풀 크림

바오밥나무 등 사막 식물의 자체 수분 저장 능력에 주목한 제품으로 피부 속 수분 저장 능력을 활성화시켜 피부 타입에 관계없이 사계절 내내 촉촉한 피부로 가꿔주는 프리미엄 고수분 크림으로 24시간 보습 임상 테스트를 완료했다.

수퍼 아쿠아 울트라 워터풀 크림의 효과는 각질층은 물론, 피부 표면과 피부 속까지 관리해주는 3단계 수분관리 시스템에 있다. 먼저, 미세 방어막을 형성해 각질층의 수분 증발을 막아주는 1단계. 그 다음 수분을 흡수해 메마른 피부 표면을 촉촉하게 채워주며, 마지막으로 사막에서 자라는 바오밥나무 추출물이 피부 속 수분 에너지를 활성화시켜 이상적인 수분 밸런스를 유지시켜 준다.

– 타임 레볼루션 화이트큐어 사이언스 블랑

화이트큐어 사이언스 블랑은 미백에 관심이 많은 일본인들에게 특히 인기가 많은 제품으로 출시하자마자 히트상품 반열에 올랐다. 노벨 화학상을 수상한 풀러린(fullerenes)과 아쿠아필린(Aquaphyline)성분을 함유, 색소 침착 등의 원인이 되는 활성산소를 다량 흡수하여 피부 산화를 방지하고 노화에 의한 멜라닌 생성을 컨트롤하여 맑고 건강한 피부로 가꿔준다.

www.beautynet.co.kr

뷰티플렉스(BEAUTYFLEX)

자신을 가꿀 줄 아는 여성들의 '잇 쇼핑 플레이스'
고품질 합리적 가격 제품 · 업그레이드 서비스 제공

뷰티플렉스는 아름다움을 뜻하는 'BEAUTY'와 멀티플렉스의 'FLEX'의 합성어로 아름답고 세련된 감각의 다양한 뷰티 제품들을 모두 만나볼 수 있는 멀티 뷰티숍이다.

높은 품질과 합리적인 가격, 고객을 먼저 생각하는 최상의 애프터서비스까지 갖추어 출범 이래 지속적으로 매장 수를 늘리며 대표적인 멀티플렉스 뷰티숍으로 자리매김하고 있다. 뷰티플렉스에서는 전국 전 매장이 거품을 뺀 정찰제로 제품을 판매하며 전문 교육을 받은 매장 상담원에게서 최상의 친절과 피부 상태에 대한 조언을 받을 수 있다.

피부 진단은 물론 메이크업 제안부터 제품 테스트까지 한자리에서 해결할 수 있는 셈이다. 또 구입 후 일 주일 이내에 모든 제품의 환불과 교환이 가능해 안심하고 구매할 수 있다.

트렌드를 주도하고 자기 자신을 제대로 가꿀 줄 아는 여성들의 잇 쇼핑 플레이스로 자리잡은 뷰티플렉스의 성장은 지속적으로 업그레이드되는 서비스와 고객관리, 그리고 품질과 가격의 합리성과 맞물려 수직 상승 중이다.

뷰티플렉스에서 판매 중인 브랜드

– 수려한

대한민국 대표 한방 브랜드 No.1. 중국 역사 속 절세 미녀 서시의 미용 비법을 과학적으로 해석한 수려한은 폭넓은 연령대의 여성들에게 사랑받고 있는 청아하고 고귀한 피부를 위한 제품이다.

– 이자녹스

피부에 따라 골라 쓰는 고품격 맞춤 화장품. 자신의 피부 타입과 피부 고민 솔루션에 맞추어 자유롭게 사용할 수 있는 고기능, 고품격의 화장품을 추구하고 있다.

– 라끄베르

오늘도 피부는 라끄베르와 상의하세요. 친근한 캐치프레이즈로 더욱 잘 알려진 살아있는 자연을 그대로 담은 깨끗한 화장품 라끄베르. 합리적인 가격과 다양한 제품구성은 고기능의 고가 화장품 구매에 부담을 느끼는 고객들에게 당연히 인기 만점이다.

– 캐시캣

나만의 메이크업 아티스트, 개성있는 스타일을 완성하고 싶은 젊은 여성들에게 인기가 높은 브랜드가 캐시캣이다. 쉽고 간편한 사용법으로 누구나 스타일을 완성할 수 있는, 그러나 아무나 똑같이 만들어낼 수 없는 자신만의 유니크한 룩을 실현시켜 주는 트렌디한 메이크업 브랜드이다.

– 라하

문명이 존재하지 않았던 시절부터 인류 최초의 신화가 탄생한 곳이라는 뜻의 라하는 최초의 고유한 프레스티지를 표방하는 풍부하고 윤기있는 피부 가치를 실현하는 고품격 브랜드이다. 고가의 성분을 함유한 캐비어 라인부터 진귀한 재료를 사용한 특별한 가치의 제품들이 특히 인기를 끌고 있다.

- 케어존

케어존은 약국
과 뷰티플렉스에
서 판매하는 전문
카운슬링 제품으
로 믿고 사용할
수 있는 과학적인
브랜드이다. 여드
름과 같은 민감한
피부 트러블을 위
해 피부과적 처방

을 가능하게 해주는 기능성 제품이라 제품성이 우수하다. 입소문을 타고 벌써 뷰티플렉스 내에서도 매출상승이 두드러지고 있다는 후문이다.

- 보닌

도시적인 세련된 남성을 위한 남성 스킨 케어 브랜드 보닌. 젊은 남성들 사이에서는 이미 품질 좋고 가격대가 합리적인 브랜드로 인지도가 높다. 보닌은 자기개성이 뚜렷하고 자기 자신을 철저하게 가꿀 줄 아는 프로페셔널한 남성을 브랜드의 모델로 삼고 있다. 이에 걸맞게 새로운 라인이 출시될 때마다 세련된 디자인과 독특한 개성이 담긴 제품이 많아 신제품에 대한 관심도 매우 높다.

- 비욘드

자연 에너지로 생기있는 삶과 아름다움을 전달하는 비욘드는 자연주의 토털 케어&보디 케어로 구성되어 있다. 친환경 에코 라이프가 현대인들의 라이프스타일에 핵심으로 떠오른 지금, 건강한 브랜드 비욘드에 대한 인기도 식을 줄 모르고 있다.

– 나나스비

순정만화처럼 반짝이는 10대들의 피부를 위한 10대 전용의 브랜드. 론칭 전부터 무수한 화제를 불러일으켰던 나나스비는 첫 주자로 나나스비 샤이니 비비크림을 출시해 10대들을 중심으로 폭발적인 관심을 모으고 있다. 더 이상 화장품은 어른들의 전유물이 아닌 만큼 자신들을 위한, 자신들에 의한 브랜드 나나스비에 대한 호응도도 높은 편이다.

– 디떼(D'te)

그리스 로마 신화 속 미의 여신인 아프로디테의 이름에서 따온 디떼는 합리적인 가격대에 다양하고 실속 있는 메이크업을 제안하는 신생 브랜드이다. 여성스러우면서도 모던한 아름다움을 추구하는 여성들을 위한 제품이다.

www.beautiplex.co.kr

스킨푸드

맛있는 푸드로 만든 맛있는 화장품
새로운 뷰티 카테고리 형성 … 웰빙 트렌드에 부응

스킨푸드는 '몸에 좋은 푸드는 피부에도 좋다' 라는 생각에서 출발해 '맛있는 푸드로 만든 맛있는 화장품' 이라는 콘셉트로 설탕과 꿀, 호박, 우유, 토마토와 쌀, 복분자 등

몸에도, 피부에도 좋은 푸드를 주재료로 제품을 구성해 푸드 코스메틱이라는 새로운 뷰티 카테고리를 형성하고 있다.

푸드의 신선함과 영양을 그대로 담은 뷰티케어로서 제품의 향기, 용기까지 푸드 콘셉트를 적용해 소비자의 특별한 관심을 유도하고, 웰빙을 지향하는 고객들의 소망에 부응하고자 스킨푸드는 항상 피부에 좋은 푸드를 찾고, 좋은 제품으로 담아내고자 노력하고 있다.

1. 제품 포트폴리오

다양한 푸드 콘셉트로 머리부터 발끝까지 남녀 · 연령별 모두 사용할 수 있는 1천여 가지의 다양한 제품을 출시하고 있다.

제품 구성에 있어서 큰 특징은, 피부 고민에 따른 푸드 콘셉트를 세부적으로 적용하여 흑설탕, 복분자, 연어, 쌀, 맥주, 흑마늘 등의 푸드 성분을 함유한 화장품을 피부 타입에 따라 라인을 구성한 것.

또한 보기에도 먹음직스럽고 예쁜 제형과 용기를 이용해 오감이 만족할 수 있도록 하였다. 아이스크림 통에 들어 있어 떠 바르는 마스크와 소금이 들어 있는 바디 클렌저, 스펀지로 바르는 고구마 파운데이션, 맥주 샴푸 등 타 브랜드에서 찾아보기 힘든 재미있는 제품들을 다양하게 선보이고 있다.

2. 히트 제품

– 스킨푸드 복분자 아이크림

복분자 추출물과 12가지 한방약초에서 추출한 자양보음단과 청연단이 담겨 피부 속 깊이 촉촉함을 전해주고 주름 개선 기능성 성분인 아데노신이 들어있어 팽팽하면서도 건강한 눈가로 가꾸어 주는 주름 개선 기능성 아이 크림.

– 골드 캐비어 토너

러시아산 캐비어 추출물과 24K 순금이 들어있어 보습, 영양, 탄력 공급을 동시에 해주는 촉촉한 사용감의 토너.

– 블랙슈가 마스크 워시 오프

미네랄과 비타민이 풍부하여 묵은 각질을 제거해 주고 피부에 생기와 활력을 더해주는 스크럽 마스크. 화장이 먹지 않고 유독 각질이 많이 쌓여갈 때 효과적으로 사용할 수 있다.

3. 마케팅 전략

일관적이고 지속적인 브랜드 아이덴티티 관리를 통해 강력한 브랜드 파워 구축에 주력하고자 한다. 즉, 스킨푸드의 고유한 마케팅 툴(Tool)을 더욱 강화하며 성공적으로 평가받고 있는 광고 캠페인 또한 지속적으로 전개할 계획이다.

브랜드 론칭 이후 꾸준히 실시하고 있는 샘플 마케팅과 푸드 콘셉트의 체험 여행 이벤트는 스킨푸드만의 고유한 프로모션으로 자리잡았다. 또한 '피부를 위해 푸드를 공부합니다' 라는 브랜드 슬로건과 함께 지속적인 광고 캠페인 구현을 통한 브랜드력 강화에 주력할 방침이다.

4. 해외 진출 현황

스킨푸드의 해외 진출은 2005년 4월 대만의 수도 타이페이에 3개 매장 동시 오픈을 시작으로 2009년 5월 현재 대만, 말레이시아, 싱가포르, 태국, 홍콩, 필리핀, 인도네시아, U.A.E, 브루나이, 중국 등 10개국에서 약 1백40 여 개의 매장을 운영하고 있다.

매장 진출 형태는 국가 특성별로 조금씩 다른데, 현지 유통의 성격과 고객 소비 형태에 따라 숍인몰(shop in mall), 로드숍(road shop) 형태 등 오프라인 매장으로만 진출하고 있으며, 기본적으로 국내와 통일된 매장 콘셉트 유지를 통해 국내외 통합적인 브랜드 관리에 크게 주력하고 있다.

스킨푸드는 국내 마케팅 사례와 현지화 전략을 적절히 구사하여 성공적인 마케팅 전략을 펼치고 있는데, 국내와 동일하게 실시하고 있는 마케팅 활동 중의 하나가 바로 제품 샘플링과 뉴스레터 배포 전략이다. 국내에서 제작한 스킨푸드 소식지, 뉴스레터를 현지어로 번역하여 배포함으로써 브랜드에 대한 이해를 높이며 꾸준한 관심을 모으고 있다.

해외 진출 후 어느 한 곳 실패한 곳 없이 짧은 시간 내 성공을 거둔 힘은 양적인 확대에 급급하기보다는 진출 전에 면밀한 사전 현지 시장 분석에 만전을 기하며 신중하게 진출하고, 진출

후에는 철저한 브랜드 관리 등 국내 성공 노하우를 바탕으로 현지 소비자의 니즈를 적극 반영한 적극적인 현지 마케팅을 성공적으로 구현한 점에 있다.

이미 진출한 국가에서는 브랜드 파워를 더욱 강화시키는 방향으로 지속적으로 발전시켜 나가고, 해외시장에서의 성공 경험을 바탕으로 신규 진출 국가의 적극적인 모색 등을 통해 해외시장 진출에 더욱 박차를 가하며 스킨푸드를 세계적인 브랜드로 키워나갈 계획이다.

5. 수상경력

2006. 12   한국 경제 신문사 주관 '고객 감동 경영 대상' 화장품 부문 수상

2007. 7   '대학생 히트 상품 조사' 기초 화장품 부문 1위 선정

2007. 9   '얼루어 뷰티 어워드' 3개 부문 수상

    – 베스트 화이트닝: 토마토 화이트닝 스팟 세럼

    – 베스트 하이드레이팅: 피치사케 에멀전

    – 베스트 링클케어: 복분자 아이 크림

2008. 1   '슈어 뷰티 어워드' 브랜드숍 부문 수상

2008. 9   뷰티 동호회 '내가 써본 최고의 중저가 화장품' 마스크팩 부문 선정

2008. 11   '대한민국 광고대상' TVC 우수상 수상

2009. 4   '2009년 대학생 선호 브랜드' 중저가 화장품부문 1위 선정

www.theskinfood.com

아리따움

'아시안 뷰티' 실현하는 뷰티 솔루션 공간
12가지 피부고민에 1:1 맞춤형 솔루션 제공

'아리따움'은 '아름다운 사람들의 공간'이라는 뜻의 순 우리말로 (주)아모레퍼시픽의 비전인 '아시안 뷰티(Asian Beauty)'를 실현해 주는 대표적인 뷰티 솔루션 공간으로 2008년 9월에 출범했다.

1. 콘셉트

(주)아모레퍼시픽이 제안하는 프리미엄 감각의 토탈 뷰티 솔루션 숍.

아리따움은 아모레퍼시픽의 비전인 '아시안 뷰티(Asian Beauty)'를 실현해 주는 대표적인 뷰티 솔루션 공간이다.

2. 경영방침

'고객의 12가지 피부 고민에 대한 1:1 맞춤형 솔루션 제공'을 위해 매장 내 카운슬링 존에서 업그레이드한 피부 진단기를 이용하여 전문적인 카운슬링과 편안한 구매 체험을 제공한다.

아리따움은 고객들이 들어오고 싶고 체험하고 싶은 매장을 만들기 위하여 인테리어 및 디자인을 혁신했으며 피부고민별 뷰티 솔루션(Beauty Solution)을 제공할 수 있는 상품을 개발

했다.

또한 다시 오고 싶은 매장의 핵심으로 판매사원의 역량 강화를 위한 전문적인 교육 지원으로 고객의 안전하고 편리한 화장품 사용을 안내한다.

가맹 방식을 통한 철저한 매장 관리로 공장에서 고객 손까지 100% 직배송된 안전하고 신선한 화장품을 제공하는 한편, 전국 어느 매장을 가도 동일한 서비스와 매장 모습을 만날 수 있도록 고객 편의를 도모한다. 아울러 새로운 이벤트, 제휴 프로모션이 끊이지 않는 늘 새롭고 재미있는 매장을 추구한다.

3. 제품 포트폴리오

아리따움에서는 아이오페, 한율, 라네즈, 마몽드, 해피바스, 오딧세이, 미쟝센, 려 등 아모레퍼시픽의 인기 브랜드와 아리따움 PB상품 2백여 품목, 마몽드 메이크업 신제품 1백여 품목, 에스쁘아 향수 및 수입 향수 등을 한자리에서 만날 수 있다.

4. 주력 제품

– 아이오페 레티놀 NX라인

● 프로레티놀 NX 멀티 코렉티브 세럼(주름+미백 이중기능성)

낮 시간까지 사용할 수 있는 안정화된 프로레티놀과 NX 콤플렉스 성분 함유로 칙칙함, 각질, 미세주름 등 초기 노화 징후 개선과 피부 스트레스 완화로 맑고 매끄러운 피부로 가꾸어 주는 멀티 세럼.

● 레티놀 NX 딥 링클 코렉터(주름개선기능성)

순수 레티놀과 NX 콤플렉스 함유로 깊은 주름은 물론 보이지 않는 잠재주름까지 관리해 주는 더욱 강화된 밤 전용 주름 개선 집중 제품.

– 라네즈 메이크업

● 라네즈 슬라이딩 팩트 EX[Snow Crystal] SPF25/PA++

자연스럽고 매끈한 윤기와 광택을 살려주는 '윤광(潤光) 팩트'.

"스르륵 착~" 피부 밀착력을 높여 고급스럽고 자연스러운 윤기와 화사한 빛을 발하는 매끈한 피부의 신개념 슬라이딩 팩트.

– 마몽드 토탈솔루션 라인

마몽드 토탈솔루션 고보습 크림은 피부 속 깊숙이 위치한 탄력섬유를 수분력으로 촘촘히 채워 넣어 주어 피부 탄력 회복으로 미백과 주름까지 개선해 주는 제품.

12시간 피부 리듬에 맞추어 지속되는 마몽드 토탈솔루션 고보습 크림의 고보습력으로 피부 윤기의 동반 상승효과까지 느낄 수 있다.

● 토탈솔루션 스마트 모이스춰 크림(고보습 크림)

한층 강화된 미백, 주름개선 기능과 12시간 피부 리듬에 맞춘 고보습 크림.

● 토탈솔루션 스마트 워터리 크림(고수분 크림)

한층 강화된 미백, 주름개선 기능과 즉각적 수분 공급으로 수분 보유력을 높여주는 고수분 크림

● 토탈솔루션 스마트 모이스춰 세럼

한층 강화된 미백, 주름개선 기능과 각질층 집중 케어로 피부 투명도를 높여주는 산뜻한 세럼.

●토탈솔루션 스마트 모이스춰 아이크림

건조와 다크서클, 잔주름으로 칙칙해진 눈가에 보습과 한층 강화된 미백, 주름개선 기능의 아이 크림.

– 마몽드 브라이트닝 파우더 팩트 10HR(텐아워)

피지를 제어하고 번들거림을 막아 보송보송한 피부를 선사해 준다.

또한 화사함이 10시간 지속되어 수정화장 없이도 방금 화장한 듯 화사한 피부를 오랫동안 유지시켜 주는 마몽드 브라이트닝 파우더 팩트10hr는 퍼짐성이 우수한 가벼운 사용감으로 얇게 발리면서도 딱 알맞은 커버력 또한 장점이다.

– 한율 유빛마사지 에센스

피부 흐름을 강화시켜 피부 구석구석 생명력과 안색이 살아나도록 도와 주는 제품이다.

한율만의 고유한 한방 성분인 율려단과 백과아(어린 은행잎), 어성초 성분이 피부의 균형을 되찾아 준다.

●유빛 마사지 에센스 정(바로잡을 訂)

피부에 이로운 기운을 북돋워 주어 피부 속 흐름을 강화하고 안색을 개선해 준다.

백과아(어린 은행잎) 추출물도 기존 유빛 마사지 에센스보다 2배 더 많이 함유되어 있을 뿐만 아니라 촉촉하고 부드러운 타입으로 봄, 가을, 겨울에 알맞다.

건성, 중성 피부 타입이 사용하면 좋다.

●유빛 마사지 에센스 연(연할 軟)

과한 것을 덜어 피부를 진정시켜 준다. 진정효과가 있는 어성초 추출물이 함유되어 피부 안팎의 열기를 해소하고 진정, 정화시켜 줄 뿐 아니라 산뜻하고 가벼운 타입으로 더운 여름에 사용하기에 알맞다. 지성, 복합성 타입이 사용하면 좋다.

5. 2008년 10월부터 통합포인트제도 시행

아리따움은 (주)아모레퍼시픽이 2008년 10월부터 화장품업계 최초로 실시하고 있는 통합포인트 제도인 '아모레퍼시픽 멤버십'의 혜택을 누릴 수 있는 대표적인 매장이다. 아리따움에서는 구매 금액의 5%가 뷰티포인트로 적립되며, 적립 포인트가 3천점 이상일 때부터 포인트를 사용해 아모레퍼시픽의 제품으로 교환할 수 있다.

뷰티포인트는 2009년 1월부터 기존 백화점, 마트, 아리따움, 이니스프리 매장(화장품)뿐 아니라 백화점 내의 설록 매장의 포인트까지 통합되면서 화장품과 설록차(건강식품)의 통합이 이루어져, 이너 뷰티와 아웃터 뷰티를 아우르는 명실상부한 통합 뷰티솔루션을 제공하게 됐다.

또한 이번 설록차 부문의 추가 통합을 통해 전국 약 1천5백50개 매장에서 약 5백만명의 고객이 뷰티포인트를 편리하게 적립 및 사용하고 있다.

2008년 9월 1일부터는 신한카드와 제휴해 '아리따움 전용 신한카드'를 발급하고 있다. 카드를 발급 받은 고객은 아리따움 매장에서 10% 할인 및 아모레퍼시픽의 뷰티포인트 7% 적립 등 다양한 혜택을 누릴 수 있다.

아리따움에서는 뷰티업계 최초로 플라스틱 형태의 기프트카드를 도입해 고객 편의를 도모하고 있다. 기프트카드는 아리따움에서 제품을 구매할 때 사용할 수 있는 상품권으로 1, 3, 5만원 3종으로 출시되며 아리따움뿐만 아니라 롯데그룹의 주요 브랜드에서도 사용할 수 있다 (TGI프라이데이, 롯데시네마, 롯데리아, 엔젤리너스커피, 크리스피크림도넛, 세븐일레븐&일반 플라스틱 롯데기프트카드 사용 가능).

또한 충전 기능이 있어서 5만원권 기프트카드의 경우 상기 7개 매장에서 최대 5만원 한도 내에서 충전이 가능하다.

6. 뷰티 푸드 '뷰티콜라겐' 판매 … 이너-아우터 뷰티 완성

2008년 10월 초부터는 아리따움에서 뷰티 푸드인 '뷰티콜라겐'을 판매하고 있다. 아리따움이 추구하는 이너-아우터 뷰티의 완성을 위해 도입된 뷰티콜라겐은 하루에 한 번 간편하게 마심으로써 콜라겐을 보충할 수 있는 뷰티 푸드이다.

피부 진피층의 70%를 구성하는 중요한 피부 단백질인 콜라겐은 특히 스트레스나 수면 부족, 노화 등 때문에 피부 내 합성 능력이 떨어지게 되는데, 뷰티 콜라겐은 이런 현대 여성의 피부 고민을 이해하고 개발된 탱탱하고 촉촉한 피부 미인을 위한 필수품이다.

아이오페 슈퍼바이탈, 레티놀, 스템셀 제품 등 꼼꼼하게 스킨케어 제품을 선택하는 소비자가 피부 속부터 건강하고 아름답게 관리하기 위해 함께 마시면 좋은 제품이다. 뷰티콜라겐 제품은 아리따움 매장에서 새롭게 선보인 '뷰티 라이프' 존에서 만날 수 있다.

7. "아리따움은 하나의 강력한 브랜드"

(주)아모레퍼시픽은 '아리따움'이라는 새로운 비즈니스 모델의 론칭 작업을 통해 중심상권 진출 확대와 젊은 고객들이 보다 매력을 느낄 수 있는 상품 보강, 피부진단 서비스와 같은 서비스 컨텐츠 보강 작업을 진행한 결과, 중심상권 매장들의 매출 성장과 젊은 고객의 신규 고객 유입이 눈에 띄게 증가하고 있다고 분석했다.

특히 2009년 1월에는 10년 이상 스테디셀러로 판매되고 있는 아이오페 레티놀 NX를, 3월에는 새롭게 출시된 라네즈 화이트 라인, 마몽드 빅아이 마스카라 등 강력한 아리따움 전용 상품을 잇달아 선보였고, 매스경로에서도 꾸준히 추진해온 CRM(Customer Relationship Management) 전략을 통해 고정고객의 매출 비율을 끌어 올리며 안정적인 매출 기반을 확보하고 있다.

(주)아모레퍼시픽은 2009년에는 아리따움을 하나의 강력한 브랜드로 키운다는 전략이다. 아리따움의 지속적 성장을 위해서 아리따움만의 가치를 통해 아리따움 브랜드를 고객들 가슴

속에 긍정적 이미지로 남기기 위해 노력한다는 방침이다.

이를 위해 오픈한 매장이 성공적으로 매출 성장을 이루도록 하는 일과 아리따움만의 차별화된 서비스를 차근차근 다지는 일, 아리따움에서 근무하는 판매사원들과 영업사원들의 역량을 높이는 교육 사업에 중점을 둘 계획이다.

8. 한율停(정)

피부의 최적 균형 상태 구현해 주는 한방 에스테틱 매장

'한율停(정)'은 '한율'이 추구하는 동의한방에 근거한 원칙 즉, 기(氣), 혈(血), 진액(津液)의 순환이 원활해야 피부가 최적의 균형 상태를 이룬다는 철학을 바탕으로 탄생했다.

현대인의 라이프스타일 불균형으로 쌓인 순환 정체의 문제점을 해결하고자 한국 사람의 피부를 편안하게 해 주는 동의한방과 피부의 최적 균형 상태인 '율려'를 구현하기 위한 몸과 마음의 쉼터로 고객의 오감을 만족시켜 주는 한방 에스테틱 매장이다.

한율정에서의 서비스 구현은 인체는 내부 장기의 흐름이 원활치 못하면 피부의 흐름도 원활치 못하는다는 동의한방 원칙에 근거하여 기(氣), 혈(血), 진액(津液)의 순환이 원활토록 하기 위해 두한족열(頭寒足熱)의 원리를 바탕으로 서비스를 진행하여 한국인의 체질에 맞는 피부 케어를 실시한다.

페이셜(Facial) 프로그램 10종류(기 프로그램 4, 혈 프로그램 4, 진액 프로그램 2), 바디 애드 온(Body add on) 프로그램 8종류, 패키지 프로그램 5종류 등 총 23종류의 독특한 한방 마사지 서비스를 체험할 수 있다.

– 페이셜 프로그램(Facial program)

동의한방에 의거, 두한족열(頭寒足熱)의 원리를 사용하여 피부 겉표면만의 관리가 아니라 인체 장기의 순환을 도와 피부 흐름을 강화할 수 있도록 모든 페이셜 프로그램에 적용(족욕, 발 핫스톤팩, 복부 핫팩, 쿨아이스톤 사용).

● 기(氣) 프로그램

피부의 기를 강화해 주는 가장 기본적인 페이셜 케어로서 피부와 연결된 장기인 폐경락 순

 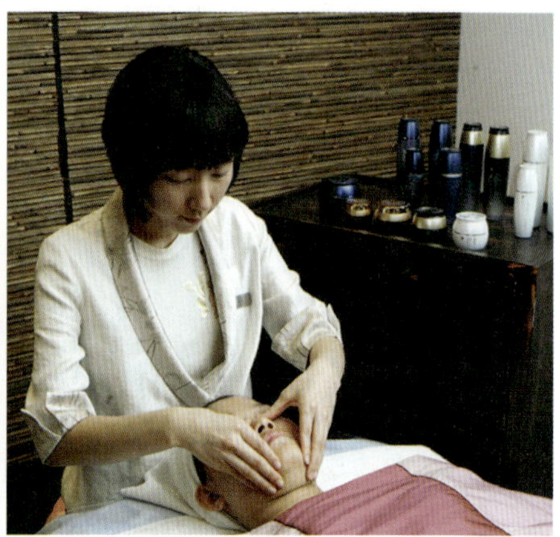

환을 잡아 흐트러진 라이프스타일의 불균형으로 정체된 기를 고르게 순환.

● 혈(血) 프로그램

기순환이 뭉쳐 있거나 기울어져 있는 혈을 찾아 나쁜 혈을 터 주어 구석구석 흐름을 강화시켜 주는 스페셜 케어.

● 진액(津液) 프로그램

기의 보강을 위한 진액 제품과 골드&실버 스푼 특화 마사지를 통해 피부 재생 및 탄력을 주는 프리미엄 케어.

– 바디 애드 온 프로그램 (Body add on program)

모든 경혈반사 마사지는 12경락을 터치하지만 한율정의 바디 테크닉은 동의한방에 근거하여 부분별 반사 부위를 보하면 기운이 크다는 이론에 근거하여 기, 혈, 진액 단계로 마사지의 효과를 상승(손, 발, 등, 복부, 가슴, 힙, 다리 등)

– 패키지 프로그램

예비 신부 패키지, 런치 스페셜 등

www.amorepacific.co.kr · www.aritaum.com

에뛰드하우스

고품질 · 합리적 가격 · 심플한 디자인 · 다양한 컬러
즐거운 화장을 위한 조언자이자 좋은 친구

1. 콘셉트

메이크업 전문 브랜드로서 '고품질, 합리적인 가격, 심플한 디자인, 다양한 컬러'라는 4가지 기본 콘셉트를 핵심으로 하고 있다.

2. 경영방침

에뛰드는 젊음과 아름다움, 삶에 대한 여성들의 다양하고 달콤한 꿈들을 실현시켜주는 브랜드이다.

화장이 더 이상 귀찮고 까다로운 일이 아니라 신나고 유쾌한 놀이 같은 것이고, 다른 누군가를 위한 것이 아니라 '나'를 위한 화장이어야 한다고 강조한다.

이를 위해 에뛰드는 늘 새롭게 색다른 제품으로 즐거운 경험을 제안하고, 누구나 쉽게 사용할 수 있는 편리성과 기능성을 함께 갖춘 제품 개발에 노력하고 있다.

또 항상 좋은 친구이자 조언자로서 고객들에게 즐거운 화장을 위한 쉽고 친절한 가이드 역할을 해 나가고 있다.

3. 해외 진출 현황

에뛰드는 2007년도 무역의 날에 1000만불의 탑을 수상할 만큼 성공적으로 해외 시장 공략을 하고 있다. 매년 평균 20% 성장을 목표로 하고 있는 에뛰드는 2009년 현재 중국(1백개 백화점), 태국(40개 백화점 및 쇼핑몰) 등 10여 개국에 진출해 있다(에뛰드하우스, 에뛰드 포함).

에뛰드는 가격 경쟁보다는 현지 시장의 니즈를 잘 파악해 해외 시장을 공략하는 한편 저가 콘셉트가 아닌 '토털 전문 메이크업 브랜드숍'의 콘셉트로 해외 시장을 개척하고 있다. 또한 백화점 매장 진출 등 유통의 다변화와 각 나라의 유명인을 통한 스타마케팅, 분기별 매장 비주얼 교체 등 에뛰드만의 신선함을 제공함으로써 시장 확대에 나서고 있다.

4. 제품 포트폴리오

메이크업 제품을 중심으로 스킨케어, 클렌징, 선케어, 마스크(팩), 헤어, 바디, 향수, 도구류 등으로 확대하여 토털 뷰티를 지향하며, 남성 제품도 스킨케어, 메이크업, 헤어스타일링, 바디, 마스크 등으로 세분화해 운영 중이다.

5. 주력 제품

－진주알 맑은 BB크림 (Precious Mineral BB Cream)

피부를 정화시켜주는 진주 성분이 함유되어 피부를 맑게 지켜주고, 색상 변화를 방지하는 특수 코팅된 피그먼트 파우더를 사용하여 다크닝 없이 맑

은 피부로 연출해 준다. 연약한 피부를 진정시켜주는 라벤더 워터와 안젤리카가 트러블 케어를 해 준다. 알부틴과 아데노신의 성분 함유로 칙칙하고 고르지 못한 피부 톤의 케어에 도움을 주며, 유해한 자외선으로부터 피부를 보호해 주는 미백·주름개선·자외선 차단의 삼중기능성 BB크림이다.

–진주알 맑은 BB 콤팩트 (Precious Mineral BB Compact)

미세한 진주파우더가 칙칙함으로부터 피부를 맑고 뽀얗게 지켜주는 BB크림 전용 기능성 BB콤팩트. 피부를 정화시켜주는 진주성분이 함유되어 피부를 맑게 지켜주고, 피부 산화 방지 공법이 적용되어 다크닝 없이 맑고 화사한 피부로 연출해 준다. 연약한 피부를 진정시켜주는 라벤더 워터와 안젤리카가 함유되어 트러블 케어를 해 맑고 건강하게 가꿔준다.

또한 입자를 곱고 미세화한 제트밀 공정 파우더와 더블 오일 분산 시스템이 적용된 얇은 파우더 입자가 텁텁함과 뭉침 없이 곱게 밀착되어 맑고 가벼운 피부로 유지해 준다.

–러브옴므 에브리씽 투 원 BB크림

러브옴므 에브리씽 투 원 BB크림은 미백·주름개선·자외선 차단의 삼중 기능성 제품으로 다공성 파우더가 피지를 흡착하고, 해양 심층수 등이 거칠고 건조한 남성 피부를 촉촉하게 가꿔준다. 실키하면서도 부드럽게 발려 두텁지 않은 화장을 유지시켜 준다.

–에뛰드하우스 프루프 10 방수카라

물과 피지를 완벽히 차단해 번짐이나 가루날림 없이 자신의 메이크업 스타일에 맞춰 쓸 수 있는 방수 마스카라. 에뛰드하우스 프루프 10 방수카라는 여름 스모키 아이 메이크업을 선사하는 '스모키 방수카라'와 청순하고 깔끔한 눈매를 연출하는 '청순 방수카라'

2종으로 구성됐다.

기존 워터프루프 마스카라의 취약점이었던 볼륨·컬링·롱래쉬 등의 기능을 보완하고 강화했다.

'스모키 방수카라'는 풍성한 볼륨감과 컬링감으로 스모키 아이 메이크업 연출과 함께 아찔하고 매혹적인 속눈썹을 만들어주는 제품으로 수상 스포츠 중에도 마음 놓고 사용할 수 있다. '청순 방수카라'는 깔끔한 롱래쉬 효과와 컬링감으로 쌩얼 같은 깨끗한 아이 메이크업을 완성해준다. 슬림한 바나나형 커브 모 브러쉬로, 작은 눈이나 홑꺼풀 눈도 주변에 묻히지 않고 손쉽게 바를 수 있다.

−수분가득 크림(보습 강화용)

건조한 피부에 풍부한 수분을 공급해 주는 바오밥나무추출물과 히아루론산의 복합연출로 건성피부에 보다 집중적인 보습 관리 해주는 고수분크림.

많이 건조한 피부에 풍부한 수분을 공급해 주며, 일반 크림보다 몇 배 강화된 수분 공급으로 건성피부용 및 동절기용 수분크림으로 이상적인 수분크림이다.

−수분가득 크림(미백·주름개선 이중기능성화장품)

수분 공급은 기본, 미백과 주름개선 효과를 한 번에 해결해주는 멀티 크림.

건조하고 까칠까칠한 피부에 아프리카의 생명수 바오밥나무 추출물이 피부 속 깊숙이 수분감을 전달하고, 미백과 주름개선 성분이 환하고 탱탱하게 가꾸어주는 미백·주름개선기능의 멀티 수분크림.

−쁘띠 달링 네일즈

부드러운 밀키 톤의 생생하고 밝은 컬러가 VIP girl의 손가락도 춤추게 한다. 가볍고 매끄럽게 발리며, 윤기 있는 광택력으로 반짝반짝 빛이 난다. 색상은 5종.

-VIP girl 디어 달링 립스

핑크와 투명 그라데이션 캡을 적용하여 보호관에 인쇄된 팝(Pop)한 느낌의 힙합(Hip-Hop) 모티브의 디자인이 특징이다. VIP girl 캠페인 디자인의 테마컬러인 핫핑크로 포인트를 줬다. 호수는 PK006 V.V.I.P. Pink / V.V.I.P. 핑크, PK007 You Say Pink / 유 세이 핑크, OR204 What's up Orange / 왓츠 업 오렌지, OR205 I Say Peach / 아이 세이 피치.

6. 연혁

1985. 12.	창립
1990. 7.	태평양 그룹 편입
1994. 1	홍콩을 시작으로 현재 2008년 총11개국 진출
1996. 5	칼라연구소 설립
1997. 8	(주)에뛰드로 상호 변경
1998. 11	제 35회 무역의 날 수출 100만불의 탑 수상
2003. 11	제 40회 무역의 날 수출 500만불의 탑 수상
2005. 7	달콤 상상 에뛰드하우스 1호점 오픈
2006. 4	(주)빠팡 에스쁘아 흡수 합병
2007. 4	에뛰드하우스 100호점 오픈
2007. 11	에뛰드하우스 해외(태국) 개설, 제44회 무역의 날 수출 1000만불의 탑 수상
2008. 7	에뛰드하우스 해외 (말레이시아/인도네시아) 개설
2008. 11	웹어워드코리아 생활브랜드부문 최우수상 수상
	코리아 패키지 디자인 어워드 팩스타상 수상
2009. 4	에뛰드하우스 200호점 오픈, 에뛰드하우스 해외(베트남) 개설

www.etude.co.kr

이니스프리

환경친화적 그린 라이프 스타일 지향 브랜드
청정 자연의 식물에너지로 건강한 피부 자신감

(주)아모레퍼시픽은 2000년 1월에 마트경로로 출시했던 국내 최초의 자연주의 화장품 이니스프리를 명실공히 한국을 대표하는 자연주의 브랜드로 육성한다는 목표 아래 지난 2005년 12월 이니스프리 브랜드 로드숍을 론칭했다.

1. 콘셉트

– 청정 자연의 식물 에너지를 통한 피부 휴식과 에너지를 추구하며, 자연과 환경 친화적인 그린 라이프 스타일을 지향하는 브랜드

– 브랜드 네임 이니스프리(innisfree)는 '자유의 섬'을 뜻하며, 외부 오염과 단절된 청정한 자연의 공간인 섬에서 브랜드 스토리가 출발한다.

– 청정한 섬의 더욱 건강하고 깨끗한 자연이 키워낸 풍부한 효능의 청정자연의 식물 에너지가 피부 휴식과 그린 라이프를 통해 깨끗하고 건강한 피부 자신감을 주며, 자연과 공존하는 삶인 '그린 라이프 스타일'의 즐거움을 선사한다.

2. 경영방침

그린 상품, 그린 커뮤
니케이션, 그린 매장 등
통합적 그린마케팅을 통
한 그린 라이프 실현으
로 사회에 기여하고 고
객가치를 실현하는 착한
소비, 웰빙 브랜드 전개.

3. 제품 포트폴리오

약 5백45 품목 운영

−스킨 케어: 1백70 품목(남성용 포함)

−메이크업: 3백 품목(베이스 · 포인트 메이크업)

−바디 케어: 65 품목(바디, 방향)

−기타: 10 품목(헤어케어 등)

4. 주력 제품

− 그린티 라인

기후 조건이 뛰어난 세계 3대 녹차 재배지인 청정섬 제주의 (주)아모레퍼시픽 직영다원에
서 재배된 녹차 성분만을 사용한 수분케어. 특히 그린티 스킨과 미스트, 수분크림 등이 주력
품목.

− 올리브 라인

갓 짜낸 신선한 유기농 엑스트라 버진 올리브 오일이 함유된 고보습 라인.

5. 이니스프리는 …

– 국내 최초 에코서트 인증 화장품 출시

2008년 7월 국내 최초로 화장품 원료의 재배 방법에서부터 생산 이후까지의 전 과정이 모두 친환경 · 유기농 관리 기준에 적합하게 개발된 에코서트(Eco-cert) 인증 화장품 '에코레시피 라인' 출시.

무(無) 파라벤, 무 인공향, 무 인공색소, 무 광유물인 4무 제품으로 인위적인 것을 최대한 배제해 안전하며 피부에 순하고 자연을 그대로 담아 지친 피부를 건강하게 되돌려 줄 자연 치유력을 최대한 살린 제품.

– 소비자 웰빙 지수(KWCI: Korea Well-Being Consumer Index) 2년 연속 1위 선정 (2005-2006년)

– 캠퍼스 그린 라이프 캠페인

이니스프리의 '그린 라이프 캠페인'의 일환으로 지난 2004년부터 매년 5월 각 대학의 대동제 기간에 진행하고 있다. 환경의 소중함을 함께 느끼고 자연을 사랑하는 마음을 함께 실천하자는 모토로 매년 전국 대학교 축제 기간에 쉽게 더러워질 수 있는 캠퍼스를 깨끗하게 만들고, 나아가 학교를 사랑하며 환경을 사랑하는 마음을 몸소 실천하자는 취지에서 기획됐다.

– 2008년 유엔환경계획(UNEP) 환경 교육 기금 마련 캠페인 지원

– 그린 리사이클 캠페인: 화장품 공병을 모아 친환경적으로 처리하는 캠페인 진행

www.amorepacific.co.kr. www.innisfree.co.kr

이브로쉐

토털 뷰티 서비스 브랜드숍
유러피안 자연주의 화장품과 에스테틱 결합

이브로쉐는 1959년 설립돼 현재는 전 세계 80개국에서 3천만명이 사용하는 프랑스의 자연주의 브랜드로, 2008년 8월에 토털 뷰티 서비스 브랜드숍을 표방하면서 한국에 론칭했다.

1. 콘셉트

토털 뷰티 서비스 브랜드숍 '이브로쉐'는 피부 측정을 통해 자신의 피부 상태를 정확하게 파악해 정통 유러피안 자연주의 화장품을 구입하고, 전문 에스테틱까지 받을 수 있는 제3세대 브랜드숍이다.

이브로쉐는 제품의 다양성과 피부 관리의 전문성을 동시에 갖춘 곳으로 여성들이 일상생활에서 유지하고자 하는 '피부 본연의 아름다움과 건강'이라는 보다 근원적인 욕구를 원스톱(One-stop)으로 충족시켜 주는 뷰티 라이프 공간이다.

2. 경영방침

'자연의 원료로 만든 합리적인 가격의 화장품을 이 세상 모든 여성이 사용할 수 있도록 하자' 는 이브로쉐의 기업철학은 세계적인 글로벌 코스메틱기업으로 성장하는 원동력이 되었다.

자연에 대한 섬김과 여성에 대한 배려로 탄생한 기업, 이브로쉐는 전 세계 곳곳의 자연에서 얻은 원료를 여성의 각기 다른 피부 고민에 맞게 제안하여 모든 여성이 가지고 있는 근원적인 아름다움이 시간을 거슬러 빛을 발하도록 하는 보태니컬 뷰티(Botanical Beauty)의 혁신적 창조자이다.

3. 제품 포트폴리오

스킨케어, 바디케어, 메이크업, 피부관리실 제품 포함 5백품목 이상.

기초, 바디, 헤어, 남성 등 5백여 품목을 생산하는 프랑스 내 스킨케어 및 바디케어 1위, 유럽 향수 1위 기업이다.

유기농 에코서트, 코스메바이오 인증 등 믿을 수 있는 식물 원료를 사용하고 환경 보호를 추구한다. 외부 포장 없이 간결하면서도 재활용이 가능한 친환경 성분의 용기 재질을 사용하며 합리적인 가격대로 인기를 끌고 있다.

4. 주력 제품

– 르 플레지르 나뛰르 라인

'자연의 기쁨' 이란 의미로, 신선한 과일 향이 싱그럽고 상쾌한 느낌을 주는 바디케어 라인이다. 시원하고 섬세한 복숭아, 부드러우면서도 달콤한 바닐라 등 7가지 과일이 즐거운 자극을 통해 자연의 기쁨을 전해준다.

복숭아 향은 일명 '효리 향수' 로 불리며 발매 한 달만에 품절될 만큼 인기를 끌고 있다. 복숭아 외에도 배, 딸기, 블랙베리, 라즈베리 등 7가지 신선한 과일 향이 소비자에게서 좋은 반응을 얻고 있다.

각 향마다 향수 이외에도 샤워젤, 보디밀크, 비누 등을 갖추고 있어 통일된 향으로 깨끗하고 부드러운 바니 관리가 가능하다. 고가의 향수에 비해 상대적으로 합리적인 2만8천원대의 가격 또한 소비자 호응의 한 이유로 살펴진다.

이브로쉐의 향수 라인은 2007년 유럽 전체 향수 매출 1위에 오를 정도로 이미 유럽 소비자에게는 정평이 나 있다.

– 바이오 스페시픽 : 피부 타입별 스킨케어

● 하이드라 스페시픽 : 단풍나무 수액에서 추출한 베지탈 오스모라이트가 함유되어 피부 겉뿐만 아니라 피부 속까지 채워주는 수분 부족 피부 케어 라인.

● 하이드라 화이트 : 단풍나무 수액, 딸기나무 추출물, 감초 추출물의 트리플 효과로 건조함과 칙칙함을 동시에 해결해 줘 맑고 투명한 피부로 가꿔 주는 모이스처 브라이트닝 케어 라인.

● 뉴트리 스페시픽 : 아몬드에서 추출한 영양 성분이 중건성 피부를 촉촉하고 부드럽게 케어해주는 라인.

● 세보 스페시픽 : 플라보노이드 성분이 과다 분비되는 피지를 조절하여 보송보송 건강한 피부로 가꿔주는 지복합성 피부를 위한 피지, 모공케어 라인.

● 액티브 센시티브 : 강한 자외선에서도 살아남은 브라질 열대 식물 소포린 추출물이 민감한 피부를 진정시키는 무향, 무알콜, 무색소 포뮬라, 민감성 피부 케어 라인.

– ADN 베지탈 화이트

싹을 틔우지 않은 밀에서 추출한 초기 식물성 DNA로 둔화된 피부의 재생을 촉진해 브라이트닝 효과를 극대화시켜 준다. 밀맥아 성분이 피부를 재생시켜 줘 오래된 각질층을 제거하고, 수분을 공급해 피부를 환하고 투명하게 만들어 준다.

초기 식물성 DNA 성분은 식물이 평생 자라는 데 필요한 농축된 에너지를 담고 있어 피부 자체의 자생력, 치유력을 높여 피부 스스로 피부 노화와 칙칙한 피부를 개선할 수 있는 힘을 준다. 특히 피부가 얇아 피부 노화와 색소 침착의 속도가 빠른 아시아 여성을 위해 특별히 만들어져 초기 식물성 DNA 성분과 브라이트닝 효과가 뛰어난 마다가스카르 떨기나무 잎 추출물을 사용하였다.

5. 전세계 자연서 얻은 유기농 식물 성분 접목

이브로쉐는 1959년 프랑스 브르타뉴 지방의 라 가실리에서 창업자 이브로쉐가 크림을 만든 것을 시작으로, 50년이 지난 지금은 여의도 면적의 5배가 넘는 대규모 식물 농장에서 1천1백여 가지가 넘는 다양한 식물을 재배하고 있다.

또한 마다가스카르, 히말라야산맥, 아마존 우림 등 전 세계 곳곳의 자연에서 얻은 유기농 식물에서 추출한 성분을 화장품에 접목하는 세계적인 기술을 보유하며, 프랑스 내 스킨케어 및 바디케어 1위, 유럽 향수 1위 기업으로 성장하였다.

이브로쉐는 모든 여성이 가지고 있는 그들만의 아름다움을 지켜 주고 한발 더 나아가 여성 학술인 지원 운동 등을 통해 여성의 내면적 아름다움까지 빛을 발하도록 지원하고 있다.

또한 기업의 근간이 되는 자연 보호에도 앞장서고 있다. 산림 훼손을 막기 위해 쇼핑백 대신 에코백을 제작하여 권장하고 있으며, 동물실험을 하지 않은 최초의 기업으로 잘 알려져 있다. 환경적인 영향력을 최소화한 제품 패키지, 제품 생산 과정에서 발생하는 자연 유해 물질의 최소화, 일산화탄소 배출 억제와 화학적 제조 공법의 최소화로 자연에 미치는 영향을 줄이기 위해 노력하고 있다.

www.coreana.com

잇츠스킨

피부과 전문의가 처방한 클리니컬 스킨 솔루션
피부타입별 · 피부고민별 분석 … 제품 구성 차별화

1. 콘셉트

잇츠스킨은 리더스피부과 전문의 처방, 전 제품 피부과 테스트를 진행한 코스메슈티컬 브랜드숍으로 세계적으로 연평균 15% 이상의 성장률을 보이는 코스메슈티컬 제품을 합리적인 가격으로 체험해 볼 수 있는 것이 특징이다.

타 브랜드숍들이 가볍고 젊은 이미지를 표방하며 색조 위주의 제품 구성이 강화되어 있는 반면, 잇츠스킨은 피부과 의사의 처방으로 만들어진 브랜드답게 소비자의 피부 타입별, 피부 고민별 전문적인 분석을 통한 제품 구성이 차별화된 강점이다.

클리니컬 스킨 솔루션을 지향하며 과학적이고 기능적인 피부 고민 해결을 위해 '피토 테라피', '엠디 포뮬라', '파워 10 포뮬라' 등 전문화된 스킨케어 라인으로 구성되어 코스메슈티컬 제품을 원하는 소비자에게 피부에 적합한 제품 라인을 합리적인 가격에 제공하여 만족도를 높이고 있다.

피부과 전문의 처방 + 전 품목 피부과 테스트 완료: 서울대 출신 피부과 전문의의 믿을 수 있는 처방으로 고객의 피부 안전을 책임진다.

무향, 무색소, 무알콜을 지향하는 피부 안전 포뮬라: 천연 원료 사용과 방부제 사용 최소화 및 안전한 포뮬라 구성으로 피부 트러블을 방지한다.

DRF 테크놀러지가 부여하는 엠디 포뮬라: 전문가의 처방이 피부 깊숙이 전달될 수 있도록 DRF 테크놀러지를 사용하여 효율적으로 유효 성분을 전달한다.

천연 식물성분 95%가 전해 주는 피토 테라피: 피토 테라피 라인은 제품 구성의 95% 이상을 천연 내츄럴 성분으로 구성하고 일반 정제수 대신 100% 순수 식물수를 사용했다.

피부 재생 분야 최고의 3대 혁신 소재 사용: GF 바이오폴리머, 펜타케어 HP, 안타락티신을 함유하여 건강하고 탄력있는 피부로 가꾸어 준다.

2. 해외 진출 현황

해외에서 '코스메슈티컬' 시장은 연평균 15%의 성장세를 보이고 있어 합리적인 가격의 브랜드숍 '잇츠스킨'이 관심을 모으고 있다. 제14회 '상해미용박람회' 참가를 계기로 중국시장에의 활발한 진출이 가시화될 전망이다. 또한 중국뿐만 아니라 동남아의 진출을 준비하며, 미국, 호주, 두바이도 진출 계약이 완료된 상태이다. 그 밖의 나라에서도 수출 상담이 이어지고 있다.

3. 제품 포트폴리오

현재 잇츠스킨에서 출시되고 있는 제품군은 기초제품, 메이크업, 바디, 헤어로 크게 4개군으로 나누어져 있으며, 총 7백여 개가 출시되고 있다.

이중 기초 스킨케어 제품이 5백여 종으로 셀톡스 필러와 파워10, 한방제품을 포함한 주름 개선, 미백 등의 기능성 제품들이 주력 제품으로 이루어져 있다.

메이크업 제품은 비비크림을 선두로 '컬러플레이'과 '아이코드' 라인이 주를 이루고 있으며 최근에 출시되고 있는 '뉴트리셔스' 라인은 색조화장의 가장 중요한 피부 표현을 위한 제품군으로써 꾸준하게 출시될 예정이다.

바디 제품은 천연 재료를 콘셉트로 라벤더, 그린티 등으로 바디워시와 바디오일, 핸드 로션 등이 있으며 다양한 컬러감과 패키지로 꾸준한 사랑을 받고 있다. 헤어 제품군으로는 한

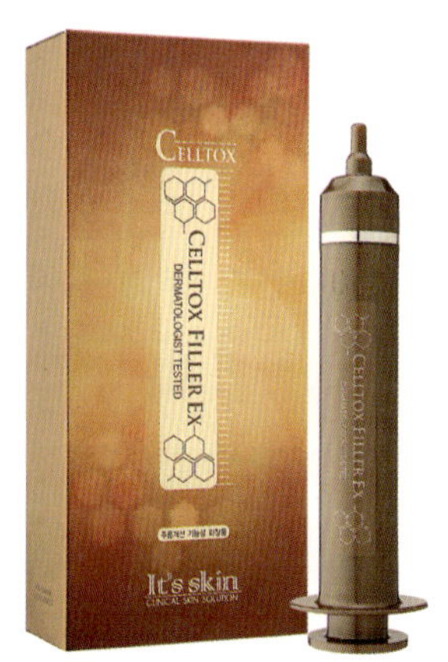

방샴푸와 린스 그리고 헤어 에센스 젤 제품을 선보이고 있다.

4. 주력 제품

– 엠디포뮬라 셀톡스

주름개선 기능성 성분 '아데노신'과 보톡스 유사 성분인 'BTX complex'가 노화로 인한 주름은 물론 표정주름까지 개선시켜 탄력 있는 피부로 만들어 주는 주름개선 기능성 라인이다. 일본 메이크업 아티스트 잇코(IKKO)가 '니혼TV'를 통해 6개월 사용 결과 주름개선 효과를 보았다고 입증하여 국내 소비자는 물론 일본, 중국 관광객으로부터 큰 반응을 얻으며 매진사례가 이어지고 있다.

– 파워10 포뮬라

피부과 의사의 처방에 따라 여성 10대 피부고민을 해결해 주는 10가지 고농축 성분을 에센스 한 병에 가득 담은 제품으로 본인의 피부 타입에 맞게 D.I.Y. 처방할 수 있다는 점과 코스메슈티컬 콘셉트를 잘 드러낸 스포이드 용기, 세련된 용기 컬러가 20~30대 여성들에게 좋은 반응을 얻고 있다.

– 비윤진

중국 북경대 의대와 한불화장품 연구소가 처방한 한방 보양 약재(사초권백, 설련화, 혈갈)

를 정성껏 달인 진액을 농축시킨 '고진단' 성분이 가득 담겨 피부 노화의 근원인 4허(기, 혈, 음, 양)를 보해 피부 자체의 자생력을 키워 노화에 대한 고민을 해결 해주는 한방 화장품. 국내산 인삼 추출물이 함유되고 스킨, 순금 크림은 '순금' 성분이 눈에 보일 만큼 많이 들어있어 더욱 인기가 높다.

5. 연혁

2006. 6	한불화장품 계열사 ㈜잇츠스킨 설립
2006. 6	잇츠스킨 1호점 성신여대점 오픈
2007. 2	잇츠스킨 11호점 명동점 오픈
2007. 12	'파워10 포뮬라' 매일경제 올해 히트상품 선정
2008. 3	잇츠스킨 중국 1호점 오픈
2008. 8	'엠디포뮬라 셀톡스 필러' 2만개 일본수출계약
2008. 9	'엠디포뮬라 셀톡스 필러' 5만개 일본수출계약
2008. 12	잇츠스킨 중국 30호점 오픈
2009. 3	잇츠스킨 롯데마트 입점
2009. 5	잇츠스킨 신라호텔 면세점 입점
2009. 5	상해국제미용박람회 (CHINA BEAUTY EXPO 2009) 참가
2009.	현재 잇츠스킨 50호점 오픈

www.itsskin.com

토니모리

편안하고 즐거운 화장 시간 … 차별화된 콘셉트 제품 개발
피부에 적합한 기술 · 트렌드 반영 … 시장 선도

토니모리는 복잡하고 어지러운 일상을 경험하는 소비자들에게 화장하는 시간만큼은 편안하고 즐거운 시간을 선물하고자 사용하기 편리하고 간단한 화장을 위한 심플한 처방의 화장품을 연구 · 개발하고 있다.

토니모리는 화장품을 사용하는 소비자에게 보다 나은 가치를 부여하고, 피부에 가장 적합한 제품 트렌드를 반영해 시장을 이끌어갈 수 있는 제품을 출시해 화장품을 통한 다양한 경험을 제공하고 있다.

또한 40년 전통의 일본 F.Beauty사와의 기술제휴로 피부에 가장 적합한 기술과 트렌드를 반영해 시장을 선도할 수 있는 제품을 출시하고 있으며, 끊임없는 R&D 투자로 뛰어난 품질의 제품을 출시하고 있다.

토니모리는 중국, 일본, 베트남, 태국, 홍콩 등 아시아권을 중심으로 해외에 진출했으며, 2010년에는 미국과 캐나다 등 미주 지역 공략에 나선다는 방침이다.

1. 제품 포트폴리오

스킨케어 4백 품목을 포함해 1천3백여 제품을 운영하고 있다. 특히 토니모리의 베스트 제품은 온라인을 통한 입소문 마케팅으로 히트 상품이 다수 만들어진 것이 특징이다.

다양한 요구를 가진 소비자들을 만족시킬 수 있는 제품들을 출시해, 타 브랜드에서는 보유하지 않고 있는 새로운 콘셉트의 제품을 지속적으로 개발해 토니모리만의 제품으로 차별화해 화장품시장을 이끌어 가고 있다.

토니모리 제품군은 피부타입별, 연령별, 가격대별 등 다양하게 품목들이 구성됐으며, 그 중 많은 인기를 받은 제품들은 프리미엄 베리베리 기초 6종, 베리베리 러블리스틱 핑크걸, 베리베리 수면팩, 파티러버 젤 아이라이너, 스모키 아이컬렉션과 토니모리만의 다양한 비비크림 등의 제품들이다.

2. 주력제품

– 베리베리 화이트닝 수면팩(체리 · 블루베리)

바르고 자면 되는 젤타입의 수면팩으로 우리 몸의 수면 리듬에 맞춰 수분과 영양이 공급된다. 7종의 천연성분(로즈마리, 카모마일, 호장, 감초, 황금, 병풀, 녹차)과 체리추출물이 낮 동안 지친 피부를 빠르게 진정시켜 피부를 편안하게해 준다.

– 파우더리 터치 선 밀크 SPF47/PA++

UVA와 UVB를 동시에 효과적으로 차단해주고 자외선으로부터 피부가 붉어지거나 색소침착이 일어날 수 있는 피부를 케어해 준다. 물이나 땀에 쉽게 씻겨 나가지 않은 워터 프루프 타입으로 지속성이 뛰어나며, 에코서트 인증을 받은 라벤더 성분이 피부를 보호하고 피부를 맑고 투명하게 유지시켜 주고 청량감을 부여해 준다.

– 프리미엄 베리베리 기초 6종

초임계 베리 컴플렉스 5종과 수퍼 푸드 성분(노니추출물, 토마토추출물, 브로콜리추출물)
이 배합되어 있어 피부에 수분을 공급함으로써 흐트러진 피부 결을 촉촉하고 탄력 있게 가꿔
준다.

3. 사회공헌활동

월드비전과 함께 어려운 환경 속에서 자라나는 아이를 후원하기 위해 후원금을 월드비전에
전달하고 있다. 사회공헌 활동은 일회성이 아닌 다양하고 지속적인 후원 활동으로 소년소녀
의 가장 든든한 후원자가 될 수 있도록 꾸준히 진행할 방침이다.

4. 회사 연혁

2006. 7	㈜토니모리 설립
2006. 10	토니모리 제품 출시(기초, 기능성 제품 등 1천여 품목)
2006. 11	토니모리 1호점 오픈
2007. 2	토니모리 2호점 오픈
2007. 6	토니모리 테스트숍 10점 오픈
2007. 7	프랜차이즈 영업 시작
2008. 6	일본 F.Beauty사와 기술 제휴 계약 체결
2008. 12	홈플러스 입점 계약
2009. 2	홍콩 수출 계약–하버시티, GS왓슨스 입점
2009. 3	일본, 대만 수출 계약 완료

www.tonymoly.com

부록 I OEM·ODM기업

한국콜마

코스맥스

코스메카코리아

(주)안느

얼음으로
화장품을 만든다는 생각
누가 했을까?

한국콜마, 아름다움과 건강을 만드는 원천입니다

아이스화장품뿐만이 아닙니다. 기능성 BB크림, 물로 지우는 마스카라, 에센스파우더, 나노한방 화장품까지 한국콜마가 먼저 생각하고 앞서 만들고 있습니다. 매년 1억 개의 화장품과 4천만 개의 의약품으로 당신과 만나고 있는 보이지 않는 것이 더 큰 기업, 한국콜마. 사람 몸에 물질을 효과적으로 전달시키는 독보적인 나노기술과 세계적인 멀티캡슐링 기술로 화장품과 의약품의 미래를 만들고 있습니다. 당신의 아름다움과 건강의 처음이 되고 있습니다.

100년 기술의 R&D노하우
The Origin of Beauty & Health

KOLMAR KOREA 한국콜마
www.kolmar.co.kr

살짝 뒤집어 보세요
한국콜마의 기술이 보임

뷰티 · 헬스 R&D 전문기업 선두 주자

160여 업체와 거래 ··· 중국에 한국형 ODM 공장 설립
제약 · 건기식으로 사업영역 확대 ··· 100여 제약기업에 공급

아름다움과 건강을 만드는 R&D 전문기업 한국콜마는 세계 9개국의 글로벌 네트워크를 갖추고 있는 콜마그룹 중 일본콜마와 합작으로 1990년 5월 설립된 화장품 · 의약품 연구개발, 제조 전문기업이다.

국내 화장품, 제약업계 최초로 토털 개발, 제조 전문화시스템을 갖춘 한국콜마는 피부과학의

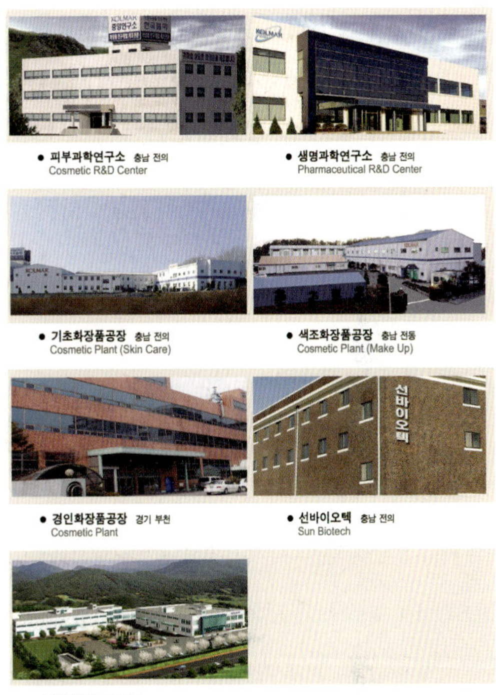

● 피부과학연구소 충남 전의
Cosmetic R&D Center

● 생명과학연구소 충남 전의
Pharmaceutical R&D Center

● 기초화장품공장 충남 전의
Cosmetic Plant (Skin Care)

● 색조화장품공장 충남 전동
Cosmetic Plant (Make Up)

● 경인화장품공장 경기 부천
Cosmetic Plant

● 선바이오텍 충남 전의
Sun Biotech

● 제약공장 충남 전의
Pharmaceutical Plant

R&D 및 기술력을 리드하며 명실상부한 연구개발 전문기업으로 명성을 쌓아가고 있다.

화장품업계 최초로 ODM(제조자 자체개발 주문생산) 시스템을 창시하고 CGMP기준을 도입한 한국콜마는 연구개발, 제조 분야의 전문화를 통해 한국 화장품산업의 기술적, 품질적 성장을 가져오는 데 선도적 역할을 수행하고 있다.

화장품 연구개발, 제조사업을 시발로 성장한 한국콜마는 뷰티&헬스케

어 사업을 확대한다는 차원에서 2002년 제약사업으로 사업 영역을 확대했으며, 2004년에는 계열사 건강기능식품 기업 선바이오텍을 설립해 아름다움과 건강을 만드는 R&D 전문기업으로 그 위상을 높여가고 있다.

한국콜마는 연 1백60여 화장품기업에 화장품, 1백여 제약기업에 의약품을 공급하고 있다.

개요

● **대표이사:** 윤동한, 강세훈(화장품부문), 조홍구(제약부문)

● **설립년도:** 1990년 5월 15일

● **주요사업:** 화장품, 기능성화장품, 의약품, 의약외품 등 개발, 제조(ODM, OEM)

● **본　사:** 충남 연기군 전의면 서정리 170-7

● **서울사무소:** 서울특별시 서초구 서초동 1603-55

● **연구소 :**

－피부과학연구소(화장품): 충남 연기군 전의면 서정리 170-7

－발효한방연구소: 충북 청원군 오창읍 양천리 686-4(보건의료산업센터)

－생명과학연구소(제약): 충남 연기군 전의면 신정리 618-3, 1동

● **공 장**

－화장품공장: (1) 충남 연기군 전의면 서정리 170-7, (2) 충남 연기군 전동면 노장리 404-15, (3) 인천시 부평구 십정동 565-2, (4) 경기도 부천시 원미구 도당동 183-5

－제약공장: 충남 연기군 전의면 신정리 618-3

● **주요 생산품**

－화장품류: 기초, 색조, 헤어, 바디, 향수, 베이비

－기능성화장품류: 복합기능성, 미백기능성, 주름개선기능성, 자외선차단기능성

－의약외품류: 치약, 가글, 베이비파우더, 청결제, 염모제, 육모제, 발모제 등

－의약품류: 외용액제, 내용액제, 내용고형제, 연고제(크림제)

● **매출 현황**(3월 결산법인)

－2007년(18기/2007.04－2008.03): 1천2백25억원

－2008년(19기/2008.04~2009.03): 1천5백35억 4천만원

● **특징 사항**

−화장품 · 의약품 연구개발, 제조전문기업(ODM, OEM) 시스템 업계 최초 발의, 선도

−CGMP기준 업계 최초 발의, 발전, KGMP적합업체

−ISO 9001 인증 기업

−한국증권거래소 상장기업

−INNO−BIZ 중소기업 선정

−에코스트 인증

−윤동한 CEO, 경영학 박사학위 취득

● **최근 주요 수상**

벤처기업대상 대통령 표창(2000년) · 2000년 신지식인 선정(2000년) · 충남 기업인대회 종합대상(2001년) · 2001 불우이웃돕기 포상 보건복지부장관 표창(2001년) · 모범납세자 재정경제부장관 표창(2002년) · 대한민국 상품대상 수상−기술혁신부문(2003년) · 9월의 자랑스러운 중소기업인 선정(2004년) · 과학의날 과학기술유공자 훈장(혁신장)(2005년) · 공정거래위원장 표창(2006년) · 기술혁신상 산업자원부장관 표창(2006년) · 전경련 IMI경영대상(2008년) · 지속가능경영대상 중소기업청장상(사회책임경영)(2008년)

● **연구개발 현황**

(1) 기술연구원 현황

−피부과학연구소:

화장품, 기능성화장품, 의약외품 등 연구개발 · 연구분석 · 연구기획 · 특수제형 · 품질관리

−발효한방연구소:

천연 기능성소재, 한방화장품, 발효화장품, 기능식품 및 천연의약품의 천연 신소재 개발

 −생명과학연구소: 의약품, 의약외품 등 개발

(2) 기능성화장품(주름개선 · 미백 · 자외선차단 · 복합기능성) 심사 품목 업계 최다 보유

(3) 연구개발 투자비: 연 매출액의 6% 이상

(4) 연구원 인원: 90여 명

● **해외 진출 현황**

−중국 직접 진출: 베이징콜마 법인 설립(2007년 6월)

−한국형 화장품 ODM공장 설립 추진, 2009년 하반기 완공 예정

−한국형 화장품공장 컨설팅 추진

● **제약사업부 사업 추진 현황**

−업계 최초 공정수탁 체계화, 전문화 추진

−KGMP 승인: 내용액제, 외용액제, 내용고형제, 연고 및 크림제

−제약공장 규모: 7천평

● **생산 규모**

−화장품 생산량: 연 1억개

−제약 생산량: 연 4천만개

−거래처 수: 화장품 1백60여개 / 제약 1백여개

한국콜마 2009 신제품 트렌드

'고품질 · 고효능 · 고선명' 이 키워드

최근의 통계청 자료를 보면 35~45세의 연령대가 가장 두터운 소비 시장을 형성하고 있다. 한국콜마는 올해 이러한 베이비 부머 세대들을 위한 고품질, 고효능 제품들과 디지털방송 실시에 즈음해 새롭게 부상하고 있는 HD(고선명)메이크업 제품들이 주목을 받을 것으로 예상하고 있다. 이런 예상에 따라 한국콜마가 발표한 2009년 차별화와 효능 강화로 시장을 선도할 수 있는 콘셉트의 신제품 10선을 소개한다.

△테일러메이드 모이스처 크림: 계절, 공해, 스트레스 등 외부 변화를 감지해 정상적인 피부 컨디션을 유지시켜주는 피부 맞춤형 고보습 크림. 도포 약 2시간 이내에 탁월한 pH 회복 효과, 보습력 증가, 수분 증발량 감소 효과를 보여준다.

△언리미티드 파워풀 케어 크림: 영양 성분을 듬뿍 함유한 피부 침투형 나노 캡슐을 네트워크 시스템으로 재차 안정화해 수분 및 영양 공급 효과와 함께 피부 위에 남아 있는 네트워크 형태의 폴리머 구조가 피부에 텐션을 줘 팽팽하고 탄력있는 피부로 가꿔준다.

△HD 링클 이레이즈 크림: HD메이크업의 기본 철학은 고해상도의 대화면 TV에 풀샷으로 클로즈업이 돼도 화장한 표가 나지 않는 것이다. 보일락말락한 블루밍 효과에 의한 은폐력을

추구하며 보습크림처럼 40% 이상의 수분을 함유하고 있어 촉촉함이 탁월하다.

△밀크마사지 수면팩: 계면활성제 대신 우유 단백질을 이용한 유화 방법을 적용한 고보습, 고영양 수면팩. 생체지질과 세라마이드, 콜라겐 부스터를 함유하고 있다.

△비쥬얼 링클 이레이저: 주름을 시각적, 촉각적, 생리적 3단계에 걸쳐 개선하는 제품. 천연 소재의 전분 파우더를 사용함으로써 표정의 움직임에 따라 움직여 밀림현상 없이 깨끗한 피부결을 유지시켜 준다. 또 이온성 콤플렉스를 형성하는 폴리머가 피부를 촘촘히 모아주는 효과를 제공하고, 진피층 활성화에 효과적인 콜라겐 전구체의 배합으로 탄력 개선에도 효과적이다.

△퍼펙트마일드 아이 메이크업 리무버: 클렌징 시 눈에 스며들기 쉬운 세안료의 안구 자극을 최소화하기 위해 내용물의 pH를 눈물과 같게 조정한 제품. 천연 세정 성분으로 피부와 환경에 부담을 주지 않고, 세정력은 라스팅메이크업을 지우는데도 부족함이 없다.

△소프트 아이라이너: 법적으로 배합 한도가 지정된 방부제마저도 전혀 사용하지 않아 피부가 민감한 사람들에게 강력 추천할 수 있는 아이라이너이다.

△스킨레볼루션 오투 화운데이션: HD 메이크업은 피부 결점을 두터운 화장막으로 은폐하지 않고 광학기술을 이용 블루밍 효과로 결점을 흐리게 하는 효과를 제공한다. 이중삼중으로 코팅된 광학 분체들이 피부의 굴절률과 유사한 투명도를 제공해 화장을 한듯 안 한듯 착각을 일으키게 한다.

△셀프 어셈블리 쉐이킹 파우더: 처음 접하는 순간 몽글몽글한 파우더 알갱이를 어떻게 사용해야 할지 당황스럽지만 손끝으로 찍어 살짝 문질러보면 환상적인 펄감이 드러난다. 파우더 표면에 모이스트하이브리드로 코팅, 가볍게 흔들어주면 입자들이 몽글몽글 덩어리지다가도 손으로 눌러 펴주면 휘황찬란한 펄감을 자랑한다.

△버블마사지&클렌저: 클렌징과 동시에 마사지와 팩을 즐길 수 있는 2in1 타입. 내용물은 산소를 듬뿍 머금고 있어 가볍게 마사지를 마치면 잠시 후 보글보글 솟아오르는 거품과 함께 피부에 산소를 공급한다. 이어 모공 속에 숨어있던 피부 노폐물이 솟아 올랐을 때 미온수로 간편하게 헹구어 내면 싱싱한 피부를 바로 경험할 수 있다.

www.kolmar.co.kr, www.kolmarpharm.co.kr, www.kolmarmall.co.kr

09년 '글로벌 코스맥스' 원년 선언

R&D · 품질관리 세계적 수준 ··· 미국 · 유럽 공략 자신
중국 상해법인 새 비전 발표 ··· 국내 고객사와 동반 진출

2009년 코스맥스 이경수 대표이사는 '글로벌 코스맥스'를 선언했다.

대한민국만 병이 들었던 IMF 때에도 극복해 낸 우리가 전세계 모든 국가가 병자가 된 지금의 환경은 그때보다는 더 쉽게 극복할 수 있는 상황이라는 것이다. 더 나아가 IMF 때 지키기 급급했던 우리 경제의 점유율을 더 넓힐 수 있는 절호의 기회라는 것이 이경수 대표이사의 생각이다.

우선, 코스맥스는 보다 적극적인 글로벌화를 추진할 계획이다. 아시아를 넘어 화장품의 메카라고 할 수 있는 미국과 유럽 시장에 본격적으로 진출하겠다는 것이다. 이미 지난해 일부 고객사를 통해 미국과 유럽 시장에서도 코스맥스가 만든 제품이 충분히 통한다는 사실을 확인한 터라 그리 어려운 일만 아니라고 이경수 사장은 판단하고 있다.

이를 위해 지난해 처음 참가했던 프랑스 파리박람회에 계속적으로 참가해 유럽 지역의 화장품 브랜드사에 코스맥스의 기술력과 가격경쟁력을 알릴 계획이다. 그리고 올해부터는 미국 지역의 전시회에도 참가하여 본

격적인 미국시장 진출을 진행할 계획이다. 또한 글로벌 연구 고문제를 더욱 적극적으로 활용하여 현지 트랜드 및 시장에 맞는 제품 개발을 추진할 방침이다.

글로벌 코스맥스는 꿈이 아닌 현재 진행형

모토는 꿈이나 희망을 담은 것이지만 코스맥스의 글로벌화는 꿈이 아니다. 이미 글로벌화가 상당 부분 진행되고 있다. 이미 국내 그 어느 기업보다도 글로벌 기업과의 거래가 많기 때문이다. 업계에도 잘 알려졌듯이 글로벌 L그룹, M사, J사 등 한국에서는 유일하게 제품을 공급하는 기업들이 많다.

코스맥스 관계자는 글로벌 기업들과 거래하게 된 이유는 크게 2 가지가 있다고 말한다.

첫번째는 세계 수준에 걸맞는 자체 R&D 능력이다. 코스맥스는 경기도 화성 중앙연구소에 기초 및 메이크업 연구실을 운영하고 있다. 또한 한방화장품연구소를 별도로 운영하는 등 체계적인 연구조직을 갖추고 있다. 최근에는 효능평가팀을 신설하여 보다 객관적인 제품 관련 데이터를 고객사에게 제공할 수 있는 모든 준비를 마쳤다.

더불어 연구원들의 맨파워 역시 국내외에서 인정받고 있다. R&D 분야에 박사 2명, 석사 33명, 학사 25명 등 총 78명의 우수한 연구자들이 근무하고 있다.

두번째는 글로벌 기업들은 요구하는 생산 및 품질관리 수준에 합격한 시스템을 갖추고 있다는 것이다. ISO 9001(품질경영), 14001(환경경영)이나 OHSAS 18001(보건안전경영)과 같은 일반적인 글로벌 인증 외에 우리나라에서는 유일하게 호주연방 의약품관리국의 까다로운 GMP 인증을 획득한 것이나, OEM/ODM 업계로서는 유일하게 에코서트 인증을 획득한 생산 설비를 갖추고 있다는 것은 글로벌 기업들이 보기에는 최적의 아웃소싱 환경이라고 할 수 있다.

코스맥스는 이러한 강점을 보다 보완하면 화장품의 메카라고 할 수 있는 미국과 유럽 시장에 본격적으로 진출할 수 있다는 판단을 하고 있다. 이미 지난해에 일부 고객사를 통해 미국과 유럽 시장에서도 코스맥스가 만든 제품이 충분히 통한다는 사실을 확인한 터라 그리 어려운 일만은 아니라고 코스맥스 관계자들은 판단하고 있다.

이를 위해 지난해 처음 참가했던 프랑스 파리박람회에 계속적으로 참가해 유럽 지역의 화장품 브랜드사에 코스맥스의 기술력과 가격경쟁력을 알릴 계획이다. 그리고 올해부터는 미국 지역의 전시회에도 참가하여 본격적인 미국 시장 진출을 진행할 계획이다. 또한 글로벌 연구 고문제도를 더욱 적극적으로 활용하여 현지 트랜드 및 시장에 맞

는 제품 개발을 추진할 예정이다.

동반 성장을 꿈꾸는 영원한 파트너

코스맥스가 해외만을 바라보고 모든 역량을 집중하는 것은 결코 아니다. 성공적인 해외 진출을 위해서는 국내 고객사의 신뢰를 얻지 않으면 불가능하다는 것을 누구보다 잘 알고 있기 때문이다. 국내 고객사들과의 동반자적 파트너 관계가 있었기 때문에 코스맥스가 이만큼 성장하고 세계를 무대로 경쟁할 수 있게 되었다는 것이다.

때문에 국내 고객사와의 신뢰 관계를 더욱 강화하기 위하여 여러 고객 서비스 혁신안을 추진하고 있다. 이를 위해 우선 지난해 평택에 물류센터를 확대하여 부자재 관리를 혁신시켰으며, ILS 시스템을 도입하여 보다 체계적인 제품 생산이 가능하도록 하였다.

올해에는 고객사와의 커뮤니케이션 강화에 더욱 초점을 두고 있다. 이를 위해 제품 생산 과정 및 출고 등 모든 과정에 있어서 실시간으로 정보를 제공할 수 있도록 시스템을 강화할 계획이다. 또한 제품 외적인 서비스도 강화하여 세계 유행 흐름에 대한 빠르고 정확한 정보를 제공 외에 다양한 서비스를 제공할 계획이다.

이외에도 파우치 및 고기능성 용기를 만드는 쓰리에플즈코스메틱스, 화장품과 통섭 과정을 추진 중인 건강기능식품기업 일진제약, 치약 및 칫솔을 생산하는 쓰리에이팜 등의 계열사와 함께 고객사의 새로운 매출을 창출하게 하는 서비스까지 제공할 계획을 가지고 있다.

상해법인 2011년까지 한국 코스맥스 규모로 키운다

2004년 ODM/OEM 업체로는 최초로 중국에 진출한 코스맥스 상해를 향후 3년 안에 중국 화장품 ODM 시장의 최강자로 키울 예정이다.

이를 위해 2009년 5월 19일 중국에서 열린 상해화장품박람회에서 '코스맥스 상해 JUMP UP 3·3·3'을 발표했다. 이 계획에 따르면 코스맥스 상해를 3년 안에 현재보다 3배 성장시켜, 매출 3억 위안을 달성하게 된다. 이렇게 되면 코스맥스 상해는 2011년이면 연간 생산량은 6천만개 수준으로, 지금의 한국 코스맥스 수준으로 성장하게 된다.

또한 2008년에 완공한 1공장 옆에 제2공장을 새로 설립하고 올해 안에 1차 공사를 끝내겠다고 밝혔다. 신축될 제 2공장은 메이크업 제품 생산 라인과 부자재 창고로 사용할 예정이다. 이렇게 되면 기존 1공장은 기초 제품과 연구소로 사용되게 되며, 생산 능력은 현재보다 약 50% 증가한 연간 1억개 수준으로 크게 늘어난다.

이와 더불어 연구소를 강화하여 R&D 수준을 향상시키고, 상해 법인 직원에 대한 기술 교육 강화 그리고 밀착 고객 서비스를 통하여 중국 화장품 ODM 시장의 리딩기업으로 자리매김할 계획이다.

이경수 대표이사는 "중국은 코스맥스의 세계 진출의 전초기지가 될 것이고, 아시아를 넘어 화장품 본고장인 유럽과 미국에까지 우리가 만든 명품 화장품을 공급하는 날이 곧 올 것"이라며 "'코스맥스 상해 JUMP UP 3·3·3'은 이를 위한 기초 공사가 될 것"이라고 밝혔다.

국내 화장품 기업들의 중국 진출에 일등 도우미로 자리매김

코스맥스 상해법인의 이러한 성장은 국내 화장품 기업이 중국 시장에 진출하는데 큰 도움을 줄 것으로 예측되고 있다. 그동안 중국 화장품 시장은 외국 기업에 비교적 높은 관세나 통관 비용 그리고 복잡한 통관 절차를 요구하는 등의 제품 수입 방지책을 써 왔다. 이런 이유로 중국 내에서 제품 생산을 모색하는 기업이 많았으나 만족스럽지 않은 제품력으로 인해 거래하기가 쉽지 않은 상황이었다. 이러한 중국 화장품 OEM/ODM 시장에서 코스맥스가 진출하여 한국과 같은 수준의 화장품을 생산 공급함으로써 국내 기업들의 중국 시장 진출에 큰 도움이 되었다는 것이다. 그 예로 중국에 진출한 브랜드숍 회사인 A사와 B사 그리고 또 다른 C사는 코스맥스 상해에서 중국 시장용 제품을 생산함으로써 가격경쟁력, 허가비용 절감, 적기공급 등 모든 면에서 경쟁력을 크게 키울 수 있었다라고 밝히고 있다.

또한 국제적인 GMP에 맞게 구축되었고, CCGMP/ISO 9001 인증을 획득한 생산설비는 고객의 신뢰를 더욱 높여주는 역할을 했다.

이러한 엄격한 생산 및 품질관리 시스템을 갖추고 성급한 물량 확보보다는 물량이 적더라도 고가 위주로 영업을 하면서 품질관리에 철저히 하고 고객들의 신뢰 확보에 주력한 결과가 나타나고 있는 것이다. 이런 품질 관리 덕분에 코스맥스 생산 제품은 높은 가격에 판매가 되고 있어 이미 중국 소비자들 조차도 코스맥스 제조원을 보고 제품을 구입하고 있는 상황이라고 전했다.

www.cosmax.com

COSMECCA KOREA
Mecca of Cosmetic R&D, Manufacturing

INNO-BIZ인증 / 벤처기업 / ISO9001-ISO14001인증
CGMP 적합업소 지정

최고의 기능성화장품 연구개발 업체

특허 등록 12건 · 기능성화장품 970품목 보유
중앙연구소 준공 ··· R&D 투자로 꾸준한 성장

화장품 개발 및 제조 전문기업 코스메카코리아(대표 조임래)는 지난 1999년 설립되어 어려운 환경 속

에서도 연구개발에 대한 꾸준한 투자와 노력으로 지속적인 성장을 이어왔다.

차별화된 기술력과 전문적인 연구를 통해 시장 진출 1년만인 2000년 CGMP 시설기준에 의한 제조업 허가를 획득했으며, ISO9001 품질시스템 인증, 기술평가기업 벤처기업, 신기술벤처기업, ISO14001 환경경영시스템, 수출유망중소기업, INNO−BIZ(기술 혁신형 중소기업) 최우수 A등급 지정 등 국내 대표 화장품 OEM/ODM 기업으로 자리매김하고 있다.

2009년 초에도 코스메카코리아는 국내 화장품 제조사 가운데 최초로 KOTRA 보증브랜드 업체에 선정되어 수출 확대에 대한 잠재력을 인정받았으며 2008년 화장품 자율점검평가 우수기업 선정으로 기술력과 품질력에 공신력을 더했다.

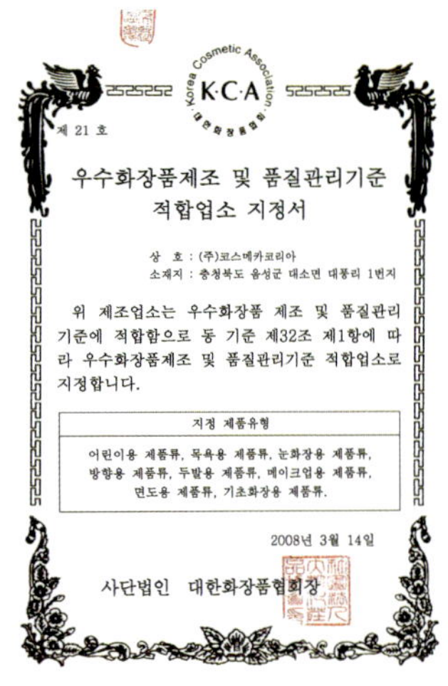 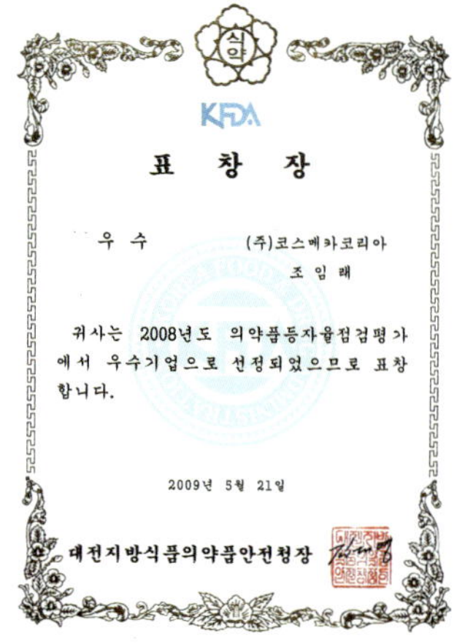 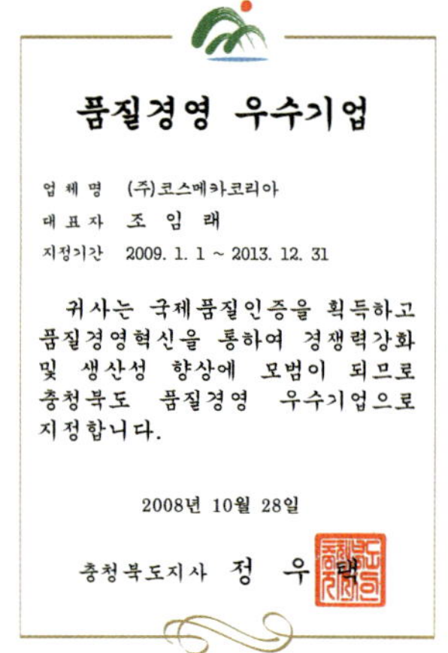

코스메카코리아는 지난 2008년 기능성화장품만 4백20여품목 심사를 받아 국내 제조업체 중 두 번째로 높은 심사 건수를 기록했으며, 전체 생산량의 63%를 기능성 화장품으로 생산할 만큼 국내 최고의 기능성화장품 연구개발 업체로 손꼽히고 있다.

현재 코스메카코리아는 총 9백70건의 기능성 화장품 관련 지적재산권을 보유하고 있으며 13건의 상표권, 8건의 의장권을 보유하고 있다. 또한 코스메카코리아는 현재 12건의 특허 등록과 2건의 출원을 진행하며 명실상부한 화장품 제조사의 위상을 정립해 가고 있다.

이러한 성과에도 힘입어 코스메카코리아는 산학협력 등을 통해 지속적으로 연구개발에 투자하고 있으며 2009년 초에는 충북 음성군에 대지면적 1,383.00㎡, 연면적 1,337.38㎡의 중앙연구소를 준공하기도 했다.

연혁

1999. 10. 5	(주)코스메카코리아 법인설립(대표이사 조임래)
1999. 10. 7	사업자등록완료 NO.303-81-24119(충주세무서)
2000. 3. 6	CGMP 시설기준에 의한 제조업 허가 획득 NO.142호(식약청)
2000. 5. 12	창업식 행사-화장품 OEM & ODM 사업 본격시작
2000. 12. 3	병역특례지정업체 승인(병무청)
2001. 5. 15	부설 중앙연구소 국가공인 연구소 승인획득(한국산업기술진흥협회)
2001. 12. 6	기술평가기업 벤처기업(제2001192271-0448호)

(중소기업진흥공단) 첫번째 벤처인증

건국대 세포활성연구소 산학협동

2002. 2. 27 　대한화장품공업협회 정회원 등록

2002. 3. 23 　ISO9001 품질시스템 인증(국제 경영시스템 인증원)

대전보건대 산학협동

2003. 1. 15 　2003년 수출 기업화사업 대상업체로 선정

2003. 3. 3 　기업은행 우수 패밀리 기업 선정

2003. 10. 14 　수출 인큐베이팅, 수출고도화 사업 지원 대상 업체 선정

충북대 산학연 / 한림대 의대 연구개발협약

2004. 1. 7 　신기술벤처기업 (제041922032-2-0005호)

(기술신용보증기금) 두번째 벤처인증

2004. 6. 3 　특허 등록결정서 3건 → 특허등록완료

2004. 12. 3 　CLEAN 사업장 인정서(노동부)

충청대 산학협동

2005. 3. 23 　ISO9001 품질시스템 재인증

2005. 7. 7 　일류벤처기업 선정(충북도 우수벤처기업 선정)

2005. 8. 16 　기술 혁신형 중소기업(INNO-BIZ) 선정(중소기업청)

2005. 11. 18 　진천광혜원 임대 사용(대지 1,671평 건물 778평)

2006. 2. 24 　ISO14001 환경경영시스템 인증

2006. 3. 15 　수출 기업화 사업 업체 선정

2006. 6. 15 　수출유망중소기업 지정

2006. 6. 20 　벤처기업 세번째 (특허 신기술기업) 인증

2007. 2. 7 　CGMP 적합업소 지정

2007. 10. 1 　경영컨설팅 시작

2007. 11. 14 　진천군,읍 송두리 328-1번지 일원의 1만평 부지의 공장신설 승인

2008. 1. 16 　생산컨설팅 시작 (변화와 혁신)

2008. 1. 23 　화장품협회장- 화장품의 품질향상에 노력 한 공 -모범상

2008. 2. 22   피부 수렴효과를 갖는 아선약 등 추출물을 함유하는 화장료 조성물

                      (특허 10-0808418) 획득

2008. 5. 15   중국 상해 중의 약학대 공동연구 협약

2008. 6. 4   연구개발기업 벤처기업확인-기술신보 -네번째

2008. 6. 5   2008년 수출유망중소기업지정(중기청)

2008. 6. 26   INNO-BIZ (기술 혁신형 중소기업) 최우수 A등급 지정

2008. 7. 1   천연물소재 개발연구소 개소 – 충북 오창 테크노파크 내

2008. 10. 28   품질경영 우수기업지정 – 충청북도

2008. 12. 24   대풍리1-30번지 중앙연구소 준공허가

2009. 1. 20   중앙연구소 준공식

2009. 4.13   특허 2건 등록

                      -방부활성과 항염활성을 가지는 특허

                      -단삼소납을 함유하는 피부미백 화장표 조성물 특허

2009. 4.30   KOTRA 보증브랜드 업체 선정

2009. 5. 21   08년 화장품 자율점검평가 우수기업 선정-대전식약청

지적재산권 보유 현황

1. 기능성화장품 (총 970건 보유)

미백200건 / 자외선307건 / 주름105건

미백+자외선(2중 기능성)59건 / 미백+주름 (2중 기능성)178건

주름+자외선(2중 기능성)10건 / 미백+주름+자외선(3중 기능성)111건

2. 상표권, 의장권

상표권 등록 13건, 의장권 등록 8건, 특허등록12건 +출원2건 진행 중

www.cosmecca.com

색조화장품 전문 연구형 ODM기업

생산설비 증설 · 유형별 고도화 … 다품종 소량 생산에 대응
1인1사 책임연구원제 운영 … 고객사 요청 즉각 반영

2004년 설립된 (주)안느(대표이사 심재곤)는 전문적으로 색조화장품을 연구 개발하는 연구형 ODM 회사다.

2009년 1월 현재의 신규 공장으로 확장 이전해 '품질', '생산성', '적기에 납품 대응'이라는 3요소 충족을 위해 운영시스템을 전면적으로 보완, 개선했다. 신규 공장으로 이전하면서 생산 규모 및 설비 역시 3배 규모로 증설했고, 색조제품의 특성을 고려해 각 유형별 생산설비를 고도화하는 데 초점을 맞추어 구성해 다품종 소량 생산에 원활하게 대처하도록 설계됐다.

색조제품의 전문성을 고려해 기술연구소의 시스템을 새 모델로 구축하고 기존 유형의 확립과 미래 성장 동력을 위해 신 제형과 뉴 트렌드 색조 연구를 위한 운영시스템을 수립해 운영 중에 있다.

이러한 노력은 고객사의 원만한 신제품 개발을 위해 협력사의 필요에 따라 부재료를 연구 검토하는 패키지 지원까지도 아우르는 토털 서비스가 가능하도록 했다.

소통 중심의 커뮤니케이션

색조제품의 특성은 최신의 트렌드를 파악해 신속히 대처하는 것이다. 고객사의 요청을 즉각적으로 업무에 반영하는 것이 중요하다. (주)안느는 이들위해 고객회사별 1인 1사 책임 연구원제를 운영해 고객사의 의견이 충분히 반영되도록 하고 각 부문별 업무를 총괄하여 협의 및 조율이

신속히 이루어지게 했다.

ODM의 특성상 개발 과정에 따른 많은 개선 의견과 수시 조정이 필요한 만큼 담당 연구원은 복잡한 개발 과정을 간단한 소통과정을 통해 고객사에게 알림으로써 편리함과 업무 효율에도 좋은 성과가 나타나도록 기여하고 있다.

공격적 R&D 투자

(주)안느는 2007년 한국산업기술진흥협회로부터 기업부설연구소로 인증 받았으며 회원이 되었다. 또한 같은 해에 ISO 9001:2000 (Research&Development, Production and Service for Cosmetics)를 인증 받았으며 기술평가 보증기업유형으로서 벤처기업 (제 20070200997) 으로도 지정받았다.

고부가소재 연구센터, 소재 개발형 벤처기업간의 산 · 학과 산 · 산 협력을 구축해 학술 및 연구 활동 교류, 관련시험의 활용 및 지원과 연구개발과제에 공동으로 참여, 활발히 운영해 왔고 올해도 이 부분을 더욱 활성화할 예정이다. R&D 연구력 증진을 위해 매년 꾸준히 투자하고 있으며 창립 이래 매출액 대비 15% 투자를 유지하고 있다.

기술연구소는 색조팀과 품질관리팀으로 구성됐으며 색조팀은 유액파트, 파우더파트, 립파트, 아이파트, 네일파트 등으로 구성됐다. 올해에는 각 파트들의 원활한 연구 활동을 뒷받침하기 위하여 신제형연구실을 신설해 제품연구실과 이원화된 연구 조직을 통해 각 실별 특성에 알맞은 전문적 연구를 할 방침이다.

전문적인 메이크업 연구설비 또한 (주)안느의 강점이다. 유액파트에는 마이크로 유화제조 실험기를 비롯해 이미지어날리저를 활용해 데이터를 분석하고 있으며, 파우더파트에는 마이크로 디스퍼와 오토케이커를 이용해 생산 제품과 견본 제품을 동일하게 생산하고 있다.

립파트에는 실리콘 러버 충진기와 여러 색상을 동시에 조색실험 할 수 있는 멀티 디스퍼셋트를 구비하고 있으며, 아이파트에는 마스카라와 아이라인의 정확한 내용물 분석을 위해 미생물실험실과 여러 중금속 분석 세팅으로 보다 정확한 처방 검토에 힘쓰고 있다.

네일파트는 전문적으로 여러 색상을 동시에 조색할 수 있는 믹스후드기를 설치했고, 필름 계측기 등 다양한 테스터기를 보유하고 있다. 특히 올해는 프로페셔널 네일존 완성을 위해 전문적인 네일 및 핑거케어에 역점을 두고 연구를 진행해 상반기 중에 다양화된 네일케어 라인을 발표할 예정이다.

연구 개발 방향

(주)안느는 우수한 제품을 개발하기 위하여 연구원들이 수시로 국내외 시장조사를 실시하도록 하며 국내외 신제품 수집 및 분석을 통해 이를 토대로 뉴 트렌드를 창조한다는 계획이다.

또한 해외 소재 개발을 활발히 수행하는 우수한 원료 개발업체와의 공동연구와 협력관계를 구축하는 한편 산·산, 산·학 네트워크를 지속적으로 운영해 광범위한 연구영역을 효율적으로 통합하고 최적의 기대치를 창출해낼 예정이다.

이를 위해 소재 개발 파트를 신설해 R&D를 더욱 강화하는 한편 신제형팀과 지난해 신제품의 80%를 개발한 기술연구소 내에 상품기획파트를 강화해 신제품 개발에 박차를 가한다는 방침이다.

문의는 032-819-6640.

www.annecosmetics.com

부록 II 화장품산업 관련 단체

대한화장품협회

한국화장품공업협동조합

대한화장품도매협회

화장품전문점협회

대한화장품협회

대한화장품협회는 1945년 설립된 조선화장품협회를 모태로 발전해 왔으며, 그동안 국내 화장품산업의 건전한 발전을 도모함으로써 공동 복리 증진과 국민 보건 향상에 기여한다는 설립 목적을 실현하기 위한 다양한 활동을 전개해 왔다.

설립 목적

화장품산업의 건전한 발전을 도모함으로써 공동복리 증진과 국민보건 향상에 기여함.

주요 사업

1. 화장품산업의 발전을 위한 조사 연구 및 자료 수집

2. 관계 법규 및 제도의 연구, 홍보에 관한 사항

3. 기술 및 경영의 향상을 위한 지도사항

4. 업계의 진흥 발전을 위한 정책 건의

5. 거래질서 유지에 관한 사항

6. 회원의 복리 증진과 상호 친목에 관한 사항

7. 주무관청 또는 관계기관으로부터의 위촉 사항

8. 화장품 수출입에 관한 지도

9. 화장품산업 발전을 위한 교육훈련사업

10. 출판사업

11. 국제 교류 증진 및 협력에 관한 사항 등

일반 현황

1. 회원 : 146 개사

　　－ 정회원 95 개사

　　－ 준회원 51 개사

2. 조직

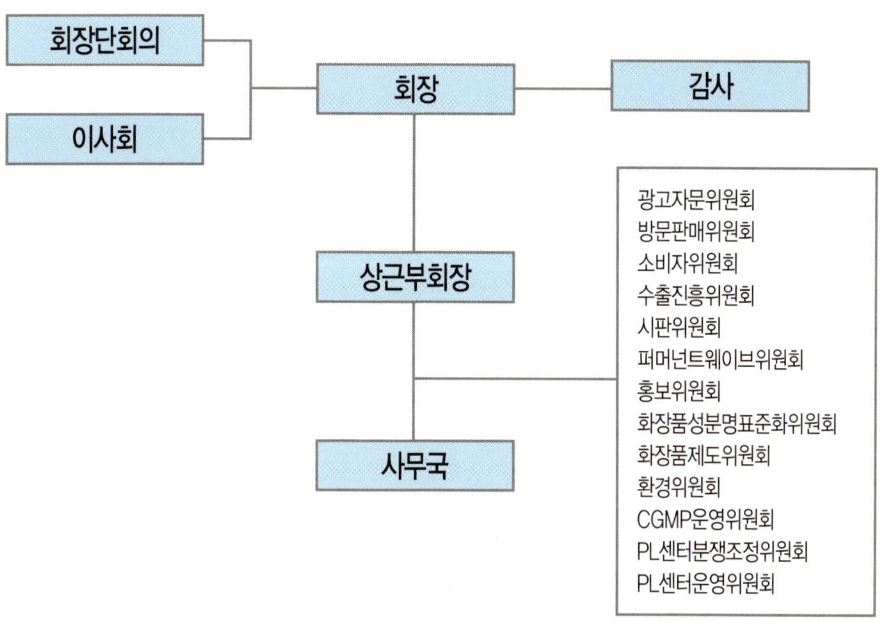

3. 임원

회장　　서경배　(주)아모레퍼시픽 대표이사

부회장　차석용　(주)엘지생활건강 대표이사

　　　　유학수　(주)코리아나화장품 대표이사

　　　　홍혜실　(주)마임 대표이사

　　　　김광석　(주)참존 회장

　　　　임충헌　한국화장품(주) 회장

　　　　임재수　나드리화장품(주) 대표이사

이사　　고기영　(주)금비화장품 대표이사

　　　　이상희　(주)보령메디앙스 대표이사

　　　　최창활　애경산업(주) 대표이사

　　　　유희창　엔프라니(주) 대표이사

　　　　이경수　(주)코스맥스 대표이사

최승은　(주)한국존슨&존슨 대표이사

윤동한　한국콜마(주) 대표이사

임병철　한불화장품(주) 대표이사

감사　강석창　소망화장품(주) 대표이사

유승우　(주)일진코스메틱 대표이사

상근부회장　안정림　대한화장품협회 부회장

주요 위원회 활동 현황

1. 화장품제도위원회

산업 발전을 저해하는 제도 및 법규의 개선을 주목적으로 발족한 위원회로, 각 회원사들의 적극적인 참여 속에 화장품법 제정은 물론 각종 자율규약 및 관련 법규의 개정을 이루는 데 큰 역할을 수행하고 있다.

특히 최근에는 사회적인 이슈가 되고 있는 FTA 문제를 집중적으로 연구하고 있다.

2. CGMP위원회

'우수화장품 제조 및 품질관리 기준'과 관련된 업무를 담당하는 위원회로, 정부의 시책 변화에 따라 중요성이 더욱 커지고 있다.

특히 화장품법이 개정될 경우, CGMP 인증업소에 대한 혜택 등이 논의되며 업계의 관심이 모아지고 있다.

3. 홍보위원회

화장품산업의 이미지와 인지도 제고를 위해 설립된 위원회로, 주요 화장품회사의 홍보·광고 담당자들로 구성돼 있다.

이 위원회에서는 화장품산업을 소비자들에게 올바르게 인식시키기 위한 활동과 함께 업계 전문지 등과의 정기적인 교류 활동을 통해 산업 바로 알리기에 힘쓰고 있다.

4. 광고자문위원회

화장품법에 명시된 광고와 표시를 기준으로 회원사 및 비회원사의 광고가 올바르게 집행될 수 있도록 하는 역할을 수행하고 있다.

아직까지 화장품 광고는 자율 심의 형태를 취하고 있으나 제약산업과 마찬가지로 책임과 의무가 수반되는 심의위원회로 변경될 것에 대비, 다양한 준비를 하고 있다.

5. 소비자위원회

소비자가 제기한 클레임 처리를 위한 위원회로, 회사로 볼 때 고객상담실과 같은 역할을 담당하는 곳이다.

소비자 주권시대가 본격화되며 소비자위원회의 역할 또한 커질 것으로 예상되고 있다.

6. 수출진흥위원회

공급과잉 현상으로 인한 여러 가지 어려움을 겪고 있는 화장품산업의 유일한 탈출구로 부각되고 있는 수출 진흥을 위해 설치된 위원회로, 각 회사의 해외무역 업무 관계자들로 구성돼 있다. 이들은 상호간의 활발한 정보 교류를 통해 국산 화장품의 해외시장 진출에 많은 도움을 주고 있다.

7. 시판마케팅활성화위원회

화장품 유통의 근간을 이루고 있는 시판유통의 활성화를 위해 설립된 위원회로, 마케팅 성공 사례 등의 연구와 함께 건전하고 공정한 경쟁 풍토를 조성, 유통과 제조의 공동 발전을 위한 밑거름이 되고 있다.

8. 방문판매위원회

시판과 함께 화장품 유통의 또 다른 한 축인 방문판매를 연구하는 위원회로, 과열경쟁으로 촉발될 수 있는 문제점을 사전에 예방하고 피라미드 등으로 실추된 이미지를 회복시키는 데 주력하고 있다. 또 우리만의 고유한 화장품 유통 형태인 방문판매를 중국 등 해외시장으로 접목시키는 데도 노력을 기울이고 있다.

9. 환경안전위원회

고도의 산업 발전과 함께 기업 활동의 새로운 이슈로 떠오른 환경 문제를 연구하는 위원회로, 정밀화학업종으로 분류되는 화장품산업과 환경과의 상관관계에 대한 대외적 활동을 주업무로 하고 있다. 특히 최근에는 유럽 등에서 확산되고 있는 각종 환경관련 정책에 관심을 기울이며 우리의 대응책을 수립해 나가고 있다.

연혁

1945. 11	조선화장품협회 창설
1949. 7	대한화장품공업협회로 명칭 변경
1958. 2	월간 장업계 발간
1983. 2	한국장업사 발간
1987. 6	여의도 금산빌딩(현재 소재지) 입주
7	회보 발간
1996. 3	한국장업50년사 발간
2000. 9	기능성화장품 국제심포지엄 개최
2002. 9	한 · 중 화장품협회 상호 업무협정 체결
2003. 2	제38대 서경배 회장 취임
11	제1회 한 · 일교류회
2004. 2	대한화장품협회로 명칭 변경
5	제1회 한 · 중교류회
6	UNITIS와 업무협약 체결
2005. 2	제2회 한 · 일교류회
3	제2회 한 · 중교류회
2006. 3	제1회 한 · 중 · 일교류회
2007. 2	협회 영문 명칭 KCA 추가
2008. 7	화장품성분사전 사이트 오픈

www.kcia.or.kr

한국화장품공업협동조합

개요

- 설립 일자 :　1995. 12. 11 창립총회 개최
- 설립 인가 :　1996. 3. 7 (보건복지부장관 인가번호 제21호)
- 설립 취지 :　화장품산업의 균형적 발전 추구
- 설립 목적 :　중소기업협동조합법에 의거해 설립된 비영리단체로서 화장품제조업의 건전한 발전과 조합원 상호 간의 복리 증진을 도모하며, 협동사업을 통한 자주적 경제활동을 조장하고 국민경제의 균형 있는 발전을 도모함.
- 본점 소재 :　서울특별시
- 업무 구역 :　전국
- 운영 예산 :　- 총출자금 : 4억7천3백50만원 (2008. 12. 31 현재)
  - 예산 규모 : 12억5천만원 (2009 사업년도)
- 조직 구성 :　- 대표자 : 강현송 이사장 (화진화장품 대표이사)
  - 임원 : 이사장 1명 · 전무이사 1명 · 이사 7명 · 감사 2명
  - 회원사 : 60개사
  - 조직 : 총회 · 이사회 · 분과위원회 · 사무국

주요 사업

- 공동상표사업 :　(주)참존 · 한국콜마 등 9개 조합원사가 참여하여 화장품과 미용용품 부문 제1기 상표명 '이루세'를 필두로 제2기 '유틸리티'에 이어 제3기 해외용 브랜드 개발을 추진하고 있음.
- 공동구매사업 :　회원사의 화장품 제조원가 절감과 원부재료의 적기 안정 공급을 꾀하고자 원료 및 부재료를 공동으로 구매하여 공급하는 사업으로서 스쿠알란 · 알부틴 · 케이스 · 플라스틱용기 등을 취급함.
- 해외전시사업 :　정부로부터 예산 지원을 받아 해외전시회에 조합 주관으로 국가관을

설치하여 해외마케팅 및 수출시장을 개척함(2009년에는 동경 · 두바이 · 파리 · 모스크바전시회에서 한국관을 주관하며, 2008년도에는 동경 · 두바이 · 모스크바 외에도 인도 뭄바이 · 중국 광저우 중소기업박람회를 주관하였음).

■ 국내전시사업 : 매년 늦가을 코엑스에서 종합뷰티전시회인 '국제뷰티엑스포코리아'를 개최하며 외국 업체들의 참가 유치를 통해 향후 국제적인 전시행사로 육성시킬 계획임.

■ 경영지원사업 및 지도교육사업

 - 자체자금 대부사업 : 조합원의 단기운전자금을 지원하기 위해 저리의 어음할인 대출을 시행하고 있음.

 - 인력지원사업 : 병무청 · 보건복지가족부의 위탁업무로서 병역특례 산업기능요원의 신청 접수 및 배정을 주선하고 있으며, 청년실업 해소를 위한 정부 시책에 따라 청년 채용 패키지사업 보조사업자로서의 역할을 수행하고 있음.

 - 중소기업시책 대정부 건의 활동 및 화장품제도 조사연구 활동 사업

 - PL 단체보험 가입 유치 활동 사업

 - 화장품 부작용 모니터링 사업(식약청 위탁업무)

연혁

1995. 12. 11	창립총회 개최
	초대 이사장 김광석 (주)참존 대표이사 취임
1996. 3. 7	조합설립 인가(보건복지부 제21호)
1996. 3. 27	법인설립 등기 필(서울지방법원)
1996. 4. 2	사업자단체 설립신고(공정거래위원회)
1996. 4. 3	비영리법인 설립신고(영등포세무서)
1996. 4. 15	중소기업협동조합중앙회 정회원 가입
1996. 6. 21	한국무역협회 회원 가입

1996. 8. 15	조합 직영 상설판매장 개점
1997. 2. 27	제1회 정기총회 개최
1997. 7. 24	공동상표 개발 지원 대상 업체에 선정(중소기업청)
1998. 4. 13	공동브랜드 '이루세(ERUSE)' 사업설명회 개최
1998. 6. 23	공동브랜드 '이루세(ERUSE)' 발매기념식 개최
1999. 7. 14	화장품 부작용 모니터링 단체에 선정(식약청)
1999. 11. 3	제4회 중소기업 우수제품박람회 참가(조합 공동관 설치)
2000. 5. 15	공동브랜드 '유틸리티(UTILITI)' 발매
2000. 7. 11	산업기능요원 병역지정업체 주무단체에 선정(병무청)
2001. 3. 5	홈페이지(www.kcic.or.kr) 개설
2001. 4. 17	조합원 정기모임 '화산회' 조직
2002. 9. 11	제3회 임시총회 개최
	제4대 이사장 강현송 (주)화진화장품 대표이사 취임(현재)
2003. 7. 25	조합회보 창간
2004. 10. 28	제11회 러시아 국제 추계 화장품전시회 서울시관 주관
2005. 2. 10	청년 채용 패키지사업 보조사업자로 선정(중소기업청)
2005. 5. 2	두바이 국제화장품미용박람회(BWME2005) 한국관 주관
2005. 5. 9	동경 국제화장품미용박람회(BWJ2005) 한국관 주관
2006. 2. 23	창립 10주년 기념식 개최
2006. 5. 8	동경 국제화장품미용박람회(BWJ2006) 한국관 주관
2006. 5. 22	두바이 국제화장품미용박람회(BWME2006) 한국관 주관
2006. 6. 30	연구용역보고서 발간(한국보건산업진흥원)
2006. 12. 30	창립 10주년 기념 언론보도 요약집 발간
2006. 12. 3	뉴델리 국제화장품미용박람회(PBI2006) 한국관 주관
2007. 2. 6	인도 국제미용전(IBE2007) 한국관 주관
2007. 3. 30	볼로냐 국제화장품미용박람회(COSMOPROF2007) 공동수행기관
2007. 5. 7	동경 국제화장품미용박람회(BWJ2007) 한국관 주관

2007. 5. 22	두바이 국제화장품미용박람회(BWME2007) 한국관 주관
2008. 5. 18	두바이 국제화장품미용박람회(BWME2008) 한국관 주관
2008. 5. 19	동경 국제화장품미용박람회(BWJ2008) 한국관 주관
2008. 9. 22	중국 국제중소기업박람회 화장품 · 미용용품 분야 한국관 주관
2008. 10. 3	인도 국제미용전시회(BWI2008) 한국관 주관
2008. 10. 23	모스크바 국제미용박람회(InterCharm2008) 한국관 주관
2008. 12. 5	2008 국제뷰티엑스포코리아 개최

향후 계획

중소기업은 대기업에 비해 자금이나 조직 면에서 경쟁이 될 수 없다. 그러나 중소기업들의 네트워크로 구성된 협동조합은 조직적인 힘을 발휘할 수 있는 순기능의 조건을 갖추고 있다. 한국화장품공업협동조합은 이 순기능 역할의 중심이 되어 미래를 예측할 수 없는 변화의 속도가 매우 빠른 이 시대에 각 회원사들이 미래의 변화에 적응할 수 있는 기업들로 거듭날 수 있도록 구심점 역할을 할 것이다.

이를 위해 올해 초 제13회 정기총회 개회사에서 중소 화장품업체들의 존립 기반을 강화시키는 데에 주력하겠다고 밝혔으며, 세부계획을 공동사업의 활성화 · 경영지원사업의 강화 · 조합원 조직의 강화 · 해외시장 개척 지원 · 국내 전시회 성공적 개최 · 대외협력 및 교류활동 강화에 중점을 두고 있다.

또한 과거의 제도와 운영 방식에서 과감히 탈피하여 회원사들의 진정한 이익을 도모할 수 있는 단체로 탈바꿈하기 위한 노력을 계속할 예정이다.

www.kcic.or.kr

대 한 화 장 품 도 매 협 회

설립 목적

화장품업의 건전한 발전과 회원 상호 간의 복리 증진을 도모하며 공동 사업을 수행함으로 써 자주적인 경제활동을 조장하여 경제적 지위 향상과 국민경제의 균형 있는 발전을 도모함 을 목적으로 한다.

주요 사업

1. 화장품 유통 산업의 발전을 위한 자료 수집
2. 화장품 제도의 홍보
3. 화장품업계 발전을 위한 정책 건의
4. 유통질서 지도에 관한 사항
5. 회원의 상호 친목에 관한 사항
6. 화장품 수출입 홍보 지도

일반 현황

1. 회원 : 40개사
2. 조직

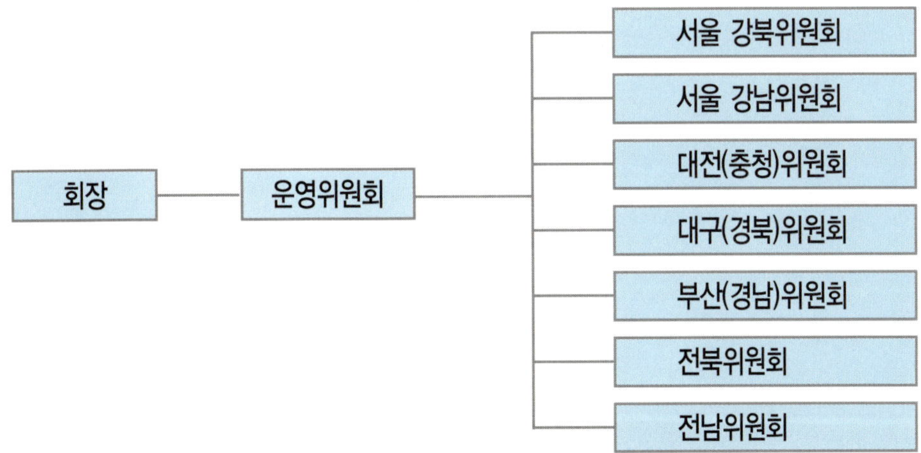

연혁

2000.7	대한화장품유통협회 창설
2000.8	제 1대 정달화 회장 취임
2002.7	제 2대 이화용 회장 취임
2003.7	대한화장품도매협회로 명칭 변경
2004.7	제 3대 이화용 회장 취임
2006.7	제 4대 구형모 회장 취임
2009.1	제 5대 김홍한 회장 취임

• 주소: 경기도 부천시 원미구 중동 5-19 동도빌딩

• 전화: 032-683-1345

• 팩스: 032-683-1346

화장품전문점협회

설립 취지

"화장품전문점협회는 화장품전문점의 권익을 보호하고 화장품전문점시장의 안정적인 발전과 타 유통경로에 맞서 경쟁우위에 설 수 있는 다양한 정책 개발 및 사업 전개를 통해 소비자의 구매 편의 제공은 물론 경제적인 쇼핑을 선도하고 나아가 국가경제의 발전에 긍정적으로 기여하기 위해 창립되었다."(중소기업청 제출 법인 설립 취지문)

이같은 경제적 순기능을 가진 전문점시장이 최근 유통경로 다각화에 따라 새로운 경쟁도구 개발 및 깊이 있는 마케팅력이 새롭게 접목되어야 할 시대적 필요성에 직면하고 있다. 이는 건강한 오프라인의 활성화 정책이야말로 화장품전문점이 화장품 유통 하드웨어로서의 기능을 원활하게 수행케 하는 사회적 기능을 담보한다는 믿음에 기초한다고 할 것이다.

이같은 전국 1만여 화장품전문점이 안고 있는 ① 영세자영업자로서의 한계와 ② 제조사 일방의 자사 이기적 유통정책으로부터 자유로울 수 없는 한계 및 ③ 개별 매장만의 힘만으로 극복할 수 없는 다양한 변화에 대한 요구를 화장품전문점협회는 적극적으로 대변하여 더불어 해결하고자 한다.

현황

– 2006년 2월 2일 : 중소기업청으로부터 '민법 제32조 및 산업자원부장관및그소속청장의주관에속하는비영리법인의설립및감독에관한규칙 제4조'의 규정에 의거하여 사단법인 설립허가증 교부.

– 2006년 3월13일 : 마포세무서로부터 비영리법인 고유번호증교부(고유번호 105-82-14620).

– 현재 경기지회(18), 강원지회(14), 충북지회(22), 대구경북지회(45), 부산경남지회(78)를 비롯하여 서울지회(27)등 6개 지회가 구성되어 있음(괄호 안의 숫자는 회원 수).

– 송태기(구미 아씨화장품 대표) 회장과 부회장 3인, 감사 2인, 총무이사 1인, 재무이사 1인, 중앙회 전무이사 1인 및 각 지회의 지회장들이 무보수 봉사직으로 협회를 위해 일하고

있음.

– 회원 1인당 월회비는 1만원임.

임원진 및 조직도

송태기 회장

● 회　　장 : 송태기(구미 아씨화장품 대표)

● 부 회 장 : 김삼석(대구 하나화장품 대표)

　　　　　　최성우(거제 빨강풍선 대표)

● 재　　무 : 장형기(부산 메이크업포인트 대표)

● 전무이사 : 오흥근(OHK대표)

● 지 회 장 : 박창용(서울, 국민화장품), 김두환(경기, 주종합화장품),

변창현(강원, 진종합화장품), 김창헌(충북, 퀸화장품), 이정순(호남, 유미나라화장품), 최재호
(대구 경북, 동동구리무), 송년빈(부산 경남, 차밍화장품), 문태호(제주, 칼라랜드)

향후 과제

1. 모든 전문점이 동참하는 협회로서의 조직 강화

2. 전문점 유통경로 경쟁력 강화에 필요한 각종 제도 개발 및 보급

　* 공동 집배시스템 도입 및 지역 단위 전문점 카르텔 형성

　* 전문점 유통경로 보호를 위한 전용 브랜드 육성

　* 화장품판매사자격증 제도 마련 및 시행(종사원 자질 함양)

　* 소매유통 체인화를 통한 타 경로와의 차별화 및 경쟁력 배양

　* 기타 전문점 활성화에 필요한 각종 사업의 개발 육성

3. 제조회사의 부당한 유통 간섭 및 불공정거래행위 공동 대처

4. 기타

연혁

1996. 5. 21　　　전국 25개 상권 대표 전문점주들이 모여 '향후 화장품 시장 변화와 대응
　　　　　　　　책'이란 주제로 서울 63빌딩에서 세미나 개최.

1996. 7. 9~12   홍콩에서 개최된 '코스모프로프' 행사에 참석하여 25개 상권 대표 전문점 사장단을 중심으로 하는 모임 결성의 구체안에 합의하고 준비위원회 결성.

1996. 8. 23   대전 유성관광호텔에서 '전국화장품전문점경영인협의회' 창립총회를 갖고 초대회장에 마산 '현대화장품' 허장욱 사장을 선출하고 정관 통과.

1997. 8. 21   제2대 회장에 김철홍 '한마음유통' 대표를 선출하고 창립 1주년 행사 개최.

1998. 6. 18   제3대 회장에 김병희 '뷰티클럽' 대표를 선출. 협의회 명칭을 협회로 변경. 조선일보에 수재의연금 기탁. 5개 분과위원회 설치 등 협회의 조직적인 틀을 정비.

1999. 5. 12   '화장품전문점 활성화를 위한 대응전략 세미나' 개최. 업계 관계자 및 협회원 등 2백50여명 참석.

1999. 6. 17   제4대 회장에 장억만 회장 선출. 임기를 기존 1년에서 2년 연임 가능토록 정관 개정.

2000. 8. 23   힐튼호텔에서 제4주년 기념식 겸 전국 화장품업계 관계자 3백여명이 참석한 가운데 제2차 '전문점 경영 활성화를 위한 세미나' 개최.

2001. 6. 23   제5대 회장에 장억만 4대 회장의 연임 결정.

2003. 6. 26   제6대 회장에 송태기(구미 아씨화장품 대표) 회원 선출.

2005. 8.   중소기업청을 주무관청으로 하는 법인 설립 신청.

2006. 2.   중소기업청 산하 단체 법인 설립 허가서 취득.

2008. 2.   '화장품전문점 비전 선포식' 행사 개최

2008. 4~6   '회원 경영개선 전문교육' 15시간 실시

2008. 11.   제7대 회장에 송태기 회장 유임 결정.

2009. 4.   한국화장품(주)의 '르비앙' 및 코리아나화장품의 '리프텐스' 회원 전용브랜드 발매.

장업신문 (The Cosmetic World)

창간 취지

국내 화장품·미용산업의 국제화·선진화·정보화를 기치로 화장품과 미용산업, 그리고 이와 관련된 전반적인 산업의 발전 방향을 제시하는 동시에 이를 통해 화장품·미용산업이 미래지향적·고부가가치·수출지향적 국가전략산업으로서의 위상을 확보하도록 하는 데 기여한다.

일반 현황

- 창간일 : 1994년 10월 20일
- 발행인 : 회장 이관치
- 발행 기간 : 주 1회(목요일판)
- 주요 보급처

화장품전문점, 미용실, 관련 정부기관·민간단체, 화장품 제조업체, 화장품 수출입업체(대행업체 포함), 민간 및 국책 경제연구기관, 광고대행사, 화장품·미용 관련 교육기관(대학교, 대학, 기술학교, 미용학원), 유통 전문회사·기관, 리서치 업체 등

주요 내용

- 종합뉴스 : 화장품산업 관련 뉴스 및 이슈를 전반적으로 취재 보도
- 미용뉴스 : 미용산업 및 관련 기관·단체와 학계의 뉴스 취재 보도
- 장업광장 : 제조·유통업체 등 전반적인 업계의 뉴스 릴리즈를 종합 정리함으로써 홍보의 장으로서의 역할을 함
- 사람과 소식 : 뉴스의 초점이 되는 인물 인터뷰, 업계 주요 인사들의 동정, 화촉, 부음, 이벤트, 이전, 창업 등 소개
- 테마기획 : 발행 시기·계절과 부합되는 유형별 제품, 이슈가 되는 테마를 선정해 심층 분석 보도하는 기획기사

- 목요초대석 : 화장품산업 관련 주요 인사에 대한 심층적인 인터뷰
- 미용정보 기법(스킨케어, 메이크업, 헤어케어, 바디케어 등) : 계절적 변화를 반영해 시기별로 적합한 피부 손질법, 메이크업 경향과 패턴, 모발 관리 등 전반적인 미용관련 정보와 기법을 종합한 섹션
- 헤어살롱 : 최신 유행 헤어 패션 아이템과 트렌드 제시
- 기타 업계에서 일어나고 있는 다양한 뉴스와 소식 전달

연혁

1994. 10. 20	약국신문 자매지로 장업신보 창간
1994. 10	장업신보 창간 기념 '제1회 보건복지부 장관배 친선골프대회, 개최 이후 창간기념일을 전후해 개최, 2008년도에 12회 대회 성료
1995.	'한국장업 50년사' 발간
1997. 5	'제1회 장업인 대상' 시상(이후 2001년까지 제4회 개최)
2000. 6	'장업인명록' 발간
2000. 7	인터넷 홈페이지 '장업닷컴(jangup.com)' 오픈
2000. 10. 5	창간 6주년을 맞아 제호를 현재의 '장업신문' 으로 변경
2001. 12	'장업인명록' 개정 증보판 발간
2004. 5	지령 500호 기념 '화장품산업과 마케팅전략 세미나' 개최
2005. 4	'화장품관련 법규 해설' 특강 개최
2006. 2	장업신문의 인터넷신문 'B&C뉴스' 등록
2008. 7	'기능성화장품 핸드북' 발간

주요 사업

- 화장품 · 미용관련 전문서적(비정기 간행물) 발간 등을 포함하는 출판사업
- 다이어리 'The Cosmetic World' 연 1회 발간 배포
- 매년 연말에 '올해를 빛낸 인물' 선정 발표
- '보건복지가족부 장관배 장업인 골프대회' 창간기념일 전후 개최

- 학술 심포지엄, 세미나, 학술발표대회, 화장품산업 관련 공모전 등

- 화장품 · 미용산업 관련 행사 주최 · 주관 · 후원

- 기타 화장품 · 미용산업의 발전을 위한 사업

www.jangup.com

서울시 영등포구 당산동 6가 121−99 서울시의사회관 2층.

전화 : 02 − 2636 − 5727. 팩시밀리 : 02 − 2634 − 7097.

화장품전문점 편람

| **초판 인쇄** | 2009년 6월 20일
| **초판 발행** | 2009년 6월 23일

| **지은이** | 장업신문
| **펴낸이** | 이관치
| **펴낸곳** | (주)약국신문 출판국
| **등록번호** | 제318-2009-000046
| **주소** | 서울시 영등포구 당산동6가 121-99
| **전화** | 02 - 2636 - 5727
| **팩스** | 02 - 2634 - 7097

ISBN 978-89-962483-2-3-13320

정가 : 20,000원